普通高等教育“十四五”规划教材

环境与资源类专业系列教材　程芳琴　主编

资源型地区国土空间生态修复与固碳增汇

Ecological Restoration and Carbon Sequestration of Territorial Space in Resource-based Regions

主　编　杨永刚

副主编　王　宏　王　琰　王国华

苏巧梅　冯政军

北　京

冶　金　工　业　出　版　社

2024

内容提要

本书立足恢复生态学、生态水文学和水文土壤学等学科前沿，依托野外试验站和示范区，分方法、分区、分层次地系统阐释了资源型地区国土空间生态修复与固碳增汇。

本书可为政府管理部门提供技术支撑和决策依据，同时可供生态学、地理学、土壤学、水文学、环境科学等相关学科的科研人员、高等院校师生等参考使用。

图书在版编目(CIP)数据

资源型地区国土空间生态修复与固碳增汇/杨永刚主编.—北京：冶金工业出版社，2024.4

普通高等教育“十四五”规划教材

ISBN 978-7-5024-9781-1

Ⅰ.①资… Ⅱ.①杨… Ⅲ.①国土资源—生态恢复—中国—高等学校—教材 Ⅳ.①F129.9 ②X321.2

中国国家版本馆 CIP 数据核字(2024)第 039708 号

资源型地区国土空间生态修复与固碳增汇

出版发行	冶金工业出版社	**电　　话**	(010)64027926
地　　址	北京市东城区嵩祝院北巷 39 号	**邮　　编**	100009
网　　址	www.mip1953.com	**电子信箱**	service@mip1953.com

责任编辑 刘小峰 刘思岐 美术编辑 彭子赫 版式设计 郑小利

责任校对 石 静 责任印制 窦 唯

北京富资园科技发展有限公司印刷

2024 年 4 月第 1 版，2024 年 4 月第 1 次印刷

787mm×1092mm 1/16；20 印张；479 千字；301 页

定价 59.00 元

投稿电话 (010)64027932 投稿信箱 tougao@cnmip.com.cn

营销中心电话 (010)64044283

冶金工业出版社天猫旗舰店 yjgycbs.tmall.com

(本书如有印装质量问题，本社营销中心负责退换)

《资源型地区国土空间生态修复与固碳增汇》
编辑委员会

主　　编　杨永刚

副主编　王　宏　王　琰　王国华　苏巧梅　冯政军

编写人员　宋慧平　严俊霞　王让虎　张明罡　焦文涛
史晓凯　吴海斌　秦作霞　赵仲鹤　陈国芳
白东升　周　杨　苏　帅　南益聪　郭婷婷
何志平　张　雪　黄　浩　田　垚

主　　审　程芳琴　杨永刚

深化科教、产教融合，共筑资源环境美好明天

环境与资源是“双碳”背景下的重要学科，承担着资源型地区可持续发展和环境污染控制、清洁生产的历史使命。黄河流域是我国重要的资源型经济地带，是我国重要的能源和化工原材料基地，在我国经济社会发展和生态安全方面具有十分重要的地位。尤其是在煤炭和盐湖资源方面，更是在全国处于无可替代的地位。

能源是经济社会发展的基础，煤炭长期以来是我国的基础能源和主体能源，据统计，全国煤炭储量已探明1600余亿吨、原煤产量40余亿吨，其中沿黄九省区煤炭储量占全国的70%以上，原煤产量占全国的78%以上。煤基产业在经济社会发展中发挥了重要的支撑保障作用，但煤焦冶电化产业发展过程产生的大量煤矸石、煤泥和矿井水，燃煤发电产生的大量粉煤灰、脱硫石膏，煤化工、冶金过程产生的电石渣、钢渣，却带来了严重的生态破坏和环境污染问题。

盐湖是盐化工之母，盐湖中沉积的盐类矿物资源多达200余种，其中还赋存着具有工业价值的铷、铯、钨、锶、铀、锂、镓等众多稀有资源，是化工、农业、轻工、冶金、建筑、医疗、国防工业的重要原料。我国四大盐湖（青海的察尔汗盐湖、茶卡盐湖，山西的运城盐湖，新疆的巴里坤盐湖），前三个均在黄河流域。由于盐湖资源单一不平衡开采，造成严重的资源浪费。

基于沿黄九省区特别是山西的煤炭和青海的盐湖资源在全国占有重要份额，搞好煤矸石、粉煤灰、煤泥等煤基固废的资源化、清洁化、无害化循环利用与盐湖资源的充分利用，对于立足我国国情，有效应对外部环境新挑战，促进中部崛起，加速西部开发，实现“双碳”目标，建设“美丽中国”，走好“一带一路”，全面建设社会主义现代化强国，将会起到重要的科技引领作用、能源保供作用、民生保障作用、稳中求进高质量发展的支撑作用。

山西大学环境与资源研究团队，以山西煤炭资源和青海盐湖资源为依托，先后承担了国家重点研发计划、国家“863”计划、山西-国家基金委联合基金重点项目、青海-国家基金委联合基金重点计划、国家国际合作计划等，获批了

煤基废弃资源清洁低碳利用省部共建协同创新中心，建成了国家环境保护煤炭废弃物资源化高效利用技术重点实验室，攻克资源利用和污染控制难题，获得国家、教育部、山西省、青海省多项奖励。

团队在认真总结多年教学、科研与工程实践成果的基础上，结合国内外先进研究成果，编写了这套“环境与资源类专业系列教材”。谨以系列教材为礼，诚挚感谢所有参与教材编写、出版的人员付出的艰辛劳动，衷心祝愿环境与资源学科宏图再展，再谱华章！

2022 年 4 月于山西大学

前　言

黄河流域生态保护和高质量发展是国家重大战略，是事关中华民族伟大复兴的国之大事、国之大者。山西省是黄河文明和华夏文明的重要发祥地，也是拱卫京津冀和黄河生态安全的重要屏障，在推动黄河流域生态保护和高质量发展中肩负着重要的历史使命。山西省也是黄河流域发展基础最薄弱、生态环境最脆弱、结构性矛盾最突出的资源型地区之一，在国土空间生态修复、水土流失治理、污染治理、水资源综合利用、山水林田湖草沙一体化保护修复等方面依然存在诸多亟待解决的问题。

本书立足修复生态学、生态水文学和土壤水文学等学科前沿，依托野外试验站和示范区，分方法、分区域、分层次系统阐释了资源型地区国土空间受损生态系统修复与碳固持。本书按照“战略急需、交叉融合、特色鲜明”的基本思路，介绍前瞻性基础研究和应用基础研究成果，分析实际问题和热点问题，致力于打造生态空间山清水秀、生产空间集约高效、生活空间宜居舒适的“三生空间”。

本书是杨永刚教授科研团队近年来执行国家国际科技合作项目、国家自然科学基金和山西省自然科学基金等项目的阶段性总结，也是杨永刚教授团队荣获山西省科技进步奖二等奖“生态脆弱区水土环境研究”的部分体现，是团队过去10年国内外发表的100多篇论著的系统总结，同时也是科技结合区域发展的一项成果。

本书内容丰富、资料翔实，将有助于读者加深对黄河流域资源型地区国土空间生态问题的认识。本书可供生态学、地理学、土壤学、水文学、环境科学等相关学科的高等院校师生教学使用，也可为科研人员实施生态修复工程提供理论参考，为政府管理部门提供相关技术支撑和决策依据。

本书共分为10章。第1章主要研讨了资源型地区土壤水文演变与重构，由杨永刚、周杨、苏帅、郭婷婷、何志平等编写；第2章系统论述了受损矿山生态修复，由程芳琴、宋慧平、杨永刚、史晓凯等编写；第3章总结了资源型地区污染土壤修复治理，由焦文涛、杨永刚、田垚、冯政军、李斌等编写；第4

章主要论述了资源型地区山水林田湖草沙一体化保护与修复，由王宏、苏巧梅、秦作霞、杨永刚等编写；第5章系统研究了资源型地区人工植被恢复及其生态效应，由王国华、杨永刚等编写；第6章总结了丘陵沟壑区水土流失综合治理，由王让虎、苏巧梅、杨永刚等编写；第7章主要研究了生态网络构建与生物多样性保育，由张明罡、杨永刚、董雪蕊等编写；第8章阐述了国土空间全域土地综合整治，由王宏、杨永刚、赵仲鹤、史晓凯等编写；第9章系统测算了资源型地区生态系统碳密度和碳储量变化，由王琰、杨永刚、严俊霞、程芳琴、张雪、黄浩等编写；第10章重点论述了山西省国土空间生态修复及生态系统固碳增汇潜力和路径，由杨永刚、南益聪、周杨、陈国芳、秦作霞、白东升等编写。

本书是集体成果。程芳琴教授对初稿进行整体审查，并提出具体修改建议。编写组在总结多年科研和教学工作的基础上，力求各章节的协调，以保证全书的系统性和科学性。杨永刚承担了全稿的改编和修订等工作。秦作霞、南益聪、王泽青、林雅文、王婷、郭震等人对文字表述、格式、单位等进行了检查。全书由杨永刚和吴海斌统稿，程芳琴和杨永刚审定。

本书的组织、撰写和出版得到了山西大学、山西省黄河实验室、山西省水文水资源勘测总站、山西省自然资源厅、太原理工大学的大力支持和协作，在此表示衷心感谢！

从野外站点到试验示范区尺度的跨越既是学科的前沿，又是热点。尽管已有多年的探索和实践，仍然有诸多的科学问题和生产问题值得深入研究。尽管我们在国土空间生态修复领域做了多年探索，但因其综合性强，涉及学科多，覆盖决策、科研、管理等范畴，加之不同尺度的生态、经济、社会综合研究仍然处于起步和发展阶段，还有不少科学和实践问题需要进一步研究和探索。编写组几易其稿，但疏漏之处在所难免，敬请读者不吝指正。

编著者

2022年夏

目　　录

1 资源型地区土壤水文演变与重构

本章提要：

土壤结构在一定程度上影响着土壤水分的流动、保持、侵蚀以及养分循环利用。土壤结构和土壤团聚体的稳定性对改善土壤肥力、增强土壤颗粒间的孔隙率和降低侵蚀性至关重要。煤矿区生态修复的过程中会不可避免地改变土壤的物理性质，土壤重构是矿区生态修复重要的方法之一。目前关于矿山生态修复的研究主要集中在矸石山、沉陷地和排土场，以不同的土壤粒径和混合物比例、不同重构方式，通过生物、物理技术合理优化充填复垦。土壤性质重构研究是目前矿区生态修复亟待解决的问题。开展不同质量含量、不同粒径土壤和煤矸石的重构土壤的研究，对重构土壤团聚体稳定性和抗侵蚀能力进行分析，对比剖析不同重构模式下土壤的持水性、团聚体稳定性等差异特征；阐明在不同重构模式下土壤团聚体抗侵蚀能力和抗剪强度差异，并探明土壤团粒结构的原因和驱动要素，探索稳定土壤团粒结构的重构方案，重构适宜植被生长的土壤环境。

1.1 不同重构模式下的土壤水演变及影响因素

土壤水分是影响作物生长的主要肥力因素之一，土壤水分的多少能够反映自然条件下的气候、植被及土壤因素等自然条件，也是矿区生态修复的关键限制因子。土壤持水性与其机械组成、团聚体、比表面积以及孔隙度等理化性质密切相关[❶]。重构土壤不仅解决了矿区生态修复过程中土壤严重不足的问题，而且改变了土壤的容重、孔隙分布和物理黏粒的含量。本研究测定不同重构模式下土壤饱和含水量、毛管含水量、田间持水量等，对煤矿区不同重构模式下土壤的水分特征进行比较、分析。探讨不同重构模式下土壤的有效水分保持能力，分析不同重构模式对土壤持水性的影响。

1.1.1 新构土壤含水量演变研究

土壤饱和含水量代表土壤的最大容水能力，通过饱和含水量状况即可判断土壤的持水性和稀释水的性质。不同重构模式下土壤饱和含水量见图 1-1。由图 1-1 可知，不同重构模式下土壤饱和含水量存在差异，土壤在容重相同的情况下，土壤饱和含水量随着新构土壤煤矸石含量的增加呈现递减的趋势；在煤矸石含量相同的情况下，土壤饱和含水量随着新构土壤容重的增加呈现递减的趋势。当煤矸石含量相同时，不同煤矸石粒径的土壤饱和

❶ 郭志萍，李斌，孙西欢，等. 不同生态修复模式下土壤水文性质及其对溶质运移的影响［J］. 环境科学学报，2019，39（12）：4251-4260.

含水量由大到小依次为煤矸石粒径 0~2 mm>煤矸石粒径 2~5 mm>煤矸石粒径 5~8 mm>煤矸石粒径 8~10 mm。当煤矸石质量含量从 10%增加到 50%时，新构土壤的饱和含水量在同一直径均呈现递减的趋势，煤矸石含量越多，新构土壤饱和含水量越低，尤其是煤矸石含量为 50%的新构土壤的四种煤矸石粒径所对应的土壤饱和持水量均为最小值。煤矸石粒径从 0~2 mm 增加至 8~10 mm 时，新构土壤的饱和含水量从 37.9%下降至 22.7%。在煤矸石粒径、煤矸石含量相同的情况下，随着土壤容重从 1.3 g/cm^3 增加到 1.5 g/cm^3，新构土壤饱和含水量呈递减趋势，不同的煤矸石粒径具有相同的规律。

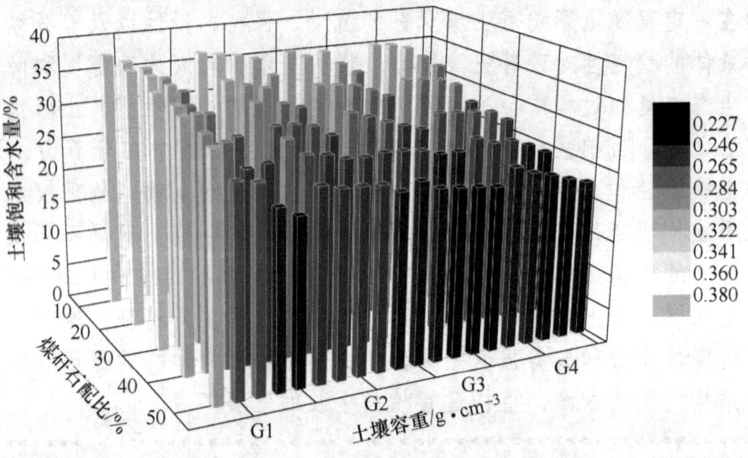

图 1-1 新构土壤饱和含水量

结果表明，不同重构模式下，四种煤矸石的粒径所对应的土壤饱和持水量的平均值分别为 33.28 g/cm^3、30.72 g/cm^3、29.36 g/cm^3、28.86 g/cm^3。不同煤矸石粒径的饱和含水量的方差分析表明，不同粒径的煤矸石对土壤饱和含水量有显著影响（$P<0.01$）。以五种煤矸石含量所对应的土壤饱和含水量的平均值分别为 34.74 g/cm^3、32.35 g/cm^3、30.12 g/cm^3、28.35 g/cm^3、26.09 g/cm^3。以五种土壤容重所对应的土壤饱和含水量分别为 32.61 g/cm^3、31.28 g/cm^3、30.71 g/cm^3、29.35 g/cm^3、27.97 g/cm^3。方差分析结果表明，不同煤矸石含量、不同土壤容重对新构土壤的饱和含水量有显著影响（$P<0.01$）。

通过相关分析，得出饱和含水量与三个重构因子的相关关系。由表 1-1 可知，不同重构模式下，土壤饱和含水量（SM）与土壤容重（BD）、煤矸石含量（CGC）、煤矸石粒径呈显著负相关关系（$P<0.05$），相关系数分别为 0.621、0.88、0.756。煤矸石含量与新构土壤饱和含水量呈极显著负相关关系（$P<0.01$）。煤矸石的含量直接影响新构土壤饱和含水量，煤矸石含量越多，新构土壤饱和含水量越少。在相同的煤矸石粒径和质量含量的条件下，随着土壤容重从 1.3 g/cm^3 增加到 1.5 g/cm^3，新构土壤的饱和含水量逐渐减少，且随着煤矸石粒径的增加越发明显。土壤容重较小时，土壤的结构疏松多孔，有效孔隙所占比重大，储存水分的空间大；反之，当土壤容重增大时，新构土壤的结构变得紧实，总孔隙度减小，因此土壤水所能占用的空间也在减小，土壤含水量与容重变化趋势相反。在进行土壤重构时，将容重控制在 1.3~1.35 g/cm^3，可使土壤具有较好的持水性。

表 1-1　新构土壤物理性质间相关性分析

类　别	土壤容重/g·cm^{-3}	煤矸石含量/%	煤矸石粒径/mm	土壤饱和含水量/%
土壤容重	1			
煤矸石含量	0.495*	1		
煤矸石粒径	0.675*	0.328	1	
土壤饱和含水量	−0.621*	−0.880*	−0.756*	1

注：*表示在 0.05 水平上显著相关。

1.1.1.1　新构土壤毛管含水量变化特征

毛管含水量是指土壤中的毛管上升水达到最大时的含水量，是对植物有效的水分，土壤的结构、质地、容重以及孔隙度等性质都会对毛管含水量产生影响❶❷。本研究测定不同重构模式下的毛管含水量，对比分析不同煤矸石粒径、煤矸石含量对毛管含水量的影响，从而反映新构土壤含水量的特征。

如图 1-2 所示，不同重构模式下四种煤矸石粒径的土壤毛管含水量从大到小依次为煤矸石粒径 0~2 mm>煤矸石粒径 2~5 mm>煤矸石粒径 5~8 mm>煤矸石粒径 8~10 mm，说明煤矸石粒径小有利于毛管含水量的积累。各重构模式下，随着土壤容重的增加，土壤毛管含水量没有明显的变化。但在相同的容重下，土壤毛管含水量随着新构土壤煤矸石含量的增加呈递减趋势。说明煤矸石含量的增加会影响土壤毛管含水量的积累。相关分析表明，煤矸石含量、土壤容重与毛管含水量呈显著负相关关系（$P<0.05$），相关系数分别为 0.953 和 0.853。为进一步研究新构土壤重构因子（煤矸石含量、土壤容重）与毛管含水量间的关系，对其进行回归分析。煤矸石含量与新构土壤毛管含水量的回归方程为 $Y = 0.8524X + 02103(R^2 = 0.8524,\ P < 0.001)$，土壤容重与新构土壤毛管含水量的回归方程为 $Y = -25532X^2 + 8.2786 - 5.1807(R^2 = 0.8605,\ P < 0.001)$，煤矸石粒径与新构土壤毛管含水量的回归方程为 $Y = -0.0116X + 0.3001(R^2 = 0.9739,\ P < 0.001)$。结果表明，煤矸石含量、土壤容重与新构土壤毛管含水量回归方程拟合度高，相关性强。

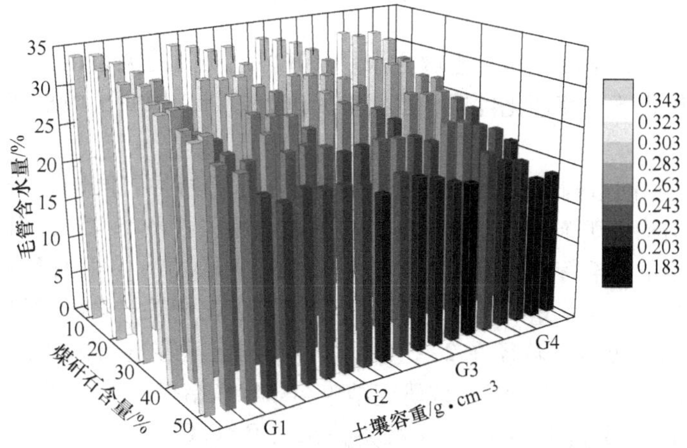

图 1-2　新构土壤毛管含水量

❶ 方露，李晓宁，唐香君，等．岷江上游杂谷脑河流域林树下线土壤持水性及影响因素［J］．水土保持研究，2018，25（5）：95-102.

❷ 贾芳．农田有效水分的试验研究与预报［D］．太原：太原理工大学，2008.

1.1.1.2 新构土壤田间持水量变化特征

田间持水量是指毛管悬着水达到最大值时的土壤含水量占烘干土壤质量的百分比，也就是在田间自然状况下土壤所能保持的最大水量。通过测量田间持水量，能够反映农作物的有效最高土壤含水量。研究表明，土壤的结构、质地、容重及孔隙度等性质都会对田间持水量产生影响。

由图 1-3 可知，不同重构模式下土壤田间持水量变化趋势明显。从整体上看，不同重构模式下不同煤矸石粒径的新构土壤田间持水量由大到小（平均值）依次为煤矸石粒径 0~2 mm(19.09 g/cm^3)>煤矸石粒径 2~5 mm(18.21 g/cm^3)>煤矸石粒径 5~8 mm(16.80 g/cm^3)>煤矸石粒径 8~10 mm(9.94 g/cm^3)，表明随着煤矸石粒径的增加，新构土壤田间持水量逐渐减少。在相同粒径相同土壤容重的条件下，随着新构土壤煤矸石质量含量从 10%增加到 50%，土壤田间持水量逐渐减小。在相同煤矸石粒径的条件下，随着土壤容重的增加，土壤田间持水量的变化趋势越发明显，随着土壤容重从 1.3 g/cm^3 增加到 1.5 g/cm^3，新构土壤田间持水量越来越少。

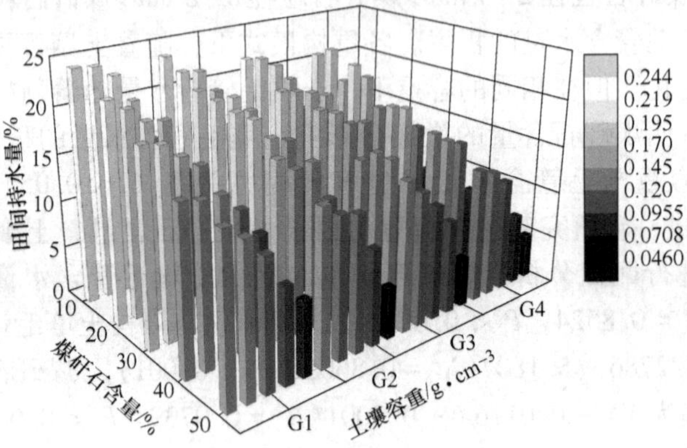

图 1-3 新构土壤田间持水量

当煤矸石粒径和含量改变时，土壤含水量及其各性质间的关系也将随之发生改变。本研究对不同重构模式下土壤理化性质和水文性质进行分析，探明土壤重构因子与各性质之间的关系。

表 1-2 显示了不同重构模式土壤理化性质与土壤水分特性之间的相关性，煤矸石粒径在 0~2 mm 时，新构土壤饱和含水量与容重呈显著负相关（$P<0.05$），相关系数为 0.778；新构土壤饱和含水量与毛管持水量呈极显著正相关（$P<0.01$），相关系数为 0.983；新构土壤煤矸石含量与饱和含水量、毛管持水量均呈极显著正相关（$P<0.05$），相关系数分别为-0.634、-0.692。煤矸石粒径在 2~5 mm 时，新构土壤容重与田间持水量呈显著负相关（$P<0.05$），相关系数为 0.798，该研究结果与张雅楠结果一致；新构土壤饱和含水量、毛管持水量和煤矸石含量呈极显著负相关关系（$P<0.01$），相关系数分别为-0.898、-0.937[1]；新构土壤饱和含水量与毛管含水量呈极显著正相关，相关系数为 0.987，与田间持水量呈显著正相关（$P<0.05$），相关系数为 0.64。煤矸石粒径在 5~8 mm 与煤矸石粒

❶ 刘本娟，谢祖彬，刘琦，等. 生物质炭引起的土壤碳激发效应与土壤理化特性的相关性［J］. 土壤，2021，53（2）：343-353.

径在 8~10 mm 时，新构土壤煤矸石含量与饱和含水量呈极显著负相关（$P<0.01$），相关系数分别为-0.947、-0.917；新构土壤饱和含水量与毛管含水量呈极显著正相关（$P<0.01$），相关性系数分别为 0.992、0.982。煤矸石粒径为 5~8 mm 时，新构土壤的容重与田间持水量呈显著负相关，相关系数为-0.75。结果表明，新构土壤容重、煤矸石粒径和煤矸石含量会影响土壤含水量的多少。四种煤矸石粒径的煤矸石含量对土壤含水量的影响最为显著，随着新构土壤中煤矸石含量的增加，土壤含水量的逐渐减少。

表 1-2　不同重构模式下土壤理化性质相关性

煤矸石粒径/mm	理化性质	容重 B	煤矸石含量 D	饱和含水量 SM	毛管持水量 CW	田间持水量 FC
0~2	B	1				
	D	0.071	1			
	SM	-0.778**	-0.634*			
	CW	-0.745**	-0.692*	0.983**	1	
	FC	-0.508*	-0.163	0.353	0.388	1
2~5	B	1				
	D	0.263	1			
	SM	-0.389	-0.898**	1		
	CW	-0.308	-0.937**	0.987**	1	
	FC	-0.798**	-0.458	0.640*	0.592*	1
5~8	B					
	D	0.208	1			
	SM	-0.285	-0.947**	1		
	CW	-0.283	-0.948**	0.992**	1	
	FC	-0.750*	-0.240	0.472*	0.463	1
8~10	B					
	D	0.238	1			
	SM	-0.352	-0.917**	1		
	CW	-0.349	-0.924**	0.982**	1	
	FC	0.238	0.183	-0.251	-0.246	1

注：*表示在 0.05 水平上显著相关；**表示在 0.01 水平上显著相关。

1.1.2 不同重构因子对土壤饱和含水量的影响

当土壤中的所有孔隙全部都充满水时，土壤所能保持的含水量达到最大，此时的含水量称为土壤的饱和含水量。土壤的结构、质地、容重以及孔隙度等性质都会对饱和含水量产生影响。不同重构方式下的土壤饱和含水量见图 1-4。

由图 1-4 可以看出，不同重构方式下土壤的饱和含水量存在差异。当新构土壤的容重从 1.3 g/cm^3 增大到 1.5 g/cm^3、煤矸石质量含量从 10%提高到 50%、煤矸石粒径从 0~2 mm 增大到 8~10 mm 时，新构土壤的饱和含水量从 37.93%下降至 22.72%。结合图 1-4，通过计算可以得到五种煤矸石含量（10%、20%、30%、40%、50%）下新构土壤所对应的饱和含水量的平均值分别为 34.74%、32.35%、30.12%、28.35%、26.09%。方差分析的结果表明，不同煤矸石质量含量下土壤饱和含水量变化具有显著的差异性（$F=37.123$，

$P<0.001$)，说明煤矸石质量含量是影响饱和含水量变化的主要因素之一。五种容重(1.3 g/cm^3、1.35 g/cm^3、1.4 g/cm^3、1.45 g/cm^3、1.5 g/cm^3)下新构土壤所对应的饱和含水量的平均值分别为32.61%、31.28%、30.71%、29.35%、27.97%。方差分析的结果表明，不同新构土壤容重下饱和含水量变化的差异性显著($F=5.207$，$P<0.001$)，说明新构土壤容重的变化会影响到饱和含水量的大小。四种煤矸石粒径(0~2 mm、2~5 mm、5~8 mm、8~10 mm)下新构土壤所对应的饱和含水量的平均值分别为32.38%、30.72%、29.36%、28.86%。方差分析的结果表明，饱和含水量因煤矸石粒径的变化而发生变化($F=4.731$，$P<0.001$)，说明饱和含水量的大小与煤矸石粒径具有相关性。综上所述，煤矸石质量含量、新构土壤容重、煤矸石粒径都会对土壤的饱和含水量产生影响。

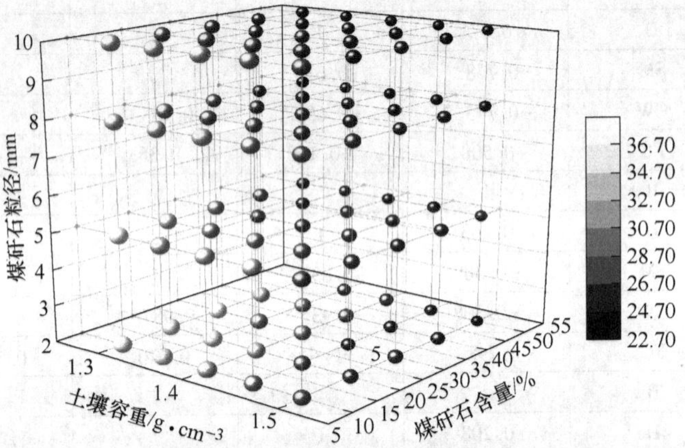

图 1-4 新构土壤饱和含水量

通过偏相关分析得到新构土壤饱和含水量与三个重构因子的偏相关系数。新构土壤饱和含水量与煤矸石质量含量的偏相关系数为-0.935，与新构土壤容重的偏相关系数为-0.819，与煤矸石粒径的偏相关系数为-0.771。结果表明，新构土壤饱和含水量与煤矸石质量含量、新构土壤容重和煤矸石粒径均呈负相关关系，其中与煤矸石质量含量和新构土壤饱和含水量的负相关关系更为显著。当煤矸石粒径为0~2 mm时，新构土壤容重为1.3 g/cm^3，煤矸石质量含量为10%，新构土壤的饱和含水量要高于其他重构方式下的土壤的饱和含水量。

为了更好地探讨三种重构因子对新构土壤饱和含水量影响的综合效应，实验将不同重构方式下土壤饱和含水量与对应土壤重构因子作为研究对象，以饱和含水量为因变量，以煤矸石质量含量(X_1)、新构土壤容重(X_2)和煤矸石粒径(X_3)为自变量，利用逐步回归分析建立不同重构方式对土壤饱和含水量(SWC)的影响模型。在建立的模型中，满足$P<0.05$的变量进入模型，进行逐步回归分析。结果表明，土壤饱和含水量回归模型中，X_1、X_2、X_3被依次引入模型，得到的回归模型为$SWC=71.772-0.213X_1-23.05X_2-0.4462X_3$，决定系数$R^2=0.91$，$P<0.01$。此结果说明多元回归方程拟合度高，达到极显著水平，煤矸石质量含量、煤矸石粒径和新构土壤容重与饱和含水量的回归关系真实可靠，各因子均会影响到新构土壤饱和含水量。

多元回归分析可以反映多个自变量和因变量之间的关系，但由于回归分析结果的偏回归系数带有单位，使得各自变量的相对重要性无从得知。因此就需要通过标准化处理，转化为直接通径系数来比较各自变量的相对重要性，获得自变量对因变量的影响效应。一般来说，直接通径系数越大，自变量对因变量的影响效应就越大。

由通径系数（表 1-3）可以看出三个重构因子 X_1、X_2、X_3 对 y 的直接作用分别是 $P_{1y}=-0.78$、$P_{2y}=-0.422$、$P_{3y}=-0.35$，且三个重构因子的偏回归系数显著性概率均满足 $P<0.01$。结果表明，虽然三个重构因子都对新构土壤饱和含水量产生了影响，但是在影响程度上存在差异。煤矸石质量含量的直接通径系数最高，对新构土壤饱和含水量的影响最大，其次是新构土壤容重和煤矸石粒径。

表 1-3 土壤重构因子对土壤含水量的影响系数

项目	土壤重构因子	直接通径系数
饱和含水量	煤矸石质量含量	-0.78
	新构土壤容重	-0.422
	煤矸石粒径	-0.35
毛管含水量	煤矸石质量含量	-0.826
	新构土壤容重	-0.379
	煤矸石粒径	-0.312
田间持水量	煤矸石质量含量	-0.664
	新构土壤容重	-0.631
	煤矸石粒径	-0.264

1.1.3 不同重构因子对土壤毛管含水量的影响

毛管含水量是指土壤中的毛管上升水达到最大时的含水量，是对植物有效的水分，土壤的结构、质地、容重以及孔隙度等性质都会对毛管含水量产生影响。不同重构方式下的土壤毛管含水量见图 1-5。通过偏相关分析得到新构土壤毛管含水量与煤矸石质量含量、新构土壤容重和煤矸石粒径三个重构因子的偏相关系数分别为-0.953、-0.822、-0.778。结果表明，土壤毛管含水量与煤矸石质量含量、新构土壤容重和煤矸石粒径均呈负相关关系，其中煤矸石质量含量与新构土壤毛管含水量的负相关性最显著，与煤矸石粒径的负相关性最差。当煤矸石粒径为 0~2 mm，新构土壤容重为 1.3 g/cm^3，煤矸石质量含量为 10% 时，新构土壤的毛管含水量要高于其他重构方式下的土壤的毛管含水量。通过直接通径分析比较自变量对因变量的影响效应，得到三个重构因子 X_1、X_2、X_3 对 y 的直接作用分别是 $P_{1y}=-0.826$、$P_{2y}=-0.379$、$P_{3y}=-0.312$，且三个重构因子的偏回归系数显著性概率均满足 $P<0.01$。由此可见，三个重构因子对新构土壤毛管含水量都产生了不同程度的影响，煤矸石质量含量的直接通径系数最高，是影响新构土壤毛管含水量最重要的重构因子，其次是新构土壤容重和煤矸石粒径。由图 1-5 及分析实验结果可知，不同重构方式下新构土壤毛管含水量存在差异。当煤矸石质量含量由 10%升至 50%、煤矸石粒径由 0~2 mm 升为 8~10 mm、保水剂施加量从 1.0 g/kg 降低至 0 时，新构土壤的毛管含水量由 44.36% 降至 18.48%[❶]。

❶ 杨永刚，苏巧梅，白东升，等. 一种用于生态修复的人工土壤制备方法：CN112789964A[P]. 2021-05-14.

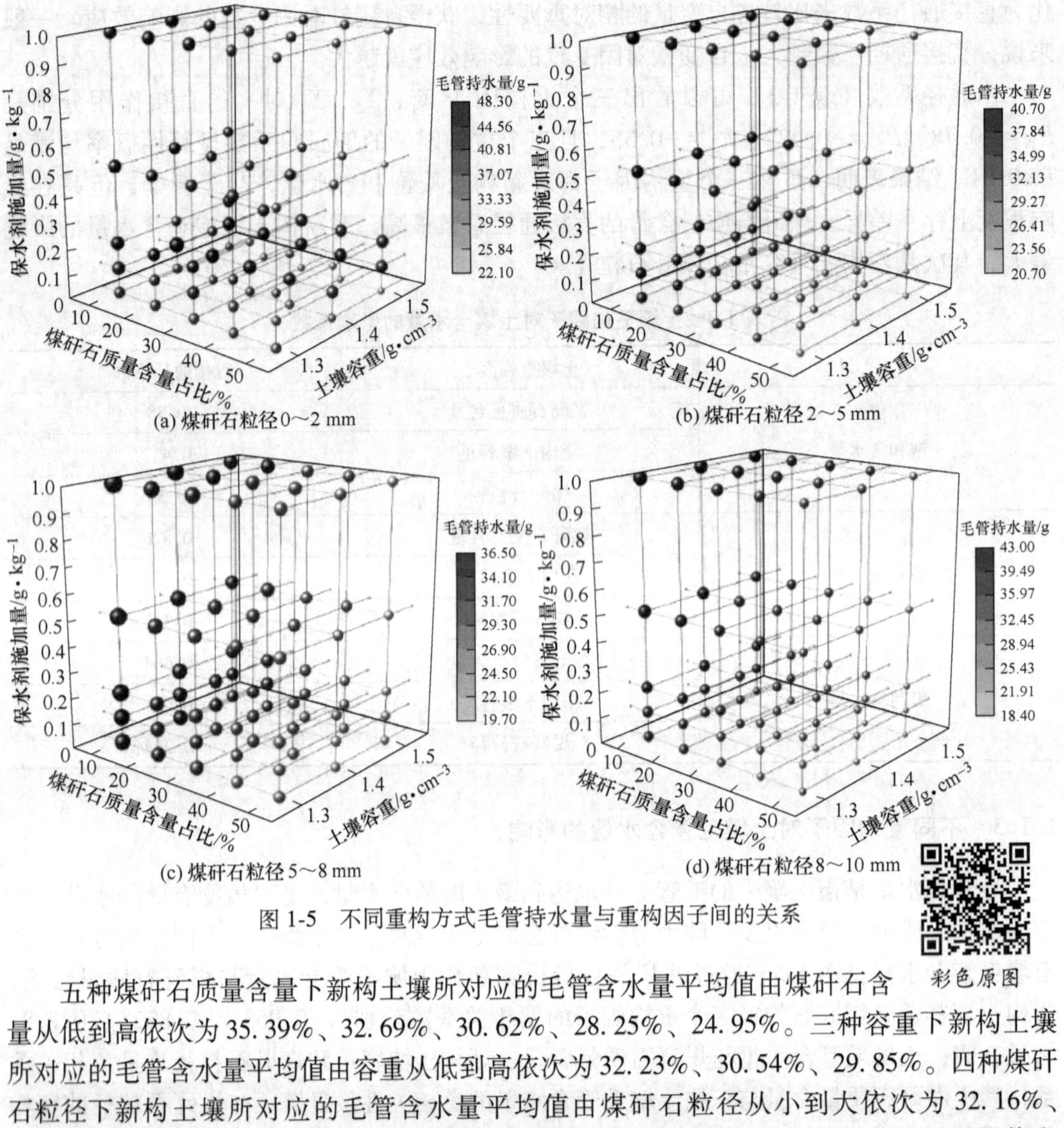

图 1-5　不同重构方式毛管持水量与重构因子间的关系

彩色原图

五种煤矸石质量含量下新构土壤所对应的毛管含水量平均值由煤矸石含量从低到高依次为 35.39%、32.69%、30.62%、28.25%、24.95%。三种容重下新构土壤所对应的毛管含水量平均值由容重从低到高依次为 32.23%、30.54%、29.85%。四种煤矸石粒径下新构土壤所对应的毛管含水量平均值由煤矸石粒径从小到大依次为 32.16%、27.64%、26.52%、25.96%。五种保水剂施加量下新构土壤所对应的毛管含水量平均值由保水剂施加量从低至高依次为 27.18%、39.75%、31.7%、31.24%、31.78%。方差分析表明，不同煤矸石质量含量、煤矸石粒径、保水剂施加量下新构土壤毛管含水量差异性极显著，方差分析 F 值分别为 100.341、9.79、59.257，所有的 P 值都满足 $P<0.001$。不同土壤容重重构方式下土壤毛管含水量差异不显著（$F=0.967$，$P=0.43$）。

在相同吸水试验处理下，不同重构方式新构土壤毛管含水量具有显著差异。新构土壤毛管含水量整体趋势随着新构土壤煤矸石质量含量的增加而降低、随煤矸石粒径增大而降低，各新构土壤毛管含水量受保水剂、土壤容重等因素的影响趋势显示出差异。这是由于煤矸石不具有储水能力，因此煤矸石含量越高，粒径越大，新构土壤结构就越松散，毛管含水量就越小。随着保水剂施加量增多，新构土壤中气相被膨胀后的保水剂所占据，毛管含水量增加，这与 Montesano 的研究结果一致。本研究还得出，当保水剂施加量到达一个临界点时，过多的保水剂同时膨胀，新构土壤内会由于保水剂膨胀而产生一定间隙，因此过多的保水剂施加量反而会降低新构土壤毛管含水量。

1.1.4 不同重构因子对土壤田间持水量的影响

田间持水量是指土壤中悬着水达到最大时的含水量，此时的含水量也是土壤能够稳定保持的最大量。土壤的结构、质地、容重以及孔隙度等性质都会对田间持水量产生影响。不同重构方式下的土壤田间持水量见图 1-3。为了更好地探讨三种重构因子对新构土壤田间持水量影响的综合效应，以不同重构方式下测定的毛管含水量与对应土壤重构因子作为研究对象，以田间持水量（CM）为因变量，以煤矸石质量含量（X_1）、新构土壤容重（X_2）和煤矸石粒径（X_3）为自变量，利用逐步回归分析建立不同重构方式对田间持水量的影响模型，做多元线性回归分析。在建立的模型中，满足 $P<0.05$ 的变量进入模型，进行逐步回归分析。结果表明，田间持水量回归模型中，X_1、X_2、X_3 被依次引入模型，得到的回归模型为 $CM = 83.808-0.22X_1-42.086X_2-0.41X_3$，决定系数 $R^2=0.908$，$P<0.001$，多元回归方程拟合度高，达到极显著水平，说明煤矸石质量含量、煤矸石粒径和新构土壤容重与田间持水量的回归关系真实可靠，各因子均会对田间持水量产生影响[1]。通过直接通径分析比较自变量对因变量的影响效应，得到三个重构因子 X_1、X_2、X_3 对 y 的直接作用分别为 $P_{1y}=-0.664$、$P_{2y}=-0.631$、$P_{3y}=-0.264$，且三个重构因子的偏回归系数的显著性检验结果均满足 $P<0.01$。由此可见，三个重构因子均对田间持水量产生不同程度的影响，煤矸石质量含量的直接通径系数最高，对田间持水量的影响最大，其次是新构土壤容重和煤矸石粒径。

容重由 1.3 g/cm³ 升至 1.5 g/cm³、煤矸石质量含量由 10%升至 50%、煤矸石粒径由 0~2 mm 升为 8~10 mm、保水剂施加量从 1.0 g/kg 降低至 0，新构土壤的田间持水量由 41.78%降至 4.62%。五种煤矸石质量含量下新构土壤所对应的田间持水量的平均值由煤矸石含量从低到高依次为 28.62%、26.44%、24.45%、21.94%、18.91%。三种土壤容重下新构土壤所对应的田间持水量的平均值由容重从低到高依次为 27.11%、25.41%、23.09%。四种煤矸石粒径下新构土壤所对应的田间持水量平均值由煤矸石粒径从小到大依次为 28.37%、16.48%、15.40%、13.69%。五种保水剂施加量下新构土壤所对应的田间持水量的平均值由保水剂施加量从低至高依次为 15.45%、33.03%、28.93%、29.20%、29.43%。方差分析表明，不同土壤容重、煤矸石质量含量、煤矸石粒径、保水剂施加量下新构土壤田间持水量差异性极显著，方差分析 F 值分别为 12.98、64.19、122.72、9.31，所有的 P 值均满足 $P<0.001$。

1.2 不同生态修复区的土壤水动力学特性

1.2.1 不同生态修复区非饱和带土壤水动力学特性分析

非饱和导水率受土壤质地与结构的影响较大，是研究土壤水分运动的基本参数。本研究采用 Ku-pf 非饱和导水率测量仪分别测定研究区不同生态修复区 0~20 cm、20~40 cm、60~80 cm、80~100 cm 土壤的非饱和导水率，不同土层非饱和导水率见图 1-6。

❶ 王修康，戚兴超，刘艳丽，等．泰山山前平原三种土地利用方式下土壤结构特征及其对土壤持水性的影响［J］．自然资源学报，2018，33（1）：63-74.

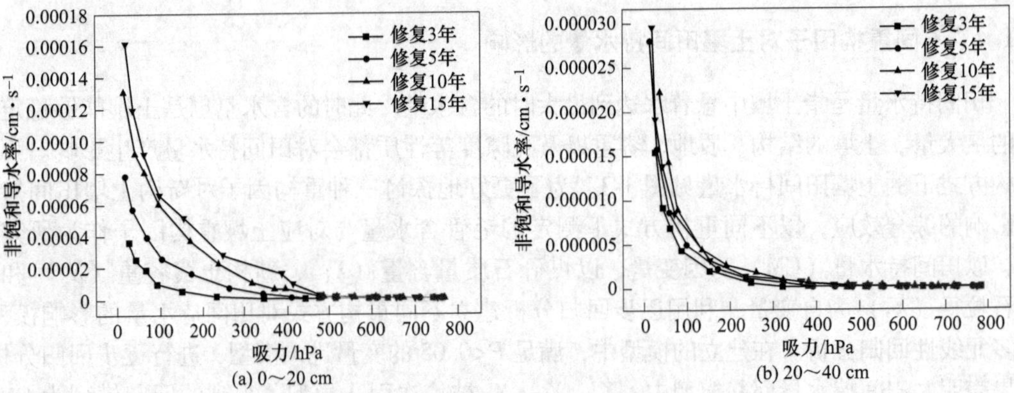

图 1-6 不同生态修复区土壤非饱和导水率

从图 1-6 可看出，不同吸力段非饱和导水率变化速率不同，吸力 300 hPa 是非饱和导水率变化的转折点，即吸力小于 300 hPa 时非饱和导水率下降速率较快。最初，土壤处于饱和状态，土壤基质势为零，土壤导水率即为饱和导水率（表 1-4）。随着吸力不断增加，土壤结构对非饱和导水率的影响较为明显，大孔隙排水面积较大，单位吸力下非饱和导水率变化较大。吸力 300 hPa 是土壤中重力水和毛细管水的分界点。当吸力不断增大至超过 300 hPa 时，存在于大孔隙中的水分已排完，土壤中的水分主要驻留于通透性较差的小孔隙中，小孔隙中水分在排泄过程中渗流路径不通畅，单位吸力下非饱和导水率变化较小❶。随着吸力继续增加，土壤水分主要驻留于通透性较差的毛细孔隙中，孔隙被气体填充，水体流动阻力大，非饱和导水率变化范围进一步减小。Rezanezhad 对泥炭土进行研究后发现，由于土壤孔隙被气体填充以及土壤孔隙排水路径的不规则性，导致土壤连通性降低，进而导致非饱和导水率减小。随着吸力进一步增大，土壤结构对非饱和导水率的影响变得微弱，土壤质地成为影响非饱和导水率的主要原因。土壤中的水分主要存在于不通透的孔隙中，土壤中的黏粒对水分的吸附力很大，水分紧紧吸附在土壤颗粒表面，单位吸力梯度下导水率变化范围更小❷。

表 1-4 不同生态修复区土壤非饱和导水率拟合参数

不同生态修复区	0～20 cm			20～40 cm		
	a	b	R^2	a	b	R^2
3 年修复区	5.62×10^{-5}	−0.018	0.98	2.63×10^{-5}	−0.022	0.97
5 年修复区	9.13×10^{-5}	−0.012	0.97	3.92×10^{-5}	−0.026	0.98
10 年修复区	1.42×10^{-4}	−0.009	0.96	4.28×10^{-5}	−0.019	0.97
15 年修复区	1.77×10^{-4}	−0.009	0.98	4.37×10^{-5}	−0.025	0.96

❶ 苏帅，杨永刚，黄磊. 矿区生态修复过程中不同立地类型土壤水动力学特性 [J]. 水土保持通报，2018，38（1）：18-23.

❷ 杨永刚，苏帅，焦文涛. 煤矿复垦区土壤水动力学特性对下渗过程的影响 [J]. 生态学报，2018，38（16）：5876-5882.

采用指数函数 $K(\psi) = a \times \exp(b\psi)$ 对吸力和非饱和导水率进行拟合，其中 a~b 为拟合参数。土壤孔隙是水分贮存和运动的空间，土壤容重较大时孔隙度相对较小。分别对吸力值为 100 hPa、300 hPa、500 hPa、1000 hPa、1500 hPa 时的土壤做非饱和导水率值和土壤容重、总孔隙度相关分析。由表 1-5 可知，吸力值为 100 hPa、300 hPa、500 hPa、1000 hPa 和 1500 hPa 时，非饱和导水率值和容重呈极显著性负相关（$P<0.01$）；吸力值为 100 hPa、300 hPa、500 hPa 时，非饱和导水率值和总孔隙度呈极显著性正相关（$P<0.01$）；吸力值为 1000 hPa 和 1500 hPa 时，非饱和导水率值和总孔隙度呈显著性正相关（$P<0.05$）。随着吸力不断增加，非饱和导水率和土壤容重、总孔隙度的相关性逐渐降低。

表 1-5 非饱和导水率和土壤容重、孔隙度相关性分析

类 型	吸力/hPa					
	50	100	300	500	1000	1500
总孔隙度	0.953**	0.945**	0.902**	0.867**	0.821*	0.795*
土壤容重	−0.991**	−0.985**	−0.96**	−0.937**	−0.898**	−0.854**

注：** 代表 $P<0.01$；* 代表 $P<0.01$。

对不同生态修复区土壤容重（x）和指数函数中拟合参数 a、b 进行回归分析，得到多项式关系式：$a=0.0005x^2-0.0019x+0.0018$，$b=-0.1336x^2+0.333x-0.2153$，见图 1-7。

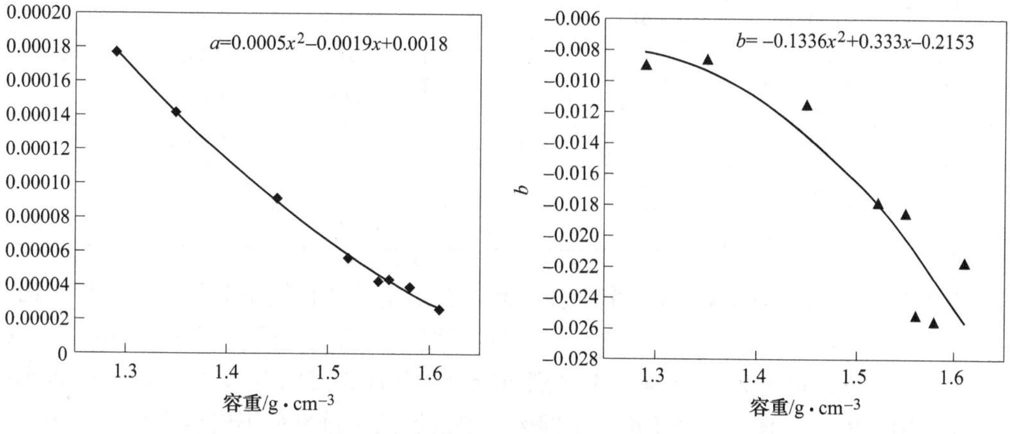

图 1-7 土壤容重和拟合参数的关系

模拟时间为 2016 年 4 月 1 日到 2016 年 10 月 31 日，共计 214 天。模型初始条件以 2016 年 4 月 1 日样地剖面实测含水率为起点，采用大气边界条件作为上边界条件，自由排水作为下边界条件，模型不考虑根系吸水影响，气象数据采用样地气象站实测值，模型中土壤水力参数见表 1-6。土壤水分特征曲线 Van-Genuechten 表达式为：

$$\theta = \theta_r + \frac{\theta_s - \theta_r}{[1 + |\alpha h|^n]^m} \tag{1-1}$$

$$n = \frac{1}{1 - m}, h < 0 \tag{1-2}$$

式中 θ——土壤体积含水率，cm^3/cm^3；

θ_s——饱和含水率，cm^3/cm^3；

θ_r——残余含水率，cm^3/cm^3；

h——压力水头，cm；

α，m，n——经验常数。

表 1-6 不同生态修复区土壤 Van-Genuechten 模型参数

不同生态修复区	土层深度/cm	θ_r	θ_s	α	n	K_s/cm · d^{-1}
15 年修复区	0~20	0.2648	0.5227	0.0057	2.1228	15.09
	20~40	0.0759	0.3455	0.0082	2.0340	1.57
	60~80	0.1917	0.5045	0.0055	2.4033	17.37
	80~100	0.2427	0.4829	0.0049	2.3509	7.38
10 年修复区	0~20	0.2104	0.5052	0.0033	2.6842	21.84
	20~40	0.0023	0.3438	0.0043	3.1763	15.48
	60~80	0.0392	0.3918	0.0049	2.5222	6.92
	80~100	0.1726	0.4748	0.0051	2.4825	23.32
5 年修复区	0~20	0.1116	0.4384	0.0052	2.0833	3.79
	20~40	0.0034	0.3204	0.0043	2.3180	1.69
	60~80	0.1612	0.4480	0.0045	2.7047	11.16
	80~100	0.2031	0.4943	0.0050	2.3362	15.48
3 年修复区	0~20	0.0582	0.3692	0.0044	2.6660	4.27
	20~40	0	0.3116	0.0059	1.9622	1.32
	60~80	0.1531	0.4326	0.0067	2.3072	8.48
	80~100	0.1852	0.4247	0.0042	2.9501	4.31

应用 Hydrus 模型对 100 cm 深度土壤剖面含水率变化进行模拟分析，将土壤剖面分为 0~20 cm、20~40 cm、60~80 cm、80~100 cm 四层，监测点布设在 10 cm、30 cm、70 cm 和 90 cm 处。模拟得出 2016 年 4 月 1 日到 2016 年 10 月 31 日 214 天内土壤剖面含水率变化规律（图 1-8）。从图 1-8 可看出，不同生态修复区及土壤剖面不同监测点含水率变化规律相似。在模拟期第 15 天、65 天、105 天、135 天和 204 天这五个时间段降雨量很大，整个土壤剖面的含水率也较大。对比同一剖面不同监测点含水率，发现 30 cm 处土壤含水率最低，这是由于 20~40 cm 土壤容重最大，紧实度最高，孔隙度较小，土壤储存水分的空间较小，因此土壤含水率较其他监测点含水率低。

1.2.2 不同煤矸石质量含量下新构土壤水分入渗特性

1.2.2.1 不同煤矸石质量含量下新构土壤累积入渗量变化

土壤累积入渗量是指一定时间间隔内土壤剖面入渗的水分总量。为了便于观测和分

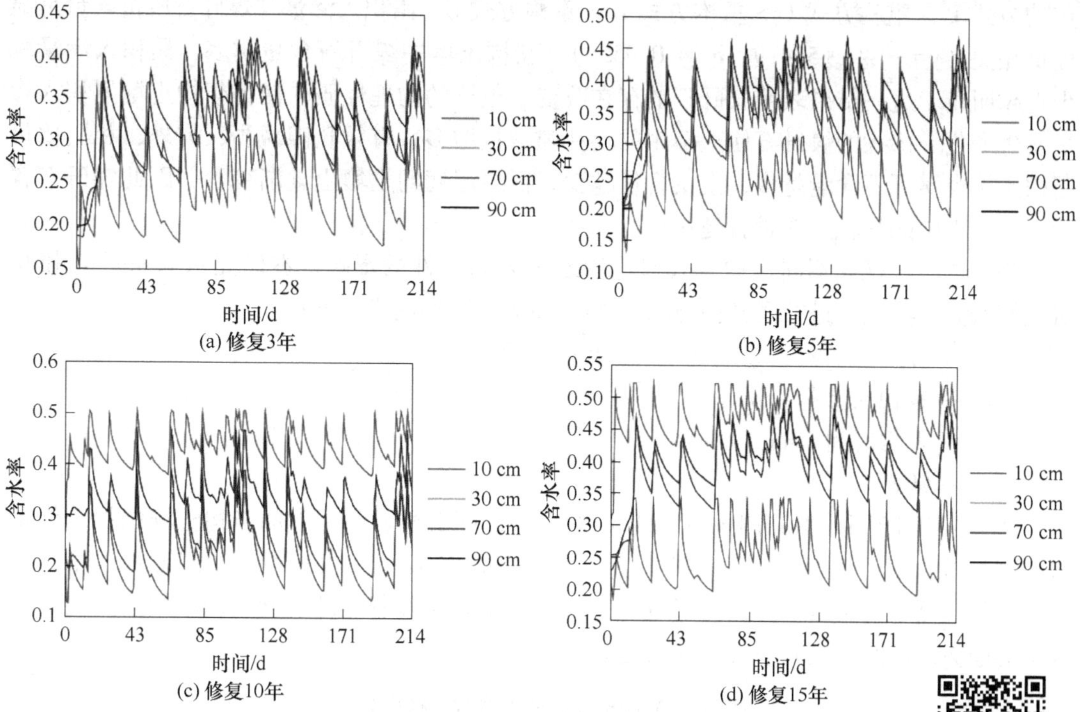

图 1-8　不同生态修复区土壤剖面含水率模拟分析

彩色原图

析，新构土壤的累积入渗量用入渗水深来表示。A、B、C、D、E 五种煤矸石质量含量下的土壤累积入渗量变化趋势见图 1-9。

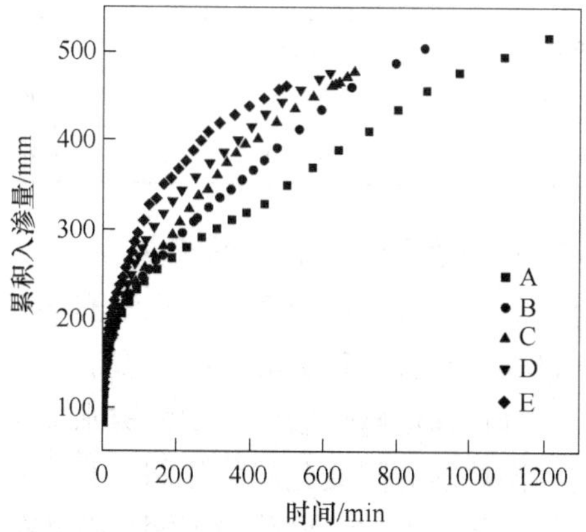

图 1-9　不同煤矸石质量含量下土壤累积入渗量动态变化

由图 1-9 可知，不同煤矸石质量含量下的土壤累积入渗量均随时间的延长呈增大趋势。在初始入渗阶段，各新构土壤间的累积入渗量差异不大，这是因为入渗初期水分运动主要受到基质势的影响，随着时间的延长，各新构土壤间的累积入渗量差异逐渐显现。当土壤水分入渗试验结束时，A 重构方式下累积入渗量最大，累积入渗量为 517 mm；E 重构方式下累积入渗量最小，累积入渗量为 454 mm。累积入渗量从大到小依次为重构方式 A>

重构方式 B > 重构方式 C > 重构方式 D > 重构方式 E，累积入渗量与煤矸石质量含量呈显性负相关（$y=-149x+534.9$，$R^2=0.9558$），新构土壤中煤矸石含量越多，累积入渗量减少得越明显。这一结果表明煤矸石的存在改变了土壤的物理性质，使得新构土壤累积入渗量发生变化。掺入的煤矸石使土壤中的大孔隙数量增多，有效孔隙减少，另外，相同质量新构土壤中煤矸石含量越多，土壤含量越少，需要湿润的土壤也逐渐变少，因此煤矸石含量越多，土壤的累积入渗量就越小。

为了进一步探究不同重构方式对土壤水分入渗特性的影响，本研究用 Kostiakov 模型对土壤水分入渗过程进行了模拟分析。Kostiakov 模型表达式如下：

$$I(t)=Kt^a \tag{1-3}$$

式中 I——累积入渗量，mm；

t——入渗时间，min；

K，a——常数。

从表 1-7 可看出，Kostiakov 入渗模型对五种煤矸石质量含量下的新构土壤的拟合结果与实测数据的相关系数达到了 0.97 以上，表明 Kostiakov 入渗模型可以很好地描述不同煤矸石质量含量下的土壤水分入渗过程。拟合参数中 a 值随着煤矸石含量的增加呈先增加后减小的趋势，K 值呈先减小后增加的趋势。

表 1-7 新构土壤水分入渗过程模拟分析

重构方式	R^2	拟合参数		回归方程
		K	a	$I(t)=Kt^a$
A	0.9795	75.152	0.2533	$Y=75.152t^{0.2533}$
B	0.9804	72.142	0.2708	$Y=72.142t^{0.2708}$
C	0.994	67.232	0.2926	$Y=67.232t^{0.2926}$
D	0.9974	73.142	0.2925	$Y=73.142t^{0.2925}$
E	0.9956	76.219	0.2884	$Y=76.219t^{0.2884}$

1.2.2.2 不同煤矸石质量含量土壤湿润峰的变化

当土壤剖面水分入渗时，土壤的湿润部分和下层未湿润部分会形成明显的干湿分离界面，在这一交界面土壤含水量梯度很大，称为湿润峰。湿润峰的推进速度可直接反映土壤水分的入渗能力和持水特性，推进速度越快表明土壤的透水能力越强，持水能力越差。五种煤矸石质量含量下土壤的湿润峰随时间变化趋势见图 1-10。各新构土壤的湿润峰深度随着时间的推移均呈逐渐增大的趋势，但在不同阶段湿润锋变化的趋势不同。在入渗初期湿润峰深度变化曲线较陡，随着时间的延长，湿润峰变化速率逐渐减小，最终趋于稳定。从图 1-10 中还可看出煤矸石质量含量对湿润峰推进速度产生了影响，各土柱间的湿润峰推进速度差异明显。五种煤矸石质量含量下的新构土壤湿润峰到达土柱底部的耗时不同，重构方式 A 耗时最长，所用时间为 1212 min，重构方式 E 耗时最短，所用时间为 504 min。湿润峰到达土柱底部所用时间从短到长依次为重构方式 E <重构方式 D < 重构方式 C <重构方式 B < 重构方式 A，湿润峰推进所用时间与煤矸石质量含量呈显著的负相关关系（$y=-16.78x+1280.8$，$R^2=0.911$）。随着煤矸石质量含量的增加，湿润峰推进速率逐渐变慢，

这与累积入渗量的变化趋势一致。这主要是因为随着煤矸石含量的增加，相同质量的混合介质中土壤体积减小，需要湿润的土壤相应减少。掺入的煤矸石使土壤中的大孔隙数量增多，大孔隙更有利于土壤水分渗漏，因此随着煤矸石质量含量的增加，湿润峰的推进速度加快。表明煤矸石的加入增强了土壤水分的入渗能力，煤矸石质量含量越高，土壤的入渗能力越强。

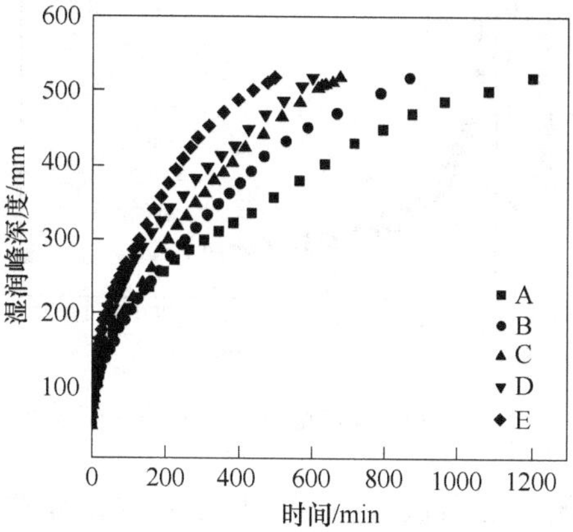

图 1-10 不同煤矸石质量含量土壤湿润峰动态变化

为了进一步研究不同煤矸石质量含量对湿润峰推进深度的影响，采用幂函数对湿润峰推进深度与时间的关系进行模拟分析：

$$Z = At^B \tag{1-4}$$

式中 Z——湿润峰推进深度，mm；

t——时间，min；

A，B——拟合参数。

由表 1-8 可知，幂函数很好地拟合了各重构方式下土壤湿润峰推进深度与时间的关系，拟合系数均在 0.96 以上。从表 1-8 中还可以发现拟合参数中 A 值随着煤矸石质量含量的增加呈现先减小后增加的趋势，B 值呈现先增加后减小的趋势，这与累积入渗量变化趋势一致。

表 1-8 新构土壤湿润峰推进过程模拟

重构方式	R^2	拟合参数		回归方程
		A	B	$Z=At^B$
A	0.9929	24.956	0.4384	$Z=24.956t^{0.4384}$
B	0.995	17.01	0.5187	$Z=17.01t^{0.5187}$
C	0.9891	17.14	0.5369	$Z=17.14t^{0.5369}$
D	0.9889	17.095	0.5375	$Z=17.095t^{0.5375}$
E	0.9683	29.37	0.4866	$Z=29.37t^{0.4866}$

1.2.3 不同煤矸石质量含量土壤水分入渗速率变化

单位时间内经过土壤剖面的水量称为土壤的水分入渗速率。土壤水分入渗速率主要受到入渗过程的影响，是反映水分入渗特性的重要指标。不同煤矸石质量含量土壤入渗速率随时间的变化见图 1-11。

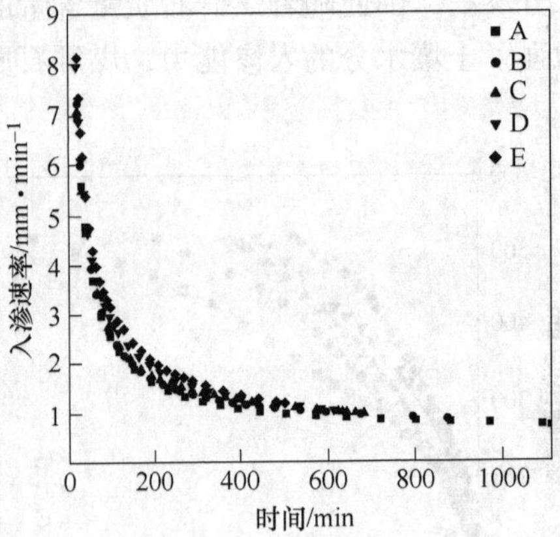

图 1-11 不同煤矸石含量下土壤入渗速率动态变化

由图 1-11 可知，在初始入渗阶段，由于土壤表层含水量少，较为干燥，土壤吸附水分能力强，水分入渗主要受基质势的影响，因此各新构土壤的水分入渗速率均很大，入渗速率随时间的变化曲线均较陡。而随着时间的推移，重力作用下的土壤水分入渗逐渐加强，成为影响土壤水分入渗速率的主导因素，下渗过程中阻力逐渐变大，因此入渗速率也随时间的延长发生逐级递减，最终趋于一个稳定值。

从图 1-11 中还得知煤矸石质量含量会对土壤水分入渗速率产生影响，各新构土壤水分入渗速率存在差异，土壤的初始入渗率、平均入渗率和稳定入渗率均随着煤矸石质量含量的增加而增大。当土壤水分入渗试验结束时，不同煤矸石质量含量下土壤水分入渗速率从大到小依次是重构方式 E(0.901 mm/min)>重构方式 D(0.786 mm/min)>重构方式 C(0.721 mm/min)>重构方式 B(0.577 mm/min)>重构方式 A(0.426 mm/min)，入渗速率与煤矸石质量含量呈显著的正相关关系（$y=-0.0116x+1.0299$，$R^2=0.982$）。这主要是因为煤矸石的加入改变了土壤的孔隙特征，使不持水的大孔隙变多，在下渗过程中更容易形成过水通道，使水分更易流通；另外，煤矸石是一种特殊的不吸水介质，煤矸石质量含量增加，需要湿润的土壤减少，这两个因素的共同作用使得新构土壤的入渗速率明显增大。

1.3 不同重构方式下的土壤持水性及有效水性

1.3.1 不同重构方式下土壤水分特征曲线

土壤水分特征曲线是用来表示土壤基质吸力引起的土壤水分含量变化的曲线。通过土壤水分特征曲线可以更好地反映出土壤水分含量与能量之间的动态变化，掌握土壤水分的运动状态，分析不同性质土壤的持水性能和在植物生长方面的有效性。用 Ku-pf 测量系统测定了五种煤矸石质量含量下的土壤水分特征曲线，不同煤矸石含量下的土壤水分特征曲线见图 1-12。

由图 1-12 可知，不同煤矸石质量含量下土壤的含水量均随着吸力的增大而减少，但

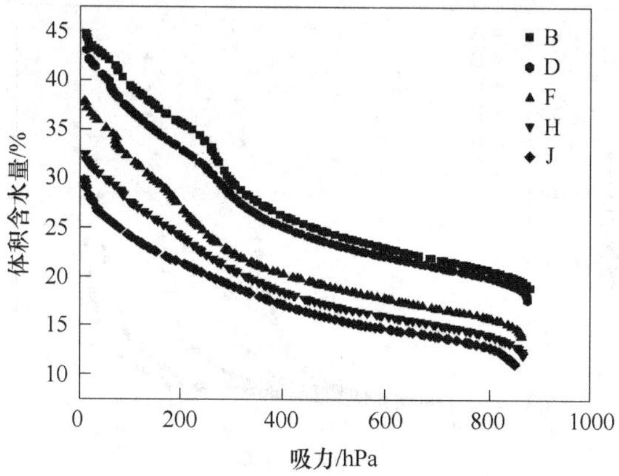

图 1-12 不同煤矸石质量含量下土壤水分特征曲线

在不同的吸力阶段，含水量变化幅度不同。低吸力阶段的土壤水分特征曲线变化幅度较大，曲线较陡，吸力的增大使得土壤水分含量迅速减少，微小的土壤水吸力变化引起了土壤含水量的显著变化；中高吸力阶段土壤水分特征曲线由陡向缓变化，随着吸力的增大土壤含水量呈缓慢下降的趋势，吸力变化只导致了含水量的轻微变化。这与土壤孔隙结构有关，低吸力阶段土壤中大孔隙所占比例高，而大孔隙毛管附着力小、脱水速度快的特点使得土壤中的水分迅速流失，因此低吸力阶段的曲线比较陡。在中高吸力阶段，土壤水分主要集中在小孔隙中，小孔隙具有毛管附着力大、持水性强的特点，因此高吸力阶段的土壤脱水速度变慢，含水量降幅变小，曲线最终趋于平缓。

虽然各煤矸石质量含量下的土壤吸力所引起的含水量的变化趋势基本是一致的，但当不同重构方式下土壤的吸力相同时，含水量却存在很大差异。在同等吸力水平下，随着煤矸石质量含量的增多，土壤含水量在逐渐减少。由于煤矸石的理化性质与原状土的理化性质有着很大的不同，因此煤矸石的加入会使土壤的水文性质发生变化。煤矸石本身具有孔隙性差和持水性差的特点，因此煤矸石含量会对土壤的有效孔隙产生很大的影响，新构土壤的有效孔隙会随着煤矸石质量含量的增多而明显减少。另外，黏粒含量也会对土壤的含水量产生影响，相同质量的新构土壤中煤矸石含量增多，土壤含量减少，则黏粒含量也会随之变少，使得土壤吸附水分的能力减弱，含水量降低。表明土壤中添加一定比例的煤矸石使得土壤结构发生了明显变化，煤矸石质量含量越多，土壤中的大孔隙所占比例越高，土质越疏松，土壤的持水性越差。

土壤水分的保持与土壤孔隙大小密切相关。为了进一步探明不同煤矸石质量含量下土壤的持水性，本研究对新构土壤的孔隙分布进行了研究。假设土壤孔隙为不同孔径的圆形毛孔，那么当量孔径 d 就可以通过 $d=300/S$ 这一表达式换算出来（S 为土壤吸力，Pa；d 为当量孔径，mm）。进而计算出不同煤矸石质量含量下土壤孔径大小，并且将吸力与含水量关系曲线转换为当量孔径与含水量关系曲线，从而间接反映土壤孔隙的分布状况。当量孔径与土壤含水量关系曲线见图 1-13。

图 1-13 显示，当量孔径在 0~0.03 mm 时，不同煤矸石质量含量下的土壤含水量随着当量孔径的增大而迅速增加；当量孔径大于 0.03 mm 时，各新构土壤的含水量增长速度逐渐变缓，直至土壤水分含量不再增加，趋于稳定。这表明各新构土壤的水分主要存在于孔

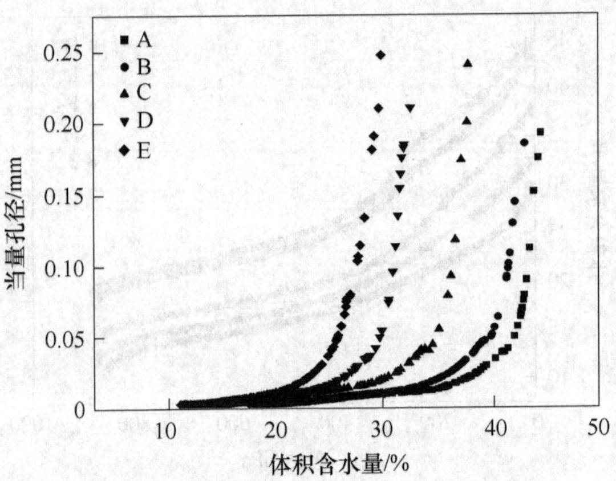

图 1-13　当量孔径与土壤含水量关系曲线

径小于 0.03 mm 的孔隙中，土壤孔隙主要以小于 0.03 mm 的孔径为主，孔径大于 0.03 mm 的孔隙比例很小。

由图 1-13 可知，不同重构方式下的土壤孔径分布存在差异，同一当量孔径所对应的土壤含水量不同。在当量孔径相同的情况下，重构方式 A 土壤含水量最大，重构方式 E 土壤含水量最小，不同煤矸石质量含量下土壤含水量从大到小依次为重构方式 A>重构方式 B >重构方式 C >重构方式 D >重构方式 E。

假设 θ_1 和 θ_2 为土壤在不同吸力下的含水量（$\theta_1>\theta_2$），它们所对应的当量孔径分别为 d_1 和 d_2，那么 $\theta_1-\theta_2$ 就是 d_2 与 d_1 孔径之间的孔隙体积占土壤孔隙总体积的比重❶。因此根据土壤水吸力值的大小，将当量孔径 0.1～0.03 mm 设定为低吸力段，当量孔径 0.03～0.0035 mm 设定为中吸力段，当量孔径 0.0035～0.0004 mm 设定为高吸力段，不同当量孔径占孔隙总体积的比例见表 1-9。

表 1-9　不同煤矸石质量含量下土壤当量孔径分布　　（%）

当量孔径/mm	A	B	C	D	E
0.1～0.03	3.92	4.46	4.16	3.41	3.38
0.03～0.0035	19.53	18.13	17.28	14.75	13.12
0.0035～0.0004	7.5	6.96	4.53	4.09	2.99

由表 1-9 可知，当量孔径为 0.1～0.03 mm 时，随着煤矸石质量的增加，当量孔径比例占孔隙总体积的比例呈先增加后减小的趋势；当量孔径在 0.03～0.0035 mm 时，当量孔径比例占孔隙总体积的比例随着煤矸石质量含量的增大而减小；当量孔径在 0.0035～0.0004 mm，当量孔径的比例占孔隙总体积的比例从大到小依次是重构方式 A>重构方式 B >重构方式 C >重构方式 D >重构方式 E。当量孔径中中小孔径比例越高，持水能力越强。重构土壤中的煤矸石含量越高，当量孔径中中小孔径所占比例越小。因此，通过在土壤中加入煤矸石降低了土壤的持水能力，新构土壤中煤矸石质量含量越高，持水能力越差。

❶ 周宏，赵文智. 荒漠区包气带土壤物理特征及其对地下水毛管上升影响的模拟［J］. 应用生态学报，2019，30（9）：2999-3009.

关于土壤水分特征曲线的经验函数有很多，在实际研究中常采用经验函数来估计不同土壤的水力特性。研究表明，Gander 模型适用于大部分土壤，可利用该模型对土壤水分特征曲线进行拟合。Gander 模型的表达式如下：

$$\theta = ah^{-b} \tag{1-5}$$

式中 a，b——拟合参数；

h——基质势吸力，hPa；

θ——含水量。

a 值反映了曲线的高低，a 值越大表示土壤持水能力越强，当 a 值不变时，b 值表示含水量随吸力变化时的变化速度，一般来说，b 值越大，表示吸力变化所引起的含水量变化速率越快。ab 值是可以反映土壤的持水能力和抗旱能力的指标，一般来说，ab 值越大，表示土壤的持水能力或抗旱能力越强。

将实测数据代入模型中进行拟合，拟合结果见表 1-10。从表 1-10 可以看出，Gander 模型对五种重构方式下的新构土壤的拟合结果与实测数据的相关系数均达到了 0.9 以上，表明该模型能够很好地反映不同煤矸石质量含量下土壤含水量随吸力的变化规律。表 1-10 中还发现 a、b 值随着煤矸石质量含量的增加逐渐减小，ab 也随着煤矸石质量含量的增加而减小。这也表明了煤矸石质量含量对土壤持水能力的影响十分明显，随着煤矸石质量含量的增加，含水量随吸力的变化速度减缓，土壤的持水能力降低。

表 1-10 Gander 模型拟合参数及效果

重构方式	a	b	ab	R^2
A	1.241	0.258	0.32	0.904
B	1.123	0.251	0.283	0.934
C	0.913	0.247	0.225	0.926
D	0.785	0.246	0.193	0.907
E	0.6941	0.241	0.167	0.918

1.3.2 不同重构方式下土壤比水容量

土壤吸持水分的能力不在于土壤含水量的高低，而在于土壤吸力增加或减少时所吸入或释放的水量，也就是比水容量。通过比水容量可以反映出土壤对植物生长的有效性，在数值上等于土壤水分特征曲线的斜率，常利用 Gander 模型（式（1-6））换算得到：

$$C(\theta) = abh^{-(b+1)} \tag{1-6}$$

将表 1-11 的数据代入式（1-6）中得到新构土壤在不同吸力水平下的比水容量。

表 1-11 新构土壤在各吸力水平下的比水容量

吸力/hPa	A	B	C	D	E
1	3.20E-01	2.83E-01	2.25E-01	1.93E-01	1.67E-01
10	1.77E-02	1.59E-02	1.28E-02	1.10E-02	9.60E-03
50	2.33E-03	2.12E-03	1.72E-03	1.48E-03	1.30E-03

续表 1-11

吸力/hPa	A	B	C	D	E
70	1.53E-03	1.39E-03	1.13E-03	9.70E-04	8.58E-04
100	9.76E-04	8.92E-04	7.23E-04	6.22E-04	5.51E-04
300	2.45E-04	2.26E-04	1.84E-04	1.58E-04	1.41E-04
500	1.29E-04	1.19E-04	9.72E-05	8.37E-05	7.48E-05
700	8.44E-05	7.82E-05	6.39E-05	5.51E-05	4.93E-05
900	6.15E-05	5.71E-05	4.67E-05	4.03E-05	3.61E-05
1000	5.39E-05	5.00E-05	4.10E-05	3.53E-05	3.17E-05
1200	4.28E-05	3.98E-05	3.26E-05	2.81E-05	2.52E-05
1500	3.23E-05	3.01E-05	2.47E-05	2.13E-05	1.91E-05

由表 1-11 可知，随着土壤水分吸力的逐渐增大，各新构土壤的比水容量均呈减小趋势，但在不同的吸力段比水容量的变化幅度不同。1~100 hPa 是比水容量变化幅度最大的吸力段，释水量达到 10^{-1}~10^{-4}数量级；当吸力大于 100 hPa 时，比水容量变化幅度变小，在 100~1500 hPa 吸力段，释水量为 10^{-4}~10^{-5}数量级。这说明在吸力由小到大变化时，土壤中的大孔隙的比例在逐渐减小。在低吸力段土壤中大孔隙所占比例高，此时土壤的释水能力主要取决于土壤中毛管附着力小的大孔隙，而大孔隙具有持水能力差、易排水的特点，使得这一阶段的释水量大；随着吸力的增加，土壤中能够储存水分的中小孔径数量变多，中小孔隙毛管附着力强，相较于大孔隙更易持水，这一阶段的土壤排水能力小于低吸力阶段。因此，在低吸力阶段，吸力所引起的比水容量变化幅度较大，随着吸力的增大，比水容量变化幅度逐渐变小。从表 1-11 中还可看出，在同等吸力水平下，比水容量随着煤矸石质量含量的增加均呈现出逐渐减小的趋势，而比水容量的大小代表了土壤吸持水分的能力，因此这也进一步说明了煤矸石含量越多，土壤吸持水分能力越弱，持水性越差。

1.3.3 不同重构方式下土壤水分有效性

当毛管悬着水因失去连续性而使运动受阻时的土壤含水量叫作毛管断裂含水量，这时的土壤基质势约为 1000 hPa，因此本研究将吸力为 1000 hPa 时的含水量作为毛管断裂含水量。当植物的根系因无法吸收水分而发生永久萎蔫时的土壤含水量叫作萎蔫系数，这时的土壤基质势约为 15000 hPa，本研究将 15000 hPa 吸力下的含水量视为萎蔫系数。

从图 1-14 可看出，毛管断裂含水量和萎蔫系数均随煤矸石质量含量的增加而减少。当煤矸石质量含量从 10%增加到 50%时，毛管断裂含水量从 20.87%下降到 13.13%，萎蔫系数从 10.38%下降到 6.84%。毛管断裂含水量及萎蔫系数与煤矸石质量含量均存在很明显的负相关关系（$y=-0.2106x+0.2329$，$R^2=0.97$；$y=-0.0983x+0.1159$；$R^2=0.9598$），这说明煤矸石的存在使土壤中的过水通道增多，原有的孔隙结构发生改变，大孔隙增加，土壤水分流失加速。因此，煤矸石的加入不利于土壤水分的保持，新构土壤中的煤矸石质量含量越多，土壤含水量越少。

根据土壤的含水量及其作用的不同，可以将土壤含水量分为不同的阶段。饱和含水量与田间持水量间的水量无法被土壤有效吸持，称为过剩水，但它可以通过下渗作为地下水

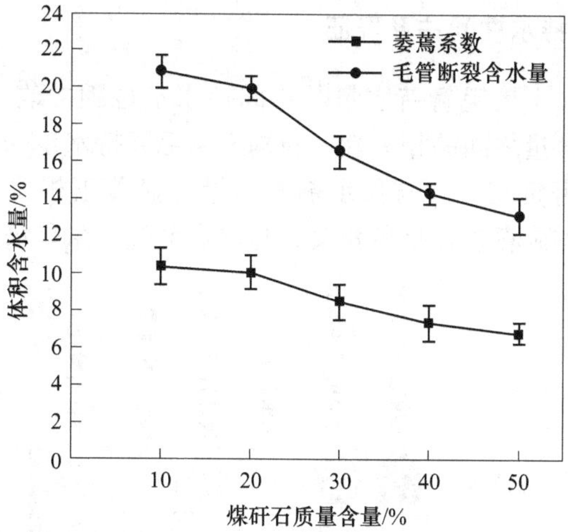

图 1-14 不同煤矸石质量含量下土壤毛管断裂含水量、萎蔫系数

的补给源。田间持水量到萎蔫系数之间的水分称为有效水量，这部分水分可以直接被植物吸收利用，但这一阶段的水分并不能被植物等效吸收。毛管断裂含水量作为土壤有效水分含量的分界，其与田间持水量之间的水分称为易效水，这一阶段的水分最易被植物吸收利用；而毛管断裂含水量到萎蔫系数之前的水量已很难被植物所吸收利用，称为难效水。由前面论述可知，新构土壤含水量和持水性都会受到煤矸石质量含量的影响，因此得知新构土壤的过剩水、有效水、易效水和难效水也会受到煤矸石质量含量的影响（图 1-15）。

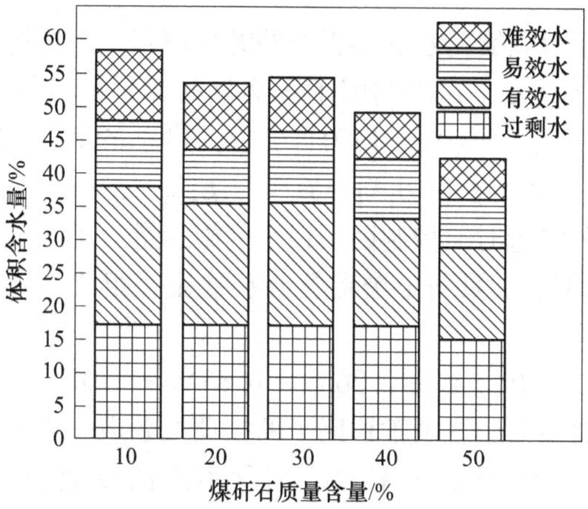

图 1-15 不同煤矸石质量含量下土壤过剩水、有效水、易效水及难效水

由图 1-15 可知，新构土壤有效水及难效水随煤矸石质量含量增加均呈下降趋势。当煤矸石质量含量从 10% 增加到 50%时，新构土壤有效水从 13.49%下降至 8.82%，难效水从 10.49%下降至 6.3%，有效水和难效水与煤矸石质量含量均呈显著的负相关关系（$y=-0.1613x+0.2223$，$R^2=0.8877$；$y=-0.1123x+0.1171$，$R^2=0.9764$），土壤过剩水及易效水与煤矸石质量含量无相关性。结果表明，煤矸石的加入降低了土壤水分的有效性，煤矸石质量含量越高，土壤有效水分含量越低。

1.3.4 重构因子与土壤持水性间关系表征

当重构因子改变时，土壤毛管持水量与田间持水量也随之改变。图 1-16 显示了不同重构因子与修改土壤持水量之间的相关性。新构土壤毛管持水量与土壤容重、煤矸石质量含量、煤矸石粒径呈显著负相关，与保水剂施加量呈显著正相关。田间持水量与土壤容重、煤矸石质量含量、煤矸石粒径呈负相关，与保水剂施加量呈极显著正相关。

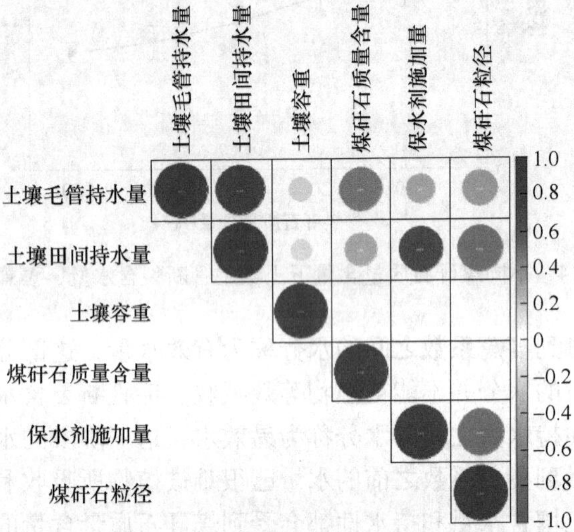

图 1-16 控制变量间相关分析

为探讨各项重构因子对土壤持水性能影响的综合评判，以新构土壤毛管持水量（Y_1）、田间持水量（Y_2）作为因变量，以控制因子土壤容重（X_1）、煤矸石质量含量（X_2）、煤矸石粒径（X_3）、保水剂施加量（X_4）作为自变量，建立多元逐步回归模型：

$$Y_1 = \beta_1 + \beta_2 X_1 + \beta_3 X_2 + \beta_4 X_3 + \beta_5 X_4 \tag{1-7}$$

在生成多元一次方程模型时，控制因子保水剂施加量（X_4）在模拟数值过程中相关系数 $P>0.05$，但由于保水剂施加量与土壤毛管持水量显著相关，故在最终模型中引入二次变量，最终模型为：

$$Y_1 = 55.7 - 19.5X_1 - 0.26X_2 - 0.85X_3 + 2.01X_4 - 1.17X_4^2 \tag{1-8}$$

在模型模拟中，同时引入了各项重构因子的二项式系数，由于回归方程中数据峰值的差异，致使其回归系数（$r^2 \approx 0.67$）较低，但所引入的变量相关系数均达到 $P<0.05$，$F_{回} = 116.2 > F_{0.05} = 3.68$，足以作为模型的输入变量。说明土壤容重、煤矸石质量含量、煤矸石粒径、保水剂施加量对新构土壤毛管持水量的影响都是极显著的。方程的一次项系数表示单因素对土壤有效水含量的影响，一次项系数为正表示正效应，一次项系数为负表示负效应，即新构土壤保水剂施加量确定时，容重越接近 1.3 g/cm^3（1.3~1.5 g/cm^3 范围内），煤矸石质量含量越接近 10%（10%~50% 范围内），煤矸石粒径越接近 0~2 mm(0~10 mm 范围内)，新构土壤毛管持水量越大。同理，为研究新构土壤田间持水量（Y_2）与各控制变量间的关系，建立多元回归模型：

$$Y_2 = \beta_1 + \beta_2 X_1 + \beta_3 X_2 + \beta_4 X_3 + \beta_5 X_4 + \beta X_4^2 \tag{1-9}$$

生成的多元方程模型中各项控制变量相关系数均达到了 $P<0.05$，最终模型为：

$$Y_2 = 59.48 - 19.91X_1 - 0.24X_2 - 1.14X_3 + 28.19X_4 - 21.24X_4^2 \tag{1-10}$$

回归方程回归系数（$R^2=0.75$）较为合理，引入的变量均对新构土壤田间持水量产生极显著影响，$F_{回}=136.1>F_{0.05}=3.68$，模型建立具有一定的科学性。该等式表明新构土壤保水剂施加量确定时，容重越接近 1.3 g/cm³（1.3~1.5 g/cm³ 范围内），煤矸石质量含量越接近 10%（10%~50%范围内），煤矸石粒径越接近 0~2 mm（0~10 mm 范围内），新构土壤田间持水量越大。当土壤容重、煤矸石质量含量、煤矸石粒径确定时，新构土壤田间持水量在保水剂施加量为 0~0.66 g/kg 范围内随其增加而升高，保水剂施加量在 0.66~1.00 g/kg 范围内随其增加而减小，这与党秀丽及杨浩的研究结果相似。本研究得出当土壤容重、煤矸石质量含量统一时，保水剂施加量为 0.66 g/kg 时的土壤与其他浓度添加量的土壤相比最具有持水性，短时间内能够减缓土壤水分的蒸发速率，提高土壤持蓄水能力，这对于干旱半干旱矿区的生态修复非常重要。

植物生长虽然对土壤结构的优化具有良好效果，但土壤基质的修复能够改善土壤水文条件，使新构土壤水文条件适合植物生长需要。确定新构土壤的容重、煤矸石质量含量、煤矸石粒径与保水剂施加量不仅能够减少矿区矸石堆积产生的环境问题，还可以改良土壤蓄持水分的能力。不同的土壤容重、煤矸石质量含量及保水剂施加量可以有效改变土壤的毛管持水量，并且满足研究结果中所形成的多项式回归方程式。新构土壤中，毛管持水量随煤矸石含量的成分而减少，随保水剂施加量的增多而增多。但煤矸石含量过低会导致土壤蒸发速率提高，新构土壤水分散失过程加快，所以在选择新构土壤的容重、煤矸石质量含量、保水剂施加量时，应当结合当地降雨、土壤水分补充来源等共同商榷，因地制宜，不可根据一至两个指标来确定某一地区新构土壤，本研究不展开进行讨论。

在土壤容重、煤矸石质量含量确定的情况下，添加保水剂可提高土壤毛管持水量，进而为植物生长创造良好环境。研究中发现土壤粒径并非影响土壤持水能力的主要因素，而土壤容重对土壤水文性质有一定影响。土壤容重会改变土壤中孔隙度的大小，继而成为土壤持水能力的决定因子。土壤的持水能力受土壤理化性质以及气象因素等多方面影响，其自身容重、粒度等因素会改变土壤孔隙状况。保水剂施加量需要在适宜的范围内施用，过少施用不会起到预期效果，过多施用不仅会增加新构土壤构成成本，还会因为新构土壤气相部分减少而造成“湿害”，过多或过少地添加保水剂均会对土壤造成负面影响，降低土壤的持水能力。在土壤重构过程中，选取适当的土壤容重，有利于调整新构土壤固、液、气三相的比例关系；确定适宜的煤矸石质量含量，有助于减少矿区固体废弃物的堆积，并且协助调整土壤气相大小；添加适量的保水剂，以求最大程度增加新构土壤蓄持水能力，为矿区生态恢复奠定基础。

1.4 不同保水剂施加量下土壤水文性质

土壤持水能力通过土壤储水能力与土壤水分蒸发性能来体现。土壤水分蒸发性体现着矿区新构土壤的耐旱性，是反映土壤—水文—热力平衡的重要指标。土壤水分蒸发是土壤水分损失的重要过程之一，降低或者抑制土壤水分蒸发，提高水分在土壤中的储存时长意味着提升土壤持水能力。

1.4.1 施加保水剂对新构土壤有效水的影响

新构土壤田间持水量到萎蔫系数之间的水分含量被称为有效水，这部分的水分含量可以作为植物的直接吸收部分，其含量对植物生长过程有决定性作用。通过测定新构土壤有效水范围，对比新构土壤中不同保水剂施加量下的水分差异，从而构建最适宜植物生长的土壤。

由图 1-17 可知，当保水剂施加量在 0~1.0 g/kg 时，新构土壤田间持水量和萎蔫系数均随保水剂施加量的增加而增加，新构土壤有效水呈现先增加后保持稳定的趋势，转折点出现在保水剂施加量为 0.5 g/kg 时。随着保水剂施加量增加，新构土壤田间持水量和萎蔫系数都相应增加，田间持水量从 21.8%提高到 52.98%，萎蔫系数从 2.06%提高到 15.6%。当保水剂施加量在 0~0.5 g/kg 时，有效水含量随保水剂施加量的增加而增加。当保水剂施加量在 0.5 g/kg、1.0 g/kg 时，新构土壤有效水含量逐渐平稳保持在某一数值。

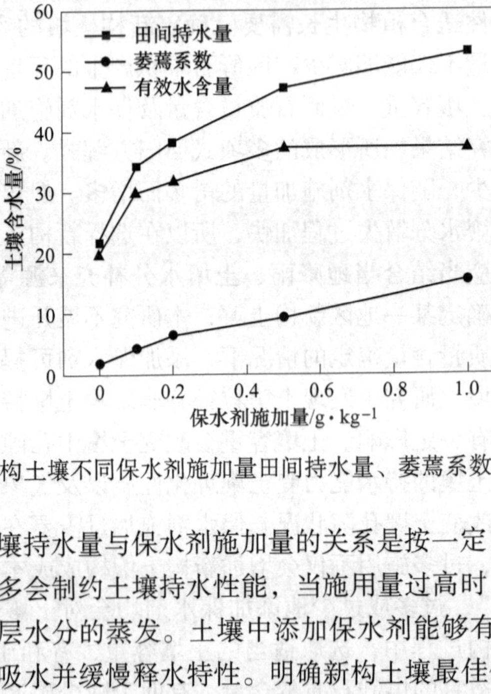

图 1-17 新构土壤不同保水剂施加量田间持水量、萎蔫系数、有效水含量

诸多研究表明，土壤持水量与保水剂施加量的关系是按一定比例增长的。也有研究表明，保水剂的施用量过多会制约土壤持水性能，当施用量过高时，保水剂会导致表层土壤板结，反而加快土壤表层水分的蒸发。土壤中添加保水剂能够有效吸附进入土壤的水分，同时在长期内维持迅速吸水并缓慢释水特性。明确新构土壤最佳保水剂施加量，是为植物生长提供有利水文条件、为矿区生态水文修复提供解决方法的有效途径。本研究得出，当保水剂用量增加到一定比例后，土壤毛管持水量、田间持水量并不会随着保水剂含量的增加而增加，甚至反而降低，这是由于保水剂施加量过量时土壤过于密实，不具有足够的孔隙供以保水剂吸水膨胀，也可能是由于保水剂特性所决定，缓慢释出的水分被含水量较低的保水剂迅速吸收，导致新构土壤结构内有效水长期保存在保水剂材料内，保水剂材料外部有效水始终低于实际新构土壤有效水含量。因此，保水剂吸水膨胀的特性降低土壤孔隙度和煤矸石质量含量提高土壤孔隙度具有良好的依托关系，探寻新构土壤的重构因子组成及比例对防治水土流失、提高矿区持水能力以及对后期进行植物措施生态修复具有指导意义。

1.4.2 施加保水剂对新构土壤蒸发过程的影响

土壤水分蒸发过程即土壤水分通过与大气间进行能量互换，从而导致土壤空隙内水分逐渐减少，土壤表层逐渐变干的过程。而保水剂是由含有氢键的无规则网状结构材料组成，其高强度吸水性可提高新构土壤持水性能，因此本研究中选取不同土壤容重、不同煤矸石质量含量、不同保水剂施加量进行为期 15 d 的恒温蒸发失水试验，主要研究保水剂对不同新构土壤水分的影响。设立不同土壤容重、不同煤矸石质量含量仅为增加科学性与严谨性，具体内容在第 3 章阐述，由结果可看出保水剂抑制水分蒸发作用随保水剂用量的增大而增大。

1.4.2.1 新构土壤水分蒸发总体变化

试验通过称重测定新构土壤 15 d 的土壤水分蒸发率，为了可以直观表现保水剂施加量对新构土壤蒸发速率的影响，采用土壤水分—时间关系绘制曲线图。在没有外界水源补给时，新构土壤中煤矸石质量含量越高，土壤持水量越低。同时土壤水分蒸发速率也会降低，这是由于当煤矸石含量增高时，大颗粒间孔隙较大，有利于保水剂充分吸水，在蒸发过程中达到缓慢释水的效果；煤矸石质量含量越低，在保水剂水分散失后土壤会形成更多孔隙，增加了空气与新构土壤的接触面积，土壤水分蒸发过程中水分散失速率越快，所以会导致 15 d 自然蒸发后不同试验组土壤水分差值小于其之间持水量的差值。保水剂施加量在达临界值前，虽然新构土壤持水量会随保水剂施加量增加而提高，但在蒸发过程中并不会降低土壤水分蒸发速率。这是由于保水剂释水后会缩小体积，土壤表面更多地裸露在空气中，水分随空气流动散失。

土壤含水率随时间变化关系见图 1-18。在不考虑深层渗漏的情况下，土壤蒸发是土壤失水的主要形式，本研究测定了不同新构土壤 15 d 水分蒸发散失量。在试验过程中，有蒸发试验组在 15 d 数据记录的后 3 d 土壤水分含量就几乎不再发生变化，且其他试验组在此期间水分含量变化趋势不大，为统一试验期限，确定测定新构土壤持水时长为 15 d，若仍有新构土壤未达平稳状态，则单独记录该类型新构土壤的到达平衡稳定状态时间。结果表明，随时间增长，土壤含水率均呈递减趋势。当保水剂施加量高时，在相同土壤容重、相同煤矸石质量含量、相同煤矸石粒径条件下，新构土壤中的毛管持水量也大于保水剂施

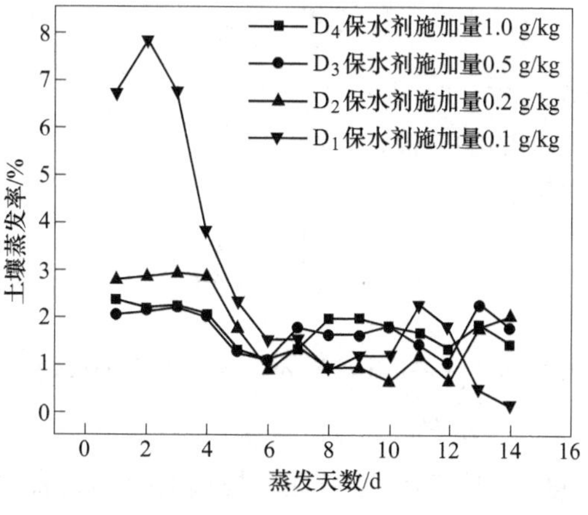

图 1-18 不同保水剂施加量下土壤蒸发率与时间关系

加量相对较低的新构土壤，土壤水分到达平稳状态的时间也相对延长。15 d 自然状态蒸发后，新构土壤（保水剂施加量 0.5 g/kg、1.0 g/kg）含水量都处于 5~10 g/kg，新构土壤（保水剂施加量0.1 g/kg、0.2 g/kg）含水量都在 0~5 g/kg。在此后的试验中，新构土壤（保水剂施加量0.5 g/kg）水分蒸发达到平衡稳定状态的时间为22 d，新构土壤（保水剂施加量 1.0 g/kg）水分蒸发达到平衡稳定状态的时间为 30 d。

1.4.2.2　新构土壤水分蒸发动态变化

不同保水剂施加量各处理下，新构土壤水分蒸发量随时间变化而逐渐变小。在土壤蒸发第 1 天内，D_1 蒸发率最高，为 6.72%；D_2 次之，为 2.79%；D_3、D_4 蒸发率相对较低，分别为 2.04%、2.35%。D_2、D_3、D_4 保水剂施加量蒸发率较接近。第 2 天开始，所有试验组进入第二蒸发阶段（速率递减阶段），蒸发速率在大体上呈现逐渐递减的趋势。D_1、D_2 处理在 15 d 左右进入蒸发第三阶段（蒸发缓滞阶段）；D_3 在 22 d 进入第三蒸发阶段；D_4 在 30 d 后进入第三蒸发阶段。在蒸发平稳阶段，保水剂施加量越高，土壤水分蒸发率越低，土壤水分蒸发率由大到小为 $D_4>D_3>D_2>D_1$。在蒸发速率递减阶段，土壤水分蒸发率在 D_1、D_2 试验组中随时间变化较大，这是由于 D_1、D_2 新构土壤表面水分散失过快，下层水来不及向上输送，导致蒸发速率降低。

1.4.3　不同保水剂施加量下土壤水文性质变化规律

以容重、煤矸石质量含量、毛管持水量、田间持水量、萎蔫系数、有效水含量、第一阶段蒸发速率、第二阶段蒸发速率新构土壤变量作为节点，以任意两个变量之间的皮尔逊相关作为连接此两个变量的边，建立 D_1、D_2、D_3、D_4 四个加权复杂网络，为使其具有差异可比性，选择 0.5 作为阈值限。

重要指标有节点度、加权节点度、平均路径长度、聚类系数、网络密度和中间中心性。节点度表示直接连接到节点的节点数，在加权网络中可以扩展不同节点的权重，从而更精确地研究变量对结果的影响。网络节点与加权网络节点等式定义见式（1-11）和式（1-12）。

$$k_i = \sum_{j=1}^{N} a_{ij} \tag{1-11}$$

$$s_i = \sum_{j=1}^{N} a_{ij}\omega_{ij} \tag{1-12}$$

式中　N——复杂网络节点总数；

a_{ij}——拓扑邻接矩阵中的响应值；

ω_{ij}——ij 边相应的权重。

$$L_\omega = \frac{1}{N(N-1)}\sum_{i\neq j} d_{ij} \tag{1-13}$$

$$d_{ij,s}^{\omega} = \frac{L}{\sum_{j=1}^{N}\omega_{ij}}\min\left\{\sum_{l=1}^{d_{ij}^{m}}\omega_l^{m}, m = 1,2,\cdots,n\right\} \tag{1-14}$$

式中　L_ω——平均路径长度，网络整体连通性和规模的指标，表示沿最短路径 d_{ij} 的所有可能网络节点对的平均步数；

d_{ij}^{ω}——加权路径长度，是指节点 i 和节点 j 之间的边权重之和最小的路径；

$d_{ij,s}^{\omega}$——归一化值，被用来代替 d_{ij}^{ω}，用于与非加权长度 d_{ij}进行比较；

L——复杂网络的边数；

m——随机节点 i 和节点 j 间第 m 条最短距离路径；

d_{ij}^{m}——路径长度；

ω_l^m——l 的权重系数，l 是路径 m 的一条边。

$$c_i^{\omega} = \frac{i}{s_i(k_i - 1)} \sum \frac{\omega_{ij} + \omega_{ih}}{2} a_{ij} a_{ih} a_{jh} \tag{1-15}$$

式中 c_i^{ω}——加权聚类系数相邻节点的连通性；

a_{ij}，a_{ih}，a_{jh}——目标网络拓扑结构的邻接矩阵的响应值。

$$D = \frac{L}{N(N - 1)} \tag{1-16}$$

式中 D——网络密度，用来描述网络中节点之间连接的紧密程度，密度越高，节点之间联系越紧密。

$$B_a = \sum_{i,j \in N, i \neq j} \frac{n_{ij(a)}}{n_{ij}} \tag{1-17}$$

式中 B_a——中间中心性，节点在网络中作为纽带的重要性，它可以量化为一个节点根据网络中其他两个节点之间的最短路径充当桥梁的次数，其值在 0 和 1 之间；

n_{ij}——节点 i 和节点 j 之间的最短路径数；

$n_{ij(a)}$——通过节点 i 和节点 j 之间的节点 a 的最短路径数。

新构土壤加权网络关系中各项指标存在差异，表明由于五种不同保水剂施加量，土壤水文性质之间的相互关系也存在较大差异。平均加权度、聚类系数从 D_1 到 D_4 逐渐下降；网络密度从 D_1 到 D_3 下降，D_3 到 D_4 提高；平均路径长度显示出与网络密度相反的变化趋势。边数与网络密度是两个正相关的加权复杂网络指标，可以体现网络内部的相关性与完整性。在本研究中，随着新构土壤保水剂施加量增加，网络图中边数与网络密度逐渐变小，意味着各项指标之间的关联性与相互作用逐渐降低。同时也说明保水剂在新构土壤中的重要性越发凸显出来，保水剂施加量可以改变新构土壤水文性质，减少各项指标间的关联度。平均路径长度和聚类系数用于测定网络连通性间的拓扑特征。平均路径越大，节点之间的分散性越大，网络信息间传递效率越低。例如，在 CK 对照实验中，网络平均路径长度为 1.333，表明连接两变量之间的关系需要 1.333 步。聚类系数越小，表明指标间的连通性越小（表 1-12）。

表 1-12 不同保水剂施加量新构土壤加权复杂网络重要指标

组别	边	平均加权度	平均路径长度	聚类系数	网络密度
CK	14	2.323	1.333	0.854	0.667
D_1	13	2.235	1.429	0.833	0.619
D_2	10	1.731	1.619	0.781	0.476
D_3	9	1.662	1.857	0.762	0.429
D_4	11	1.521	1.714	0.667	0.524

综上，五个加权复杂网络图中的六个网络参数数值存在差异，表明保水剂可以改变新构土壤的持水能力，保水剂是新构土壤中决定土壤水文性质的重要指标因子。D_4 在平均路径长度和网络密度中不遵循 CK 到 D_3 的变化趋势，说明保水剂施加量在 0.5~1.0 g/kg 存在临界值，可作为进一步研究保水剂对新构土壤影响的重点。本研究结果与 Yu 结果一致，进一步证实保水剂可作为重构因子提升新构土壤持水能力，为保水剂在矿区生态修复中的应用提供参考。

1.5 不同重构模式下的土壤结构稳定性和抗侵蚀性

土壤结构是土壤功能表现的基础，土壤团聚体是土壤结构构成的基础，团聚体的稳定性直接影响土壤表层的水和土壤的结构。土壤结构稳定性是一个综合性的指标，土壤的抗剪强度是土壤的一个重要力学性质。对比分析使用不同指标体系来衡量土壤结构稳定性比较全面，但考虑指标间信息和数量的关系，本研究以不同煤矸石粒径、不同煤矸石含量的重构土壤为研究对象，采用干湿筛法进行土壤团聚体分组，通过测定组分含量和计算平均重量直径（MWD）、几何平均直径（GMD）、大团聚体（$R_{0.25}$）、土壤侵蚀因子（K），分析重构模式下土壤水稳性团聚体分布及稳定性特征。通过对新构土壤抗剪强度的分析，进一步分析土壤结构稳定性，并借鉴前人有关土壤结构稳定性、土壤质量评价指标体系，筛选出具有代表性的 11 项土壤结构指标：土壤容重（B）、煤矸石含量（D）、新构土壤饱和含水量（SW）、新构土壤田间持水量（FC）、新构土壤毛管含水量（CW）、大于 0.25 mm 水稳定性团聚体含量（$R_{0.25}$）、新构土壤干筛团聚体的平均重量直径（MWD）、几何平均直径（GWD）、土壤侵蚀因子（K）、土壤抗剪强度参数黏聚力（C）与内摩擦角（ψ）。基于这 11 项指标，运用主成分分析法对新构土壤的结构稳定性进行定量分析，以揭示各变量对土壤结构稳定性的贡献。

1.5.1 不同重构模式下土壤团聚体特征

由不同重构方式下土壤团聚体粒径分布可以看出，不同重构模式下土壤煤矸石的含量以及煤矸石粒径都会影响土壤团聚体分布（图 1-19~图 1-22）。煤矸石粒径在 0~2 mm 的新构土壤团聚体分布以小于 0.25 mm 的粒径和大于 5 mm 的粒径为主，且所占比例较高；煤矸石粒径在 2~5 mm、5~8 mm、8~10 mm 的新构土壤团聚体分布以大于 5 mm 的粒径为主，且随着煤矸石粒径的增加，大于 0.25 mm 的粒径的土壤团聚体所占比例逐渐减少。其中，大于 0.25 mm 的粒径的土壤团聚体所占比例最大值为 B_2D_1 的 0.64%。

如图 1-19 所示，在煤矸石粒径为 0~2 mm 的新构土壤中，大团聚体（粒径>0.25 mm）中以粒径大于 5 mm 的团聚体所占比例最高，其平均值为 34.8%；微团聚体（粒径<0.25 m）所占比例的平均值为 22.84%，但随着煤矸石质量含量的增加，土壤团体质量分数变化不明显。新构土壤在煤矸石粒径为 2~5 mm（见图 1-20）重构模式下，土壤中大团聚体(>0.25 mm)中以团聚体粒径为 3~5 mm 和团聚体粒径大于 5 mm 所占比例最高，其平均值为 12.8%和 34.6%。在同一容重下，随着煤矸石质量含量的增加，团聚体粒径大于 5 mm 的土壤团聚体所占比例相对减少。其中，容重在 1.5 g/cm^3 的新构土壤中，团聚体粒径小于 0.25 mm 的土壤团聚体质量分数增加。

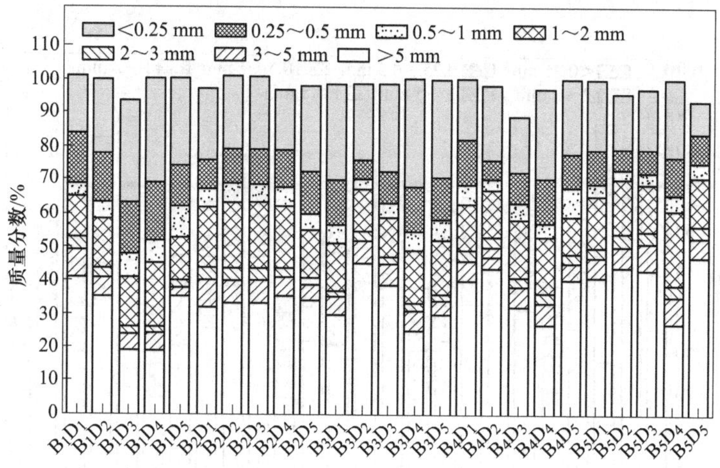

图 1-19　煤矸石粒径为 0~2 mm 的土壤团聚体粒级分布

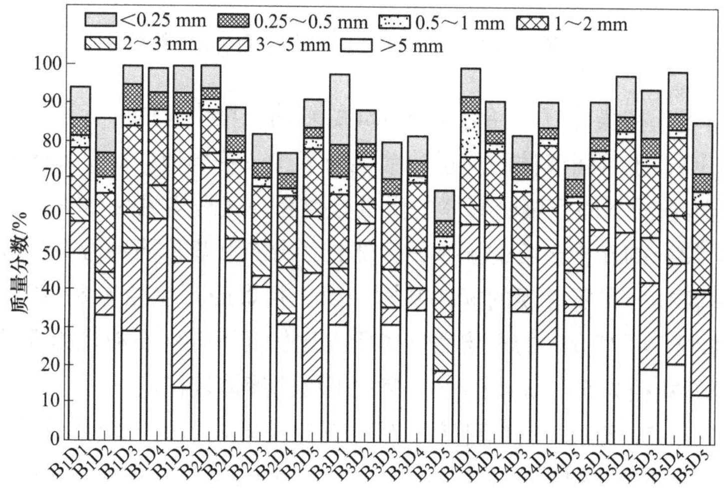

图 1-20　煤矸石粒径为 2~5 mm 的土壤团聚体粒级分布

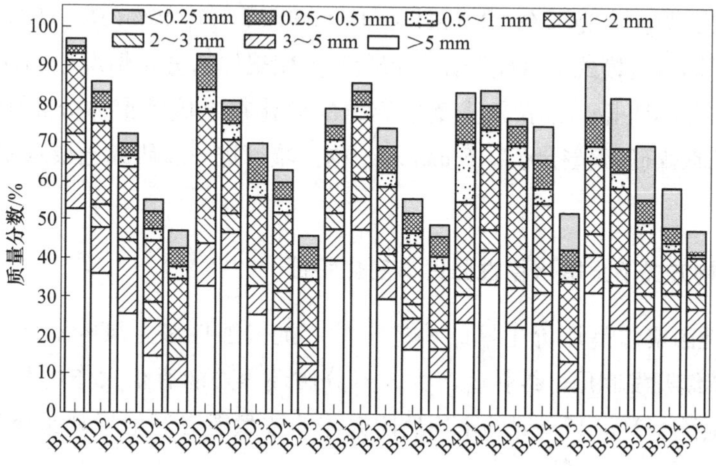

图 1-21　煤矸石粒径为 5~8 mm 的土壤团聚体粒级分布

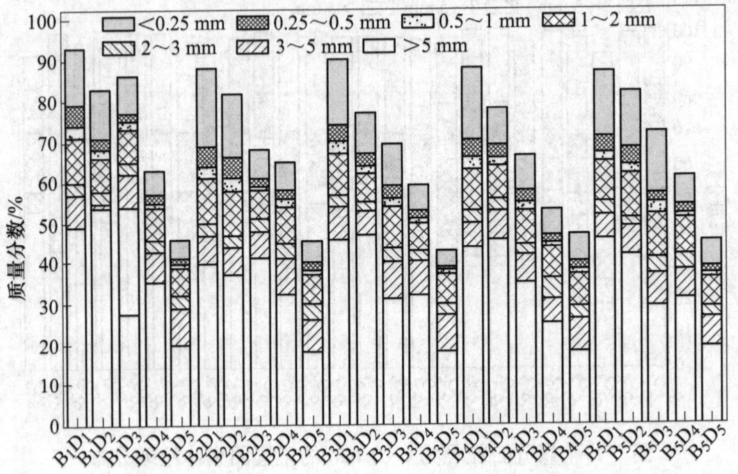

图 1-22　煤矸石粒径为 8~10 mm 的土壤团聚体粒级分布

如图 1-21 所示，在煤矸石粒径为 5~8 mm 的新构土壤中，同一容重下随着煤矸石含量从 10%增加到 50%，土壤团聚体的质量分数逐渐减少，特别地，1~2 mm 粒径的土壤团聚体质量分数比其他模式下的土壤团聚体的质量分数高，其平均值为 18%。在煤矸石粒径为 8~10 mm（图 1-22）的新构土壤的土壤团聚体粒径分布和煤矸石粒径为 5~8 mm 的新构土壤的土壤团聚体粒径分布所呈现的规律基本一致。且煤矸石粒径为 8~10 mm 的重构模式中，团聚体粒径小于 0. 25 mm 的土壤团聚体所占比例高于煤矸石粒径为 5~8 mm 时的重构模式。说明煤矸石粒径为 5~8 mm 的重构模式土壤团聚体较稳定。

如图 1-19~图 1-22 所示，就四种不同煤矸石粒径模式下的土壤团聚体粒径分布来看，粒径大于 5 mm 的土壤团聚体：0~2 mm(G_1)>2~5 mm(G_2)>5~8 mm(G_3)>8~10 mm(G_4)。就同一粒径下五种不同煤矸石质量含量的新构土壤的土壤团聚体粒径分布来看，土壤团聚体质量分数大小为 10%(D_1)>20%(D_2)>30%(D_3)>40%(D_4)>50%(D_5)。

本研究中不同重构模式土壤团聚体分布除了大团聚体的分布情况较为明显外，其他粒径的团聚体分布并不明显。且新构土壤中容重的变化在土壤团聚体分布中也不明显。因此，通过分析选取煤矸石粒径为 2~5 mm 的新构土壤，进一步研究土壤水稳性团聚体的分布特征。

1. 5. 2　不同重构方式下土壤水稳性团聚体变化特征

土壤水稳性团聚体是评价土壤结构稳定性、抗侵蚀性和土壤径流产生的关键指标，同时也对土地持续开发利用、维持生产力、养分循环等功能有很大作用❶。土壤水稳性团聚体，特别是粒径大于 0. 25 mm 的水稳性团聚体的数量能更好地反映土壤的抗侵蚀能力。

❶ 韩新生，马璠，郭永忠，等. 土地利用方式对表层土壤水稳性团聚体的影响［J］. 干旱区资源与环境，2018，32（2）：114-120.

研究发现，水稳性团聚体的数量越多，表明土壤的结构稳定性越高，则抗侵蚀的能力也强。土壤粒径的大小和每一级粒径质量分数的多少之间存在差异也会影响土壤中有机质的积累和养分的保持。为了探寻最适合重构土壤团聚体稳定性特征的指标，选取煤矸石粒径为2~5 mm的重构土壤的水稳性团聚体进行分析。

从图1-23可看出，不同重构模式下，使用干筛法获得的粒径大于0.25 mm的土壤团聚体含量明显大于对应的湿筛法获得的粒径大于0.25 mm的土壤团聚体含量。因为煤矸石充填重构的土壤中含有煤矸石，含有煤矸石的土壤团聚体在遇水崩解的过程中会将一部分煤矸石分离出来，湿筛过程中非水稳性大团聚体被破碎和分解成粒径较小的团聚体，在水的作用下煤矸石的粒径和含量对水稳性团聚体的质量分数存在影响，因此水稳性团聚体（湿筛法团聚体）的含量更能反映不同重构方式的煤矸石质量含量对土壤团聚体的破碎特征。图1-23（a）可看出干筛团聚的$R_{0.25}$（粒径大于0.25 mm的团聚体含量）只有在煤矸石含量为50%时，大团聚体的含量相对较少，煤矸石含量为20%、30%、40%、50%时，团聚体粒径大于0.25 mm的土壤团聚体的质量分数均在80%。经过湿筛的土壤大团聚体明显比干筛时的大团聚体数量少。煤矸石含量为50%、土壤容重为1.4~1.45 g/cm^{3}的新构土壤的水稳性团聚体不足30%。但随着土壤容重的增加，新构土壤水稳性团聚体的变化不明显。

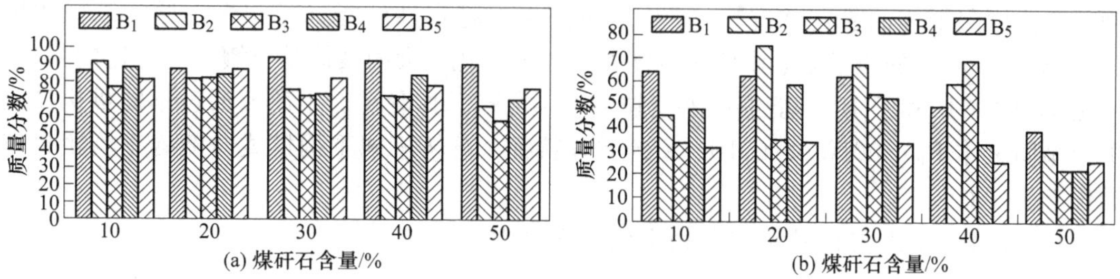

图1-23 煤矸石粒径为2~5 mm的土壤团聚体$R_{0.25}$特征

本研究对煤矸石粒径在2~5 mm的新构土壤的水稳性团聚体的评价指标与新构土壤因子进行相关性分析（表1-13），结果表明，新构土壤容重与水稳性团聚体的平均重量直径（WMWD）和几何平均直径（WGMD）呈显著正相关关系（$P<0.05$），相关系数分别为0.661、0.568。新构土壤容重和与土壤侵蚀因子K呈负相关关系（$P<0.05$）。由表1-13可知，随着BD的增加，K值逐渐减小，表明土壤容重的大小一定程度上可影响土壤抗侵蚀能力。新构土壤煤矸石含量与饱和含水量之间存在显著的负相关关系（$P<0.05$），随着煤矸石含量的增加，土壤饱和含水量逐渐减小。土壤水稳性团聚体MWD和GMD值越大，土壤团聚体越稳定，土壤抗侵蚀能力越强。WSAR、WGMD、WMWD之间相互呈显著正相关关系（$P<0.05$），且几何平均直径WGMD与土壤侵蚀因子K呈极显著负相关关系（$P<0.01$）。说明几何平均直径含量越高，团聚体的稳定性越强，团聚体的团聚度越高（GMD和MWD越大），MWD和GMD的值越大，土壤侵蚀因子K值越小，土壤结构越稳定，土壤抗侵蚀能力越强；反之，则越差。结果表明，新构土壤水稳性团聚体的稳定性与土壤物理性质密切相关。

表 1-13 煤矸石粒径为 2~5 cm 的重构土壤水稳性团聚体各指标相关性分析

评价指标	容重 BD	煤矸石含量 GCG	饱和含水量 SW	稳定率 WSAR	破坏率 PAD	平均重量直径 MWD	几何平均直径 GWD	可侵蚀因子 K
容重 BD	1							
煤矸石含量 GCG	-0.001	1						
饱和含水量 SW	-0.466*	-0.88307**	1					
稳定率 WSAR	0.179	-0.178	0.048	1				
破坏率 PAD	0.227	0.549*	-0.352	-0.424*	1			
平均重量值 WMWD	0.661*	0.252	-0.482*	-0.157	-0.006	1		
几何平均值 WGWD	0.560*	0.509	-0.439	0.027	-0.026	0.264	1	
可侵蚀因子 K	-0.654*	-0.109	0.246	-0.206	0.034	-0.168	-0.897**	1

注：*表示在 0.05 水平上显著相关，**表示在 0.01 水平上显著相关。

1.5.3 不同重构模式下新构土壤团聚体稳定性特征

土壤团聚体组成是一个连续性的不同直径大小以及不同含量的组群资料，各粒径团聚体含量指标所包含的信息有限，而 MWD、GMD、K 则能从团聚体的平均粒径的团聚度方面反映土壤团聚体的稳定状况[1]。评价土壤团聚体稳定性的指标有很多，通常以大团聚体（>0.25 mm）的质量分数说明土壤团聚体数量变化，大团聚体是土壤结构稳定的基础。团聚体的 MWD 和 GMD 均能够反映其粒径大小分布总体状况。本研究通过不同重构模式下土壤团聚体 $R_{0.25}$、MWD、GMD、K 的差异特征，分析不同重构模式对新构土壤团聚体的影响。

1.5.3.1 不同重构模式下新构土壤团聚体 $R_{0.25}$分布特征

土壤中粒径大于 0.25 mm 的团聚体 $R_{0.25}$称为土壤大团聚体，其数量和分布特征能够表征土壤结构和抗蚀性[2]。如图 1-24 所示，不同重构模式下四种煤矸石粒径的新构土壤的团聚体 $R_{0.25}$分布大小特征为煤矸石粒径 0~2 mm（75.4%）>煤矸石粒径 2~5 mm（80%）>煤矸石粒径 5~8 mm（65.8%）>煤矸石粒径 8~10 mm（59.4%）。四种煤矸石粒径新构土壤团聚体 $R_{0.25}$粒径为 0~2 mm、2~5 mm、5~8 mm 的质量分数均大于40%，煤矸石粒径在 5~8 mm 的新构土壤大团聚体分布相对偏低，五种煤矸石质量含量的新构土壤所对应的大团聚体质量分数平均值从大到小依次为煤矸石质量含量为 10%的新构土壤>煤矸石质量含量为 20% 的新构土壤>煤矸石质量含量为 30% 的新构土壤>煤矸石质量含量为 40%的新构土壤>煤矸石质量含量为 50% 的新构土壤。同一粒径条件下，随着煤矸石质量含量的增加，大团聚体质量分数逐渐减小[3]。五种土壤容重的新构土壤大团聚体的质量分数以煤矸

❶ 王凯，那恩航，张亮，等. 阜新露天煤矿排土场边坡土壤团聚体稳定性及分形特征［J］. 干旱区研究，2018，38（2）：402-410.

❷ 韩笑，佘冬立，王洪德，等. 滨海土壤团聚体分布和分形维数及其影响因子研究［J］. 灌溉排水学报，2021，40（5）：88-92，113.

❸ 郭婷婷. 矿区不同重构方式下土壤水文性质研究［D］. 太原：山西大学，2020.

石粒径为2~5 mm的相对较高。由图1-24可以看出，煤矸石粒径在0~2 mm的大团聚体分布变化趋势相对稳定，而煤矸石粒径为5~8 mm的重构土壤，随着煤矸石含量和土壤容重的变化，大团聚体的分布曲线变化幅度较大。

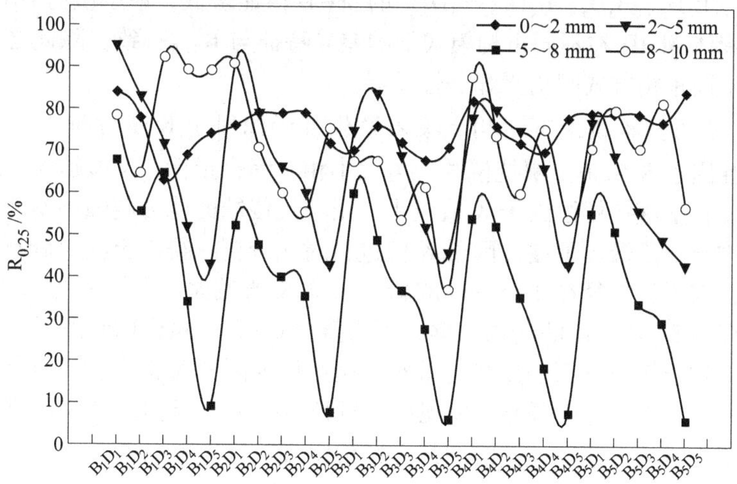

图1-24 不同重构模式下土壤团聚体$R_{0.25}$变化特征

1.5.3.2 不同重构模式下新构土壤团聚体平均重量直径变化特征

土壤团聚体的MWD和GMD均能够反映其粒径大小分布总体状况，它们的值越大，表示团聚体的平均粒径团聚度越高，稳定性越强❶。不同重构模式下的四种煤矸石粒径的新构土壤团聚体MWD间无显著性差异，而在煤矸石粒径为2~5 mm的土壤团聚体MWD显著高于其他煤矸石粒径的土壤团聚体MWD。不同重构模式下土壤团聚体MWD特征表现为煤矸石粒径2~5 mm(3.63)>煤矸石粒径0~2 mm(3.273)>煤矸石粒径8~10 mm(3.2)>煤矸石粒径5~8 mm(2.72)。如图1-25所示，随着煤矸石质量含量的增加，新构土壤团

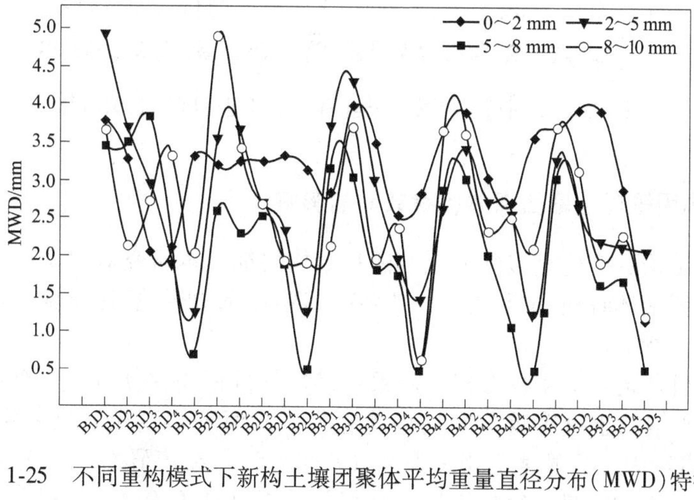

图1-25 不同重构模式下新构土壤团聚体平均重量直径分布(MWD)特征

❶ 张宇航，宋子岭，孔涛，等. 煤矸石对盐碱土壤理化性质的改良效果［J］. 生态环境报，2021，30（1）：195-204.

聚体 MWD 值逐渐减小，五种不同的煤矸石质量含量在各粒径土壤团聚体 MWD 值从大到小依次为煤矸石质量含量为 10%>煤矸石质量含量为 20%>煤矸石质量含量为 30%>煤矸石质量含量为 40%>煤矸石质量含量为 50%。特别地，新构土壤煤矸石粒径为 5~8 mm，煤矸石含量为 50%(B_1D_5、B_2D_5、B_3D_5、B_4D_5、B_4D_5）的 MWD 值显著低，最小值为 B_2D_5(0. 42 mm)。而新构土壤团聚体 MMD 在不同重构模式下的差异特征与 $R_{0.25}$一致。除此之外，新构土壤团聚体容重在不同重构方式间均无显著性差异。

1.5.3.3　不同重构模式下新构土壤团聚体可侵蚀因子 K 值特征

土壤可侵蚀因子 K 值是土壤抗侵蚀能力大小相对综合指标，K 值越大，土壤抗侵蚀的能力越弱；相反，土壤抗侵蚀因子 K 值越小，土壤抗侵蚀的能力越强。本研究通过对不同重构模式下新构土壤团聚体可侵蚀因子 K 值进行对比分析，得出土壤煤矸石粒径分布影响着土壤的侵蚀，煤矸石粒径在 2~5 mm 的新构土壤 K 值最大，平均值为 0. 253。K 值最小的为煤矸石粒径为 8~10 mm 的新构土壤，平均值为 0. 02。如图 1-26 所示，除煤矸石粒径为 5~8 mm 的新构土壤煤矸石的质量含量对土壤可侵蚀因子 K 值存在影响外，其余粒径对 K 值影响相对较小。通过对比研究，发现煤矸石粒径变大，新构土壤中煤矸石粒径大粗颗粒增加，降低了土壤的可蚀性，同时增强了新构土壤的抗侵蚀能力。

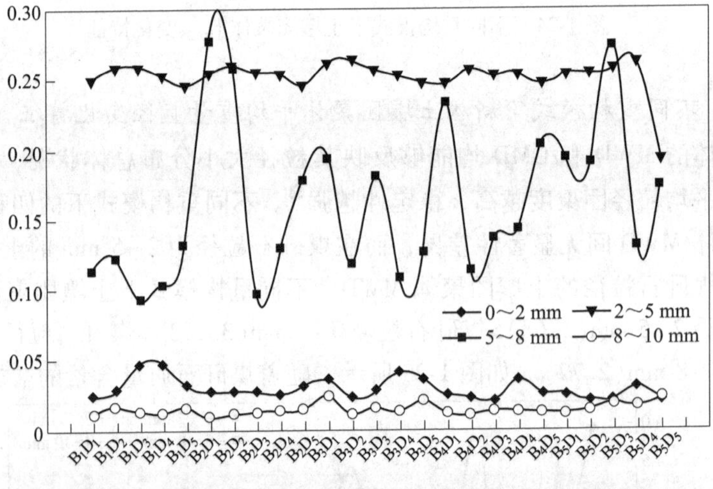

图 1-26　不同重构模式下土壤团聚体可侵蚀因子 K 值特征

1.5.4　不同重构因子对土壤团聚体各参数间的影响

土壤质地和结构的变化直接影响土壤团粒结构特征。本研究对煤矿区不同重构模式下土壤理化性质与团聚体评价指标 $R_{0.25}$、MWD、GMD、K 进行相关分析，以揭示各土壤理化性质对团聚体的影响。

对土壤理化性质与不同重构方式的团聚体参数进行相关性分析，只有在煤矸石粒径为 0~2 mm 的新构土壤的土壤容重与平均重量直径、几何平均直径呈显著正相关关系（$P<0.05$)，和土壤可蚀因子呈显著负相关关系（$P<0.05$)。在煤矸石粒径为 2~5 mm 新构土壤煤矸石含量仅与平均重量直径呈极显著负相关关系（$P<0.01$)，煤矸石粒径为 5~8 mm 新构土壤煤矸石含量与大团聚体含量、平均重量直径、呈极显著负相关关系（$P<0.01$)，与几何平均直径、土壤可侵蚀因子 K 呈显著正相关关系（$P<0.05$)，煤矸石粒径为 8~

10 mm 的新构土壤的煤矸石含量与大团聚体含量、平均重量直径呈极显著负相关关系（$P<0.01$）❶。虽然不同重构模式的不同煤矸石粒径表现出高异质性，但新构土壤的煤矸石含量和土壤容重与土壤团聚体存在显著影响。其中，在煤矸石粒径为 0~2 mm 和煤矸石粒径为 2~5 mm 的重构土壤的重构因子与土壤团聚体各参数相关性显著。为更好地研究土壤容重、煤矸石含量与土壤团聚体各参数之间的关系，对煤矸石粒径在 2~5 mm 的重构土壤进行回归分析（图 1-27），煤矸石含量与大团聚体（$R_{0.25}$）、平均重量直径（MWD）之间关系式为 $y=-1.171x^2-0.321x+0.886(R^2=0.8399)$ 和 $y=-7.218x^2-1.391+3.915(R^2=0.719)$。说明随着煤矸石含量的增加，新构土壤团聚体的各参数呈递减趋势。

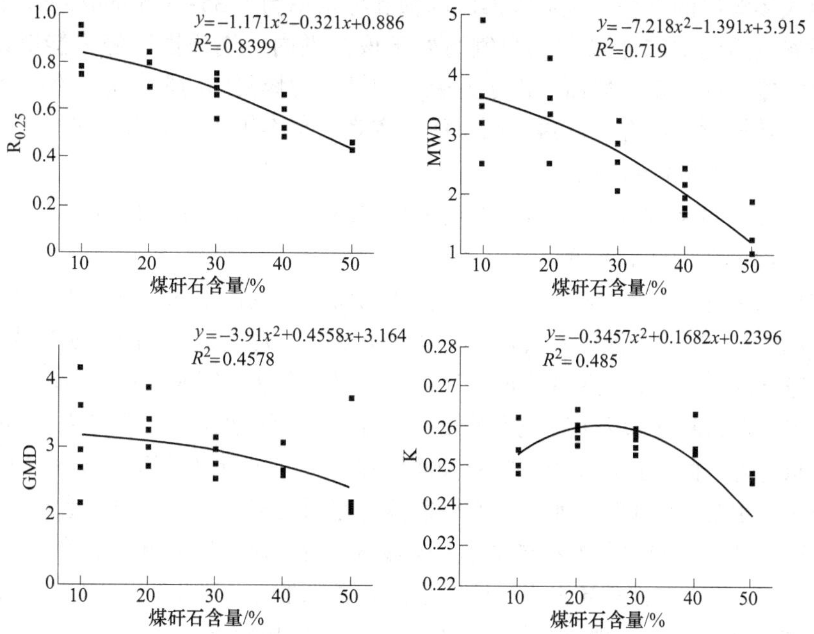

图 1-27　煤矸石含量与土壤团聚体各参数间关系

1.6　不同生态修复区土壤水文修复效应

1.6.1　不同生态修复区土壤导水率分析

导水率是指单位时间内、单位水势梯度下，通过单位面积的水流通量，用于表示介质透水性能❷。饱和导水率可通过定水头法或变水头法实验实测获得，非饱和导水率可使用 Van Genuchten 模型、Burdine 模型、Broadbridge-White 模型等推衍获得。

1.6.1.1　土壤饱和导水率

通过试验测得研究区不同修复模式下 0~100 cm 土层范围内的饱和导水率。其中，草本、灌草地和乔灌草地的饱和导水率变化不存在明显规律性，但不同植被修复模式下的

❶ 黄俊，吕茂奎，李晓杰，等. 红壤侵蚀区芒萁覆盖对土壤团聚体稳定性的影响［J］. 亚热带资源与环境学报，2019，14（1）：9-16.

❷ 寇青青，运剑苇，汪明星，等. 渝东北紫色土饱和导水率传递函数研究［J］. 土壤，2020，52（3）：611-617.

20~40 cm 土层均呈现出逐渐减小的趋势，并在 40 cm 处达到最小值，40~60 cm 处逐渐增长，并在 60 cm 处达到峰值，60 cm 以下再次减小[❶]。

在 20 cm 土层处，由于植物根系和动物活动产生的孔隙较大，水分流速较快，饱和导水率较高。40 cm 处形成的最小值是由于大型机械的反复碾压，导致土壤紧实度增大、孔隙度变小，因此饱和导水率减小。60~100 cm 处饱和导水率逐步降低是由于有机质含量减少，孔隙度和通气度递减。

不同修复模式下的土壤饱和导水率由大到小依次为草地（1.736 mm/min）>灌草地（1.678 mm/min）>乔灌草地（1.564 mm/min）>撂荒地（1.012 mm/min）。依据蒋定生对黄土高原入渗等级的划分，较强入渗区的饱和导水率为 1.35~3.5 mm/min。除撂荒地以外，经植被修复后的饱和导水率平均值均处于该范围内，说明植被修复能够改变土壤结构，提高土壤饱和导水率。然而，由于研究区植被人为修复的时间较短，饱和导水率还没有达到自然演替所形成的乔木群落最高、灌木次之、草本再次之的大小关系。

1.6.1.2 土壤非饱和导水率

使用 Ku-pf 测量系统分别测定研究区四种修复模式 0~10 cm、30~40 cm、60~70 cm、90~100 cm 土层的非饱和导水率。

非饱和导水率随吸力增加而减小，在不同吸力阶段表现出不同特征。吸力由 0 hPa 逐渐增至 340 hPa 时，土壤处于低吸力状态，脱水首先发生于大孔隙，不同修复模式下的非饱和导水率均快速下降。当吸力大于 340 hPa 时，大孔隙排水基本完成，被气体填充，中小孔隙开始逐步脱水，非饱和导水率下降速度减慢。随着吸力持续增大，达到或超过小孔隙对水分的吸附力，只有部分微小孔隙及土壤颗粒表面保留有一定水分（即残余含水率），非饱和导水率趋于稳定。引起不同土层脱水速度有所差异的原因是不同土层土壤容重不一，在低吸力段（<400 hPa）土壤容重对非饱和导水率影响显著，脱水速度随土壤容重的减小而增大。在吸力大于 400 hPa 后，非饱和导水率接近于零，土壤物理性质对水分运动的影响基本消失。

吸力与非饱和导水率表现出非线性指数关系。采用指数函数 $K(\psi)=\alpha\times\exp(\beta\psi)$ 对吸力和非饱和导水率进行拟合（$R^2>0.96$），其中 α、β 为拟合参数，拟合结果见表 1-14。

表 1-14 不同修复模式下非饱和导水率参数拟合

修复模式	土层深度/cm	α	β	R^2	修复模式	土层深度/cm	α	β	R^2
草地	0~10	1.11E-04	-8.61E-03	0.99	灌草地	0~10	1.34E-04	-8.17E-03	0.99
	30~40	1.55E-05	-1.42E-02	0.98		30~40	3.09E-05	-1.32E-02	0.99
	60~70	3.28E-05	-9.58E-03	0.98		60~70	3.86E-05	-9.10E-03	0.97
	90~100	7.54E-05	-9.02E-03	0.97		90~100	8.79E-05	-1.09E-02	0.99
乔灌草地	0~10	1.30E-04	-7.91E-03	0.99	撂荒地	0~10	1.72E-04	-8.50E-03	0.98
	30~40	3.69E-05	-2.07E-02	0.97		30~40	2.89E-05	-1.90E-02	0.96
	60~70	4.23E-05	-9.97E-03	0.98		60~70	5.97E-05	-1.01E-02	0.96
	90~100	9.71E-05	-9.24E-03	0.99		90~100	1.05E-04	-9.03E-03	0.99

❶ 郭志萍，李斌，孙西欢，等. 不同生态修复模式下土壤水文性质及其对溶质运移的影响［J］. 环境科学学报，2019，39（12）：4251-4260.

1.6.2 不同生态修复区土壤持水能力

土壤水分特征曲线是表示土壤含水率和基质势之间关系的非线性函数，是研究土壤水分运动的重要参数❶。土壤质地和结构会对土壤水分特征曲线产生影响，当吸力相同时，土壤中黏粒含量高，可以吸持较多水分；当土壤质地较粗时，土壤中大孔隙发育，水分容易排走，土壤含水率较低❷。结构较好的土壤，细小颗粒相互连接形成大团聚体，土壤孔隙大小对水分保持影响显著，相同吸力下含水率变化范围大。随着吸力变大，土壤水分特征曲线受土壤质地影响更大，曲线变化较为平缓。

由图 1-28 可知，不同生态修复区土壤随吸力增加，含水率逐渐降低。当吸力较低时，含水率变化较大。随着吸力升高，单位吸力条件下含水率变化范围较小。相同吸力时，不同生态修复区 0~20 cm 土层的土壤含水率明显不同，其中未受损区含水率最高。随着生态修复年限增加，不同生态修复区土壤持水能力得到提高。

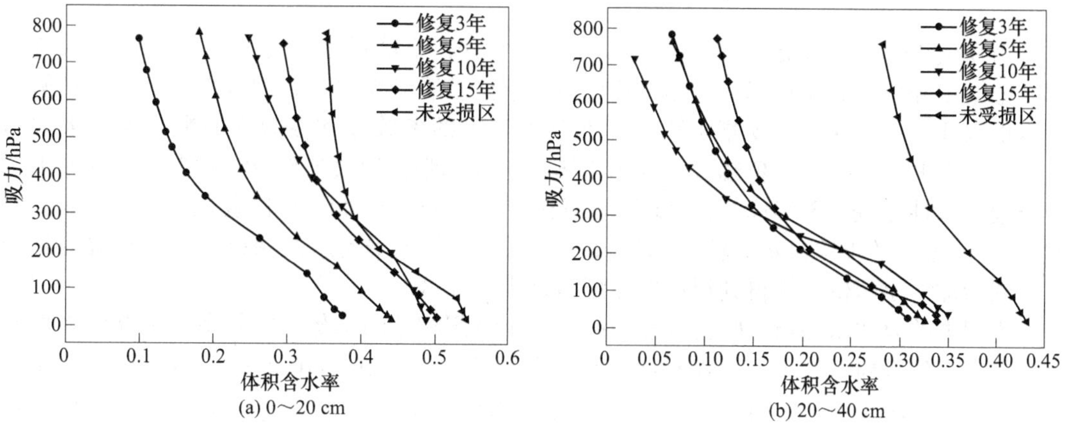

图 1-28 不同生态修复区土壤水分特征曲线

Gardner 模型被用来拟合土壤水分特征曲线：

$$\theta = aS^{-b} \tag{1-18}$$

式中 θ——土壤含水率,%；

S——吸力，MPa；

a，b——拟合参数，模型中参数 a 的大小反映了土壤持水能力的强弱。

由表 1-15 可知，Gardner 模型对土壤水分特征曲线的拟合度较好（R^2>0.84）。通过比较 a 值发现，0~20 cm 土层土壤持水性呈现：3 年修复区<5 年修复区<10 年修复区<15 年修复区<未受损区，且 20~40 cm 土层土壤持水性明显低于 0~20 cm 土层，但 20~40 cm 土层土壤持水性随生态修复年限增加变化不明显。总体来讲，随着生态修复年限增加，不同修复区土壤持水性均不断提高，并逐渐接近未受损区。

❶ 孙程鹏，赵文智，杨淇越. 绿洲边缘夹粘沙丘持水特性［J］. 生态学报，2018，38（11）：3879-3888.

❷ 王卫华，龙小军. 土壤粒径分布单重分形与孔隙单重分形［J］. 中国土壤与肥料，2018（4）：55-59.

表 1-15　不同生态修复区土壤水分特征曲线拟合方程

立地类型	取样深度/cm	a	b	拟合方程	R^2
未受损区	0~20	0.258	0.127	$\theta=0.258\times S^{-0.127}$	0.84
	20~40	0.224	0.113	$\theta=0.224\times S^{-0.113}$	0.86
15 年修复区	0~20	0.212	0.152	$\theta=0.212\times S^{-0.152}$	0.86
	20~40	0.065	0.282	$\theta=0.065\times S^{-0.282}$	0.85
10 年修复区	0~20	0.196	0.16	$\theta=0.196\times S^{-0.16}$	0.84
	20~40	0.019	0.544	$\theta=0.019\times S^{-0.544}$	0.87
5 年修复区	0~20	0.132	0.202	$\theta=0.132\times S^{-0.202}$	0.85
	20~40	0.057	0.294	$\theta=0.057\times S^{-0.294}$	0.85
3 年修复区	0~20	0.06	0.33	$\theta=0.06\times S^{-0.33}$	0.84
	20~40	0.04	0.366	$\theta=0.04\times S^{-0.366}$	0.86

1.6.3　不同生态修复区土壤供水性和有效水分析

植物生长过程中只能吸收土壤中的一部分水分，土壤供水性越大，对植物生长越有利。土壤水分特征曲线斜率——比水容量表示单位基质势变化引起的含水率变化，是衡量土壤供水性、耐旱性的重要指标[1]。Gardner 模型中的参数 a 和参数 b 的乘积表示吸力为 0.1 MPa 的比水容量，ab 值越大，表示土壤供水性越强。通过比较 ab 发现 0~20 cm 土层的土壤供水性呈现：3 年修复区<5 年修复区<10 年修复区<15 年修复区<未受损区，但 20~40 cm 土层的土壤供水性较 0~20 cm 土层低，这与土壤持水性保持一致。随着生态修复年限增加，土壤供水性得到提高并逐渐接近未受损区。

土壤中的有效水是指田间持水量与凋萎含水量间相差的水量，它是衡量土壤供水性的重要指标，植物对土壤中的有效水并不可以等效利用。从表 1-16 可知，不同吸力段比水容量变化幅度差异较大。在 0.01~0.1 MPa 吸力段，土壤释水量达到 10^{-1}~10^{-2} 数量级；在 0.1~1.5 MPa 吸力段，土壤释水量达到 10^{-2}~10^{-3} 数量级，此时植物对土壤中水分的利用效率大为降低。由此将 0.1 MPa 作为判断土壤中易有效水和难有效水的分界线。不同生态修复区 0~20 cm 土层的土壤易有效水含量明显不同，3 年修复区<5 年修复区<10 年修复区<未受损区<15 年修复区。随着生态修复年限增加，土壤中易有效含水量也在增加，但 20~40 cm 土层的土壤易有效水含量低于 0~20 cm 土层。

表 1-16　不同生态修复区土壤比水容量

立地类型	土层深度/cm	ab	$b+1$	土壤水吸力/MPa			
				0.01	0.05	0.1	1.5
未受损区	0~20	0.033	1.127	0.442	0.072	3.3×10^{-2}	1.56×10^{-3}
	20~40	0.0253	1.113	0.328	0.05	2.5×10^{-2}	1.24×10^{-3}
15 年修复区	0~20	0.0323	1.152	0.458	0.072	3.2×10^{-2}	1.43×10^{-3}
	20~40	0.0183	1.282	0.35	0.045	1.8×10^{-2}	0.57×10^{-3}

[1] 魏永霞，王鹤，吴昱，等．生物炭对不同坡度坡耕地土壤水动力学参数的影响［J］．农业机械学报，2019，50（3）：231-240.

续表 1-16

立地类型	土层深度/cm	*ab*	*b*+1	土壤水吸力/MPa			
				0.01	0.05	0.1	1.5
10 年修复区	0~20	0.0313	1.16	0.452	0.07	3.1×10^{-2}	1.35×10^{-3}
	20~40	0.013	1.544	0.455	0.038	1.3×10^{-2}	0.2×10^{-3}
5 年修复区	0~20	0.027	1.202	0.429	0.062	2.7×10^{-2}	1.04×10^{-3}
	20~40	0.017	1.294	0.335	0.042	1.7×10^{-2}	0.51×10^{-3}
3 年修复区	0~20	0.02	1.33	0.428	0.05	2×10^{-2}	0.55×10^{-3}
	20~40	0.015	1.366	0.348	0.039	1.5×10^{-2}	0.37×10^{-3}

1.6.4 不同生态修复区土壤养分特征

土壤中的有机质会促使土壤形成团粒结构，令土壤变得疏松多孔，增强土壤的透水性、通气性和抗冲刷能力，提高土壤保水保肥的性能。不同生态修复区土壤有机质含量介于0.3~5.87 g/kg，有机质含量都比较低。随着生态修复年限增加，土壤中有机质含量也随之增加（图 1-29）。5 年修复区、10 年修复区和 15 年修复区较 3 年修复区分别增长了 1.15 倍、1.63 倍和 2.22 倍。方差分析结果显示，0~20 cm 土层的土壤有机质含量差异性显著（$P<0.05$）。有机质含量在土壤剖面上呈现 0~20 cm 土层的土壤有机质含量高于 20~40 cm 土层。

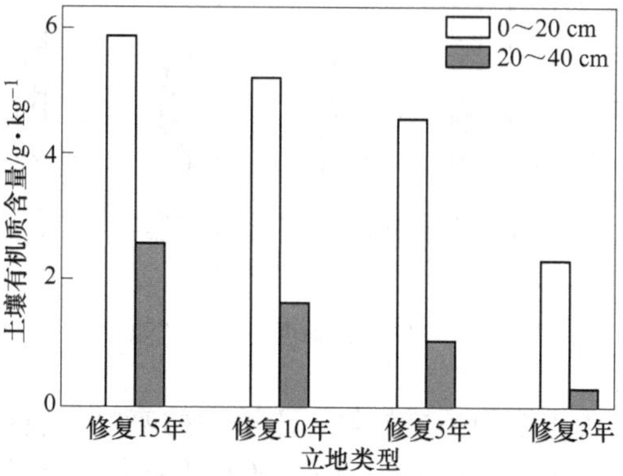

图 1-29 不同生态修复区土壤有机质含量

植物缺氮会导致叶绿体破坏，蛋白质合成减少，最终影响植物生长发育。全氮是土壤中氮素的综合反应，土地利用方式和植被类型都会影响土壤中的全氮含量。不同生态修复区土壤全氮含量介于 0.33~1.26 g/kg，其中 3 年修复区全氮含量最少，5 年修复区、10 年修复区和 15 年修复区土壤全氮含量较 3 年修复区分别增长了 1.31 倍、1.33 倍和 1.25 倍（图 1-30）。全氮含量在修复 10 年后达到峰值，但随着生态修复年限增加，土壤的全氮含量出现小幅回落，这是由于植被群落在演替过程中先锋植被减少，从而使全氮累积有所下降。全氮含量在土壤剖面上呈现 0~20 cm 土层的土壤全氮含量高于 20~40 cm 土层。

不同生态修复区土壤全碳含量介于 13.33~30.33 g/kg，其中 3 年修复区全碳含量最少，5 年修复区、10 年修复区和 15 年修复区土壤全碳含量较 3 年修复区分别增长了

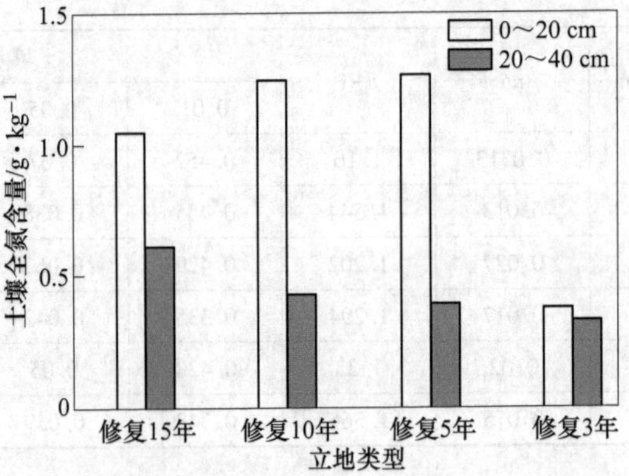

图 1-30　不同生态修复区土壤全氮含量

39.25%、22.26%和47.16%（图 1-31）。方差分析结果显示，0~20 cm 土层的土壤全碳含量差异性显著（$P<0.05$）。全碳含量在土壤剖面上呈现 0~20 cm 土层的土壤全碳含量高于 20~40 cm 土层。

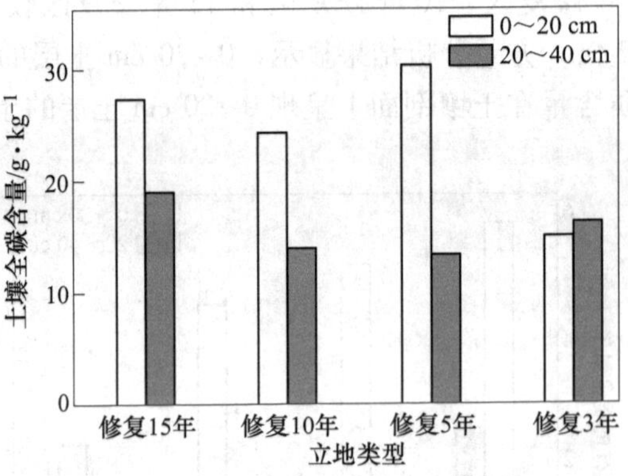

图 1-31　不同生态修复区土壤全碳含量

植物生长过程中会吸收土壤中的速效氮，土壤中的速效氮包括硝态氮、铵态氮。不同生态修复区硝态氮含量介于 1.09~9.4 mg/kg，随着生态修复年限增加，土壤中硝态氮含量也随之增加。5 年修复区、10 年修复区和 15 年修复区较 3 年修复区土壤硝态氮含量分别增长了 1.28 倍、1.08 倍和 2.18 倍（图 1-32）。方差分析结果表明，0~20 cm 土层的土壤硝态氮含量差异性显著（$P<0.05$）。土壤硝态氮含量在土壤剖面表现出明显的分层性和表聚性，即 0~20 cm 土层的硝态氮含量均高于 20~40 cm 土层。不同生态修复区土壤铵态氮含量介于 1.16~4.58 mg/kg，其含量从大到小依次为 15 年修复区>3 年修复区>5 年修复区>10 年修复区。

1.6.5　各因子间关系表征

当植被类型改变时，土壤性质及其各性质间的关系也将随之发生改变。本研究对撂荒地和植被修复后的土壤的理化性质和水文性质进行了分析，表 1-17 显示了撂荒地各土壤

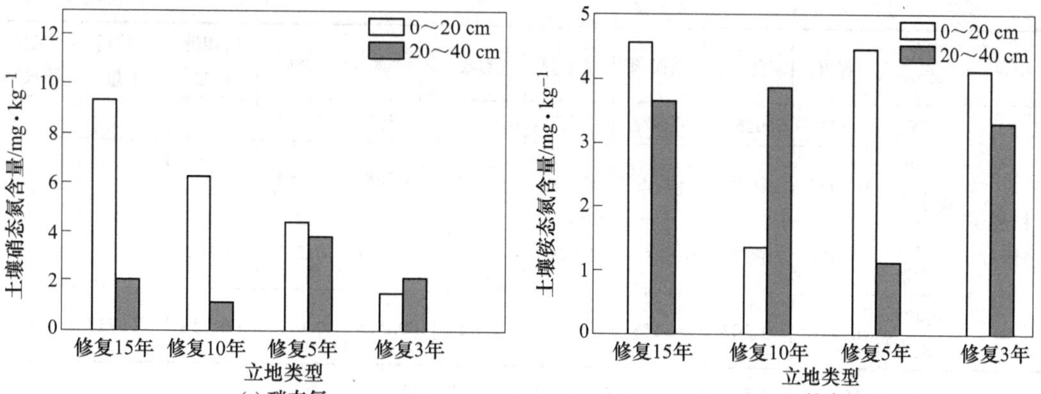

(a) 硝态氮　　(b) 铵态氮

图 1-32 不同生态修复区土壤硝态氮和铵态氮含量

性质之间的相关性，撂荒地有机质含量与土壤容重呈显著负相关，有机质含量与全氮含量呈显著正相关，硝态氮含量与毛管持水量呈极显著正相关。饱和持水量与土壤容重呈显著正相关，与全碳含量呈显著负相关。毛管持水量、全氮含量、硝态氮含量和全硫含量显著正相关关系。

表 1-17 撂荒地和植被修复后土壤理化性质相关性

项目	理化性质	容重	有机质	硝态氮	铵态氮	全氮	全碳	全硫	饱和持水量	毛管持水量	饱和导水率
撂荒地	容重	1									
	有机质	-0.608*	1								
	硝态氮	0.745	0.373	1							
	铵态氮	-0.533	0.459	-0.097	1						
	全氮	0.487	0.874*	0.532	0.273	1					
	全碳	-0.537	0.346	-0.566	0.712	-0.063	1				
	全硫	0.652	0.691	0.904*	0.183	0.827*	-0.321	1			
	饱和持水量	0.535*	-0.451	0.62	-0.68	-0.198	-0.890*	0.254	1		
	毛管持水量	0.639	0.181	0.975**	-0.119	0.363	-0.628	0.813*	0.724	1	
	饱和导水率	0.075	0.794	0.479	0.778	0.751	0.3	0.753	-0.346	0.389	1
植被修复后	容重	1									
	有机质	0.317	1								
	硝态氮	-0.369	0.221	1							
	铵态氮	0.171	0.13	0.274	1						
	全氮	0.379	0.963**	0.195	0.077	1					
	全碳	0.212	0.601**	0.044	-0.092	0.753**	1				

续表 1-17

项目	理化性质	容重	有机质	硝态氮	铵态氮	全氮	全碳	全硫	饱和持水量	毛管持水量	饱和导水率
植被修复后	全硫	0.544*	0.926**	0.072	0.279	0.932**	0.675**	1			
	饱和持水量	0.496*	-0.108	-0.193	-0.143	0.051	0.268	0.064	1		
	毛管持水量	0.231	0.327	0.665**	0.309	0.288	-0.019	0.261	0.142	1	
	饱和导水率	-0.447*	0.207	0.173	-0.159	0.125	-0.113	0.023	-0.258	-0.0213	1

注：*表示在 0.05 水平上显著相关，**表示在 0.01 水平上显著相关。

植被在生长过程中产生的有机质、全氮等养分元素不断累积，在提高土壤肥力的同时也改善了土壤结构，具体表现在土壤容重和紧实度降低，孔隙度增大。相关分析显示，土壤容重和养分元素、持水性、供水性、易有效水、土壤结构稳定性呈负相关关系。这是由于随着生态修复年限的增加，土壤中养分元素含量的增加促使土壤中水稳性团聚体含量增加，孔隙数量变多，土壤结构得到改善，土壤稳定性逐渐增强，进而提高了土壤的持水性和供水性，植物可利用的易有效水也增多。总之，土壤理化性质和土壤水动力特性关系密切，有机质、全氮等养分元素的累积会降低土壤容重和紧实度，增强土壤结构稳定性，使土壤供水和蓄积水分的性能得到提高。

植被修复后土壤性质间的相关性见表 1-17，表明有机质含量与全氮含量、全碳含量、全硫含量呈极显著正相关关系。有机质分解是氮素、碳素等养分的重要来源，通过培肥来增加有机质含量可以补充植物生长所需的氮素和氮素。硝态氮含量和毛管持水量呈极显著正相关，硝态氮含量和铵态氮含量与有机质含量和全氮含量没有显著相关性，这与翁伯琦等人的研究结论一致，表明该系统的氮循环比未受干扰的生态系统效率要低或耦合不太紧密。土壤容重与饱和持水量、全硫含量呈显著正相关，与饱和导水率呈显著负相关，植被在生长过程中产生的有机质、全氮、全碳等养分，促进土壤容重降低的同时提高了土壤持水性。全氮含量、全碳含量、全硫含量三者间呈显著正相关。

1.7 不同生态修复方式下土壤水文的植物响应

由于不同土壤容重的新构土壤毛管持水量经方差分析结果显示差异不显著，结合室内实验与矿区种植试验，难以精确确定容重大小，因此将室内试验与矿区种植试验土壤容重固定在 1.3 g/cm^3 左右，确定室内实验与矿区种植试验保水剂施加量为 0.6 g/kg，设定不同煤矸石质量含量 B_1 10%、B_2 30%、B_3 50%，煤矸石粒径 C_1 0~2 mm、C_2 2~5 mm、C_3 5~8 mm，进行新构土壤植物种植试验，探究不同重构方式下矿区植物生长的差异。采用方差分析、极差分析、模糊数学分析等分析方法对结果进行分析验证。通过不同重构土壤模式下植物种植试验，对植物的各项物理指标与生物学指标进行测定，反映植物生长对新构土壤的响应，筛选出土壤修复效果良好的修复模式，探讨不同植物对新构土壤物理性质、水力性质的响应，并寻求其之间的关系。本研究采用 SPSS17.0、R3.6.3、MATLAB R2012a、Origin Pro 2016 等软件对重构方式与植物生长情况进行分析拟合。采用方差分析、极差分析对室内试验进行分析，结果论证本试验可以反映不同重构方式下植物生长的差异，再选用极差分析、模糊数学分析建立矿区种植试验不同重构方式与植物生长指标的关系，确立不同分析方法对重构方式与植物生长的适用性，寻求分析过程中各项参数的变化规律，总结矿区选取不同重构方式后植物生长的规律。

1.7.1 不同重构方式下植物生长态势差异性

分别对室内种植的两周（幼苗期）和四个月（成熟期）的植物的生长态势指标（株高、叶面积、生物量）进行方差分析，结果见表 1-18～表 1-20。由于叶面积在幼苗阶段过小，测定其生物量会终止植物生长，因此在幼苗阶段仅测量植物的株高。

表 1-18 煤矸石质量含量和煤矸石粒径大小对植物两个生命阶段（两周及四个月）株高的影响

物种	因素	2 周		4 个月	
		F 值	*P* 值	*F* 值	*P* 值
黑麦草	煤矸石质量含量	21.778	***	1502.891	***
	煤矸石粒径大小	12.028	***	13.318	***
	煤矸石质量含量×煤矸石粒径大小	48.778	***	36.068	***
紫花苜蓿	煤矸石质量含量	0.919	N/S	53.925	***
	煤矸石粒径大小	0.011	N/S	35.095	***
	煤矸石质量含量×煤矸石粒径大小	0.692	N/S	5.450	**
白车轴草	煤矸石质量含量	21.590	***	6.860	**
	煤矸石粒径大小	66.836	***	1.672	N/S
	煤矸石质量含量×煤矸石粒径大小	1.377	N/S	0.493	N/S

注：N/S 表示相关性不显著；** 表示在 0.01 水平显著相关；*** 表示在 0.001 水平显著相关，下同。

表 1-19 煤矸石质量含量和煤矸石粒径大小对植物叶面积的影响

物种	因素	4 个月	
		F 值	*P* 值
紫花苜蓿	煤矸石质量含量	230.815	***
	煤矸石粒径大小	19.488	***
	煤矸石质量含量×煤矸石粒径大小	8.217	**
白车轴草	煤矸石质量含量	529.285	***
	煤矸石粒径大小	44.198	***
	煤矸石质量含量×煤矸石粒径大小	16.444	***

表 1-20 煤矸石质量含量和煤矸石粒径大小对植物生物量的影响

物种	因素	4个月	
		F 值	*P* 值
黑麦草	煤矸石质量含量	1498.191	***
	煤矸石粒径大小	13.277	***
	煤矸石质量含量×煤矸石粒径大小	35.926	***
紫花苜蓿	煤矸石质量含量	54.755	***
	煤矸石粒径大小	35.525	***
	煤矸石质量含量×煤矸石粒径大小	5.409	**
白车轴草	煤矸石质量含量	7.063	**
	煤矸石粒径大小	1.720	N/S
	煤矸石质量含量×煤矸石粒径大小	0.489	N/S

种植后两周的幼苗株高测量结果表明，新构土壤煤矸石质量含量和煤矸石粒径大小与黑麦草和白车轴草的株高关系极显著（$P \leqslant 0.05$），黑麦草株高与新构土壤煤矸石质量含量和煤矸石粒径大小的交互关系也存在极显著关系，植物生长两周后的紫花苜蓿株高与新构土壤因素不具有显著相关关系。其中，黑麦草在新构土壤 A_2B_2、A_1B_2 中株高表现出极大值与极小值，分别为 3.47 cm、1.33 cm；紫花苜蓿在新构土壤 A_3B_1、A_1B_1 中株高表现出极大值与极小值，分别为 1.70 cm、1.07 cm；白车轴草在新构土壤 A_3B_1、A_2B_3 中株高表现出极大值与极小值，分别为 2.6 cm、1.3 cm。

种植四个月的黑麦草与紫花苜蓿的株高与新构土壤的煤矸石质量含量、煤矸石粒径大小之间存在显著的相关作用，白车轴草株高与新构土壤煤矸石质量含量存在显著相关关系，但与煤矸石粒径大小关系不显著。黑麦草、紫花苜蓿、白车轴草分别在新构土壤 A_1B_3、A_2B_1、A_1B_1 中表现出极大值 130.3 cm、57.47 cm、57.9 cm，在新构土壤 A_3B_3、A_3B_2、A_2B_3 中表现出极小值 68.7 cm、47.63 cm、51.00 cm。

方差分析结果表明，在植物幼苗期，不同煤矸石质量含量和煤矸石粒径的新构土壤在黑麦草与白车轴草的株高上有差异，幼苗期紫花苜蓿株高在不同新构土壤中差异不显著。在植物成熟期，白车轴草在不同煤矸石粒径新构土壤中差异不显著，黑麦草株高、生物量，紫花苜蓿株高、叶面积、生物量，白车轴草叶面积在不同重构方式下均有显著差异，白车轴草株高、生物量在不同煤矸石粒径新构土壤中差异不显著。

对黑麦草、紫花苜蓿、白车轴草的株高和生物量以及紫花苜蓿和白车轴草的叶面积进行极差分析（表 1-21）。在株高方面，室内的三种植物的株高在不同重构模式下均大于矿区试验。在室内试验中，不同煤矸石质量含量下黑麦草、紫花苜蓿、白车轴草的极差分别为 49.1 cm、7.7 cm、2.2 cm，不同煤矸石粒径下三者极差分别为 12.1 cm、6.0 cm、0.9 cm。在矿区试验中，不同煤矸石质量含量下黑麦草、紫花苜蓿、白车轴草的极差分别为 22.5 cm、11.6 cm、6.4 cm，不同煤矸石粒径下三者极差分别为 11 cm、4.4 cm、5.1 cm。从结果来看，新构土壤中煤矸石质量含量对植物的差异影响大于煤矸石粒径，这是由于新构土壤中煤矸石质量含量的增加会加大黑麦草的株高差距，对于紫花苜蓿和白车轴草在株高上的影响则没有黑麦草明显。

表 1-21 植物生长指标极差分析

系数	株高/cm											
	煤矸石质量含量						煤矸石粒径					
	黑麦草		紫花苜蓿		白车轴草		黑麦草		紫花苜蓿		白车轴草	
	室内	矿区	室内	矿区	室内	矿区	室内	矿区	室内	矿区	室内	矿区
K_1	130.3	94.5	56.9	47.1	58.8	46.6	118.4	85	58.6	42.7	58.8	41.5
K_2	112.3	96	58.6	39.6	56.6	45.6	123.3	96	52.6	44.1	57.9	45.6
K_3	81.4	73.5	50.9	35.5	58.7	40.2	130.5	94.5	54.4	47.1	58.7	46.6
最优水平	B_1	B_2	B_2	B_1	B_1	B_1	C_3	C_2	C_1	C_3	C_1	C_3
R_j	49.1	22.5	7.7	11.6	2.2	6.4	12.1	11	6	4.4	0.9	5.1

系数	叶面积/cm^2							
	煤矸石质量含量				煤矸石粒径			
	紫花苜蓿		白车轴草		紫花苜蓿		白车轴草	
	室内	矿区	室内	矿区	室内	矿区	室内	矿区
K_1	5.35	2.65	4.74	2.93	4.93	2.65	4.74	2.93
K_2	5.27	2.24	4.78	2.54	5.35	2.38	4.78	2.54
K_3	4.11	1.95	4.03	2.06	5.15	2.53	4.74	2.72
最优水平	B_1	B_1	B_2	B_1	C_2	C_1	C_2	C_1
R_j	1.24	0.7	0.75	0.87	0.42	0.27	0.04	0.39

系数	生物量/kg·m^{-2}											
	煤矸石质量含量						煤矸石粒径					
	黑麦草		紫花苜蓿		白车轴草		黑麦草		紫花苜蓿		白车轴草	
	室内	矿区	室内	矿区	室内	矿区	室内	矿区	室内	矿区	室内	矿区
K_1	1.41	1.043	0.53	0.369	0.553	0.367	1.229	0.811	0.546	0.332	0.553	0.326
K_2	1.22	1.059	0.546	0.375	0.546	0.359	1.339	1.059	0.49	0.375	0.462	0.359
K_3	0.89	0.811	0.474	0.287	0.552	0.316	1.414	1.043	0.507	0.369	0.552	0.367
最优水平	B_1	B_2	B_2	B_2	B_1	B_1	C_3	C_2	C_1	C_2	C_1	C_3
R_j	0.52	0.248	0.072	0.088	0.007	0.051	0.185	0.248	0.056	0.043	0.091	0.041

在叶面积方面，室内紫花苜蓿和白车轴草的叶面积均大于矿区试验。在室内试验中，不同煤矸石质量含量下紫花苜蓿、白车轴草的极差分别为 1.24 cm^2、0.75 cm^2，不同煤矸石粒径下二者极差分别为 0.42 cm^2、0.04 cm^2；在矿区试验中，不同煤矸石质量含量下紫花苜蓿、白车轴草的极差分别为 0.7 cm^2、0.87 cm^2，不同煤矸石粒径下二者极差分别为 0.27 cm^2、0.39 cm^2。结果表明，新构土壤中煤矸石质量含量对植物叶面积的影响大于煤矸石粒径。

在生物量方面，室内三种植物的生物量均大于矿区试验。在室内试验中，不同煤矸石质量含量下三种植物的生物量极差分别为 0.52 kg/m^2、0.072 kg/m^2、0.007 kg/m^2，不同煤矸石粒径下三者极差分别为 0.185 kg/m^2、0.056 kg/m^2、0.091 kg/m^2；在矿区试验中，不同煤矸石质量含量下三种植物的生物量极差分别为 0.248 kg/m^2、0.088 kg/m^2、0.051 kg/m^2。不同煤矸石粒径下三者极差分别 0.248 kg/m^2、0.043 kg/m^2、0.041 kg/m^2。新构土壤煤矸石质量含量与煤矸石粒径大小均对植物生物量有影响。室内试验与矿区试验极差值接近，表明不同重构方式下重构因子对植物生物量的影响是相似的。

1.7.2 不同重构方式下植物生长态势

通过模糊数学建立新构土壤和植物生长之间的隶属函数关系是建立新构土壤模糊数学评价模型的基础，是根据矿区生态修复水文条件与植物长势评判标准的准则。矿区生态修复是一项较为复杂且难度较大的复合型工程，不仅由于影响生态修复效果的指标体系繁多而且复杂，还因为划分生态恢复效果评价的各个因素的界限相当模糊，很难以传统的经典数学模型与思想进行量化与描述。随着生态修复试验与经验的不断累积，生态修复方向已由原来的针对矿区单因素的研究逐渐走向系统化的分析评价，以定性为基础，通过归一化数值指标进行整体定量化评价。生态修复并不是简单地将多个因素线性拟合来完成评价，类比蚁族算法，生态修复评价应以整体为单位，将多因素归为整体来进行研究，并非某一因素会有唯一确定的最优解，可以通过简单的矩形变换得到不同重构模式下植物生长综合评价的分析方法。新构土壤模糊数学评价模型的建立根据植物生长指标来设定评判标准，共设定两个评判论域：因素集，即植物长势指标集 U=(A. 株高，A. 叶面积，A. 生物量)；评论集，即植物质量评论集 V=(优，良，中，差)。

根据不同土壤重构处理后的植物指标的极大值，结合植物最大生长量，对 9 组不同土壤重构模式下的植物生长指标通过自然断点法进行划分质量评论集，结果见表 1-22。

表 1-22 植物长势评论集

评分	黑麦草		紫花苜蓿			白车轴草		
	株高 /cm	生物量 /kg · cm^{-2}	株高 /cm	生物量 /kg · cm^{-2}	叶面积 /cm^2	株高 /cm	生物量 /kg · cm^{-2}	叶面积 /kg · cm^{-2}
优	90~120	0.9~1.2	45~60	0.36~0.48	2.4~3.2	45~60	0.36~0.48	2.4~3.2
良	60~90	0.6~0.9	30~45	0.24~0.36	1.6~2.4	30~45	0.24~0.36	1.6~2.4
中	30~60	0.3~0.6	15~30	0.12~0.24	0.8~1.6	15~30	0.12~0.24	0.8~1.6
差	0~30	0~0.3	0~15	0~0.12	0~0.8	0~15	0~0.12	0~0.8

在评分过程中，在样地随机选取 5 组实验数据记录，并在三组中重复进行。例如，在

样地中随机选取5株黑麦草，并在三组中重复各选取一次，共得到15株黑麦草株高数据，根据表1-22进行评价。

在模糊数据集中，权重代表各个因素在评价因素中的重要性地位，根据归一化原则，权重集S中的因素总和为1。

采用对比法确定因素权重，即根据室内试验植物长势作为植物生长评价上限，极差占平均值的比例作为确定权重因子，确定权重集$S=(S_1, S_2, S_3, S_4, S_5, S_6, S_7, S_8)=\{0.1242, 0.121, 0.086, 0.1306, 0.1561, 0.172, 0.1242, 0.086\}$（表1-23）。新构土壤模糊数学综合评价结果：

$$Y = S \times \boldsymbol{R}$$

式中 S——权重集；

$\boldsymbol{R}$——评价矩阵。

表1-23 权重转换表

分 类	原有权重/%	换算权重/%
黑麦草株高 S_1	19.5	12.42
紫花苜蓿株高 S_2	19	12.1
白车轴草株高 S_3	13.5	8.6
紫花苜蓿叶面积 S_4	20.5	13.06
白车轴草叶面积 S_5	24.5	15.61
黑麦草生物量 S_6	27	17.2
紫花苜蓿生物量 S_7	19.5	12.42
白车轴草生物量 S_8	13.5	8.6
合 计	157	100

以上结果在归一化后可以反映不同重构方式下植物生长情况的模糊估计，以B_1C_1为例，土壤新构方式为煤矸石质量含量为10%，煤矸石粒径大小为0~2 mm时，在31.28%程度上可以将重构方式对生态植被恢复定义为优，在58.7%程度上可以将重构方式对生态植被恢复定义为良，在10.02%程度上定义为中，不可定义为差（表1-24）。在此基础上，为得到综合评分值，将不同评分标准进行赋值，可得到不同重构方式下矿区生态修复的评分。优为25，良为20，中为13，差为8。具体各不同重构方式下的评分值见表1-25。

表1-24 归一化处理

编号	重构类型	是否归一化	评 级				总计
			优	良	中	差	
1	B_1C_1	归一化前	469.2	880.63	150.32	0	1500.15
		归一化后	31.28	58.7	10.02	0	100
2	B_1C_2	归一化前	395.62	945.63	158.9	0	1500.15
		归一化后	26.37	63.04	10.59	0	100
3	B_1C_3	归一化前	888.62	611.53	0	0	1500.15
		归一化后	59.24	40.76	0	0	100

续表 1-24

编号	重构类型	是否归一化	评级				总计
			优	良	中	差	
4	B_2C_1	归一化前	112.75	1034.2	328.36	24.84	1500.15
		归一化后	7.52	68.94	21.89	1.66	100
5	B_2C_2	归一化前	674.56	771.13	54.46	0	1500.15
		归一化后	44.97	51.4	3.63	0	100
6	B_2C_3	归一化前	349.7	1037.07	113.38	0	1500.15
		归一化后	23.31	69.13	7.56	0	100
7	B_3C_1	归一化前	42.36	1159.36	298.43	0	1500.15
		归一化后	2.82	77.28	19.89	0	100
8	B_3C_2	归一化前	0	984.19	515.96	0	1500.15
		归一化后	0	65.61	34.39	0	100
9	B_3C_3	归一化前	0	911.25	559.28	12.42	1500.15
		归一化后	0	61.45	37.71	0.84	100

表 1-25 不同重构方式下植物指标评分

组 别	评 分	排 序
B_1C_1	20.86	3
B_1C_2	20.58	5
B_1C_3	22.96	1
B_2C_1	18.65	7
B_2C_2	21.99	2
B_2C_3	20.64	4
B_3C_1	18.76	6
B_3C_2	17.59	8
B_3C_3	17.26	9

从结果可以看出，B_1C_3 处理（煤矸石含量为10%，煤矸石粒径为5~10 mm）的综合评价值最高，评分值为22.96；B_3C_3 处理（煤矸石质量含量为50%，煤矸石粒径为5~10 mm）综合评价值最低，评分值为17.26。评分值由高到低依次为 $B_1C_3>B_2C_2>B_1C_1>B_2C_3>B_1C_2>B_3C_1>B_2C_1>B_3C_2>B_3C_3$，评分值分别为22.96、21.99、20.86、20.64、20.58、18.76、18.65、17.59、17.26。

从评价结果看，煤矸石质量含量越小，总体评分值越高；煤矸石粒径越大，总体评分值越高。模糊数学分析结果表明，煤矸石在新构土壤中质量越小（煤矸石质量含量在10%~50%），煤矸石粒径越大（0~10 mm），新构土壤对植物生长越有利，在矿区生态系统恢复中可以得到较好恢复成果。徐良骥等研究发现煤矸石粒径小于80 mm时，作为填充基质适宜植物生长[1]，本研究与其相似，并进一步说明煤矸石粒径在5~10 mm的新构土壤更适宜植物生长。王迁等研究发现新构土壤中煤矸石含量越少，越适宜植物生长[2]，本研究与该文也得出了相同结论。本研究结果对矿区种植植物前新构土壤复配以及种植植物类别选择提供了一定参考。

本章小结

土壤重构是矿区生态修复的重要方法之一。目前关于矿山生态修复的研究主要集中在矸石山、沉陷地和排土场，以不同的土壤粒径和混合物比例、不同重构方式通过生物、物理技术合理优化充填复垦。土壤性质重构研究是目前矿区生态修复亟待解决的问题。

不同土壤容重下的饱和含水量变化差异性显著（$F=5.207$，$P<0.001$），说明新构土壤容重的变化会影响到饱和含水量的大小；土壤毛管含水量与煤矸石质量含量、新构土壤容重和煤矸石粒径均呈负相关关系，其中煤矸石质量含量与毛管含水量的负相关关系最显著，与煤矸石粒径的负相关性最差；不同土壤容重、煤矸石质量含量、煤矸石粒径、保水剂施加量下新构土壤田间持水量差异性极显著。

不同重构方式下土壤的饱和含水量存在差异。不同煤矸石质量含量下的土壤累积入渗量均随时间的延长呈增大趋势。煤矸石质量含量会对土壤水分入渗速率产生影响，各新构土壤水分入渗速率存在差异，土壤的初始入渗率、平均入渗率和稳定入渗率均随着煤矸石质量含量的增加而增大。

不同煤矸石质量含量下土壤的含水量均随着吸力的增加而减小，但在不同的吸力阶段，含水量变化幅度不同。随着土壤水分吸力的逐渐增大，各新构土壤的比水容量均呈减小趋势，但在不同的吸力段比水容量的变化幅度不同。毛管断裂含水量和萎蔫系数均随煤矸石质量含量的增加而减少。新构土壤毛管持水量与土壤容重、煤矸石质量含量、煤矸石粒径呈显著负相关，与保水剂施加量呈显著正相关。田间持水量与土壤容重、煤矸石质量含量、煤矸石粒径呈负相关，与保水剂施加量呈极显著正相关。

保水剂施加量在0~1.0 g/kg时，新构土壤田间持水量和萎蔫系数均随保水剂施加量的增加而增加，新构土壤有效水先增加后保持稳定，转折点出现在保水剂施加量为0.5 g/kg时。随着保水剂施加量增加，新构土壤田间持水量和萎蔫系数都相应增加，田间持水量从21.8%提高到52.98%，萎蔫系数从2.06%提高到15.6%。当保水剂施加量在0~0.5 g/kg时，新构土壤有效水含量随保水剂施加量的增大而增大，当保水剂施加量在0.5~1.0 g/kg时，有效水含量逐渐平稳保持在某一数值。保水剂抑制水分蒸发作用随保水剂用量的增大而增大。保水剂可作为重构因子提升新构土壤的持水能力，可为保水剂在矿区生态修复中的应用提供参考。

由不同重构方式下土壤团聚体的粒径分布可看出，不同重构模式下土壤煤矸石的含量

[1] 徐良骥，黄璨，李青青，等. 煤矸石粒径结构对充填复垦重构土壤理化性质及农作物生理生态性质的影响［J］. 生态环境学报，2016，25（1）：141-148.

[2] 王迁，李庆飞，张沛沛，等. 山西某煤矿脱水污泥及矿区固废制备土壤调节剂的试验研究［J］. 煤炭加工与综合利用，2017（3）：71-76.

以及煤矸石粒径都影响土壤团聚体分布。不同重构模式下，使用干筛法获得的粒径大于0. 25 mm的土壤团聚体含量明显大于对应的湿筛法获得的粒径大于0. 25 mm的土壤团聚体含量。土壤团聚体的MWD和GMD均能够反映其粒径大小分布总体状况，它们的值越大，表示团聚体的平均粒径团聚度越高，稳定性越强。

不同修复模式下的土壤饱和导水率由大到小依次为草地（1. 736 mm/min）>灌草地（1. 678 mm/min）>乔灌草地（1. 564 mm/min）>撂荒地（1. 012 mm/min）。不同生态修复区土壤随吸力增加，含水率逐渐降低，当吸力较低时，含水率变化较大。随着吸力升高，单位吸力条件下含水率变化范围变小。相同吸力时，不同生态修复区0~20 cm土层土壤含水率明显不同，其中未受损区含水率最高。随着生态修复年限增加，不同生态修复区土壤持水能力得到提高。

习　题

1. 什么是“土壤水分特征曲线”？
2. 什么是“萎蔫系数”？
3. 什么是“土壤团聚体组成”？
4. 什么是土壤饱和含水量、毛管含水量以及田间持水量，不同重构因子对其分别有什么影响？
5. 说明不同煤矸石质量含量下新构土壤水分的入渗特性以及土壤水分入渗速率是如何变化的。
6. 试述不同重构方式下的土壤持水性及有效水性。
7. 试述不同保水剂施加量下土壤水文性质的变化规律。
8. 什么是土壤水稳性团聚体和土壤团聚体组成？
9. 不同重构方式下土壤水稳性团聚体变化特征和新构土壤团聚体稳定性特征分别是什么？
10. 各重构因子间有着怎样的关系表征？试说明不同生态修复区土壤的导水率分析、供水性和有效水分析。

2 资源型地区受损矿山生态修复

本章提要：

人类在对矿产资源进行开发的同时，造成了十分严重的环境问题。山西省是矿产资源大省，在矿区开采的同时存在着明显的废弃物积累，并严重污染着矿区及周边环境。采矿方式的不同，决定着矿山环境问题的种类和发育特征，过度开采更是造成了水土流失、次生地质灾害、矿山废水及重金属污染等问题，影响范围广且性质严重。矿山污染会致使土壤质量下降，同时污染农作物，农作物进入人体，会危害人类身体健康。恢复生态学理论认为，依靠自然恢复或通过人工措施，采用适当的工程方法和植被重建，可恢复退化的生态系。矿产资源开采方式有地下开采、露天开采、露天地下联合开采三种方式。矿山废弃地的形成原因有废石堆积场、采矿废弃地、尾矿废弃地和场地废弃地。通过分析资源型地区地质环境问题特征、开采方式和废弃地形成原因，结合山西省现有矿山地质环境治理技术模型，借鉴国内外矿山生态治理技术，寻求最合适的技术方案。

2.1 受损矿山生态修复基础理论

生态修复的理论基础来源于恢复生态学，生态修复的对象是生态系统，它作为改善退化生态系统的生产力和缓解生态系统损失的一种方法，为生物多样性保护和自然资源管理提供了新的思路和机遇。

2.1.1 恢复生态学原理

恢复生态学理论主要研究生态系统退化的原因、退化生态的恢复和重建的技术与方法、生态学过程与机理的科学❶。恢复生态学的研究内容主要涉及生态系统退化与恢复的生态过程，以及各类退化生态系统产生的原因、驱动力、退化过程和特点等。生态恢复的目的是将受损的生态系统再塑造，使其恢复到受干扰前的自然状况或接近自然状态，也就是说重建该系统的原有物理、化学及生物学特点。通过人工设计与生态恢复相结合的手法，重塑自然生态系统，合理运用建筑学理论与思想对场地进行整合，去除一些不合理构筑物并保留一些有用场地资源，使其不仅具有使用价值，而且具有历史价值与美学价值。运用恢复生态学理论对受损生态系统进行生态环境重塑，然后运用景观设计理论将场地打造为休闲活动场地，或者将场地重新恢复为农业生产用地等，做到变废为宝。

❶ 付战勇，马一丁，罗明，等. 生态保护与修复理论和技术国外研究进展［J］. 生态学报，2019，39（23）：9008-9021.

2.1.2 系统修复理论

系统修复理论是指在进行生态修复的过程中，不应该单一对某种元素进行分析与修复，而是应该建立系统、整体的理论。将整个进行生态修复的区域的内部各要素联系起来，建立联系、发展的系统理论，分析各要素之间的关系与规律，在此基础之上进行区域生态修复。

2.1.3 景观生态学原理

景观生态学是研究景观单元的类型组成、空间格局及其与生态学过程互相作用的综合性学科。"斑块—廊道—基质"是景观生态学研究的一种常用分析方法。景观生态学主要通过地理学中的景观理论与生物学中的生态理论，运用生态系统原理和系统方法，研究景观结构、功能和景观动态变化以及它们的相互作用的机理，研究景观的美化格局、优化结构以及对景观进行合理的利用和保护。在实际工作中，将线、带、块相结合，大、中、小相结合，通过优化景观格局的方式，在有限的场地中实现高效的利用。景观生态学理论对场地环境、生态及文化方面的和谐发展具有突出的指导作用，对生态修复区发挥基本生态功能与维持可持续发展具有十分重要的作用。

2.1.4 生态位理论

生态位是指在自然生态系统中一个种群在时间和空间上的位置关系及其与相关种群之间的功能关系。1917 年，Grinell 最早提出了生态位的概念，用来划分环境的空间单位和一个物种在环境中的地位。根据生态位理论，在生态修复过程中，首先要调查修复区的生态环境条件，根据生态环境因子选择适当的生物种类，同时避免只引进生态位相同或者相似的物种，使得各种群在群落中拥有自己的生态位，避免或者减少种群间的竞争，实现物种间共存，维持生态系统的长期稳定。

2.1.5 群落演替理论

群落演替一般指植物群落在受到干扰后的恢复过程或在裸地上植物群落的形成和发展过程。群落演替的定义有广义和狭义之分，广义上是指植物群落随时间变化的生态过程；狭义上是指在一定地段上群落由一种类型变为另一种类型的质变且有顺序的演变过程。无论原生演替还是次生演替，都可以通过一定的人为操作进行调控，从而改变演替方向和演替速度。即只要克服或消除外界的干扰压力，对自然生态系统和人工生态系统进行有效的控制和管理，就可指导退化生态系统的恢复和重建[1]。群落演替过程中，演替方向易受到干预，其中，营养级联效应在一定程度上显得尤为重要。营养级联是指在多营养级中的自上而下的链式反应，生态系统中某营养级生物数量明显改变后，其他营养级生物数量会发生相应变化。在生态恢复实践中，应当注意生态演替过程中的营养级联效应，使演替朝着合适的方向进行。目前，群落演替理论被广泛用于退化森林、草原、湿地植被的恢复[2]。

---

❶ Young T P，Petersen D A，Clary J J. The ecology of restoration：Historical links，emerging issues and unexplored realms [J]. Ecology Letters，2005，8 (6)：662-673.

❷ Wilfahrt P A，Collins B，White P S. Shifts in functional traits among tree communities across succession in eastern deciduous forests [J]. Forest Ecology and Management，2014，324：179-185.

2.1.6 生态系统稳定性理论

生态系统具有趋于平衡点的稳定特性，生态系统稳定性通常被定义为生态系统在应对干扰发生状态变化的同时进行重组以维持生态系统功能的能力。生态系统稳定性由生态系统的抵抗力和恢复力两个独立的过程共同决定，抵抗力是指引起生态系统结构变化的干扰的大小，而恢复力是指返回到生态系统最初结构的速度。目前，生态系统稳定性理论已经成为自然生态系统管理和生态修复的核心概念。

2.1.7 群落构建理论

在一个特定的时间和空间中，群落构建是一个群落中物种在空间和时间尺度上组合的决定因素，物种多样性越高，组合越复杂，生态系统就越稳定[1]。群落构建研究对于解释物种共存和物种多样性的维持是至关重要的，生态修复工作越来越侧重于受干扰地区生物群落的物种组成多样性和功能多样性，通过物种结构、时空结构和营养结构的组合来指导修复工作。目前，生态修复研究主要集中于如何提升生态系统功能和促进生物多样性的恢复，群落构建在生态修复工作中得以应用。

2.1.8 可持续发展理论

可持续发展理论的经典论断是既满足当代人的需要，又不影响后代人满足自身需要的能力。资源的过量开采导致部分重要资源难以再生，发展不可持续、难以为继的现象也逐渐引起人们的警惕，因此可持续发展理论的提出，其宗旨便是提醒人们在进行资源利用的过程中应注意环境的承载潜力，在保证生态安全与资源可再生能力的基础之上进行资源开发与利用。

2.2 矿山生态修复模式

2.2.1 自然恢复

自然恢复模式是指通过停止对生态系统的人为干扰，消除生态胁迫性因素，依靠生态系统的自我调节能力和自组织能力使其向有序的方向自然演替和更新恢复，促进生态系统的正向演替[2]。适用条件为完全不需要人工干预，只依赖现有的生态系统的自我调节能力而进行的生态恢复。“自然恢复”必须撤离人为扰动，如封闭森林或草原，使这些地区不受人类活动的影响，同时防止火灾及杂草入侵，实现自然更新。这种方法可缩短实现森林覆盖目标所需的时间，保护珍稀物种和增加生态系统的稳定性，投资小、效益高。在保持水土、控制和改善微气候、保护生物多样性和维持大气平衡方面，封闭后实现自然恢复的森林比人工林要好得多。

---

❶ Wainwright C E, Staples T L, Charles L S, et al. Links between community ecology theory and ecological restoration are on the rise [J]. Journal of Applied Ecology, 2018, 55 (2): 570-581.

❷ 白中科，师学义，周伟，等. 人工如何支持引导生态系统自然修复 [J]. 中国土地科学，2020，34 (9)：1-9.

2.2.2 辅助修复

辅助再生模式也称协助再生模式，是以受损生态系统的自我恢复能力为基础，辅以物质与能量的人工输入，促进退化或受损的生态系统结构逐步恢复并进入良性循环的活动。适用条件为单依靠受损生态系统的自我调节能力不能很好地进行受损生态系统恢复的生态恢复区域。主要技术方法是按照植物的自然分布规律及生长特点，采取较少人为干预措施，促进植被修复。对于森林草原等生态环境区，一方面利用禁止放牧、休牧等手段对当地环境进行封闭性的保护；另一方面采取人工促进修复的方法，如对草地进行松耙、划破草皮、浅耕翻、补播、施肥、围栏、鼠虫害防治、生物防治、物理防治、化学防治、天敌防控、综合修复。

2.2.3 生态重塑

生态重建模式仅适宜于人类活动频繁区域，是指针对因人类活动或自然灾害导致生态系统功能和自我恢复能力丧失、生态系统发生不可逆转的情况，采取物理、化学、生物、生态工程技术方法，消除非生物和生物屏障，使生态系统重新进入良性循环状态的活动。

2.2.4 保育保护

保育保护模式主要是通过保护生物物种或者不同生物群落所依存的栖息地、生态系统，以及保护和维系栖息地原住居民文化与传统生活习惯，以达到自然生态系统的良性演替，维持自然资源的永续存在与可持续利用。适用条件为各种自然保护区、生态保护区以及生态相对脆弱区域，不需要短时间内进行较大的生态恢复工程，只需要进行保护，不需要进行外界工程干扰，例如太行山和吕梁山等区域的自然保护区、生态保护区等。主要技术方法是对区域进行保护，不采取外界的工程干扰。按照生态学原理，物种多样性是实现生态系统稳定的基础，使用多物种组合，特别是乔灌草多层次物种结合进行植被恢复，构建的生态系统的稳定性和持续性好于单一物种或少物种组合。

2.3 受损矿山生态修复治理

2.3.1 地貌重塑

地貌重塑技术是指结合矿山原有的地形地貌特点，依托采矿设计、开采工艺和土地损毁方式，通过有序排弃和土地整形等措施，重新塑造一个与周边景观协调的新地貌，最大限度地防治地质灾害、抑制水土流失，消除和缓解对植被恢复和土地生产力提高有影响的灾害性、限制性因子，以提高土地利用率。地貌重塑是矿区生态系统恢复重建的基础。

2.3.1.1 地形修复技术

回填整平技术：在地形修复中，回填整平技术最为常见。可利用大型推土机进行回填整平，使得采区内不再有大的坡度和沟坎；或采取削坡、护坡、场地整治等工程措施以维持地表基底稳定；或通过复坑整平将裸地整理成具有极小平缓坡度的平整地面，使矿区的较大坡度和沟坎减少或消失。

坡面加固排危技术：采坑造成坡面及裸露地表的状态极不稳定，需要通过坡面加固排危技术处理缓解地质隐患，稳定地质环境。可利用大型铲运机将剥离的条带岩石和表土“剥皮式”分开铲装，在复垦条带分别按顺序“铺洒式”排放在沿等高线平整矿区的剥离物堆放场及边坡土地，改造成环形宽条带水平梯田或梯田绿化带。

土方疏通技术：土方疏通是根据地质破坏的具体状况，在土方作业尽可能小的情况下，进行场地疏通恢复。通过开挖沟渠形成有效的水利系统，达到将塌陷地复垦成良田的目的，同时将无污染或污染可以经济有效防治的充填物充填塌陷地。

2.3.1.2 地貌修复技术

物理工程技术包括浆砌片石骨架、钢筋混凝土框架、预应力锚索地梁等技术。在矿山生态恢复中采用铺砌护坡连锁砖整治坡面❶。在削坡整理的基础上，铺设护坡连锁砖，利用连锁砖的六边形结构形成相互咬合的网状结构，再用钢质铆杆纵向、横向连续钉制刚性支撑，有效地促进了长坡面的稳定性，固土护坡、涵养水源。

生物装置技术：应用最为广泛的是植生卷铺盖法、喷混植生、客土喷播技术等。其中，植生卷铺盖法主要适用于较缓的、低矮的、需要迅速得到防护或绿化的土质边坡。针对实际情况，可以采用种植藤和生命力强的草类等方法❷，并在基部栽植巨尾桉等速生树木作为屏障，结合实际采取有利于植物生长的辅助工程措施，如砌护坡、排水沟、回填客土等进行生态恢复，可较好地完成治理工程、施工和植树绿化工作。

人工装置技术：利用人工装置帮助实现地貌条件的稳定❸。如挂三维网植草适用于较缓的土质及部分沙石土边坡，可使坡面的基质更加稳固。在稳定坡面防止水土流失的同时，为坡面的地貌植被恢复提供了条件。在实际应用中，人工装置技术与工程技术以及生物技术经常搭配使用。对开采岩质坡面可采用简易植被恢复基材喷附、挂双向格栅+植被恢复基材喷附+生态植被毯、生态植被袋生态防护、岩面容器苗垂直绿化等技术进行植被恢复。

2.3.2 景观重塑

景观重塑是指遵循“山水林田湖草”生命共同体的理念，通过“点—线—面—网”与“网—面—线—点”的两种互逆反馈途径，充分考虑景观破碎与景观整合过程中，土地资源、植被资源、水资源、生物资源、人居环境等的结构调整和优化配置，重建一个与周边景观相协调的生态系统。景观重现是矿区生态系统恢复重建的结构优化与功能提升。目前，景观重塑方法在缓解生境破碎化和调整群落结构等方面发挥了一定作用。常用的景观修复技术主要包括加强斑块的生态连通性、地貌重塑，加强修复区与周边生态系统功能的协调等。强调在景观尺度上进行生态修复的重要性，包括景观结构、生物组成和景观内生态系统之间的功能交互。此外，还可以控制景观的连通性和渗透性，从而实现特定的恢复目标。如城市保护区的鸟类栖息地可以通过修复邻近的林地和在住宅花园中使用本地植物

❶ 李建．妙峰山镇杨岭废弃矿山生态恢复技术研究［J］．林业实用技术，2009（7）：14-17.

❷ 李欣．福州市废弃矿山生态环境存在的问题及对策［J］．资源环境与工程，2006，20（3）：264-267.

❸ 晏闻博，柳丹，彭丹莉，等．重金属矿山生态治理与环境修复技术进展［J］．浙江农林大学学报，2015，32（3）：467-477.

物种来增强。

2.3.3 土壤修复

目前国外常用的修复技术主要包括物理化学修复技术——土壤淋洗技术、玻璃化技术、固化和稳定化技术，生物修复技术——植物稳定技术、植物刺激技术、植物转化技术、植物过滤技术、植物萃取技术和微生物修复技术。原位处理和异位处理是污染土壤修复的常用修复技术，植物的原位修复技术是一种经济有效、友好的修复方法。

2.3.3.1 物理修复技术

客土换土技术：主要针对立地条件极差、土层极薄甚至没有土层的废弃矿山。可从建筑工地购买其挖出的基土[❶]，运送到项目区，并在满足条件的区域覆土。或购买菌剂添加到土壤中，调节土壤微生物生存环境，促进其生长，从而改良土壤理化性质，加速植物生长，这样有利于快速改良土壤基质，提供适宜植物生长的环境条件，但缺点是客土源难以保障、成本较高。

隔离法技术：物理修复中的隔离法主要是使用各种防渗材料，如水泥、黏土、石板塑料板等，把污染土壤就地与未污染土壤或水体分开，以减少或阻止污染物扩散到其他土壤或水体。常用的方式有振动束泥浆墙、平板墙、薄膜墙等[❷]。该法常应用于污染严重并易于扩散，且污染物又可在一段时间后分解的情况，使用范围较为有限。为减少地表水下渗，还可在污染土壤上覆盖一层合成膜，或在污染土壤下面铺一层水泥和石块混合层。

电动力学技术：电动力学方法是指将电极插入受污染土壤中，通过输入电流，利用电渗析、电泳等原理使污染物迁移的过程，通常用于同时去除土壤中存在的多种重金属的情况。周鸣等通过向阴极槽中添加乙二胺四乙酸，显著提高了物理修复过程中的电流，强化了电动力学修复效果，污染土壤中铜和镉的去除率分别可达 90.2%和 95.1%。

2.3.3.2 化学修复技术

固化修复技术：土壤固化通常用于重金属和放射性物质污染土壤的无害化处理，将污染物转化为不易溶解、迁移能力或毒性变小的状态和形式。朱佳文等[❸]在对铅锌尾矿砂中的镉、铅、锌使用石灰和磷酸一铵等钝化剂后，发现对镉、铅、锌的移动性和生物有效性有明显的影响和固化效果。

淋洗修复技术：化学淋洗技术修复污染土壤是指通过解吸附、反络合及溶解作用，使重金属从固相的土壤转移到液相淋洗液中，淋洗液进行循环利用或处理，重金属回收或处置。黄细花等[❹]发现可以利用 P&T 技术处理污染淋出液，在深层土壤添加固定剂，能有效固定从耕作层淋下来的重金属，且被固定的重金属很少被后期的降水等再淋洗出来，能很好地控制对地下水的环境风险。

---

❶ 沈维明，张星辉．浅谈北京市废弃矿山生态修复技术与措施［J］．水利水电技术，2011，42（1）：24-26.

❷ 胡振琪，杨秀红，鲍艳，等．论矿区生态环境修复［J］．科技导报，2005，23（1）：38-41.

❸ 朱佳文，邹冬生，向言词，等．钝化剂对铅锌尾矿砂中重金属的固化作用［J］．农业环境科学学报，2012，31（5）：920-925.

❹ 黄细花，卫泽斌，郭晓方，等．套种和化学淋洗联合技术修复重金属污染土壤［J］．环境科学，2010，31（12）：3067-3074.

2.3.3.3 生物修复技术

植物稳定技术：矿山废弃地和尾矿等，剥离表土堆放地分布相对比较集中，各个区域土壤的肥力以及重金属的含量存在明显的差异，植物吸收转移的量相对有限。针对植物提取技术的不足，选择耐性植物尽快恢复植被，通过植物稳定技术会相对简单而且容易实现。一方面可以减少水土流失；另一方面可以降低重金属的迁移扩散。灯芯草、土荆芥、狗牙根、野茼蒿、一年蓬等草本植物对重金属的稳定吸收有很好的促进作用。

微生物修复技术：主要通过微生物对重金属的溶解、转化与固定来实现修复。运用基因工程培育具有积累重金属、降毒能力及加速植被吸收重金属的微生物研究是土壤环境治理的关键手段之一。

动物修复技术：是在污染土壤中生长、繁殖、穿插等活动过程中对污染物进行破碎、分解、消化和富集作用，从而使污染物降低或消除的一种生物修复技术。土壤中的蚯蚓和蜘蛛对重金属元素有很强的富集能力，其体内的镉、铅、锌与土壤中相应元素的含量呈明显的正相关，在土壤中加入腐生波豆虫、蚯蚓等土壤动物有利于土壤的生态恢复。

2.3.4 植被修复

原生植被的破坏和丧失是资源型地区面临的最严重的生态问题之一。植被重建是指矿山生态系统恢复重建的保障。植被重建是指在地貌重塑和土壤重构的基础上，针对矿山不同土地的损毁类型和程度，综合气候、海拔、坡度、坡向、地表物质组成和有效土层厚度等，进行不同损毁土地类型物种选择（先锋植物与适生植物）、植被配置、栽植及管护，使重建的植物群落持续稳定❶。在矿区生态修复过程中，植被重建关键技术包括植物物种选择、幼苗种植、群落构建以及植被维护等。考虑到植被生命周期的重要性，提出全局植被重建技术（植物物种优选、表土覆盖、播种和维护管理）。资源型地区植被恢复的植物选择原则应将前期的即时效果与长期效果相结合，将常见绿化苗木种子与当地周边的乡土植物相结合，促进植物群落的演替及长期的稳定性；根据不同的绿化地段特点，种植、播种及喷播等多种工艺措施灵活运用相结合；乔、灌、草、藤相结合，土层深栽乔木，浅种草，底种爬植物，上植下挂，创造丰富的植物群落结构，同时满足植物的生长需要；落叶和常绿搭配相结合；深根系与浅根系植物相结合；局部与整体效果相结合；绿化与园林景观相结合；全面绿化与局部裸露有机运用；并要注重植物的抗性和适应性。

在矿山修复治理过程中，通过地质灾害防治，对深层和浅层的不稳定边坡治理，采用挡土墙、抗滑桩、长锚杆、锚索、锚索桩等工程措施；对浅层不稳定的边坡治理，采用浆砌片石护坡、干砌片石护坡、喷射混凝土、灰浆抹面、喷锚护面等工程措施。对于治理后达到安全稳定的边坡，再通过植物的生长达到安全、长期的绿色护坡效果。植物的护坡主要是依据坡面植物的地下根系及地上茎叶的作用护坡，其作用分为根系的力学效应和植物的水文效应两个方面。根系的力学效应分草本类植物根系和木本类植物根系两种，植物的水文效应包括降雨滞留、削弱微蚀和抑制地表径流，从而起到护坡固土、绿化坡面、增加生态功能和美化环境的作用。

植物修复养护技术包括：（1）物种选择与种群配置：筛选适宜的物种是修复技术的关

❶ 白中科，周伟，王金满，等．再论矿区生态系统恢复重建［J］．中国土地科学，2018，32（11）：1-9.

键，在植物的搭配设置上，主要从生态性、经济性、美观性等方面考虑，选择乡土植物，适应性强可快速生长；同时配置适量的外来物种，提高植物的层次，改善修复地的土壤环境。(2) 植物养护：在不同自然条件下，植物的养护技术也需要具有更强的应用性。在养护上要根据当地水土资源情况选择合适的树种，并采用开渠、覆膜、保水、打营养剂等有利的技术来保证植被的成活率和应用性。在生态植被恢复工程中，必须考虑耐旱性，如水土保持林栽植技术，在春季、雨季通过综合运用集水技术、保水剂、地膜或植物材料覆盖技术、营养袋容器苗技术、生根粉处理技术等进行生态植被恢复❶。对于植物的配置与养护管理，应加强技术与实际经验的结合，利用有利的技术维护搭配植物群的建立和恢复。(3) 植被营造技术：喷播是生产上最经济的造林方法，在喷播草种的同时，夹杂木本种子一起喷播在具有植生基质附着的边坡上❷。喷播包括液压喷播技术、厚层基材喷播技术、喷混植生技术、客土喷播技术等。(4) 鱼鳞坑、围堰栽植：利用边坡特殊、有利的微地形特点，采用挖鱼鳞坑或围堰砌筑，或用植生袋叠置燕窝状栽植槽，然后在坑内或槽内栽植树木的树种，进行矿山边坡森林化构建的点缀式营造。容器苗栽植是指在种子由于发芽迟缓或受生化他感影响而不适宜直播的情况下，利用容器苗栽植。

2.3.5　微生物修复

微生物修复技术的优点是费用低、环境影响小、不会造成二次污染、处理效果好、操作简单等。为发挥土壤微生物的优势，通常采取向新种植的植物中接种微生物菌剂的措施，如接种丛枝菌根真菌、根瘤菌等，这些菌剂不仅可以改善植物的营养条件，促进植物的生长发育，还能利用植物根际微生物自身的生命活动，重新建立土壤微生物与植物的共生体系，改变土壤结构，提高土壤肥力，增加土壤生物活性。除此之外，在植物接种微生物菌剂形成优势菌群之后，可以抑制有害微生物在植物根系生态系统中大量繁殖，减少病原菌对植物的侵害。微生物在代谢过程中会产生多种代谢产物，如有机物酸和酶类，这些产物能快速活化土壤养分，从而缩短矿区复垦周期。

2.4　受损矿山修复工程措施

2.4.1　采场生态修复

采场主要修复措施有危岩清理工程、土壤重构工程、截排水工程、废渣清运工程、拦挡工程、植被重建工程。

(1) 危岩清理工程：针对裸露的采场边坡，主要清理边坡松动岩石和不稳定的浮石。

(2) 土壤重构工程：包括土地平整、回填覆土、土壤培肥等。对于有大量弃渣的采场，废弃渣石平整是林草恢复或者耕地恢复的基础，整平应因地制宜，塑造地形，与周边地形条件相融合，避免出现陡坡陡坎等突变地形。整理过程中应随坡就势，不必进行大平大整。结合废弃地的地貌特征可以采取全面成片平整、局部平整或阶地式平整。露天采场

❶ 陈芳孝. 北京市矿山生态治理主要技术与典型模式 [J]. 中国水土保持，2007 (7)：25-26.

❷ 黄敬军. 废弃采石场岩质边坡绿化技术及废弃地开发利用探讨 [J]. 中国地质灾害与防治学报，2006，17 (3)：69-72.

由于下挖式开采，会形成很多采坑。采坑修复工程是指根据调查情况修复区域内的采坑，可以分为充填修复和非充填修复。如果采坑周围弃渣充足，则可以利用弃渣回填矿坑，进行夯实处理，并将客土覆盖在回填区域上，进行植被恢复；如果采坑周边缺乏充填物料，则可以因地制宜，根据矿坑地表具体情况对边坡进行阶地式修整，采坑底部利用废弃渣石直接栽植植被或者根据土源情况适当覆土恢复灌草。平原区露天采坑尽可能回填修复，山区的露天采坑可保持平台和边坡。

（3）截排水工程：采场原有水系大多被破坏，水土流失严重，理顺水系是保证废弃采石场安全的重要环节。为确保坡面的稳定、安全，需设置必要的截排水系统：1）在斜坡（陡崖、立面）的上缘或者采场周围设计截水沟，对于坡长太长的坡面或者台阶式坡面，也可在台阶内侧沿等高线设计截水沟，截水沟与纵向的排水沟、排洪沟及蓄水用水工程相连，可排除坡面水，避免降水或其他来水渗入堆积体，减少地质灾害，同时收集坡面径流作为灌溉水源。2）对于大型无法充填的采坑，环露天采坑上缘设置截水沟，防止径流冲刷采坑坡面。3）平台内侧和边缘设置截水沟，拦截边坡和平台的径流。

（4）废渣清运工程：对于采场内有采坑的，可就近填埋。土石山区或石质山区有适合做储渣场的，就近处理，并设置拦渣墙或者拦渣堤。没有储渣场的通过坡面整地工程，原位覆绿。对于压占耕地的废渣，应采取清运措施，再覆土复垦修复。

（5）拦挡工程：为保障采矿废弃物的安全、稳定，在沟道中或者坡脚处修建拦渣墙或者拦渣堤。

（6）植被重建工程：修复区内大多数采场边坡陡峭，基岩裸露，是植被恢复的困难立地条件，植被在裸露岩石或者斜坡上自然存活非常困难，往往需要采取人为工程措施改变微地形来辅助植被生长。土壤培肥可采用生物措施和化学措施改善土壤肥力，如增施有机肥、微生物肥、化肥、种植牧草等[1]。

2.4.2 地裂缝生态修复

地裂缝治理工程主要是除险加固工程、土壤重构工程、植被重建工程。

（1）除险加固工程：主要对裂缝或者沉陷区进行除险加固，对沉陷区主要采用坡面治理，在坡面上沿等高线开沟、筑梗，修成不同形式的台阶，根据坡度的大小进行用地划分。

（2）土壤重构工程：通常包括土地平整、回填覆土，主要是对沉陷区的裂缝进行充填和筑堤防护，防止出现滑坡。

（3）植被重建工程：对于较平整且受沉陷区影响较小的用地，可以复垦为耕地；对于坡度较大的地区，不适宜作为耕地的用地，可种植当地乡土和优势树种，恢复为林草地。

2.4.3 排土场生态修复

排土场的地貌形态通常为边坡—平台。主要工程措施有护坡工程、土壤重构工程、截排水工程、拦挡工程、植被重建工程。

（1）护坡工程：主要包括削坡开级和护坡措施。排土场的最终坡度与土地利用方式相适应，坡度应小于自然安息角36°。对于陡长的边坡，应沿等高线修整为窄梯田或者水平

[1] 张宏，刘剑．露天矿山国土空间生态修复规划编制方法探析［J］．华北自然资源，2022（1）：123-126.

阶等，形成有利于植被恢复的地形条件。或者利用造林整地的方式（如鱼鳞坑）改变坡面的微地形，用于直接造林。

(2) 土壤重构工程：主要包括土地平整、回填覆土、土壤培肥等，其技术要点同露天采场生态修复工程措施。

(3) 截排水工程：将平台—边坡—道路的截排水和蓄水灌溉工程看作一个完整的水系单位进行系统设计。一般在平台的外缘设计挡土墙，内侧设计截水沟，边坡的坡脚和坡面平台内侧设计截排水沟，并注意道路排水工程。位于沟谷的排土场应设置防洪设施，避免阻碍泄洪，加剧水土流失和诱发地质灾害。

(4) 拦挡工程：具有丰富水源的排土场或有大量松散排弃物的弃渣陡坡场地，以及可能出现滑坡、坍塌、泥石流的排土场，如果其位置在村庄、工厂、道路等重要保护点的上游，除削坡开级外，应采取坡脚防护或拦渣工程。

(5) 植被重建工程：包括排土场边坡覆绿技术和排土场平台覆绿技术。

2.4.4 废石堆生态修复

废石堆与排土场均为露天开采、剥离、选矿等采矿过程排弃的固体废弃物，二者主要的差异在于废石堆与排土场的物质组成不同，废石堆多为石质废弃物，废弃物中土壤资源或者细颗粒物质极少，因此生态修复的难度更大。废石堆生态修复工程主要包括废弃设备拆除清理工程、土壤重构工程、灌排水工程、植被重建工程、废渣清运工程、拦挡工程。

(1) 废弃设备拆除清理工程：部分废石堆场地残留有选矿等废旧设备，应首先拆除清理，按照环保要求严格处理。

(2) 废石堆护坡工程：废石堆地貌改造工程是生态修复和边坡稳定的基础，应因地制宜，随坡就势，不必进行大平大整。结合废弃地的地貌特征可以全面成片平整、局部平整或阶地式平整，并进行削坡开级，减小坡度，截短坡长，保证坡体的稳定。如果废石堆位于重要保护建筑及构筑物的上游，宜采取坡脚防护或拦挡工程。

(3) 土壤重构工程：可参考排土场进行，但由于废石堆孔隙较大，在覆土前应进行压实，再覆土。如果没有表土剥离，获得合适的表土较为困难，因此可用表土的替代物来改善基质，可以将锯末、粉碎麦秆、树叶、粪便等组成人工土，进行土壤重构，或者排弃的渣土混合物在一定程度上也可以直接作为植物栽植的基质。如恢复为林地的话，可采用局部覆土或者客土穴植的方式进行植被栽植。

2.4.5 矸石堆生态修复

矸石堆随堆放时间延长，存在的隐患主要有矸石自燃、污染环境、雨季易发生滑坡等地质灾害等。因此矸石生态修复与其他采矿废弃物不同，煤矸石堆生态修复工程主要包括矸石自燃防治工程、护坡工程、截排水工程、植被恢复工程、废渣清运工程、拦挡工程。

(1) 矸石自燃防治工程：为防止矸石自燃，每层堆放矸石厚度不超过 2 m，进行碾压，覆至少 0.5~1.0 m 厚的黏土层，碾压后继续堆放矸石。整个矸石堆逐层堆满后，表层覆盖碱性材料和土壤组成的惰性材料，其厚度因覆盖材料不同而不同，至少需要 20 cm 厚的封闭层，阻隔空气进入矸石山，封闭层上再覆盖植物生长的土壤材料至少 50 cm 厚。

(2) 矸石护坡工程：矸石堆需要保证边坡的稳定，对于陡坡，应削坡开级，依次逐级建立分级马道。

（3）截排水工程：针对矸石堆场的具体特点，主要防护措施为防洪排水工程措施，以此来预防矸石山滑坡。排水系统包括坡脚排水、马道排水、道路排水工程，以及排矸场周边截排水，防止周围河沟水汇入。同时可将矸石边坡道路排水蓄积起来，用于矸石植被灌溉。

（4）拦挡工程：在矸石坡的坡脚设置挡墙或者储矸场设置挡渣坝。

（5）植被恢复工程：一般选择当地乡土灌草即可，也可采用植生袋、喷播技术或者生态纤维毯技术进行植被恢复。

2.4.6 工业场地生态修复

废弃工业场地主要包括选矿厂、矿山建筑、选煤厂、堆煤场四种类型，生态修复工程主要包括矿山建筑拆除和硬化地面的破除、建筑垃圾清运工程、土壤重构工程、灌排水工程、植被重建工程。由于工业场地地基经过重度压实，因此土壤重构工程主要包括土地深松、土地平整、覆土、土壤培肥等。拆除过程中，有些场地内已有的排水渠道、道路等若能被生态修复后利用，可适当保留，同时注意与周边农、林、水、路设施的衔接。其他措施技术要点同采场生态修复工程措施。

2.5 受损矿山生态修复材料

2.5.1 生态修复材料的原料

2.5.1.1 煤基固废

A 煤矸石

煤矸石是采煤过程和洗煤过程中排放的固体废物，是一种在成煤过程中与煤层伴生的含碳量较低、比煤坚硬的黑灰色岩石。煤矸石主要由高岭石和石英组成，也含有少量钠长石、薄水铝石等化合物。煤矸石具有较多孔隙，且孔隙结构复杂，孔径大小变化幅度较大。由于煤矸石中含有可燃的炭物质，因此自燃后往往留有较多的孔隙，自燃煤矸石组成的结构常是一种多孔的结构层。煤矸石吸水率在2.0%~6.0%。

煤矸石加入土壤可以降低土壤的膨胀率和土壤孔隙率，进而提高土壤黏聚力，增大土壤的持水能力；煤矸石中有机物、氮、磷、钾含量较高，可为植物生长提供所必需的营养元素，从而提高土壤肥力；煤矸石中具有较高的可增强土壤生物活性的腐殖酸，可以调节微生物群落结构，提高土壤微生物多样性。

煤矸石中可能含有锌、铬、铅、铜重金属，在降水或其他物理迁移条件下，重金属离子会渗入土壤，对土壤的自净能力造成破坏，造成土壤重金属化，形成二次污染。单一煤矸石制肥难以满足土壤重利用所需的营养成分，应通过多源、多组分原料组合，根据组分互配、性能互补的原则，采用物理、化学和生物联合的加工方式，综合考虑材料的肥效和保水性、持水性、导水性、离子交换能力等，既供给土壤良好的肥力，又能保持水分，还有利于土壤的快速改良。

B 粉煤灰

粉煤灰是煤粉在锅炉内燃烧后产生的一种粉状颗粒。粉煤灰的真实密度为2.30 g/cm^3，平均直径小于 10 μm，具有容重低、比表面积大和质地轻薄的特点。因此，粉煤灰具有很好的透水、透气性能和很高的吸附活性，渗透速度较土壤更快。粉煤灰的化学成分取决于原煤灰分的化学成分以及燃烧的程度，它的变化范围是很大的。

粉煤灰具有较低的堆密度和较强的保水能力、适宜的 pH 值，且含有大量植物所需的营养物质，因此粉煤灰成为潜在的土壤改良剂。研究表明，使用粉煤灰可以改善耕地或退化的土地、采矿的土壤和垃圾填埋场。印度坎普尔地区试验表明，施加粉煤灰后，每公顷土壤导水率可增加 7.2 倍左右且土壤更加稳定。在早期土壤培肥的过程中，可以有效缩短周期。粉煤灰中还包括植物生长的所有元素（除 N 以外），因此粉煤灰既是良好的土壤改良剂，也是复垦区充填的材料。粉煤灰改良土壤可以提高土壤培肥效果，在不同酸碱度的土壤中生长的农作物长势不一，其中弱酸性或中性更为适宜，还可以缓解矿山复垦工程中缺乏土源的问题。但粉煤灰作为土壤调理剂应该因地制宜，若使用不当也可能产生一些问题，比如土壤 pH 值的变化、营养供应失衡、有毒重金属过量等问题，通过混施生物炭、脱硫石膏、化肥等可以有效改善这些问题。

粉煤灰对土壤物理性质的改良主要体现在增加孔隙率、降低容重、改善土壤结构等方面。粉煤灰的施入能使黏土的物理性质得到改善，使土壤变得疏松多孔，提高土壤的透气性，从而促进作物生长、提高产量❶。粉煤灰施入黏质土壤，可使其变得疏松，降低土壤容重。另外，粉煤灰的施入可以增加土壤中大于 1 mm 水稳性团聚体的数量，改善土壤结构。粉煤灰施入土壤以后，土壤中的水分变化显著，有利于土壤保湿保墒，使水、肥、气、热趋向协调，为植物生长创造良好的土壤环境。粉煤灰对土壤化学性质的改良主要体现在 pH 值的变化、营养元素的增加以及重金属的固定作用。土壤中施加粉煤灰后 2~10 年测定混合物和地下水，发现其 pH 值均与本底接近，均在作物正常生长的范围之内。李久玉等研究表明，粉煤灰能增加酸性土壤 pH 值，起到改良酸性土壤的效果。粉煤灰中含有多种植物可利用的营养成分，例如有效磷和速效钾。冯跃华等研究发现，粉煤灰中的有效磷和全磷含量显著高于土壤，适当地施入粉煤灰可以有效提高土壤中的磷含量❷。粉煤灰较大的比表面积和碱性有助于重金属的沉淀，施加粉煤灰对土壤中的重金属的具有固化作用。李国学等试验发现，粉煤灰的加入可以明显降低锌、镁元素的有效性。粉煤灰对土壤生物学性质的改良，主要是由于理化性质的改良，从而对微生物学性质产生间接影响。如粉煤灰作为改良剂添加到砂姜黑土后，土壤孔隙度和土壤通透性增加、地温提升，从而促进了好气性微生物的大量繁殖，使微生物数量随粉煤灰施入量的增加而增加。但过量地使用粉煤灰，由于其理化特性如 pH 值、盐度和部分微量元素的毒性，也会限制微生物的生长繁殖。

以煤矸石、粉煤灰不同配比基质以及煤矸石不同粒径颗粒级配基质盆栽种植生菜试验为基础，分析不同配比基质的理化性质和生菜生长状况，优选出适合矿区矸石山土壤基质改良的基质配比，初步设计晓南矿区煤矸石山平盘区土壤基质改良方案。结果表明，两组复配基质的 pH 值、有机质、碱解氮等化学性质和土壤容重、田间持水量、孔隙率等物理

❶ 严彩霞，董健苗. 粉煤灰在农业方面的利用 [J]. 粉煤灰综合利用，2001 (5)：41-44.

❷ 冯跃华，胡瑞芝，张杨珠，等. 几种粉煤灰对磷素吸附与解吸特性的研究 [J]. 应用生态学报，2005，16 (9)：1751-1755.

性质与其对照基质性质相比均显著提高，可达到肥沃土壤的肥力水平，验证了煤矸石山土壤改良为农用地基质的可行性。

粉煤灰中含有的重金属和有毒有害物质进入待修复土壤以后会加剧土壤的恶化，甚至会造成待修复土壤周边地下水的重金属污染。据研究表明，一次性适当地施加或少量多次地施加粉煤灰后短期内不会造成重金属污染。

C 低阶煤

煤是由植物演变而来的，其主要元素成分仍然保留了植物的元素组成，富含的碳、氢、氧、氮、硫基本都是植物生长的必备要素。山西是煤炭大省，低阶煤包括风化煤相当普遍，发热量小不能用于工业生产，处在固废物的行列，但是用来改良土壤，不仅价格低廉，而且对于修复土壤和环境治理都是一个好方向。

风化煤是自然生态系统中碳库的重要组成部分，含有大量腐殖酸和多种含氧活性功能团，不但有机质含量高，而且碳素和氮素的比例也高于常用的草炭、沼渣等物料。山西一些风化煤中腐殖酸含量高达50%以上。风化煤基肥呈酸性，在施用后，所有栽培田土壤pH值均有一定程度的降低，连续施用后能明显改变土壤的酸碱性，更利于植物的生长发育。并且风化煤基肥中的腐殖酸对土壤中的微生物活动有加剧作用，使固氮菌增多，可促进氮肥的硝化吸收，为根系提供足够的氮营养，使植物光合能力提高，可促进农作物丰产。煤的多孔层状结构使得其在加入土壤后吸水膨胀，起到疏松土壤的作用。煤溶解于水会产生一定的溶解热，加之风化煤基肥为热性肥，其活化发热时间较长，有利于土温的提升，在地温较低的5月上中旬可使农作物缩短出苗期，9月中下旬到10月气温降低后又可延长植物块根膨大时间，推迟落叶。

由此可见，将风化煤这些低阶煤基肥作为土壤改良剂施入土壤后，其具有的煤的结构特性和富含游离腐殖酸及活性物质的特性，可使土壤pH值降低，疏松度增大，游离腐殖酸和活性物质增加，地温提高，改善和优化种植土壤的理化性质，从而使得植物早期出苗早、中期长势好、晚期衰败晚。

D 脱硫石膏

脱硫石膏是燃煤电厂采用石灰石—石膏湿法脱硫工艺对烟气进行脱硫后产生的副产物，其主要成分与天然石膏基本相同，但其纯度更高、粒径更细、颗粒均匀度更好。发达国家在20世纪80年代末就产生了大量脱硫石膏，同时对其资源化利用进行了广泛研究。

我国脱硫石膏的资源化利用水平一直落后于发达国家，目前综合利用率低于80%，且区域失衡严重，西部经济欠发达地区综合利用率更低[❶]。我国脱硫石膏的资源化利用途径初期以工业、建筑等行业为主，后有学者将脱硫石膏用于修复矿区土壤和改良酸性土壤，发现其可提高土壤pH值，降低铝和镁毒害，促进植物生长。

土壤中施用脱硫石膏，在淋洗作用下，土壤中溶解产生的钙离子可置换出土壤中的钠盐并随水分排出，可以增强土壤离子的吸附能力，提高土壤持水性，从而改善土壤理化性质。脱硫石膏的增加，还可以提高土壤孔隙度，提高土壤酶活性，活化土壤根际养分，使植物生长环境得到改善，提高植物吸收养分的能力。施用适量的脱硫石膏有利于油葵根际

❶ 卢兰萍，李阳，王稷良，等．脱硫石膏综合利用的现状与分析［J］．粉煤灰综合利用，2019（3）：95-98.

土壤酶活性的提高，但是施入量过高则会导致土壤酶活性的下降。大量实验证明，在土壤改良效果方面，施用脱硫石膏可以降低土壤 pH 值和碱化度，改善土壤水溶性组分等化学性质，同时提高土壤孔隙度，降低土壤容重，改善土壤物理结构，为植物生长发育提供良好的土壤条件。

以电厂脱硫石膏为修复剂，对酸性土壤进行了为期 1 年的修复研究。脱硫石膏的施加能提高矿质土层中土壤溶液的钙离子浓度及 pH 值，并降低土壤溶液铝离子浓度，从而提高 $n(Ca)/n(Al)$，降低土壤酸化对植物根系的可能伤害。同时，短期脱硫石膏的使用并没有造成土壤溶液重金属浓度的明显增加。由于脱硫石膏主要成分 $CaSO_4$ 的微溶性，可以适当提高其施加量来达到更好的效果。但是更多的施加可能引起重金属在土壤中富集，从而存在潜在的风险，需要进一步开展长期的观测。

2.5.1.2　农业固废

A　禽畜粪便

畜禽粪便是重要的农业废弃物之一，2019 年，我国畜禽粪便年产生量达 24.3 亿吨，其中猪粪占比 31.25%，但 40%的猪粪尚未得到有效利用。据报道，全球磷矿资源将在 200 年内枯竭，而禽畜粪便富含磷素（6.45%），将其肥料化，施入土壤不仅可以缓解其直接排放后对环境带来的压力，而且可以替代部分磷肥，在解决不可再生矿物肥料资源，尤其是磷矿枯竭方面具有重要现实意义。禽畜粪便在堆肥过程中形成可溶性磷酸盐（$MgNH_4PO_4 \cdot 6H_2O$）晶体，使其磷组分主要为无机态磷，且随着堆肥发酵时间延长，铝、钙、镁和铁等多价金属离子与可溶性磷酸盐发生反应形成不溶性磷酸盐胶体或磷酸钙等，可降低猪粪堆肥中的磷溶解度。因此，当含有不同溶解度磷组分的腐熟猪粪替代化肥施入土壤时，可能会引起土壤磷组分发生明显改变，且这种改变因磷投入量的不同而存在差异。

禽畜粪便对土壤的改良效应主要表现在：（1）改善土壤物理性质。畜禽粪便改良土壤能促进团粒结构的形成，降低土壤容重，增强土壤持水能力。（2）提高土壤肥力。农业固体废弃物含有丰富的有机质，可增加土壤有机质的含量；Warman 等的研究表明农业固体废弃物改良土壤可增加有效氮、磷的含量，研究发现，用堆腐过的猪粪改良土壤净氮矿化率低，可避免过量无机氮的释放；另外，还能增加各种微量元素如 Ca、Mg、Cu、Zn、Fe 等的含量。（3）改善土壤生化特性。禽畜粪便改良土壤能提供丰富的有机质，刺激土壤微生物的生长和活动，使微生物量和细菌数量增加，脱氢酶活性增加。

虽然禽畜粪便可以改善土壤的性质、肥力以及生化特性，但是并不能将禽畜粪便直接用作肥料来施加。禽畜粪便里含有大肠菌、线虫以及虫卵和各种病菌，如果不经过发酵腐熟而直接使用的话，会造成农作物病变甚至导致烂根等疾病。作为有机肥，禽畜粪便本身具有增强土壤肥力的作用，但是现在养殖用户喂养禽畜时添加过多微量元素和药物，造成禽畜粪便中残留较多，直接使用会造成土壤相对反应。没经过发酵的禽畜粪便如果使用在土地里，等气温上升，温度适宜，到了发酵条件时，猪粪会自动发酵，从而产生一定热度，温度过高时会烧坏农作物的根系；其中含有大量尿酸，如果直接使用的话，尿酸接触到农作物会抑制农作物的生长；且没发酵的禽畜粪便在分解过程中，会造成土地缺氧，在地里发酵时也会因为争夺土壤中的氮素而造成土壤缺氧现象。因此，在将禽畜粪便用作土壤改良剂时，需要充分腐熟处理后才可施用。它的施用可以增强土地的生物性，增加土壤酶的活性和养分，有利于保肥保墒、改善土壤质量、保障土壤的可持续利用。

B 秸秆等废弃生物质

我国是农业大国，农作物种植是我国的根基产业。作为农作物种植产生的最主要副产品，秸秆年产量十分巨大，超8亿吨，居世界首位。然而受限于收集方式、利用技术和运输成本等因素，我国早年秸秆资源化利用程度较低，处理方式以焚烧、废弃为主，不仅造成资源浪费，而且导致环境污染。近年来，我国把农业资源综合利用纳入生态文明建设总体布局，不断完善法规政策，加大财政支持，健全标准规范，强化科技支撑，推动包括秸秆在内的农业废弃物资源的高效利用，使秸秆资源化利用率大幅度提高。

近年来，众多学者针对秸秆还田改善土壤理化性质、调控水盐运移和提升土壤肥力等方面，进行了大量深入的研究，成果丰硕。相关研究已证明，秸秆还田可降低土壤容重，提高土壤孔隙度，促进大团聚体形成，改良土壤结构，提升土壤稳定性；增加土壤碳、氮、钾、磷等营养物质，提升土壤肥力，促进作物增产。对于稳定农业生态平衡、发展循环经济、构建资源节约型社会、减轻环境压力都具有十分重要的意义。

秸秆还田改善土壤理化性质的原因主要是：（1）秸秆本身为有机物料，腐解后向土壤输送大量有机碳氮物质，并产生多糖、蛋白质、木质素等有机质。土壤有机质是团聚体形成的重要胶结物质，可促进土壤中矿物和黏粒胶结形成大团聚体。（2）秸秆还田可增加土壤有机质含量，提升土壤通气性能，改善土壤微生态环境，提高土壤微生物活性，促使作物根系分泌或溢泌出更多的有机化合物，进一步促进大粒径团聚体形成。（3）秸秆还田为蚯蚓、蚂蚁、蟋蟀等动物提供了丰富的食物来源和适宜的生活环境，使土壤中动物的数量增加。动物通过摄食、穿行、排泄等活动，疏松土壤，提高土壤孔隙率，驱动土壤碳氮循环，加快秸秆腐化。这些因素的共同作用，可有效促进土壤大团聚体的形成，显著提升土壤稳定性。

秸秆还田对土壤改良及培肥增产的研究成果比较丰硕，但仍有许多问题有待进一步研究。例如：（1）秸秆腐解速度影响因素繁杂，气候条件、秸秆种类、土壤类型及水肥气热条件、土壤微生物种类及数量、秸秆埋深都会对其产生影响，研究各影响因素对秸秆腐解及其改良土壤、培肥增产的综合效应，探明秸秆腐解规律与土壤理化性质、作物生长、水肥利用等方面的内在联系及机理，进一步解决因腐解缓慢而引起的土壤空洞和养分释放不及时的问题。（2）秸秆还田技术尚可进一步优化。研究秸秆加工处理，添加相关药剂或微生物，调整秸秆还田、耕作方式或优化水肥管理等多种措施复合作用下对土壤改良效果和作物生长及其产量、品质的影响，探寻更优的秸秆还田技术，实现秸秆高效资源化利用。（3）研究不同气候区和种植习惯条件下，秸秆还田技术对不同类型、质地的土壤理化性质改善作用的差异，为不同地区的秸秆还田技术推广应用提供参考依据。

2.5.1.3 煤基固废制多孔土壤基质

土壤基质是指土壤的固体部分，它是一个分散和多孔的体系。土壤基质的分散性是指土壤的固体物质由不同比例、粒径粗细不一、形状和组成各异的颗粒所组成。栽培基质是指物理、化学性质达到适宜的标准，可以代替土壤用来进行植物栽培的固体物质。栽培基质最初起源于无土栽培的概念，当作物周围的土壤环境已恶化，严重影响了作物的产量和品质，人们转而寻找替代品，用固体基质（介质）固定植物根系，并通过基质吸收营养液和氧气，这样所谓的栽培基质就是指代替土壤提供作物机械支持和物质供应的固体介质。栽培基质是一种用来保持和传导物质（水、溶质、空气）及能量（热量）的介质，通常由固体颗粒、基质水分、基质空气组成，其中固体部分用于固定植株并保护植物根系生长，液体部分用于给植物提供水分和养分，气体部分则负责保持根系同外界交换氧气和二氧化碳。

以多种固废为主要原料制备的多孔材料富含矿物元素，具有丰富的孔隙结构，是质优价廉的人造土壤基质。以下列举几种不同黏结剂的固废基土壤基质的制备方法。

（1）以羧甲基纤维素为黏结剂。将粉煤灰、煤矸石、激发剂、缓释肥造孔剂按比例加入高速混料机中混合均匀得到地聚物混合料，高速混料机转速为1500 r/min；将秸秆粉造孔剂、羧甲基纤维素（黏结剂）混合后用挤出机挤出造粒、整形、固化，整形后的粒径大小为1~12 mm；海沙粉碎过筛，与地聚物混合料混合均匀备用；将固化后的颗粒加入圆盘造粒机中，与地聚物混合料一起混合，喷水造粒，筛分后的颗粒养护成型，养护温度为200 ℃，养护时间18 h，冷却得到保水陶粒。其筒压强度在5~10 MPa，将其常年浸泡在水中不会产生崩裂；孔隙率为50%~70%，且水分具有缓释效果，从而提高陶粒的保水性能。

由于陶粒具有良好的透气性、保水排水、管理方便、本身无异味、保肥能力适中等优点。陶粒的添加可增加土壤孔隙度，改善团粒结构，具有改良土壤的效应，对土壤水肥保持具有明显的增强效果，特别是添加材料间的协同作用最有益于实现水肥的高效耦合并提高绿化效果。陶粒基质不仅可以支持、固定植物，还可以充当养分和水分的载体，为植物生长提供稳定协调的水、气、肥等条件。陶粒表面虽然粗糙，但微孔丰富且内部孔隙连通发达，可有效增加水分储存量，从而增加基质保水性。土壤层本身也是一种多孔材料。并且煤基固废中的各个成分与土壤相近，因此陶粒能够作为一种土壤基质，从而实现节约土壤资源和矸石山生态修复的目的。

研究表明，使用陶粒来栽培花卉，在一定程度上能促进作物的生长，有助长效应。陶粒作为一种多孔土壤基质，具有良好支持力，可支持植株直立生长，不易倒伏，保水保肥能力居中，有一定的容重及抗压强度等。此外，研究表明，在土壤表面覆盖陶粒可降低水分蒸发损失，其中覆盖3 cm厚的陶粒对抑制土壤水分蒸发的效果最好。土壤表面覆盖陶粒能够提高土壤含水量31.32%，这是由于无机材料间孔隙较大，通透性较好，有利于水分运输和吸收，而有机材料覆盖较严密，不利于水分进入土壤，且会自主吸收蓄积一定的降水，从而降低土壤含水量。

（2）以水泥为黏结剂。矸石基人造土壤的配方及工艺条件：将质量比85%~95%煤矸石粉与5%~15%水泥胶凝材料充分混合形成混合料，加水调节水灰比为0.6~0.7，搅拌均匀后快速加入0.05%~0.08%铝粉，再搅拌30 s，将浆体倒入模具中，在50 ℃左右恒温成型，养护4~6 h，继续用160~180 ℃烟气蒸汽养护4~6 h后，破碎筛分成粒径小于5 mm颗粒。其保水量为0.86 g水/g土，较天然土壤增长约51%；流失率为0.93%，较天然土壤降低约87%，保温性能良好。

与天然土壤相比，固废基人造土壤在结构上具有更多且更细小的孔隙，并且稳定性良好，而天然土壤则整体上呈现出相对松散而内部致密的颗粒堆积结构。因此，固废基人造土壤具有更好的保水性、抗流失性、保温性等性能。

利用人造土壤种植植物，发现人造土壤与天然土壤混合栽培植物，可以获得较单独使用天然土壤栽培植物更高的出苗率和平均株高。天然土壤与水泥—煤矸石基人造土壤混合使用，水泥—煤矸石基人造土壤占 20%时，出苗率最高为 78%，平均株高最高为 16.21 cm。并且人造土壤具有良好的缓释性，水泥—煤矸石基人造土壤的初期养分释放率和 28 天累积释放率分别为 17.09%和 65.13%，水泥—煤矸石基人造土壤在弱酸性水溶液中溶出的重金属元素极少，满足国家标准要求且均小于天然土壤，所以人造土壤的使用过程中不会对周边生态环境造成重金属污染。

（3）以多组分自胶凝粉体为黏结剂。多组分自胶凝粉体—煤矸石基人造土壤的配方及工艺条件：多组分自胶凝粉体（由粉煤灰、电石渣、脱硫石膏按照 15∶4∶1 的质量比混合配成）掺入量 12%、煤矸石粉掺入量 88%、水灰比 0.66、铝粉添加量 0.07%，在温度 50 ℃下，保水量为 0.80 g 水/g 土，较天然土壤增长约 40%，流失率为 1.53%，较天然土壤降低约 78%，保温性能良好。

利用人造土壤种植植物，发现人造土壤与天然土壤混合栽培植物，可以获得较单独使用天然土壤栽培植物更高的出苗率和平均株高。天然土壤与多组分自胶凝粉体—煤矸石基人造土壤混合使用，多组分自胶凝粉体—煤矸石基人造土壤占 60%时，出苗率最高为 85%，平均株高最高为 15.06 cm。并且人造土壤具有良好的缓释性，多组分自胶凝粉体—煤矸石基人造土壤的初期养分释放率和 28 天累积释放率分别为 14.05%和 61.15%。多组分自胶凝粉体—煤矸石基人造土壤在弱酸性水溶液中溶出的重金属元素极少，满足国家标准要求且小于天然土壤，利用其栽培出的植物中重金属元素含量也小于单独使用天然土壤栽培植物中的重金属元素含量。

（4）以工业淀粉为黏结剂。固废基多孔土壤基质的制备流程为：按比例称取煤矸石、淀粉黏结剂、石英砂、硫酸铵发泡剂，首先将各组分材料混合均匀，加入少许水，将生料混合至半湿状态，然后将生料挤压过筛，形成大小相同的颗粒，最后将形成的生料颗粒放入造粒机中开始旋转造粒。在造粒过程中，向生料表面喷入适量的水，直至形成 8~10 mm 的颗粒，200~300 ℃烧制 15 min 后，自然冷却即可，所得的产物即为多孔土壤基质。多孔土壤基质孔隙率在 40%~50%，吸水率在 30%~40%，保水性在 1.4 g 水/g 土左右，破碎率在 5%以下，强度在 2~4 MPa，流失率小于 1%。

通过盆栽实验模拟了多孔土壤基质在实际矿山修复中的效果，探究出不同多孔基质和土壤的比例对植物生长状况的影响，发现在多孔土壤基质与土壤比例为 1∶9 时，植物生长状态最好，相较纯土环境，株高高出 5%，鲜重增加 54%，干重增加 85%。结果表明，在实际矿山生态修复当中，适当配施多孔基质能够促进植物生长，可解决矿山生态修复当中存在的一些问题，并且通过经济、环境和生态安全三个方面进行了多孔基质的效益分析。对于环境来说，该基质的制备及应用解决了粉煤灰大量堆积和矿区矸石山堆存的问题；在制备中利用到了烟气余热，能够净化烟气，避免空气污染。对于经济来说，企业每生产 1 t 多孔基质就能获利 141.75 元左右，具有可观的经济效益。对于生态安全性来说，通过本研究解决了固废的资源化利用问题及矿区生态环境问题，随着矿区生态问题逐渐被修复，还能增强本地的生态安全性，并且通过分析研究多孔基质的重金属全量和浸出结果，发现本研究制备出的多孔基质的重金属含量低于国家标准，在实际应用中，浸出毒性也远低于标准基值。因此，该多孔土壤基质能够安全地应用于生态修复中，不存在二次污染的可能。

综上所述，将煤基固废制备多孔土壤基质运用于矿区生态修复很有前景，就地取材，利用多孔材料的保水保肥性和煤基固废的矿物特性，能够很好地解决矸石山的保水保肥性不足和植物抗逆性差等问题。通过该种方法不仅能够实现矸石山的生态修复，还能够实现煤基固废的资源化利用，为实现可持续发展又迈了坚实的一步。

2.5.2 多源固废堆肥发酵制备生态修复材料

堆肥通常是指通过人为调控有机废弃物的碳氮比、水分含量、酸碱度等参数，使之符合微生物生长条件，令微生物快速繁殖并降解粪便中有机物质，从而产生高温，杀死其中的病原微生物，最终生成稳定的可供植物利用的氮、磷、钾化合物及腐殖质的一种生物化学过程。

2.5.2.1 堆肥基本原理

一般来说，堆肥分为好氧堆肥及厌氧堆肥两种。好氧堆肥是在通气条件好、氧气充足的条件下借助好氧微生物的生命活动降解有机物，通常好氧堆肥堆温高，一般在 55~60 ℃时比较好，有时可高达 80~90 ℃，堆制周期短，所以好氧堆肥也称为高温堆肥；厌氧堆肥则是在氧气不足的条件下借助厌氧微生物发酵堆肥。由于厌氧堆肥化系统中，空气与发酵原料隔绝，堆温低，工艺比较简单，成品堆肥中氮素保留比较多，但堆制周期过长，需 3~12 个月，异味浓烈，分解不够充分；而好氧堆肥化系统具有发酵周期短、无害化程度高、卫生条件好、易于机械化操作等特点，相对而言，好氧堆肥后的有机废弃物具备水分含量少、臭味小、营养物质含量高等诸多优点，因此好氧堆肥一直以来都是人们堆肥的主要方式，应用更为广泛。

好氧堆肥过程按照有机物质的转化方向可分为两个阶段；第一阶段为堆肥有机物的分解或降解阶段；第二个阶段为腐殖质的形成阶段。一般好氧堆肥的第一阶段对应的是堆肥过程的中温期和高温期；而第二阶段对应的是堆肥过程中的腐熟期或后熟期。在好氧堆肥过程中，有机废弃物中的可溶性小分子有机物质透过微生物的细胞壁和细胞膜而被微生物直接吸收利用；不溶性大分子有机物（主要是固体和胶体的有机物）则先附着在微生物体外，依靠微生物所分泌的胞外酶分解为可溶性小分子物质，再渗入细胞内被微生物利用。微生物通过自身的生命活动——分解代谢（氧化还原）和合成代谢（生物合成）过程，把一部分被吸收的有机物氧化成简单的无机物，并放出微生物生长、活动所需要的能量，把另一部分有机物转化合成新的细胞物质，使微生物生长繁殖，产生更多的生物体。

在堆肥化过程中，有机物生化降解会产生热量，如果这部分热量大于堆肥向环境中散出的热量，则堆肥物料的温度会上升。根据堆肥升温过程，好氧堆肥过程可大致分成四个时期。

（1）潜育期（起始期）。潜育期指堆肥化过程的起始阶段，堆层温度基本维持在环境温度附近，微生物处于调整适用阶段，此时微生物基本不生长。根据环境温度不同，该阶段通常在第 1~2 天。

（2）中温期（产热期）。中温期指堆肥化过程的初期阶段（通常在第 1~3 天），堆层基本呈 25~45 ℃的中温，嗜温微生物较为活跃并利用堆肥中可溶性有机物进行旺盛繁殖。由于堆料有良好的保温作用，因此温度不断上升。此阶段微生物以中温、需氧型为主，通常是一些无芽孢细菌，另外还有真菌和放线菌。真菌菌丝体能够延伸到堆肥原料的所有部分，并会出现中温真菌的实体。同时，螨、马陆（千足虫）等将摄取有机废弃物。腐烂植物的纤维素将维持线虫的生长，而更高一级的消费者中弹尾目昆虫以真菌为食，缨甲科昆虫以真菌孢子为食，线虫摄食细菌，原生动物以细菌为食。在目前的堆肥化设备中，此阶段一般在 12 小时以内。

（3）高温期。当堆温升至 45 ℃以上时，即进入高温期。在这一阶段，嗜温微生物受到抑制甚至死亡，嗜热微生物逐渐代替了嗜温微生物的活动，堆肥中残留的和新形成的可溶性有机物质继续被氧化分解，堆肥中复杂的有机物如半纤维素、纤维素和蛋白质等开始被强烈分解。在高温期，各种嗜热微生物的最适宜温度并不相同，随着温度上升，嗜热微生物的类群和种群互相接替。通常在 50 ℃左右时进行活动的主要是嗜热真菌和放线菌；当温度上升到 60 ℃时，真菌则几乎完全停止活动，仅有嗜热放线菌和细菌在活动；当温度升到 70 ℃以上时，对大多数嗜热微生物已不再适应，从而进入死亡和休眠状态。现代化堆肥生产的最佳温度一般为 55 ℃，因为大多数微生物在 45~65 ℃最活跃，最易分解有机物，其中的病原物和寄生虫大多数可被杀死。

（4）成熟期（腐熟期）。在内源呼吸后期，只剩下部分较难分解的有机物和新形成的腐殖质，此时微生物的活性下降，发热量减少，温度下降。在此阶段嗜温微生物又占优势，对残余较难分解的有机物做进一步分解，腐殖质不断增多且稳定化，堆肥进入腐熟期。降温后，需氧量大大减少，含水率也降低。堆肥物孔隙增大，氧扩散能力增强，此时只需要自然通风，最终使堆肥稳定，完成堆肥过程。

因此，可以认为堆肥过程就是微生物生长、死亡的过程，也是堆肥物料温度上升和下降的动态过程。

2.5.2.2 堆肥发酵制生态修复材料

固废基生态修复材料的制备工艺流程如图 2-1 所示，按一定比例称取煤矸石粉（过 80 目筛）和水泥，搅拌均匀后加水（水灰比约 0.65）搅拌成糊浆状，搅拌约 5 min 后加入 0.8‰铝粉，持续搅拌约 30 s 后将发泡浆体转入模具中，于 50 ℃左右养护约 6 h 发泡成型，再使用 180 ℃左右锅炉烟气/蒸汽养护 4 h，烘干后经破碎、筛分，得到粒径小于 5 mm 的固废基多孔颗粒。将固废基多孔颗粒、秸秆、畜禽粪便与低阶煤按照一定比例混合，添加 0.2%微生物速腐剂好氧发酵，腐熟完成后，静置沉化 5~7 d，经破碎、筛分得到小于 5 mm 的固废基生态修复材料。

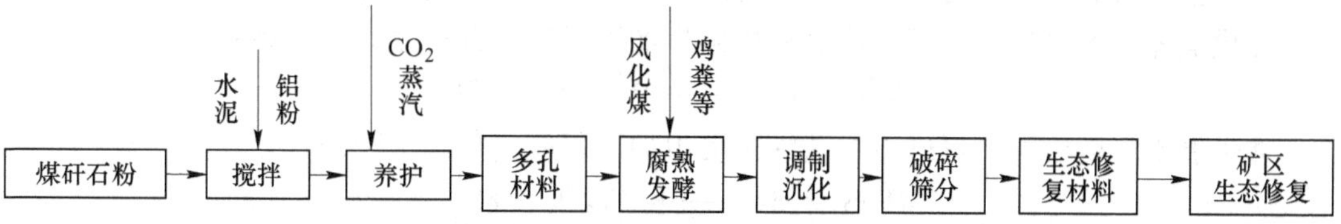

图 2-1 固废基生态修复材料的制备工艺流程图

固废基生态修复材料的表观密度为 600~700 kg/m^3，抗压强度为 1~2 MPa，吸水率为 80.5%，其总养分、有机质及重金属含量均满足《有机肥料》（NY 525—2021）指标要求。

建成生态修复材料生产线包括“固废基多孔颗粒连续养护熟化系统”和“生态修复材料集成复配均匀混合发酵调制系统”。各原料组分充分分散搅拌、混合均匀，通过外加热、鼓风增氧以及机械搅拌挤推促进发酵熟化，利用空气净化设备技术治理加工过程中产生的发酵尾气，可实现固废基多孔颗粒材料的连续成型、发泡、熟化和破碎筛分，再复配秸秆、畜禽粪便等材料发酵腐熟连续生产生态修复材料。生产过程中传热传质效果好，产品性能指标高，熟化反应过程可控，产品参数指标可灵活调整，适用于大规模自动化生产，产品质量均匀，各项指标符合《有机肥料》（NY 525—2021）。

固废基生态修复材料的制备为矿区复垦土地的高效化治理提供了可能，它不仅能够改善矿区的土壤理化性质，还能提高矿区土壤保水、保肥能力和固定有害元素的能力。

2.6 矸石山灭火—防复燃

大量煤矸石堆积，矸石堆内部容易发热，热量持续叠加积累，会发生自燃现象，使得堆放场地浓烟密布，并产生大量刺激性有毒气体，导致动植物中毒死亡。对当地的生态环境和居民的正常生活造成极大的危害。因此，煤矸石山的防灭火已成为煤矿区环境治理的首要任务。

2.6.1 矸石山自燃的原因

煤矸石的主要化学成分有 SiO_2、Al_2O_3、Fe_2O_3、CaO、MnO 及少量 FeS_2 等。煤矸石的化学成分主要以 SiO_2、Al_2O_3 为主，使得煤矸石的活性很高，另外煤矸石中还含有黄铁矿、有机硫、煤和炭质泥岩等可燃物，长期与空气中的氧接触而发生氧化反应会产生较多热量，当煤矸石内部温度达到可燃物的燃点时便会自燃。

2.6.1.1 *矸石山自燃机理*

针对矸石山易自燃的现状，研究人员们做了各种探索，当下较为认可的煤矸石山的自燃主要机理有以下几种。

A 硫铁矿氧化理论

煤矸石内含有自燃物黄铁矿（FeS_2），当煤矸石中的硫铁矿与空气中的氧气接触后，会因为 FeS_2 的本身化学特点，从而产生氧化还原反应，同时释放出大量的热量。热量在矸石山内部不易散失，逐渐在矸石山的内部聚集，从而使矸石山的内部温度越来越高，在温度上升至煤矸石中煤和可燃性有机物的燃点后，就会导致整个煤矸石山发生自燃。

在供氧充足的区域，煤矸石中黄铁矿发生如下反应，并产生 SO_2 气体：

$$4FeS_2 + 11O_2 \longrightarrow 2Fe_2O_3 + 8SO_2$$

在供氧不足的区域，煤矸石中黄铁矿发生如下反应，并产生硫磺：

$$4FeS_2 + 3O_2 \longrightarrow 2Fe_2O_3 + 8S$$

当有水分参与反应时，产生硫酸，进一步加剧氧化反应：

$$2FeS_2 + 2H_2O + 7O_2 \longrightarrow 2FeSO_4 + 2H_2SO_4$$

$$2SO_2 + O_2 \longrightarrow 2SO_3$$

$$SO_3 + H_2O \longrightarrow H_2SO_4$$

B 煤氧复合自燃学说

矸石中含有一定量的煤，煤氧复合自燃学说认为煤（尤其是镜煤和丝炭）经风吹雨淋会慢慢发生氧化反应，随着氧含量增加，多孔的煤炭表面与氧分子在物理吸附和化学吸附的共同作用下产生大量的热，在散热条件不良的情况下，热量会逐渐聚集，使矸石的温度不断地升高，在温度达到煤的燃点后，煤就会发生自燃，整个煤矸石山也会随之发生自燃。

C 烟囱效应

烟囱效应大多采用的是煤矸石山内部自燃点获得充足氧气的机制，造成煤矸石山烟囱效应的因素有煤矸石山内氧化放热反应造成的内部气体温度高于环境和煤矸石堆放过程中发生的粒度偏析。一般煤矸石堆放时采用传统自上而下的自卸式倾倒，矸石体松散，间隙较大，堆放过程中会发生粒度偏析，形成空气通道，容易进入氧气，形成“烟囱效应”。如图 2-2 即为“粒度偏析”导致的空气通道示意图。

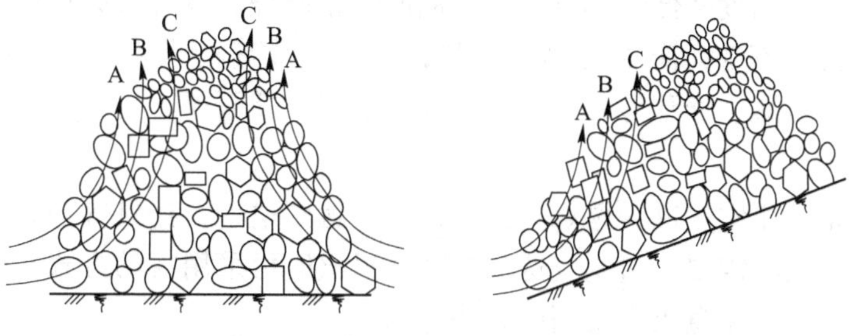

(a) 平地起堆　　(b) 顶坡倾倒

图 2-2 “粒度偏析”导致的空气通道示意图

（A、B、C 为空气通道）

2.6.2 矸石山分区

当矸石山堆积形成后，山体会呈现出不自燃区、可能自燃区（一般自燃区和高温自燃区）、窒息区三大层结构（图 2-3）。

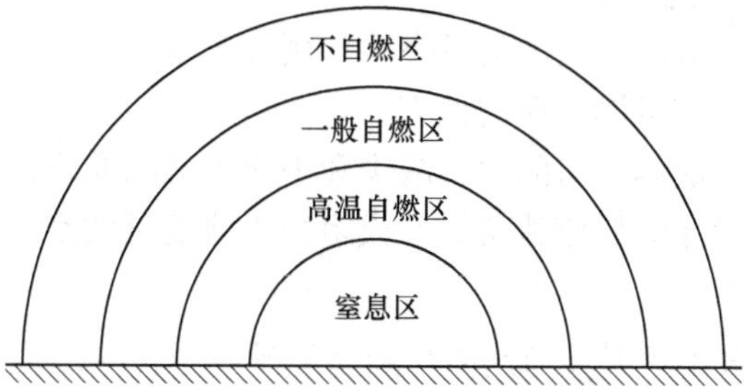

图 2-3 煤矸石自燃区分层结构

（1）不自燃区。在矸石山表面，虽然不断有氧气供应，也可以持续发生慢性的氧化反应，但是反应放热很快散失到周围环境中，不足以引起自燃，称为不自燃区。

（2）可能自燃区。在不自燃区和窒息区之间，既有一定的氧气供应，所产生的热量也不会全部被外界空气带走，氧化产生的热量令矸石升温，称为可能自燃区。

(3) 窒息区。在矸石山内部，空气中氧气体积分数很小，氧化反应过程中释放热量很少，基本不会令矸石升温，故这一区域不会发生自燃，称为窒息区。

2.6.3 矸石山灭火的原理

2.6.3.1 灭火基本原理

物质燃烧必须同时具备可燃物、助燃物、着火源三个条件，当其中一个条件被去掉时，就不能发生燃烧。由此，灭火的基本原理可以归纳为四个方面，即冷却、窒息、隔离和化学抑制。

A 冷却灭火

冷却灭火是指向火区喷水或其他有冷却作用的灭火剂。由于可燃物质着火必须具备一定的温度和足够的热量，灭火时，将具有冷却降温和吸热作用的灭火剂直接喷射到燃烧物体上，使燃烧物质的温度降低到燃点之下，从而停止燃烧。也可将灭火剂喷洒在火源附近的可燃物质上，使其不受火源辐射热的威胁，避免形成新的火点。一般物质如木材、纸张、棉花、布匹、家具、麦草等起火，都可以用水来冷却灭火。

B 窒息灭火

窒息灭火是指阻止空气进入燃烧区，不让火接触到空气，让氧气与燃烧物隔绝，从而使火熄灭。根据着火时需要大量空气这个条件，灭火时可采用盖的方式，使空气不能进入燃烧区或进入量很少。窒息灭火常用的方法包括：

(1) 向燃烧区充入大量的氮气、二氧化碳等不助燃的惰性气体，减少空气量；

(2) 封堵建筑物的门窗，燃烧区的氧一旦被耗尽，又不能补充新鲜空气，火就会自行熄灭；

(3) 用石棉毯、湿棉被、湿麻袋、砂土、泡沫等不燃烧或难燃烧的物品覆盖在燃烧物体上，以隔绝空气使火熄灭。

C 隔离灭火

隔离灭火是指将燃烧物与附近有可能被引燃的可燃物分隔开，燃烧就会因缺少可燃物而熄灭。隔离灭火常用的方法包括：

(1) 灭火时迅速将着火部位周围的可燃物移到安全地方；

(2) 将着火物移到没有可燃物质的地方；

(3) 关闭可燃气体、液体管道的门，减少和中止可燃物质进入燃烧区域；

(4) 拆除与火源相毗连的易燃建筑，形成阻止火势蔓延的空间地带。

D 化学抑制灭火

化学抑制灭火是指将化学灭火药剂参与到燃烧反应中，使燃烧过程中产生的游离基消失而形成稳定分子或低活性的游离基，从而令化学反应中断。

一般用于扑救计算机等精密仪器设备、家用电器、档案资料和各种可燃气体火灾。但灭火后要采取降温措施，防止发生复燃。

2.6.3.2 矸石山灭火原理

矸石山自燃是一种比较特殊的燃烧系统，它的起燃和维持燃烧、火区的转移和一般的火灾有很大差别。在采取措施进行灭火时，需要考虑常规灭火的一般规律，以保证灭火工程的成功。

众所周知，矸石自燃要具备三个条件：可燃物、供氧、蓄热。矸石中的可燃物质与氧发生低温氧化反应，不断放出热量，若放出的热量不能及时消散，就会使矸石升温，一旦温度达到自燃临界点（80~90 ℃）以上，氧化反应便迅速加速，矸石很快由自热状态进入自燃状态。所以只要破坏这三个条件中的任何一个，燃烧都无法维持。一般灭火都是从隔绝可燃物的氧气供应入手，如利用二氧化碳、氮气、水蒸气或其他惰性气体包围可燃物；有些灭火方法是降低燃烧体系的温度，如用水的大量蒸发吸收热量降温和低温二氧化碳、氮气吸热等；还有些灭火方法是拣出可燃物质，但大多灭火工程是这些方法的联合应用。对于不同特性的可燃物系统，灭火工程的最终要求有很大区别。这里主要指自热自燃系统和非自热自燃系统，对后者而言，只要使所有燃着的可燃物都熄灭，温度降低到燃点以下就可以了；而对于前者，还要求消除可能引起系统再次复燃的所有因素。

煤矸石山的自燃过程是一个极其复杂的物理、化学、生物过程，既有影响自燃的内部因素，也有影响自燃的外界因素。只有掌握煤矸石山的自燃机理和影响自燃的因子，才能更好地掌握自燃煤矸石山的自燃规律，为灭火和实施科学合理的灭火方式提供依据。

2.6.4 矸石山灭火方法及使用材料

经过多年的研究和工程实践，目前国内外常见的煤矸石山灭火方法主要是覆盖法、挖除法、注浆法、注浆密闭和泡沫灭火法、控制燃烧法和低温惰性气体法等。

2.6.4.1 覆盖法

覆盖法是一种应用十分广泛的煤矸石山自燃灭火方法，通过在煤矸石山表面覆盖惰性物质来避免煤矸石与空气接触，以此达到防止自燃发生或熄灭燃烧的目的。简单的覆盖并不能使惰性物质与煤矸石山的渗透率及孔隙率充分减小，因此采用覆盖法时，必须将覆盖物压实，使空气难以进入煤矸石山内部，最终使煤矸石山无法自燃。

黄土是覆盖法中比较常用的惰性物质，为防止煤矸石山发生自燃，国外大量采用覆盖法。英国等欧洲国家主要采用煤矸石分层堆放、分层压实法，即在相邻两层煤矸石之间夹隔压实的不可燃物质，最后在煤矸石表面再覆盖黄土压实。阳煤集团三矿曾采用黄土覆盖碾压法治理自燃的煤矸石山，火势得到了有效控制，但几年后局部出现火势反复，究其原因，是由于压实的黄土经过一段时间变得干松，孔隙率增大，使其密闭功能失效。

2.6.4.2 挖除法

挖除法是最原始却最有效的灭火方法。在实施过程中，首先凭经验或通过实测温度找到火源，然后挖出着火和发热的煤矸石，用水冷却或自然冷却，之后回填到原处，这种方法实施起来比较简单，成功率也较高。但此法只适用于刚发生自燃的煤矸石山，且要求环境条件允许设备和人员能够接近燃烧区域。燃烧范围广或燃烧强度大的煤矸石山不适用，因此这种方法适用范围较小，一般仅作为其他灭火方法的一种辅助措施。

2.6.4.3 注浆法

注浆法是目前国内外广泛采用的一种灭火技术，在国内很多煤矸石山的灭火中都取得了良好效果。这种方法主要是从含硫可燃物和通风供氧这两个条件着手。一方面，充分利用阻燃、充填浆液中的水降低深部区域煤矸石的温度；另一方面，用泥浆、石灰浆等包裹含硫可燃物，充填空隙，隔绝氧气，以达到阻断燃烧、降温、灭火的目的。

应用该方法时，先将灭火材料制成一定浓度和比例的灭火浆液，再在火区钻设一系列钻孔，用注浆泵将灭火浆液注入煤矸石山内部。灭火浆液与高温煤矸石接触后，在高温的作用下，浆液中的水分急剧蒸发，带走大量热量，煤矸石的温度得以降低。浆液中剩余的其他固体物质或覆盖于煤矸石表面，或充填在煤矸石间的缝隙中，起到阻隔空气的作用。

常用注浆材料有黄土注浆材料，石灰水注浆材料，黄土、石灰、粉煤灰混合浆料，凝胶类材料，泡沫灭火材料，高分子灭火材料等，将上述材料按一定的比例混合加水进行注浆。这些浆液集凝胶、黄泥灌浆、三相泡沫、氮气和阻化剂的防灭火优点于一体，特别是继承了泡沫的扩散性能和凝胶良好的固水特性。一方面，水浆生成泡沫之后，缓慢形成凝胶，能够将大量的水固结在凝胶体内，避免了浆液中大量水流失或者溃浆的缺点，可大幅度提高浆水在采空区里的滞留率；另一方面，形成的凝胶能以泡沫为载体对矸石山的高位、中位、低位火源或浮煤大范围全方位地覆盖，且能固结90%以上水分并形成凝胶层，防火时能持久保持煤体湿润并隔绝氧气，灭火时能长久地吸热降温，防止火区复燃。

另外，灭火浆液中若包含碱性物质，还可以吸收一定量煤矸石燃烧释放出的SO_2、SO_3、H_2S等气体，生成硫酸钙、碳酸钙和铝硅酸盐，它们不仅能够填充在矸石的空隙，隔绝煤矸石与外界氧气的交换，而且这些性能稳定的盐类物质附着在矸石颗粒表面，包裹在矸石颗粒的表面，能降低矸石颗粒的可燃性，减轻污染，起到覆盖浮矸、堵塞裂隙、隔离空气、阻化灭火和消烟固硫作用，减轻自燃煤矸石山对大气的污染。同时，在碱性环境下，硫杆菌类细菌很难生长，可以降低煤矸石中黄铁矿的氧化反应速率，从而抑制煤矸石的自燃。注浆法在平煤集团自燃煤矸石山灭火工程以及晋城古书院矿区矸石山灭火工程的实践中都取得了良好的阶段效果。

2.6.4.4 注浆密闭和泡沫灭火法

注浆密闭和泡沫灭火法是指将注浆法和泡沫灭火技术结合起来，利用注浆隔离火区，然后再使用泡沫灭火剂消灭明火。两种方法结合使用能够迅速吸收热量，降低温度，缩短灭火时间。用泡沫替代水，主要是因为泡沫在煤矸石山中的流动比较容易控制，不会破坏注浆形成的密封带，而且泡沫在着火煤矸石表面形成的膜可以保持较长时间，隔离煤矸石的效果优于水。小规模试验表明，利用这种方法可以使煤矸石山温度每分钟下降0.75 ℃。

密闭法常用到的材料多为无机发泡材料，这种材料充填后，起泡速度快，泡沫密度较高，将材料充填至火区后，凝结形成的泡沫体也有一定的强度，可在一定程度上有效地阻断燃烧过程。于维雨等研究出一种新型的无机发泡填充材料，注浆过程采用专用注浆泵来实现材料发泡、泵送一体化操作，在对发泡材料的阻燃性能进行检测后，结果表明，该材料具有一定的阻燃性。

2.6.4.5 控制燃烧法

控制燃烧法的思路是让煤矸石在可控制的条件下保持燃烧，对燃烧过程中产生的热量回收利用，燃烧产生的烟气经处理后排放。其主要目的是回收资源，同时能够控制并熄灭煤矸石山的自燃火。但是这种方法燃烧产生的烟气温度高，腐蚀性大，管道、设备的防腐处理成本高，难度大。美国西弗吉尼亚州曾在一座矸石山上进行了控制燃烧法的工业性试验，但在实际工程应用中比较少见。

2.6.4.6 低温惰性气体法

将低温惰性气体注入煤矸石山火区后，会发生相变，体积膨胀，能够从注入点迅速扩散至其他区域，并将热烟气排挤上升，使其升至煤矸石山表面，达到隔绝空气、灭火降温的双重作用。低温惰性气体能够使煤矸石山内部在一段较长时间内保持低温，最终温度降至临界温度以下。相对于灌水法，此法优势明显。水在重力的作用下，很难准确流到火区，但气体输送的作用力为压力和浮力，比较容易扩散至全火区。实际工程应用表明，单独使用液氮或固体二氧化碳的效果相较二者混合使用的效果略差，而且混合物输送相对纯物质运输容易，成本也相对较低。现场试验表明，这种方法可以将火区温度降低至-10 ℃，并保持约 1 个月，其灭火成本与传统方法相当。

2.7 固废基灭火—防复燃材料

矸石山现场灭火常用的材料有黄土、石灰水、凝胶材料、泡沫灭火材料等，注浆料灭火效果和经济成本都是修复工程关注的重点。煤基固体废弃物主要包括采煤和选煤过程中排放的煤矸石、燃煤电厂排出的粉煤灰等，由于无法进行大规模利用并不断堆积，造成了严重的环境污染。煤基固废有着得天独厚的惰性阻燃优势，又是工业废弃物，来源广泛，物美价廉。因此，利用煤基固废制备灭火注浆液，可在达到灭火目的的同时最大限度地利用煤基固废。

程芳琴等[❶]提出一种灭火防复燃的方法，包括注浆灭火和封闭隔离两个环节，利用注浆泵将固废基灭火浆液通过钻孔深层注浆、表层喷浆的方式注入发生自燃的煤矸石山内部，在注浆灭火处置后的煤矸石山表面浇注铺设固废基胶凝封闭材料，自然养护、固化后，在各分块缝隙中喷涂弹性封闭材料。其中，固废基灭火浆液由粉煤灰、水泥、石灰、水玻璃、水配制而成，粉煤灰、石灰、水泥的质量配比为（50~80）：（15~25）：（10~25），水玻璃的添加量为水泥的 3%~8%，液固比为 0.6~0.8；固废基胶凝封闭材料由粉煤灰：超细灰：水泥按（6~8）：（1~2）：1 的质量配比组成，液固比（2~3）：10；弹性封闭材料由粉料和液料搅拌混匀制成，液料与粉料的质量比为（0.65~0.75）：1，其中，粉料包括粉煤灰、水泥，其质量比为（60~90）：（40~10），液料包括有机乳液和水，有机乳液与粉料的质量比为（0.1~0.3）：1。钻孔注入的浆液通过渗透和扩散充填空隙，隔绝氧气，阻断深部区域煤矸石的燃烧；表面形成的刚柔结合的封闭隔离层将煤矸石山全部覆盖，隔绝空气进路，使煤矸石内部空气耗尽以防复燃。

胡振琪等[❷]利用粉质黏土、粉土以及粉煤灰等单一固废材料以及粉煤灰和粉质黏土、粉土二者中任一种的混合物作为覆盖阻燃层，对材料组成以及黏土层厚度等都进行了探索，通过对覆盖材料的空气渗透率进行测定并计算对比，筛选出了最佳覆盖材料配比。实验结果表明，该阻燃层可以有效地阻隔氧气进入煤矸石山，并有效地防止煤矸石山发生自燃，最大限度地减少煤矸石对环境产生的影响。

---

❶ 程芳琴，申午艳，宋慧平，等．一种煤基固废用于煤矸石山修复治理的方法：202110119398.1［P］. 2022-06-01.

❷ 胡振琪，赵艳玲．矿山生态修复面临的主要问题及解决策略［J］. 中国煤炭，2021，47（9）：2-7.

陈潇等[1]利用赤泥、粉煤灰、脱硫石膏、石灰等固体废弃物，在碱激发效果下，制备出了一种可用于矿山灭火的密封材料，在对材料的性能进行检测的过程中发现，该材料密封性较好，强度高，使用寿命长，在充分利用赤泥、粉煤灰等固废材料的同时对于矿山防灭火的效果显著，大大降低了煤矸石山自燃风险。

杨平等[2]针对攀枝花花山煤矿复杂火区的情况，将粉煤灰胶体应用至防灭火过程中，效果明显。结果表明，粉煤灰复合胶体防灭火材料集堵漏、降温、固水、惰化、抑爆、灭火、成本相对较低等优势于一身，其形成的隔离控制技术已广泛应用于煤矿井下火灾防治工程中，对于发火区域周边采空区密集、裂隙发育、漏风环境复杂引起的蔓延型大范围复杂火灾尤其适用，利用该技术将大面积火区进行分区针对性控制治理，提高了矿井火灾防治效率，一定程度上也降低了煤矿灭火成本。

王博等[3]也对煤基固废抑制矸石山自燃的材料进行了探究，利用粉煤灰、脱硫石膏、电石泥、水泥等原料，先在单一体系中对材料的性能进行了探究，再通过一定比例制备了复合胶体材料，主要用到的是喷浆法治理过程。实验结果表明，利用复合胶凝材料来进行喷浆，具有良好的封闭作用，可达到抑制自燃的目的，而且这种喷浆法施工工艺简单，工期短，可以成功应用于实体工程。

邢纪伟等[4]对煤矸石和粉煤灰混合后的阻燃机理进行了研究，提出煤矸石与粉煤灰的混合堆放是一种经济高效的防治矸石堆自燃的新方法。实验结果表明，在添加粉煤灰后，一氧化碳的生成量和生成速率都有所降低，而且这种变化随着粉煤灰量的增加越来越大。经粉煤灰处理后的煤矸石样品，在程序升温的初级阶段氧化能力明显减弱，使临界温度有了不同程度的降低，并且随着加入量的不同，这种变化趋势也越加明显。粉煤灰中含有的氧化钙、氧化镁、氧化钾、氧化钠等化学物质经过一系列的化学反应所生成的产物，不仅有很好的包裹、充填作用，减少了煤矸石之间的孔隙，降低了煤与氧气的接触概率，进而降低了煤表面的吸氧能力和表面氧化速度，而且还阻止了煤自身的氧化反应。煤矸石与粉煤灰的混合堆放有可能是一种经济高效的防治石堆自燃的新方法，在实际的煤矸石、粉煤灰等煤矿固体废弃物的堆放处理过程中，可将两者混合，以达到降低煤矸石自燃风险的目的。

杨燕等[5]选择向矸石发火区灌注用高浓度粉煤灰浆液和胶凝剂形成的粉煤灰复合胶体材料来改善矸石山自燃现象，使用灌浆法将材料灌注进已经发生自燃的矸石山，结果显示，该方法有效地渗透封堵矸石山浅部裂隙，抑制了火区的自燃。煤基固废用于煤矸石山灭火防复燃的方法可以有效阻止氧气进入煤矸石山，起到充填堵漏防灭火的作用，降低自燃煤矸石山对环境的污染，实现区域性固废的综合治理。

---

[1] 陈潇，杨腾飞，陈伟．一种煤矸石山覆盖处置用密封材料及施工方法：202110119389.1［P］．2020-05-26.

[2] 杨平，梁国栋，于贵生，等．粉煤灰胶体隔离控制技术在花山矿复杂火区中的应用［J］．煤矿安全，2020，51（8）：82-86.

[3] 王博．煤基固废制备抑制矸石山自燃材料的试验研究［D］．包头：内蒙古科技大学，2020.

[4] 邢纪伟，邬剑明，王俊峰，等．用粉煤灰防治煤矸石自燃灾害的试验研究［J］．中国安全科学学报，2015，25（5）：3-7.

[5] 杨燕．粉煤灰灌浆技术在煤矸石自燃治理中的应用研究［J］．西部探矿工程，2019，31（7）：123-124，129.

2.8 矿山生态修复典型案例

生态修复已成为我国生态环境建设的重要组成部分，通过对矿山废弃地进行生态环境治理，制订出有效的生态修复技术方案，不仅关系着经济发展和环境保护的协调，关系着人们生活质量的提高，也符合矿业城市实现可持续发展的要求。该章节将主要以太原杜儿坪矿区生态修复实践为例展开简要分析和论述，同时列举一些矿山生态修复的典型技术及案例，为实现区域循环经济及可持续发展起到良好的示范效应。

2.8.1 山西王庄煤矿矸石山生态修复

山西王庄煤矿属井工开采，其生态恢复的重点在于采煤塌陷地、堆放的矸石山、塌陷区迁村遗址以及坑口电厂排放的粉煤灰灰场的治理。王庄煤矿属于旧煤矿，生态恢复工作起步较晚，基本上是采取工程治理措施，即根据塌陷地的不同情况，采取“一疏（开挖排水沟）、二平（挖高垫低，科学平整）、三改造（挖深垫浅）”的治理措施。当前的工程治理模式可分为充填模式与非充填模式。其中，充填模式主要是利用煤矸石、粉煤灰等固体废弃物回填开采塌陷区，也称充填恢复模式，包括煤矸石和粉煤灰充填，不仅可以把煤矸石和粉煤灰变废为宝，还可以使沉陷地得以治理。适宜区域主要是沉陷程度较小的稳定沉陷区。利用煤矸石作为沉陷区土地的充填材料，既可使采煤破坏的土地得到恢复，又可减少矸石堆放占地，消除矸石山对环境的污染。电厂发电要排放大量的粉煤灰，如仅仅堆弃在自然界中，不但压占大片土地，而且污染环境。若能利用沉陷区形成的巨大容积来解决粉煤灰堆放问题，则不仅可以化解两害（沉陷区、粉煤灰），而且对三方（电厂、煤矿、农民）都有利。根据实地考察，这种充填恢复模式的适宜区面积可以达到 520 hm^2，超过急需治理沉陷区面积的 45%。治理后的土地除部分作为农业用地外，大部分作为建设用地。非充填模式主要是根据塌陷区的自然条件和土地破坏情况，因地制宜采取整治措施恢复煤炭开采破坏的土地，如削高垫低平整沉陷坡地造地、塌陷地挖深垫浅模式和疏排塌陷区积水综合治理等。

2.8.2 山西平朔矿区生态修复

山西平朔矿区生态修复引入矸石山治理由内到外、由表及里、互为依托、统筹设计的治理理念。即通过各项措施实现矸石山内部灭火阻燃，外部整形，植被恢复，多方面共同作用下形成了防火阻燃、防治水土流失、修复生态的系统性工程，最终达到灭火彻底、防止复燃、山体稳定、植被良性演替的整体治理效果。

矸石山生态治理方法如下：

（1）灭火防复燃措施。矸石山灭火主要根据矸石排弃现状，配合山体整形措施，采用多种灭火工艺系统结合的方法进行，主要灭火施工工艺包括火情探测、集成灭火等。火情探测一般通过采用热电偶测温技术和双金属温度计、红外线测温仪进行测温。整个排矸场共分为平台 1、平台 2、平台 3，根据火情探测进行分类标记，分为安全区、临界区、隐患区、高温区、发火区。其中，平台的隐患区采用“田”字形开沟换填处理工艺；发火区、蓄热区、临界区等高温区域，以挖除灭火为主；针对位于边坡部位并且有升温趋势的“隐患区”，需结合山体整形工程同步施工，进行挖除矸石与边坡削级、平台留设同时进行。挖除着火矸石和热矸石后，就近自然冷却，冷却到低于400 ℃后，进行矸土1：1搅拌，将矸土混合物就近覆土，用于山体整形。当整个区域治理完成后，平台顶部以3 m厚的土矸混合物进行碾压夯实覆盖。通过采用点、线、面相结合，科学合理地应用各集成灭火方法进行治理，实现矿区矸石山灭火防复燃的目的。

(2) 山体整形稳定措施。排矸场西侧边坡和南侧边坡作为坡面治理主要对象，进行削坡、挖台阶处理，坡面现场坡率为1：2的边坡，每高6 m设1个反台，根据不同的地形条件，西边坡和南边坡分别设置了3~9个台阶。采用多级隔坡反台山体整形技术对边坡进行治理。削坡完成后对边坡采用黄土和煤矸石混合物进行覆盖，覆土厚3 m，矸石与黄土比例为1：1，压实度不小于85%，以利于植物生长。整形后南侧边坡最大高度为40 m，最多设6级反台；西侧边坡最大高度为27 m，最多设3级反台。为了有效排导径流，减少冲刷，含蓄水源，在反台内侧设柔性水沟，在坡度较陡的坡面设柔性急流槽。当反台较长时，每隔200 m左右设一道纵向坡面急流槽，形成坡面排水系统，坡面排水系统与排矸场主排水系统相贯通。为减少雨水冲刷，应对矸石山进行沉降，稳固坡面，在反台内侧柔性水沟与坡面之间设柔性坡脚。在坡面上设置微地形，即开挖鱼鳞坑，阻滞径流，减少水土流失，蓄水保墒，以利于植被恢复，从而实现矸石山整体稳定。

(3) 生态修复措施布置。平朔矿区煤矸石山堆积高度高，边坡坡度达到45°，采用多台阶治理，垂直和倾斜布置钻孔。将矸石山改造成地后，创造适宜植物生长的土壤母质并达到50 cm土层厚度，通过基质改良作为种植层、采用适宜当地种植的植物种类（根系发达、生长迅速、抗逆性强）、合理配置物种等一系列人为干预措施实现景观效果，并进行植被抚育管理，加速基础生态系统向目标生态系统的演替过程。

(4) 配套措施。为确保矸石山体稳定，防止水土流失，巩固防灭火效果，含蓄水源，利于植被恢复，保证排水顺畅，需对整个排矸场的集节排水系统进行统筹考虑、系统规划，达到中小雨可被植物完全利用、大雨能够顺利排出的效果。配合布设了相应的生产道路、田间道路等配套工程，路面采用30 cm厚级配砂石。在矸石山治理的后期，至少进行为期两年的火情监测，即布设一定数量的热电偶，对地温进行实时监测，以掌握矸石山内部温度变化趋势。可将监测区域划分为全面监测区、重点监测区和机械抽样监测区。定期采集温度监测点数据，观察其变化趋势是否存在异常，并及时更换失效设备。根据温度监测数据，定期对矸石山温度特征进行风险评估，预测潜在风险区，以便提出处置方案，维持灭火防复燃效果。

2.8.3 太原西山杜儿坪矿区生态修复

山西省太原市杜儿坪矿区位于西山煤田中部，地理坐标为37°83′N，112°38′E，海拔1177.94 m，该矿区生态修复工程内容主要包括灭火防火、削坡整形、排水导流以及植被恢复。

(1) 灭火封闭。火区诊断采用热红外成像灭火监测技术，对矸石山体进行全面测温，形成着火区的红外热像图，根据测温诊断结果动态调整灭火施工方案。对浅层火区采用开槽开沟注浆灭火工艺，灭火浆液主要由粉煤灰、石灰、水泥、水玻璃构成，液固比为0.6~0.8，粉煤灰为煤粉炉粉煤灰或循环流化床锅炉粉煤灰均可。在封闭隔离层再灌注胶凝封闭材料，主要是由粉煤灰、超细灰、水泥组成，液固比为（2~3）：10，铺设厚度为5~15 cm；对埋深较大、火情严重的重点区域，采用火源挖除换填或钻孔注浆灭火工艺。

（2）削坡整形。严格按照相关标准及设计图纸对矸石山进行削坡整形，根据控制点坐标自上而下进行削坡，将坡体大于35°的矸石山体进行削坡整形。

（3）排水导流。排水导流工程采用硬性排水+柔性排水技术工艺。在矸石堆体与自然山体结合处采用硬性排水，确保大量汇水从硬质沟道排走，同时在整形整地后的马道及坡面修建柔性横纵排水，柔性排水与硬质排水系统相连接，构建治理区的全域排水系统。

植被恢复主要是坚持以恢复生态学为理论基础，在矸石山严酷的立地条件下，快速建立良好的近自然生态系统，综合运用液压喷播技术+植被毯技术进行植被恢复，模拟植被自然演替规律，实现植被的快速恢复和生态系统的维持。在植被恢复过程中，使用2.5节固废基生态修复材料。研究发现，与常规修复场地相比，施用固废基生态修复材料试验区的土壤全氮、速效钾、有机质含量更高，植物的根长和株高都明显优于常规修复场地。

固废基生态修复材料为固体废弃物的利用提供了一种新途径，煤基固废中含有较高的有机成分和其他矿物成分，能够改良土壤结构，使土壤的孔隙度增加，连接性好。将煤基固废制成多孔材料，多孔材料表面具有丰富的微孔结构，能够吸附土壤养分，为土壤微生物提供良好的栖息场所，增加其保水保肥的效果。煤基固废多孔修复材料耦合菌根真菌，可以活化土壤中被固定的土壤养分，促进植物生长发育，减轻重金属对植物的毒害，增强寄主植物的抗逆性，而且可以减少植物中重金属的积累。

以固废为主要原料制备系列材料用于矿山治理，既节约了天然修复材料，又避免了固废堆积对环境造成的污染以及对土地资源的破坏，真正达到“以废治废”的目的，这是实现“两山转化”的有效路径。

本章小结

矿山开采对环境造成了严重的影响，包括水土流失、次生地质灾害、矿山废水及重金属污染等问题，以生态修复为理论基础，提出通过自然恢复、辅助修复、生态重塑、保育保护等修复模式，采用适当的工程方法和修复治理措施，恢复退化的生态系统。介绍了一种利用煤基固废制备多孔土壤基质，用于矿区生态修复的方法。该方法能够解决矸石山的保水保肥性不足和植物抗逆性差等问题，实现矸石山的生态修复，同时也能够实现煤基固废的资源化利用，为实现可持续发展做出贡献。煤矸石堆积容易发生自燃现象，对环境和居民生活造成危害，因此煤矸石山的防灭火成为煤矿区环境治理的首要任务。常用的灭火材料包括黄土、石灰水、凝胶材料、泡沫灭火材料等，注浆料灭火效果和经济成本是修复工程关注的重点。煤基固废是工业废弃物，具有惰性阻燃优势，来源广泛，物美价廉，可以用来制备灭火注浆液，在达到灭火目的的同时最大限度地利用煤基固废。最后，结合山西省现有的矿山地质环境治理技术模型和国内外矿山生态治理技术，提出了寻求最合适技术方案的建议。

习 题

1. 矿山生态修复模式包括哪些？试说明各种模式的主要修复途径。
2. 什么是地貌重塑、景观重塑？试述受损矿山的生态修复治理措施。
3. 论述受损矿山修复的工程措施。
4. 生态修复材料的原料包括哪些？
5. 比较好氧堆肥与厌氧堆肥，根据堆肥升温过程，说明好氧堆肥过程的四个时期。
6. 试述矸石山自燃的主要机理、矸石山的分区及矸石山灭火的基本原理。
7. 简述矸石山灭火的基本方法及使用材料。
8. 论述矿山生态修复的具体实践，列举运用的典型技术。

3 资源型地区污染土壤修复

本章提要：

本章系统介绍了不同修复模式下土壤中溶质运移的过程，运用 CDE 模型、TRM 模型和 SC 模型对不同修复模式下土壤溶质的运移过程进行了参数模拟，探寻出影响溶质运移的因素。同时分别利用电阻加热耦合过氧化氢、电阻加热耦合过硫酸钠对土壤中多环芳烃的去除效果做出分析，并分析了电阻加热耦合化学氧化对土壤性质及微生物群落的影响。最后系统地介绍了资源型地区污染土壤的相关治理技术。

3.1 土壤中溶质运移过程

3.1.1 不同修复模式下溶质运移过程

溶质运移过程与水流运动、溶质特性、土壤结构和质地等因素密切相关。采矿导致了植被破坏、地貌改变和土壤结构改变，与未扰动土壤相比，矿区土壤的结构和质地发生了变化，从而改变了溶质运移过程[1]。本研究运用 CDE 模型、TRM 模型和 SC 模型对运移过程进行了参数模拟，比较不同修复模式下不同深度的溶质运移过程，探寻影响溶质运移的因素。

3.1.1.1 不同修复模式下运移特征

由图 3-1 不同植被修复模式溶质的穿透曲线可看出，不同植被修复模式以及不同深度的 Cl^-穿透曲线都比较规则，均呈现“S”形分布。即在起始一段时间内，可以将 Cl^-的穿透曲线划分为缓慢上升期、快速上升期和平稳期三个阶段。草地、灌草地和乔灌草地的穿透曲线相对于撂荒地的穿透曲线而言均出现了延迟拖后现象，说明植被修复后的土壤与未扰动土壤的撂荒地相比，土壤质地发生较大变化，土壤中溶质的迁移过程十分复杂，受到土壤容重、土壤质地、优先流、孔隙分布情况等非均一性因素的影响。

当流山溶液中 Cl^-浓度产生变化时为初始穿透，这段时间为初始穿透时间。当流出溶液中的浓度最终稳定不变时为完全穿透，这段时间为完全穿透时间。表 3-1 为不同植被修复模式溶质的穿透时间，显示了不同植被修复模式下土壤中 Cl^-的运移特征。不同植被修复模式以及不同深度土柱的初始穿透时间和完全穿透时间存在差异，从而导致穿透曲线的形状有所差异。草地、灌草地不同土层的溶质穿透时间存在显著差异，穿透时间呈现 40~

[1] 郭志萍，李斌，孙西欢，等．不同生态修复模式下土壤水文性质及其对溶质运移的影响［J］．环境科学学报，2019，39（12）：4251-4260.

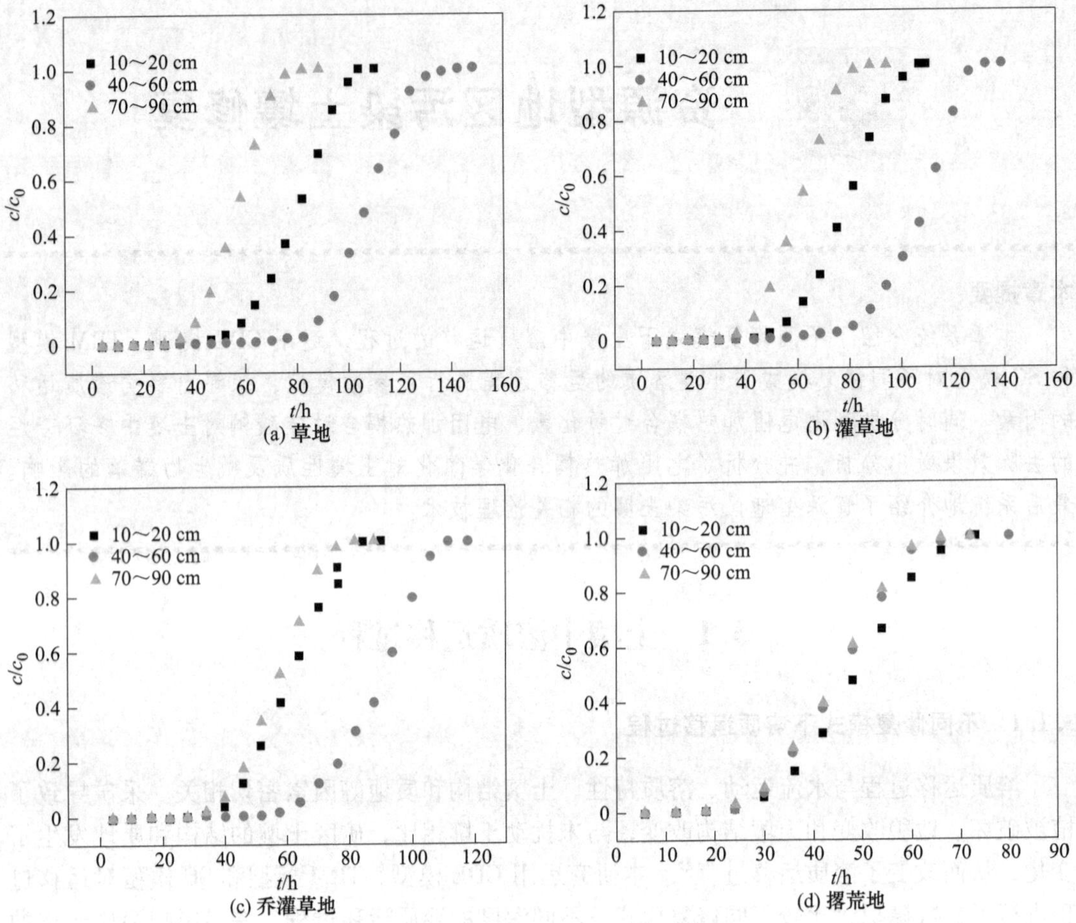

图 3-1　不同植被修复模式各土层的 Cl^- 穿透曲线

60 cm 土层>10~20 cm 土层>70~90 cm 土层的特征。Cl^- 穿透乔灌草地 10~20 cm 土层和 40~60 cm 土层所用的时间相差不大（*SD*=2.77），穿透 40~60 cm 土层所需的时间明显大于其他深度土层。撂荒地 10~20 cm 土层、40~60 cm 土层和 70~90 cm 土层的穿透时间差异不明显（*SD*=2.15）。各修复模式下不同深度土层的穿透时间由大到小为 40~60 cm 土层>10~20 cm 土层>70~90 cm 土层。初始穿透时间从大到小依次为草地>灌草地>乔灌草地>撂荒地，完全穿透时间从大到小依次为草地>灌草地>乔灌草地>撂荒地。

表 3-1　不同植被修复模式溶质穿透时间的变异信息

项目	初始穿透时间/h	标准差	变异系数/%	完全穿透时间/h	标准差	变异系数/%
草地	51.18	23.59	46.10	99.04	24.42	24.65
灌草地	43.43	15.98	36.79	92.26	19.65	21.30
乔灌草地	40.61	12.60	31.04	86.70	14.12	16.28
撂荒地	24.06	0.69	2.87	66.67	2.15	3.23

土壤质地是溶质运移过程的主要影响因素之一，通过改变土壤孔隙度、持水性等性质来影响溶质运移。随着土壤中黏粒含量的增加，会使土壤孔隙变小，流速降低。饱和条件下，带负电荷的离子不易受土壤颗粒的吸附，如果在 Cl^- 的垂直运移过程中保持重力势不发生改变，则其运移过程主要受土壤中孔隙分布状况的影响。Cl^- 在草地、灌草地和乔灌草地 40~60 cm 土层中的穿透曲线比其余土层经过更长时间的平缓变化后才逐渐升高，最后又趋于平缓。溶质穿透过程比其余土层明显缓慢，是因为土壤中多为细小孔隙且孔隙曲折度较大，优先流不明显造成水分运动速度减慢，从而导致溶质穿透速度缓慢。且由图 3-1 可知，40~60 cm 土层容重最大，10~30 cm 土层次之，70~90 cm 土层最低，与各植被修复模式不同深度土层的溶质穿透时间由长到短的顺序相同。故在相同条件下，土壤容重越大，溶质越难穿透土层，穿透时间也越长。费良军[1]和 Birle[2]的研究表明弥散系数和溶质完全穿透时间随着土壤容重的增大而增大，本研究也证实了这一观点。

本研究中不同植被修复模式土壤的穿透曲线除了初始穿透时间和完全穿透时间的差异外，尚无法反映 Cl^- 在矿区土壤中运移所受的影响。因此利用各土层溶质运移试验的实测值反推运移参数，进一步研究溶质运移规律。

3.1.1.2 模型模拟

本研究应用 CXTFIT 2.1 对溶质穿透曲线进行拟合，CXTFIT 2.1 是基于土壤溶质运移的不同模型及其初始和边界条件，利用最小二乘法原理逼近溶质穿透曲线，获得运移参数的最佳拟合值。采用嵌套的随机对流—弥散模型（SC）、对流—弥散模型（CDE）和两区模型（TRM）去拟合同一组土柱实验的溶质穿透数据，将拟合结果与实际实验数据进行对比，并分析不同模型在描述矿区土壤溶质运移规律的适用性。此外，分析模型拟合参数的变化规律，总结矿区不同修复模式下土壤中溶质的运移规律

本研究采用 CDE 模型、TRM 模型和 SC 模型对土柱中 Cl^- 的运移过程进行数值求解。对于保守性溶质 Cl^- 来说，土壤中有机质、胶体对 Cl^- 的吸附极小，故吸附作用可以忽略不计。饱和土柱采用去离子水，饱和后土壤中 Cl^- 含量为 23 mg/L，与注入的 Cl^- 浓度 3.55 g/L 相比可忽略不计，因此土壤中 Cl^- 的初始浓度设为 0。因此，上边界条件选取 Cauchy 条件（溶质通量边界），下边界条件选取零浓度梯度边界。

（1）SC 模型建立在流管模型的基础上，溶质运移的时间概率密度函数为：

$$f(t)=\frac{1}{\sigma t\sqrt{2\pi}}\exp\left[-\frac{(\ln t-\mu)^2}{2\sigma^2}\right] \tag{3-1}$$

式中 μ——$\ln t$ 分布的均值；

σ——$\ln t$ 分布的标准差。

对于稳定阶跃输入，溶质穿透曲线可以通过运移时间的累积概率分布函数进行描述，即：

---

❶ 费良军，刘显，王佳，等．土壤容重对涌泉根灌土壤水氮运移特性的影响［J］．农业机械学报，2017，48（8）：219-228.

❷ Birle E，Heyer D，Vogt N. Influence of the initial water content and dry density on the soil-water retention curve and the shrinkage behavior of a compacted clay［J］. Acta Geotechnica，2008，3（3）：191-200.

$$\frac{c(x,t)}{c_0}=P(t)=\int_0^t f(t')\mathrm{d}t'=\frac{1}{2}\left[1+\mathrm{erf}\left(\frac{\ln t-\mu}{\sqrt{2}\sigma}\right)\right] \tag{3-2}$$

式中 $P(t)$——溶质运移时间的累积概率分布函数，是其所用时间［0，t］上的累积概率分布函数的积分；

$\mathrm{erf}(x)$——误差函数；

c_0——注入溶质的浓度，g/L。

（2）溶质运移过程的 CDE 模型为：

$$R\frac{\partial c}{\partial t}=D\frac{\partial^2 c}{\partial x^2}-v\frac{\partial c}{\partial x} \tag{3-3}$$

式中 R——阻滞因子；

c——溶质浓度，g/L；

t——时间，h；

D——水动力弥散系数，cm^2/h；

v——平均孔隙水流速，cm/h；

x——距离变量，cm。

基于 Cauchy 边界条件和初始土壤浓度为 0 的半无限系统，此时 CDE 模型的解析解为：

$$c(x,t)=\frac{c_0}{2}\mathrm{erfc}\left(\frac{x-vt}{2\sqrt{Dt}}\right)+c_0\sqrt{\frac{v^2t}{\pi D}}\exp\left[\frac{-(x-vt)^2}{4Dt}\right]-\frac{c_0}{2}\left(1+\frac{vx}{D}+\frac{v^2t}{D}\right)\exp\left(\frac{vx}{D}\right)\mathrm{erfc}\left(\frac{x+vt}{2\sqrt{Dt}}\right) \tag{3-4}$$

式中 c_0——注入溶质的浓度，g/L；

$\mathrm{erfc}(x)$——误差函数。

（3）TRM 模型为物理非平衡对流弥散模型，依据孔隙的结构和流速大小将区域内的土壤水划分为可动水区域和不可动水区域。当不考虑吸附和降解等化学作用时，一维稳定流状态下的 TRM 模型为：

$$\begin{cases}\theta_m\dfrac{\partial c_m}{\partial t}+\theta_{im}\dfrac{\partial c_{im}}{\partial t}=\theta_m D_m\dfrac{\partial^2 c_m}{\partial x^2}-v_m\theta_m\dfrac{\partial c_m}{\partial x}\\[2ex]\theta_{im}\dfrac{\partial c_{im}}{\partial t}=\omega(c_m-c_{im})\end{cases} \tag{3-5}$$

式中 θ_m——可动水区域的体积含水率，cm^3/cm^3；

θ_{im}——不可动水区域的体积含水率，cm^3/cm^3；

$\theta_m+\theta_{im}$——土壤体积含水率，cm^3/cm^3；

c_m——可动区域的溶质浓度，g/L；

c_{im}——不可动区域的溶质浓度，g/L；

D_m——可动区域的水动力弥散系数，cm^2/h；

v_m——可动区域的平均孔隙流速，cm/h；

ω——质量交换系数，h^{-1}。

初始浓度为 0，上边界为溶质通量边界时，c_m 和 c_{im} 在 Laplace 空间中的解析解为：

$$\overline{c_{\mathrm{m}}}(x,p)=\frac{2c_0}{p+p\sqrt{1+4D_{\mathrm{m}}\delta/v_{\mathrm{m}}^2}}\exp\left(\frac{v_{\mathrm{m}}-\sqrt{v_{\mathrm{m}}^2+4D_{\mathrm{m}}\delta}}{2D_{\mathrm{m}}}x\right) \tag{3-6}$$

$$\overline{c_{\mathrm{im}}}(x,p)=\frac{2\omega c_0}{(\omega+p\theta_{\mathrm{im}})\left(p+p\sqrt{1+4D_{\mathrm{m}}\delta/v_{\mathrm{m}}^2}\right)}\exp\left(\frac{v_{\mathrm{m}}-\sqrt{v_{\mathrm{m}}^2+4D_{\mathrm{m}}\delta}}{2D_{\mathrm{m}}}x\right) \tag{3-7}$$

式中，$\delta=\left[\frac{\omega\theta_{\mathrm{im}}}{\theta_{\mathrm{m}}(\omega+p\theta_{\mathrm{im}})}+1\right]p$；$p$ 为 Laplace 变换参数。

3.1.1.3 模拟分析

本研究首先运用 CDE 模型、SC 模型和 TRM 模型拟合每个观测点的穿透曲线，得到不同距离处的运移参数，再去描述不同观测点的穿透曲线。通过对各组实验数据的模拟分析，CDE 模型得到模型参数 v 和 D，TRE 模型得到模型参数 D、β 和 ω，SC 模型得到 v 和 D。

溶质在土壤中的运移过程不仅受到水动力弥散和分子扩散的影响，还受到水分对流运动的影响。为确定哪种类型的运移方式发挥主导作用，引入了 Peclet 数（Pe）。Peclet 数通过由 CDE 等模型拟合出来的弥散系数来计算，其数学表达式如下：

$$Pe=\frac{vL}{D} \tag{3-8}$$

式中 Pe——Peclet 数；

v——平均流速，cm/h；

L——特征长度，cm；

D——水动力弥散系数，$\mathrm{cm^2/h}$。

模型拟合精确度评价采用决定系数（R^2）和均方根误差（RMSE）两项指标进行评价，分别表示为：

$$R^2=1-\frac{\sum_{i=1}^{N}(c_{\mathrm{i0}}-c_{\mathrm{ie}})^2}{(c_{\mathrm{i0}}-\overline{c_{\mathrm{ie}}})^2} \tag{3-9}$$

$$\mathrm{RMSE}=\sqrt{\frac{1}{N}\sum_{i=1}^{N}(c_{\mathrm{i0}}-c_{\mathrm{ie}})^2} \tag{3-10}$$

式中 c_{ie}——模拟浓度值；

c_{i0}——实测浓度值；

$\overline{c_{\mathrm{ie}}}$——溶质运移试验实测浓度的平均值；

N——溶质运移试验实测样品的总数。

本研究采用 CDE 模型、SC 模型和 TRM 模型拟合 Cl^- 的穿透曲线。三种模型的拟合精度结果见表 3-2，所有模型的 R^2 均在 99%以上，RMSE 均小于 0.09。从拟合结果来看，三种模型在描述不同修复模式的 Cl^- 穿透过程时效果均较好，拟合值与实测值基本吻合。因为 CDE 模型对穿透曲线拟合的 R^2 更接近于 1，RMSE 更接近于 0，相比之下，CDE 溶质运移模型的拟合效果最好，SC 模型次之。说明穿透过程以 Fick 运移为主，溶质穿透过程并没有表现出明显的不规则运移现象。拟合过程中渗透流速对拟合效果的好坏有较大的影响，而流速大小与土柱紧实度、均质性以及饱和过程中是否出现小裂隙等有关[1][2]。此外，即使饱和后土柱没有发生变形或塌陷，但由于长时间的浸泡，土体也会在实验过程中慢慢出现缝隙或不明显形变，而这些因素都很难控制，故即使是在同一修复模式下所采集的土柱、初始条件和边界条件等基本条件也相同的溶质穿透实验，其溶质运移过程还是存在一定差异。

表 3-2 模型拟合精度及误差

植被修复模式	CDE		SC		TRM	
	R^2	RMSE	R^2	RMSE	R^2	RMSE
草地 10~30 cm	0.9950	0.0300	0.9942	0.0314	0.9933	0.0351
草地 40~60 cm	0.9985	0.0157	0.9985	0.0161	0.9937	0.0339
草地 70~90 cm	0.9970	0.0244	0.9966	0.0264	0.9964	0.0284
灌草地 10~30 cm	0.9970	0.0227	0.9967	0.0242	0.9595	0.0891
灌草地 40~60 cm	0.9921	0.0338	0.9918	0.0347	0.9586	0.0817
灌草地 70~90 cm	0.9967	0.0249	0.9967	0.0260	0.9965	0.0281
乔灌草地 10~30 cm	0.9967	0.0248	0.9966	0.0248	0.9969	0.0247
乔灌草地 40~60 cm	0.9911	0.0364	0.9911	0.0374	0.9910	0.0387
乔灌草地 70~90 cm	0.9964	0.0261	0.9961	0.0273	0.9970	0.0260
撂荒地 10~30 cm	0.9963	0.0298	0.9959	0.0280	0.9952	0.0331
撂荒地 40~60 cm	0.9956	0.0777	0.9950	0.0311	0.9946	0.0365
撂荒地 70~90 cm	0.9944	0.0348	0.9944	0.0348	0.9940	0.0385

注：R^2 为决定系数，RMSE 为均方根误差。

由于土柱的弥散系数（D）与弥散度（λ）之间存在如下关系：

$$D = D_0\tau + \lambda v^n \tag{3-11}$$

式中 D——弥散系数，cm^2/h；

D_0——分子扩散系数；

τ——曲折度；

v——孔隙流速，cm/h；

λ——弥散度，cm；

n——在饱和情况下近似为 1；

$D_0\tau$——在本研究中认为与 D 相比可忽略不计。

由此可获得弥散度 λ：

$$\lambda = D/v \tag{3-12}$$

故需利用式（3-12）计算出相应的弥散度 λ，以便于研究介质中溶质运移规律。通过模型拟合获得的参数、相应弥散度以及 Pe 数见表 3-3。

❶ 张丛志，张佳宝，徐绍辉，等．反应性溶质在不同质地饱和土柱中运移的数值模拟［J］．水科学进展，2008，19（4）：552-558.

❷ 甄庆．新构土体土壤质量及水分与溶质运移研究［D］．北京：中国科学院研究生院，2016.

表 3-3 模型拟合参数

植被修复模式	CDE				SC				TRM					
	v_{CDE} /cm·h^{-1}	D_{CDE} /cm^2·h^{-1}	λ_{CDE} /cm	Pe_{CDE}	v_{SC} /cm·h^{-1}	D_{SC} /cm^2·h^{-1}	λ_{SC} /cm	Pe_{SC}	v_{TRM} /cm·h^{-1}	D_{TRM} /cm^2·h^{-1}	λ_{TRM} /cm	β	ω	Pe_{TRM}
草地 10~30 cm	0.24	0.07	0.29	67.83	0.25	0.07	0.28	70.67	0.23	0.04	0.18	0.72	5.09	111.17
草地 40~60 cm	0.19	0.03	0.17	117.20	0.19	0.01	0.07	307.23	0.20	0.02	0.11	0.81	1.82	188.67
草地 70~90 cm	0.36	0.15	0.41	48.71	0.36	0.07	0.20	98.18	0.38	0.15	0.39	0.70	9.83	51.44
灌草地 10~30 cm	0.30	0.09	0.34	59.50	0.28	0.07	0.27	74.26	0.34	0.07	0.22	0.75	5.56	92.47
灌草地 40~60 cm	0.20	0.03	0.16	123.41	0.22	0.03	0.15	130.30	0.21	0.02	0.11	0.79	2.06	178.48
灌草地 70~90 cm	0.36	0.15	0.41	48.48	0.36	0.11	0.31	63.97	0.36	0.13	0.35	0.84	2.92	57.59
乔灌草地 10~30 cm	0.34	0.15	0.44	45.73	0.32	0.14	0.43	46.84	0.38	0.08	0.22	0.75	4.74	62.46
乔灌草地 40~60 cm	0.23	0.05	0.23	85.42	0.24	0.04	0.19	105.93	0.22	0.04	0.19	0.85	1.74	84.28
乔灌草地 70~90 cm	0.36	0.14	0.41	49.09	0.36	0.09	0.24	83.74	0.40	0.09	0.24	0.75	6.05	83.42
撂荒地 10~30 cm	0.38	0.22	0.58	34.55	0.42	0.17	0.40	50.23	0.40	0.17	0.43	0.70	8.55	48.87
撂荒地 40~60 cm	0.42	0.26	0.59	34.16	0.45	0.21	0.47	42.77	0.43	0.16	0.38	0.78	1.98	42.25
撂荒地 70~90 cm	0.41	0.24	0.58	34.34	0.46	0.19	0.42	47.23	0.40	0.18	0.45	0.75	5.00	44.66

注：v 为平均孔隙流速；D 为弥散系数；λ 为弥散度；Pe 为 Peclet 数；β 为可动区含水量比率；ω 为质量交换系数。

由图 3-2 可知，使用 CDE 模型、TRM 模型和 SC 模型参数拟合得到的平均孔隙水流速分别在 0.20~0.43 cm/h、0.19~0.42 cm/h 和 0.19~0.46 cm/h。撂荒地的平均孔隙水流速显著大于草地、灌草地和乔灌草地（$P<0.05$）。撂荒地的平均孔隙水流速随深度无明显变化，而经植被修复后，平均孔隙水流速在不同深度上均表现出 70~90 cm 土层>10~30 cm

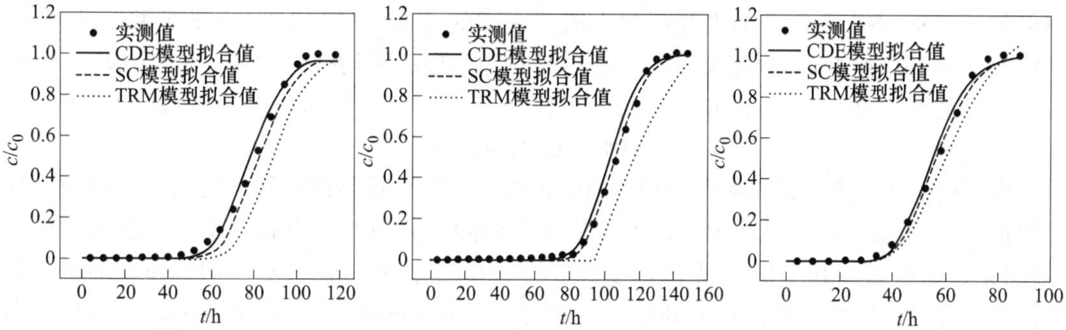

(a) 草地10～30 cm　(b) 草地40～60 cm　(c) 草地70～90 cm

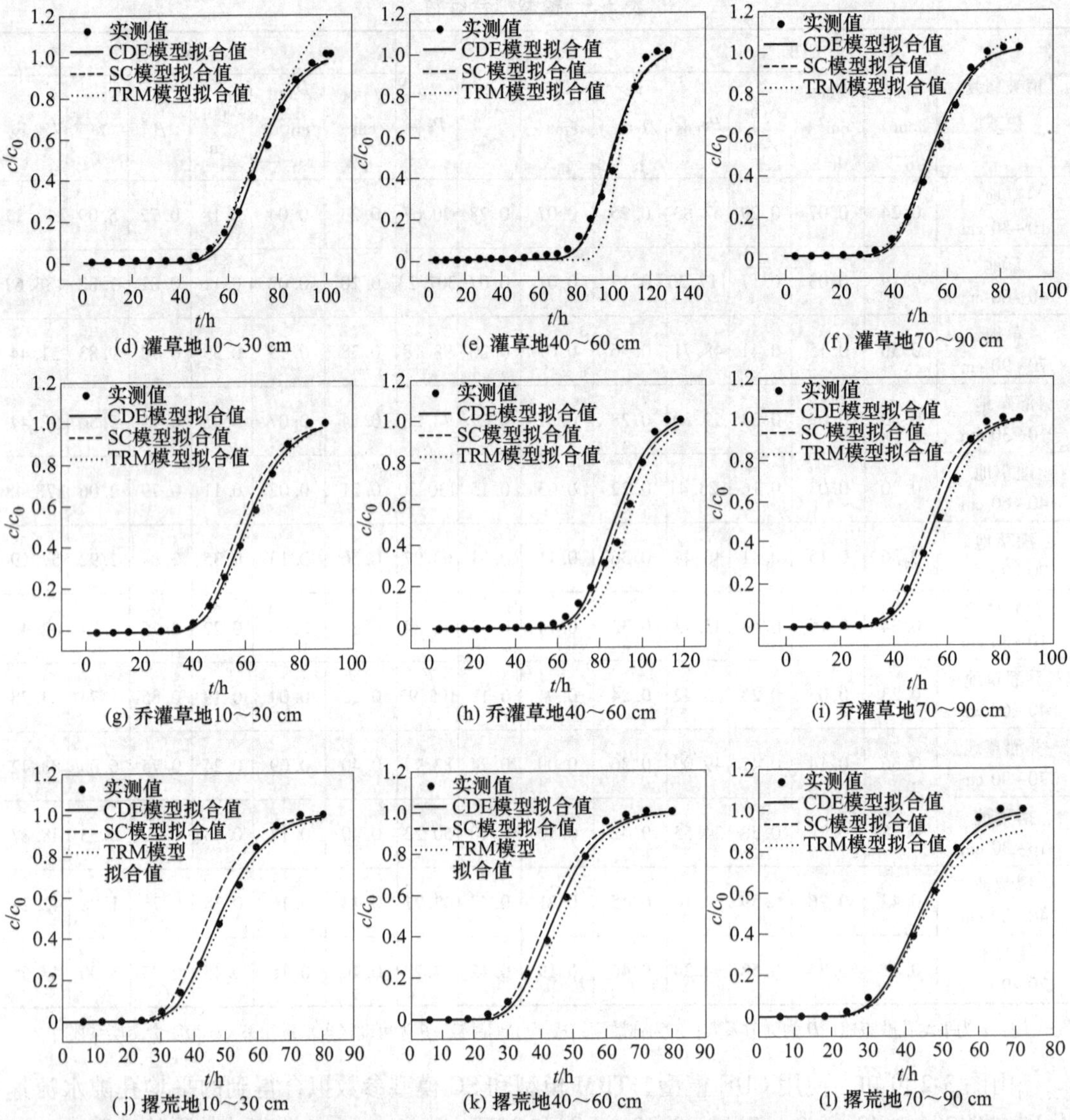

图 3-2　不同植被模式 Cl^- 运移特征与 SC 模型、CDE 模型和 TRM 模型拟合结果

土层>40～60 cm 土层的特点，不同深度的穿透时间则刚好相反。图 3-3 显示 TRM 模型和 CDE 模型、SC 模型所拟合的平均孔隙水流速之间的关系。TRM 模型为非平衡运移模型，CDE 模型和 SC 模型为平衡运移模型，通过对两种模型的平均孔隙水流速进行比较可反映模拟结果是否一致。v_{TRM}-v_{CDE} 和 v_{TRM}-v_{SC} 的回归曲线 R^2 分别为 0.9632 和 0.8610，可看出 TRM 模型和 CDE 模型获得的平均孔隙水流速更为接近。

在本研究中，不论采用哪种模型进行数值模拟，撂荒地弥散系数均为最大，同时变异系数最小（CV<20%），说明撂荒地不同深度土柱间差异较小，更趋近于均质土壤。由表 3-3 可知，CDE 模型和 TRM 模型拟合参数 D（D 为弥散系数，是表示流动水体中溶质在沿水流方向弥散的速率系数）从大到小均依次为撂荒地>乔灌草地>灌草地>草地；SC 模型拟合结果从大到小依次为撂荒地>灌草地>草地>乔灌草地。采用 CDE 模型、SC 模型和

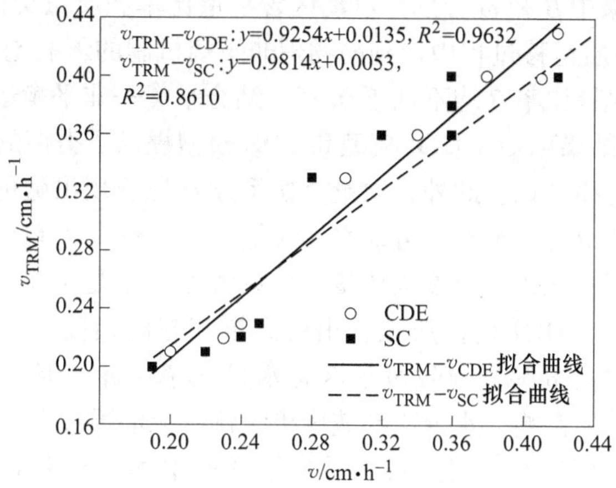

图 3-3　TRM 模型与 CDE 模型和 SC 模型之间流速的关系

TRM 模型对同一组穿透数据拟合所得到的弥散系数依次为 $D_{CDE}>D_{SC}>D_{TRM}$。TRM 模型的弥散系数最小，这是因为该模式不仅考虑了对流和水动力弥散的运移方式，还考虑了可动区与不可动区之间的溶质交换，仅比较弥散系数时就会小于其他模型。

弥散度 λ 表示溶质运移过程中溶质的弥散强度，一般取决于水分通量和溶质对流通量的平均尺度大小。本研究中各模型所得到的弥散度 λ（平均值）从大到小依次为撂荒地>乔灌草地>灌草地>草地。土壤粒径组成中砂粒含量从小到大依次为撂荒地>乔灌草地>灌草地>草地。故乔灌草地、灌草地和草地的弥散度小于撂荒地的原因是后者土质比较均一，且黏粒含量较高。因此，表现出弥散度随土壤中砂粒含量的增加而降低的特点。Vanderborght❶和 Asghari❷研究表明，弥散度在质地较粗和均质土壤中的值小于在质地较好和非均质土壤中的值，本研究也印证了这个观点。从不同深度来看，各植被修复模式的弥散度由大到小均依次为 70~90 cm 土层>10~30 cm 土层>40~60 cm，与土层的土壤容重变化趋势相反，可知弥散度和土壤容重存在关联性。由表 3-3 可以看出，SC 模型和 CDE 模型的弥散度大于 TRM 模型，这主要因为 SC 模型和 CDE 模型拟合所得的弥散度是整个土体的弥散度，而 TRM 模型只模拟了可动水区的弥散活动，认为不动水区不受弥散作用的影响。因此，TRM 模型在仅考虑可动水区的对流弥散的情况下，所拟合的弥散度自然小于 SC 模型和 CDE 模型。

Peclet 数（*Pe*）是无量纲数，用于表示对流和扩散比。当 Peclet 值小于 1 时，弥散运动为主要溶质运移方式；当 Peclet 值等于 1 时，对流和弥散同等占优；当 Peclet 值大于 1 时，对流为主要运移方式。*Pe* 值增大时，表示溶质的对流传输率随之增大，而扩散传输率随之降低。本研究中 *Pe* 值均远大于 1，因此在各植被修复模式土柱中，对流为溶质的主要运移方式。

❶ Vanderborght J, Vereecken H. Review of dispersivities for transport modeling in soils [J]. Vadose Zone Journal, 2007, 6 (1): 29-52.

❷ Asghari S, Abbasi F, Neyshabouri M R. Effects of soil conditioners on physical quality and bromide transport properties in a sandy loam soil [J]. Biosystems Engineering, 2011, 109 (1): 90-97.

TRM 模型拟合结果中 β 和 ω 分别为可动区含水量比率和质量交换系数，β 值越接近 1 或 ω 接近 100，说明溶质运移过程中受到的物理非平衡机制的影响越小。本研究中 TRM 模型反演出的可动区含水量比率 β 均不低于 0.75，结合平衡—非平衡运移模型平均孔隙水流速的对比以及 *Pe* 值的结果可知，TRM 模型和 CDE 模型提供了类似的结果，即矿区土壤中的溶质以对流为主要运移方式。此外，质量交换系数 ω 还表现出随可动水体含量 β 的增大而减小的趋势，但从理论角度来看，可动水体含量比率 β 越大，流动水体与土壤介质间的接触面会越大，因此可动水体含量 β 与质量交换系数 ω 应该是正相关关系，更有利于可动与不可动区的质量交换。TRM 模型所拟合出的结果却与此相反，一是因为黄土管状孔隙发育，遇水后由于碳酸盐分解，导致可动区含水量比率增加。但当溶质在不可动区迁移时，由于受到微小孔隙的影响，水分流动速度极缓慢，只能通过分子扩散的方式与可动区进行物质交换。以分子扩散的方式进行物质交换的速率远低于以对流方式进行运移的速率，所以溶质交换系数较小。二是由 TRM 模型对弥散系数、质量交换系数和可动区含水量比率采用模型反推法进行确定，且参数间具有一定关系，所得参数的解不唯一所致。TRM 模型虽然能较好地拟合矿区土壤溶质的运移过程，但参数的合理性还有待进一步研究。研究区土壤溶质的运移过程以对流为主，CDE 模型对其运移过程的模拟效果最好。

3.1.2 土壤中溶质运移模拟预测

SO_4^{2-} 运移对于重金属离子的迁移、吸附、转化和解吸等过程具有十分重要的影响。如 SO_4^{2-} 与 Cr^{6+}、Te^{3+}、Hg^{2+} 和 Mn^{4+} 等重金属离子的结合能够阻止其解吸过程；SO_4^{2-} 会与 CrO_4^{2-}、PO_4^{3-} 等离子竞争吸附点位。SO_4^{2-} 的迁移过程受到土壤水流、机械组成以及化学物质等各种因素的交叉影响。由于进行大面积野外试验不太现实，本研究对 SO_4^{2-} 在煤矿区非饱和带中的迁移过程进行模拟研究。采用 EDTA 容量法测定山西古交矿区土壤中 SO_4^{2-} 的含量。研究区草地、灌草地、乔灌草地和撂荒地中 SO_4^{2-} 含量介于 475.9~903.55 mg/kg。煤矿区周边采集的土壤样品中 SO_4^{2-} 含量为 45.10 mg/kg，远小于煤矿区中样地的 SO_4^{2-} 含量，可见矿区土壤受到 SO_4^{2-} 污染（表 3-4）。

表 3-4 研究区不同修复模式下土壤 SO_4^{2-} 含量

修复模式	草地	灌草地	乔灌草地	撂荒地
含量/$mg \cdot kg^{-1}$	638.6	475.9	730.36	903.55

3.1.2.1 动力学吸附

土壤对 SO_4^{2-} 的动力学吸附试验结果见表 3-5，研究区土壤对 SO_4^{2-} 的吸附过程可分为两个阶段：前 60 min 吸附速率较快，为快速吸附阶段；60~90 min 时吸附速率逐渐减慢，为慢速吸附阶段。在快速吸附阶段，土壤中存在大量空白吸附点位，与 SO_4^{2-} 接触后空白点位数量快速下降。此时，土壤主要是通过活性氧化物和有机质的质子化作用，使土壤颗粒内部的正电荷表面化来吸附 SO_4^{2-}。随吸附过程进一步发展，土壤颗粒表面中空白吸附点位越来越少，SO_4^{2-} 开始向颗粒孔道内部缓慢扩散，吸附速率随之下降。90 min 时平衡液浓度达到稳定，吸附速率保持恒定，120 min 时吸附率有轻微下降，这是由于吸附时间过长；从而出现了一定程度的解吸现象。

表 3-5 研究区土壤动力学吸附试验

时间/min	10	20	30	40	60	90	120
吸附后上清液浓度/mg · L^{-1}	26.77	26.71	26.45	26.424	26.236	26.21	26.216
吸附前浓度/mg · L^{-1}	30						
吸附量/μg · g^{-1}	16.05	16.45	17.65	17.88	18.82	18.95	18.92
吸附率/%	10.77	10.97	11.83	11.92	12.55	12.63	12.61

（1）Elovich 方程主要用于描述氮素、钾素、硫素和磷素吸附和解吸的动力学过程，并反映了吸附位活化、土体膨胀等因素对吸附作用的影响。Elovich 方程能够很好地描述活化能变化较大的吸附过程。

$$Q_t = a + b\ln t \tag{3-13}$$

式中 Q_t——t 时刻的吸附量，mg/g；

a，b——吸附参数。

（2）双常数方程由 Freundlich 方程导出，与 Elovich 方程都是经验方程。研究表明，该方程适用于砷、硫、磷等含氧酸根离子的吸附过程。

$$\ln Q_t = a + b\ln t \tag{3-14}$$

式中 Q_t——t 时刻的吸附量，mg/g；

a，b——吸附参数。

（3）二级动力学方程是最常用的吸附方程之一，该方程是在吸附位点占有率与剩余空白位点数量成正比的假定条件下建立的。

$$t/Q_t = 1/h + t/Q_e \tag{3-15}$$

式中 Q_t——t 时刻的吸附量，mg/g；

h——初始吸附量，mg/g；

Q_e——平衡吸附量，mg/g。

（4）粒子内部扩散吸附动力学模型应用于不相容的 A/B 型均聚物共混界面，可以全面了解链长、相互作用强度等因素对吸附作用的影响。

$$\lg R = \lg k_{id} + a\lg t \tag{3-16}$$

式中 a，k_{id}——吸附参数；

R——吸附率。

根据研究区土壤吸附试验结果，对 Elovich 方程、双常数方程、二级动力学方程和粒子内部扩散吸附动力学模型中的参数进行求解，各方程参数见表 3-6。

表 3-6 研究区土壤对 SO_4^{2-} 动力学吸附方程参数

动力学方程	动力学常数		R^2
Elovich 方程	a = 8.7434	b = 0.8567	0.9185
双常数方程	a = 2.2090	b = 0.0721	0.8958
二级动力学方程	h = 5.7354	Q_e = 12.7771	0.8333
粒子内部扩散吸附动力学模型	k_{id} = 2.6101	a = 0.0313	0.8958

由表 3-6 可知，四种动力学方程对吸附试验结果的拟合精度均大于 0.83，均可用于描述煤矿区土壤对 SO_4^{2-} 的吸附过程。其中，Elovich 方程的拟合效果最好，R^2 为 0.9185。因此，Elovich 方程可以很好地描述煤矿区土壤对 SO_4^{2-} 的吸附过程。根据 Elovich 方程的反应机理，吸附速率随土壤中未被占据吸附位点的减少呈指数下降，强调化学动力学的作用。在符合 Elovich 方程的吸附时间内，SO_4^{2-} 的质量扩散对于土壤吸附速率的影响可以忽略不计，土壤对 SO_4^{2-} 的吸附以表面络合吸附或化学吸附过程为主，即与活性氧化物结合或电子交换的共价键力有关。Elovich 方程为土壤吸附 SO_4^{2-} 的最优动力吸附模型，并表明其吸附过程是非均相过程。

3.1.2.2 等温吸附

上述动力学吸附试验易受到吸附液浓度、有机质含量、pH 值以及团聚体等因素的影响，为进一步探究不同初始浓度下煤矿区土壤对 SO_4^{2-} 的吸附变化特征，本研究进行了等温吸附试验，试验结果如表 3-7 所示。

表 3-7 研究区土壤等温吸附试验

初始浓度/mg · L^{-1}	1	5	10	30	50	80	100
平衡液浓度/mg · L^{-1}	0.812	4.35	8.448	26.08	42.088	66.624	81.008
吸附量/μg · g^{-1}	0.94	3.25	7.76	18.60	39.56	76.88	90.46
吸附率/%	18.80	13.00	15.52	13.07	15.824	16.72	18.992

随着土壤吸附研究的深入，学者们提出了土壤吸附的一些量化模型，通过描述吸附量随平衡液浓度变化而变化的过程，以解释吸附作用的方式与机理。通常使用 Langmuir 等温吸附方程、Freundlich 等温吸附方程和线性等温吸附方程表示。

（1）线性等温吸附方程：

$$S = K_d c + b \tag{3-17}$$

式中 S——吸附量，mg/g；
K_d——吸附分配系数，cm^3/g；
c——平衡液浓度，mg/L。

（2）Langmuir 等温吸附方程：

$$S = \frac{S_m \times K_l c}{1 + K_l c} \tag{3-18}$$

式中 S——吸附量，mg/g；
S_m——最大吸附量，mg/g；
K_l——溶质吸附强度，cm^3/g；
c——平衡液浓度，mg/L。

（3）Freundlich 等温吸附方程：

$$S = K_f c^{1/n} \tag{3-19}$$

式中 S——吸附量，mg/g；
K_f——吸附系数，cm^3/g；
c——平衡液浓度，mg/L；

n——常数。

根据研究区土壤等温吸附试验结果，对线性等温吸附方程、Langmuir 等温吸附方程和 Freundlich 等温吸附方程中的参数进行求解，结果见表 3-8。

表 3-8 研究区土壤对 SO_4^{2-} 等温吸附方程参数

等温吸附方程	吸附参数		R^2
线性等温吸附方程	$K_d=0.0011$	$b=-0.0036$	0.9923
Langmuir 等温吸附方程	$K_l=0.0188$	$S_m=0.1175$	0.9511
Freundlich 等温吸附方程	$K_f=0.0148$	$n=1.2335$	0.9970

从表 3-8 可以看出，Freundlich 等温吸附方程拟合度最好，方程中 $1/n$ 反映了土壤对 SO_4^{2-} 吸附的非线性程度及吸附机制的差异，$1/n$ 越小，说明吸附液浓度越大，对土壤吸附能力的影响越大。本研究中 $1/n=0.8107$，表明吸附液浓度对吸附能力的影响较大，$1/n<1$ 表明土壤对 SO_4^{2-} 的吸附属于优惠吸附。煤矿区土壤吸附过程符合 Freundlich 等温吸附方程，说明土壤对于 SO_4^{2-} 的吸附主要是非均匀吸附，并证实了动力学吸附所得到的结论。

3.2 电阻加热耦合化学氧化对土壤中多环芳烃的去除效果

选择电阻加热修复时对土壤中总 PAHs 的去除率仅为 52.3%，如果在 ERH 进行过程中加入助剂，则可能会增加污染物去除率，而近年的研究表明，化学氧化修复技术能快速高效地降解有机污染物，具有良好的应用前景，且应用过硫酸盐进行修复的案例越来越多，其中通过热活化产生具有强氧化能力的硫酸根自由基（$SO_4^-\cdot$）能无选择性地与有机物进行反应[❶]。在传统的原位氧化修复中，很难对注入试剂的分布、活化等进行操作，如果将两种方式结合，即使用 ERH 耦合氧化剂，可以更好发挥两者的优势，使用 ERH 可以达到满足活化试剂的温度，使用氧化剂可以减少处置时间，而且能够减少只使用 ERH 或氧化剂修复的能耗及成本，同时也会降低对土壤的损坏程度。但使用高锰酸钾（$KMnO_4$）可能降低土壤的通透性，影响土壤的质量，还会引入锰元素，选择 ERH 结合过氧化氢、Fenton 试剂及过硫酸钠等三种化学氧化修复中常用的氧化试剂，进一步研究 ERH 耦合化学氧化对原状场地污染土壤中 PAHs 的修复效果、影响因素，以期为 ERH 耦合化学氧化修复 PAHs 污染土壤提供参考。

3.2.1 电阻加热耦合过氧化氢对土壤中多环芳烃的去除

图 3-4 为 ERH 耦合过氧化氢处理污染土壤后总 PAHs 及低分子量多环芳烃（LPAHs）和高分子量多环芳烃（HPAHs）的去除率情况。由图可知，ERH 耦合过氧化氢对 PAHs 的去除效率处于 60%～80%。其中 ERH 耦合 2 mmol/g 过氧化氢的去除率较低，为 60%，可能由于土壤有机质阻止了过氧化氢与 PAHs 接触，因此需要更多氧化剂；在 H_2O_2 添加量增加到 3 mmol/g 后，去除率最高为 81%，在继续增大 H_2O_2 添加量后，去除率先降低再

❶ Supaka N, Juntongjin K, Damronglerd S, et al. Microbial decolorization of reactive AZO dyes in a sequential anaerobic-aerobic system [J]. Chemical Engineering Journal, 2004, 99 (2): 169-176.

升高，可能是由于 H_2O_2 产生的 OH^- 破坏了一些结构简单的有机质，吸附在这些有机质上的 PAHs 脱附后，与 OH^- 反应机会增加，因此去除率再次升高。ERH 耦合 H_2O_2 对 LPAHs 的去除效果强于 HPAHs，特别是在耦合的 H_2O_2 添加量增加到 4 mmol/g 后，差别最大；而当耦合的 H_2O_2 添加量为 3 mmol/g 时，LPAHs 和 HPAHs 的去除效果均为最好，分别达到了 82%与 78%，之后去除率先下降再升高，这与总 PAHs 的去除效果一致；当 ERH 耦合 H_2O_2 添加量增加到 4～5 mmol/g 后，对 LPAHs 的去除效果变化较小，约 71%，而对 HPAHs 的去除效果有明显提升，当添加量达到 5 mmol/g 时，HPAHs 的去除率高于 LPAHs。其可能原因是 HPAHs 比 LPAHs 的分子更稳定，且 $\lg K_{ow}$ 较大，更易吸附于土壤颗粒或有机质中，使 HPAHs 更难被降解，因此需要继续添加氧化剂或 ERH 耦合氧化剂持续运行。

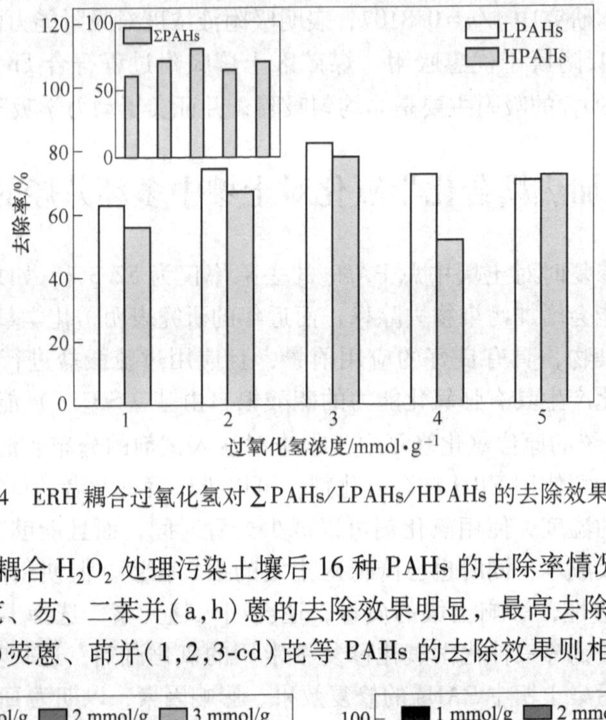

图 3-4　ERH 耦合过氧化氢对∑PAHs/LPAHs/HPAHs 的去除效果变化

图 3-5 为 ERH 耦合 H_2O_2 处理污染土壤后 16 种 PAHs 的去除率情况。由图可知，ERH 耦合 H_2O_2 对二氢苊、芴、二苯并(a,h)蒽的去除效果明显，最高去除率超过了 85%，对菲、荧蒽、苯并(b)荧蒽、茚并(1,2,3-cd)芘等 PAHs 的去除效果则相对较弱，尤其是茚

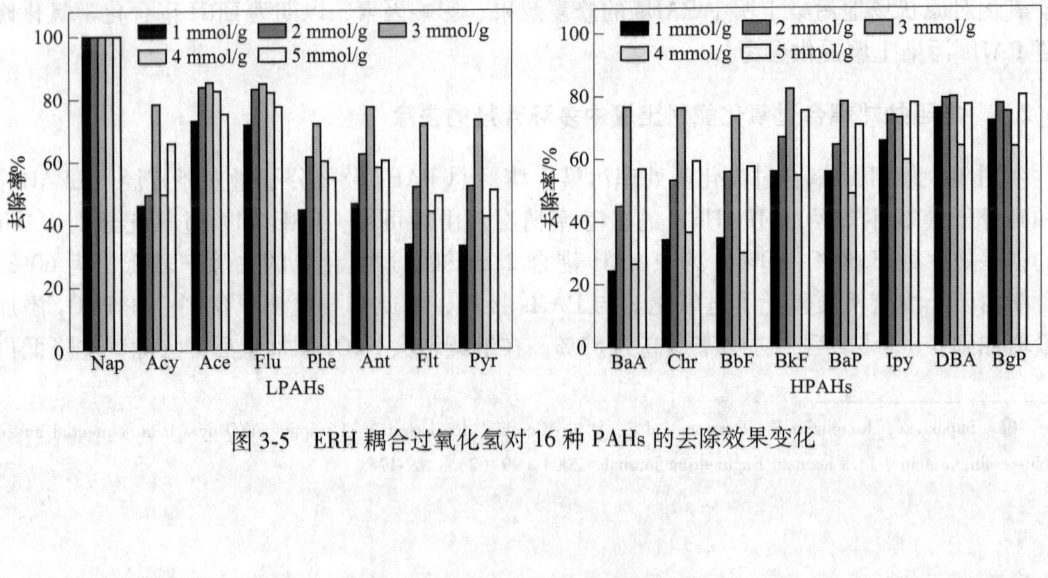

图 3-5　ERH 耦合过氧化氢对 16 种 PAHs 的去除效果变化

并(1,2,3-cd)芘，最高去除率仅达到73%，其可能原因是这些PAHs分子量高、结构复杂。当ERH耦合H_2O_2由3 mmol/g增加到5 mmol/g时，除萘、二氢苊、芴和菲外，其余PAHs的去除率先降低再升高，说明PAHs含量有增加现象，可能是随着ERH耦合H_2O_2的持续反应，之前吸附于土壤孔径或有机质中未被萃取的PAHs脱附，然后被耦合去除。

由图3-4、图3-5可知，本实验中ERH耦合3 mmol/g的H_2O_2时对PAHs的去除效果最明显，最高去除率达到81%；LPAHs比HPAHs的相对分子质量小，因此更容易被去除。

3.2.2 电阻加热耦合过硫酸钠对土壤中多环芳烃的去除

图3-6为ERH耦合过硫酸钠处理污染土壤后总PAHs及LPAHs和HPAHs的去除率情况。由图可知，ERH活化$Na_2S_2O_8$对总PAHs的去除率随氧化剂添加量的增加而增加；耦合的$Na_2S_2O_8$添加量在2 mmol/g时达到最高去除率94%，远高于H_2O_2和Fenton试剂，符合Nadim等提出的介于75%~100%的结论，可能原因是热活化后$Na_2S_2O_8$的氧化性强于H_2O_2和Fenton试剂。在较低添加量（0.1~1 mmol/g）时，热活化的$Na_2S_2O_8$对LPAHs的去除效果高于HPAHs，随$Na_2S_2O_8$添加量的增加，差距越来越小，之后对HPAHs的去除效果高于LPAHs，在2 mmol/g时均达到最大值，分别为94%和95%。原因是HPAHs比LPAHs的分子更稳定，更易吸附于土壤颗粒或有机质中，导致需要更多氧化剂或ERH耦合氧化剂持续运行才能有效去除。

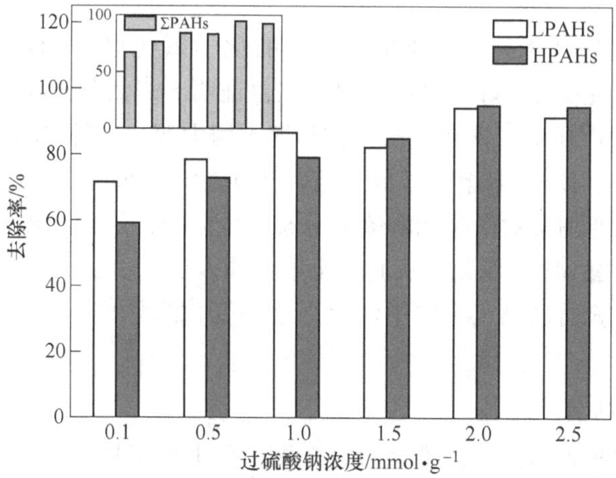

图3-6 ERH耦合过硫酸钠对∑PAHs/LPAHs/HPAHs的去除效果变化

图3-7为ERH耦合$Na_2S_2O_8$处理污染土壤后16种PAHs的去除率情况。由图可知，ERH耦合$Na_2S_2O_8$对16种PAHs的去除效果均较好，除菲、蒽、荧蒽去除率为90%左右之外，其余PAHs去除率均在92%以上。其中苯并(a)蒽、苯并(b)荧蒽去除率随着氧化剂的变化而明显变化，可能出现了解吸现象。在耦合2 mmol/g的$Na_2S_2O_8$达到最高去除率之后再添加氧化剂，苯并(k)荧蒽与苯并(ghi)苝的去除率略微升高，其余PAHs均下降，其可能原因是较多ERH耦合$Na_2S_2O_8$对PAHs的去除效果仍有提高的可能性，而对其他PAHs的去除在本实验中已达到极限，且过量使用过硫酸盐造成的残留和硫酸盐自由基本身的潜在猝灭效应会阻碍PAHs的去除。

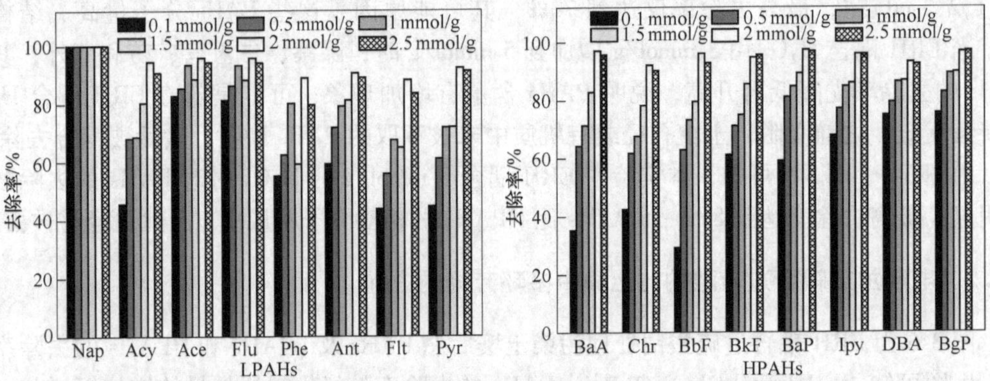

图 3-7 ERH 耦合过硫酸钠对 16 种 PAHs 的去除效果变化

由图 3-6、图 3-7 可知，随 $Na_2S_2O_8$ 的添加，总体上与 ERH 的耦合去除率也逐渐增加，个别 PAHs 变化显著；当 ERH 耦合 $Na_2S_2O_8$ 添加量达到 2 mmol/g 时对 PAHs 的去除效果最好，最高去除率为 94%，远高于 H_2O_2 和 Fenton 试剂，可见 ERH 热活化 $Na_2S_2O_8$ 产生的 SO_4^- · 效果较好；LPAHs 相较 HPAHs 也更容易被热活化的 $Na_2S_2O_8$ 去除，但随氧化剂的添加，去除效果差距越来越小。

3.2.3 电阻加热耦合化学氧化对土壤性质及微生物群落影响

活化过硫酸钠对于 PAHs 是一种非常有效的化学氧化修复剂，而 ERH 耦合过硫酸钠（Fe^{2+}活化）的去除效果更好。Chen 等[1]研究也证明 Fe^{2+}活化过硫酸钠可有效降解土壤中的 PAHs，王春艳等[2]用 Fe^{2+}活化过硫酸钠降解土壤中菲、芘等 PAHs 后，发现活化过硫酸钠比类 Fenton 试剂、H_2O_2 降解效果好，且对土壤性质及毒性影响最小。若有氧化剂残留或存在化学物质转变则会对微生物群落的分布产生影响，进而影响生物活性；也会引起土壤有机质含量、土壤 pH 值变化，从而使土壤性质及肥力受到影响，进而影响后续的利用方式。因此，本实验通过测定土壤中以上因素的变化来评估 ERH 处置对土壤性质和微生物群落的影响。

3.2.3.1 土壤性质分析

活化的过硫酸盐在去除目标污染物的同时也会在土壤中残留一部分 SO_4^{2-} 和 H^+。在酸性环境中，SO_4^{2-} 可与 H^+结合形成硫酸，从而影响土壤的酸碱度即土壤 pH 值，pH 值是土壤基本的理化性质，对土壤肥力、植物生长和微生物活动等有重要影响。此外，强氧化性氧化剂还会与土壤中的有机质发生反应，陈玉等[3]发现在化学氧化时，土壤中有机质

---

[1] Chen C F, Binh N T, Chen C W, et al. Removal of polycyclic aromatic hydrocarbons from sediments using sodium persulfate activated by temperature and nanoscale zero-valent iron [J]. Journal of the Air & Waste Management Association, 2015, 65 (4): 375-383.

[2] 王春艳，李晓亮，董芬，等. 化学氧化修复 PAHs 污染土壤的性质及毒性变化 [J]. 北京化工大学学报（自然科学版），2012，39（4）：95-100.

[3] 陈玉，任文会，文国涛，等. 化学氧化修复二甲四氯污染土壤研究 [J]. 环境工程，2016，34（S1）：1008-1011，1015.

（SOM）含量随氧化剂的增加逐渐降低，而土壤 SOM 是除肥料外土壤中氮素的唯一来源，也提供 P、S 等养分，不仅能改良土壤理化性质，还与土壤的结构性、渗透性、通气性、吸附性以及缓冲性等关系密切。土壤 SOM 含量是评价土壤质量的重要指标之一，尽管其在土壤中含量微小，但由于它是土壤的重要组成部分，因此具有重要意义。

通过实验测定 ERH 处置后以及 ERH 耦合 2 mmol/g 的 $Na_2S_2O_8$（Fe^{2+}活化）处置后土壤中的 pH 值和有机质含量，测得 ERH 处置后土壤 pH 值为 6.36，有机质含量为 8.33%；而 ERH 耦合 $Na_2S_2O_8$ 处置后土壤 pH 值为 5.04，有机质含量为 6.52%。相比于原始土壤的 pH 值 6.72，ERH 处置后土壤 pH 值下降约 0.36，小于 ERH 耦合 $Na_2S_2O_8$ 处置后下降的 1.68。添加 $Na_2S_2O_8$ 使土壤从弱酸性变为酸性，可能是残留的 H^+ 导致酸性变强，也可能与低温下土壤中有机酸的分解有关。原始土壤有机质含量为 9.43%，ERH 处置后有机质含量减少 11.7%，可能是因为在温度升高后，土壤有机质热解蒸发❶，而 ERH 耦合 $Na_2S_2O_8$ 处置后有机质含量减少 30.9%；还可能是氧化剂也消耗了部分有机质。因此，在修复 PAHs 污染土壤时，ERH 以及 ERH 耦合 $Na_2S_2O_8$（Fe^{2+}活化）造成土壤 pH 值、有机质含量降低，但相比于 ERH 处置，ERH 耦合过硫酸钠处置对土壤性质的影响更大。

3.2.3.2 土壤微生物群落结构分析

本实验选择污染场地原状土壤和电阻加热处置土壤两个样本，研究土壤微生物群落结构的变化，分析电阻加热修复对土壤微生物群落结构的影响。对样本进行 Alpha 多样性分析，计算 ACE、Chao、Shannon、Simpson 和 Coverage 指数，结果见表 3-9。

表 3-9 土壤样本微生物群落多样性指数

样品名称	ACE	Chao	Shannon	Simpson	Coverage
原状土	39.87	38.20	1.73	0.2957	0.9994
修复土	23.89	23.50	0.72	0.7018	0.9996

其中，ACE、Chao 指数表示样本微生物的群落丰度，数值越大表明丰度越高。Shannon（Shannon-Wiener）指数表示样本微生物的多样性，即物种丰富度，Simpson 指数表示样本微生物的均匀度，又称优势度指数，Shannon 数值越大，表明微生物多样性越高。由表 3-9 可见，原状土壤中微生物群落丰度大于修复后的土壤，且原状土壤 Shannon 指数大于修复土壤，而 Simpson 指数变化与 Shannon 指数相反，说明修复会使土壤微生物多样性、均匀度降低，修复后产生了优势种。可能是因为当电场强度超过 3 V/cm 时，其对微生物的致死作用开始显露，对存活的微生物具有刺激作用。

从土壤样品 OTU 分布 Venn 图中可以看出原状土（cHori）、修复土（cHerh）共有的 OTU 有 10 个，说明修复后部分微生物耐受。cHerh 独有的 OTU 为 12 个，少于 cHori 独有的 27 个，也说明电阻加热修复会对土壤微生物产生刺激作用。

土壤样本数据未能分析在种水平上的微生物群落结构组成，选择分析其在门水平和属水平上的微生物群落结构组成变化。

在门水平上不同土壤样本中细菌群落结构的组成变化，厚壁菌门（*Firmicutes*）、放线

❶ Kiersch K，Kruse J，Regier T Z，et al. Temperature resolved alteration of soil organic matter composition during laboratory heating as revealed by C and N XANES spectroscopy and Py-FIMS［J］. Thermochimica Acta，2012，537：36-43.

菌门（*Actinobacteria*）是原始土壤的主要优势菌，修复后变形菌门（*Proteobacteria*）和厚壁菌门（*Firmicutes*）成为土壤中主要优势菌，这与彭静静等[1]的研究结果一致，*Firmicutes* 中有许多种类微生物可以产生内生孢子，具有较强适应能力，因此能适应许多不良环境从而得以存活。

在属水平上不同土壤样本中细菌群落结构的组成变化，从该土壤样本中可以分析出优势属共有 23 个。各菌属中百分比明显增长的包括假单胞菌属（*Pseudomonas*）、无色杆菌属（*Achromobacter*）和细杆菌属（*Microbacterium*）等，百分比明显降低的包括芽孢杆菌属（*Bacillus*）、壤霉菌属（*Agromyces*）等。*Bacillus* 属于厚壁菌门（*Firmicutes*），在修复后仍占一定比例（1.34%），说明 *Bacillus* 抗性较强，修复后仍可以生存，因此认为 *Bacillus* 是 *Firmicutes* 中可以降解 PAHs 的主要菌属，与付文怡[2]的研究结果类似。而假单胞菌属（*Pseudomonas*）和无色杆菌属（*Achromobacter*）为实验中的耐受菌属，可能是因为在对土壤施加适当的电场后，对微生物有较明显的刺激生长作用。

3.3 污染土壤修复

污染土壤的修复技术种类繁多，根据原理，可分为物理、化学、生物修复技术等。本章重点介绍各种单一的修复技术原理及简单的应用情况，在实际的污染土壤修复案例中，往往是多种修复技术的组合。

3.3.1 物理修复

物理修复技术通过使用物理方式去除或分离土壤中的目标有机物。该技术对目标污染物只是进行了相转移，需要对污染物进行后续处理操作，通过气相和液相收集装置输送至指定区域处理，从而实现对污染区域的修复目标。物理修复技术包括热修复、萃取修复及可渗透反应墙等。

3.3.1.1 热修复

（1）蒸汽/热空气注射—SVE 修复技术，蒸汽/热空气注射—SVE 修复技术即蒸汽强化抽提（steam enhanced extraction，SEE），是指将热蒸汽注入污染区域，通过改变污染物的性质，增加其蒸气压和溶解度，而黏度、表面张力、亨利系数及土水分配系数减小，促进污染物在气相或液相中的分布，进而增加对目标污染物的回收[3]。

（2）热传导加热（thermal conductive heating，TCH）：热传导加热是指通过热传导的方式对目标区域进行加热。热源一般被称作加热井（thermal wells），可以由导热性好的材料（如钢材）即加热棒制成，该技术采用电加热。TCH 可以将目标区域加热至最高 750~800 ℃，适合渗透性差的区域[3]。壳牌石油公司在 Eugene 市的石油类有机物（浓度 3500 mg/kg）、柴油类有机物（浓度 9300 mg/kg）及苯污染场地，使用 TCH 技术进行了为

[1] 彭静静，张又弛，侯艳伟，等．炼油厂周边 PAHs 污染土壤中微生物群落结构多样性研究［J］．生态环境学报，2011，20（5）：962-965.

[2] 付文怡．多环芳烃污染土壤的化学氧化修复及微生物群落多样性研究［D］．上海：华东师范大学，2018.

[3] 康绍果，李书鹏，范云．污染地块原位加热处理技术研究现状与发展趋势［J］．化工进展，2017，36（7）：2621-2631.

期4个月的修复，最终达到了修复目标，且该技术应用于PAHs等污染地块取得了成功。

（3）射频加热（radio frequency heating，RFH）：射频加热是指通过施加交变电磁场，对目标区域进行加热。该技术将电介质类材料置于高频电场作用中，分子和原子中正负电荷会产生高频交替位移，可以加强分子和原子间的热运动，实现对目标区域的加热。RFH在20世纪30年代开始应用，一般使用诱导加热和电介质加热两种方式。土壤修复应用中一般选择较低频率电磁波，其中常用的频率介于2～45 MHz，因为其穿透能力更强，所以可以加热更深的目标区域，作用半径也更大。

（4）燃气热脱附（gas thermal desorption，GTD）：燃气热脱附是指利用燃气燃烧提供热源，通过热传导使土壤温度升高，所以也属于热传导加热。其技术优势在于燃气便于运输、输送方便；与电加热方式相比，对场地条件的要求较低、启动快速、运行灵活[1]。2017年，广州油制气厂对萘、苯并（a）芘、间&对—二甲苯等污染场地使用GTD技术经过210天的修复，达到修复目标；2018年，南京煤制气厂萘、苯并（a）芘等污染场地使用GTD技术经过400天的修复，达到修复目标。

（5）电阻加热（electrical resistance heating，ERH）：电阻加热是指基于欧姆定律，利用电流穿过土壤产生电阻，将电能转化为热能，提高土壤温度，即电场加速自由电荷载体转移动能引起能量转换[2]，电流通过离子穿过孔隙水使得其加热温度限于孔隙水的沸点[3]，最终通过气相抽提将污染物转移并处置。ERH最初是应用于强化采油技术，在1969年，ERH强化采油完成了场地测试，随着研究深入，很快应用到地下污染修复中。ERH系统主要包括电源控制单元（power control unit，PCU）、电极井、多相抽提井和回收处理系统等，电极一般接通三相电源或六相电源。该技术是目前工程应用最主流的加热模式。Brown & Caldwell公司对亚特兰大市的黏性油污染土壤使用ERH技术通过14～16周的修复后，达到修复目标。

（6）水泥窑协同处置：水泥窑协同处置是把满足或经过预处理能满足进入水泥窑要求的污染土壤投入窑中，对污染土壤进行处置。该技术属于异位热脱附，但由于能处理挥发性或半挥发性有机物污染土壤的水泥厂极少，需要将污染土壤挖掘，然后运输至指定位置进行处理，因此清挖、运输等过程易引起污染物的扩散，容易造成二次污染，且设备占地面积较大，处置容量有限。2011年，广东某钢铁厂在处置污染场地中多环芳烃类污染物时，先对污染土壤进行淋洗以实现减量化，再进行热脱附处理，处理后土壤中的多环芳烃类及其他污染物都达到了验收标准，且尾气达标排放[4]。

以上修复技术除水泥窑协同处置为异位热修复技术外，其余技术既可以作为异位修复技术使用，也可以作为原位修复技术使用。

---

[1] 李书鹏，焦文涛，李鸿炫，等．燃气热脱附技术修复有机污染场地研究与应用进展［J］．环境工程学报，2019，13（9）：2037-2048.

[2] Hegele P R，Mumford K G. Gas production and transport during bench-scale electrical resistance heating of water and trichloroethene［J］. Journal of Contaminant Hydrology，2014，165：24-36.

[3] Vermeulen F，McGee B. In-situ electromagnetic heating for hydrocarbon recovery and environmental remediation［J］. Journal of Canadian Petroleum Technology，2000，39（8）：25-29.

[4] 沈宗泽，陈有鑑，李书鹏，等．异位热脱附技术与设备在我国污染场地修复工程中的应用［J］．环境工程学报，2019，13（9）：2060-2073.

3.3.1.2 淋洗修复

土壤淋洗技术是指将可促进土壤污染物溶解或迁移的化学溶剂注入受污染土壤中，从而将污染物从土壤中溶解、分离出来并进行处理的技术。土壤淋洗与土壤水洗（soil washing）有所区别。土壤水洗是指用清水对污染土壤进行洗涤，将附着在土壤颗粒表面的有机污染物和无机污染物转移至水溶液中，从而达到洗涤和清洁污染土壤的目的。

原位土壤淋洗修复技术是指根据污染物分布的深度，让淋洗液在重力或外力作用下流过污染土壤，使污染物从土壤中迁移出来，并利用抽提井或采用挖沟的办法收集洗脱液。洗脱液中的污染物经合理处置后，淋洗液可以进行回用或达标排放，处理后的土壤可以再安全利用。异位土壤淋洗修复技术流程：挖掘土壤；土壤颗粒筛分，剔除杂物如垃圾、有机残体、玻璃碎片等，并将粒径过大的砾石移除；淋洗处理，在一定的土液比下将污染土壤与淋洗液混合搅拌，待淋洗液将土壤污染物萃取后，静置，进行固液分离；淋洗废液处理，含有悬浮颗粒的淋洗废液经处理后，可再次用于淋洗；挥发性气体处理达标后排放；淋洗后土壤符合控制标准，进行回填或安全利用，淋洗废液处理中产生的污泥经脱水后可再进行淋洗或送至最终处置场处理。

原位土壤淋洗修复技术适用于水力传导系数大于 10 cm/s 的多空隙、易渗透的土壤，如沙土沙砾土壤、冲积土和滨海土等。去除吸附态污染物，包括重金属、易挥发卤代有机物和非卤代有机物。异位土壤淋洗修复技术适用于黏粒含量低于 25%，被重金属、放射性核素、石油烃类、挥发性有机物、多氯联苯和多环芳烃等污染的土壤。

3.3.1.3 萃取修复

（1）植物油萃取：植物油对 PAHs 有较强吸附性，在实际中也被用作萃取剂。Gong 等[1]利用葵花油萃取污染土壤中的 PAHs，其去除率达 81%～100%。Pannu 等[2]利用花生油萃取土壤中 PAHs，其中蒽的去除率可以超过 90%。

（2）超临界流体萃取（SFE）：简称超临界萃取，把超临界流体作为萃取剂，将目标物从基质中分离，其中最普遍的超临界流体是 CO_2。Librando 等[3]将甲醇（体积比 5%）和 CO_2 混合作为萃取剂，在萃取温度 50 ℃、压力 45 MPa 条件下通过使用 SFE 对 PAHs 污染土壤进行萃取，其萃取率可达到 90%。

（3）亚临界流体萃取：把亚临界流体作为萃取剂，根据有机物相似相溶原理，将萃取剂与目标物分离，进而得到目标产物。石念荣等[4]在萃取温度 38 ℃、压力 11.6 MPa、二氯甲烷添加量 4.37 mL 条件下对 PAHs 进行亚临界流体萃取，最终的平均回收率为 81.2%。

---

[1] Gong Z, Wilke B M, Alef K, et al. Removal of polycyclic aromatic hydrocarbons from manufactured gas plant-contaminated soils using sunflower oil: Laboratory column experiments [J]. Chemosphere, 2006, 62 (5): 780-787.

[2] Pannu J K, Singh A, Ward O P. Vegetable oil as a contaminated soil remediation amendment: Application of peanut oil for extraction of polycyclic aromatic hydrocarbons from soil [J]. Process Biochemistry, 2004, 39 (10): 1211-1216.

[3] Librando V, Hutzinger O, Tringali G, et al. Supercritical fluid extraction of polycyclic aromatic hydrocarbons from marine sediments and soil samples [J]. Chemosphere, 2004, 54 (8): 1189-1197.

[4] 石念荣，韩玉谦，冯晓梅，等．响应面法优化亚临界流体萃取牡蛎中持久性有机污染物工艺 [J]．食品科技，2017，42 (9)：309-314.

3.3.1.4 可渗透反应墙

可渗透反应墙技术是地下水修复中的常用原位处理技术，通过可渗透的反应墙对地下水污染物进行阻截和修复，反应墙的填充反应介质包括零价铁、沸石和增强微生物活性的碳源等，处理中包括物理、化学或生物作用过程。有连续墙型和漏斗—通道型两种类型。

通常在自然水力梯度下，地下水污染物渗流通过反应介质，污染物与介质发生物理、化学或生物作用，从而得到阻截或去除，处理后的地下水从 PRB 的另一侧流出。PRB 技术对地下水中污染物的处理原理与填充的反应介质密切相关。如反应介质为零价铁（ZVI），则主要利用其还原性降低重金属的价态或降解有机物，从而降低污染物的迁移性或毒性。ZVI 的反应性能受如下因素影响：比表面积、预处理及修复运转操作过程、合金和杂质等。如反应介质为磷灰石、沸石、熔渣（火山岩渣）或有机质黏土等矿物质，则主要利用其吸附作用和沉淀作用。如反应介质为碳源、营养物质或微生物载体等，则主要利用其增强微生物反应活性，降解有机污染物。

PRB 技术可以用于地下水多种污染物的原位去除，在欧美已有很多成功的实际工程实例，其中既有有机污染场地，也有重金属污染场地。PRB 技术具有扰动小的优点，包括对地下水的扰动，以及在运行过程中的地表需求；为“被动”修复技术，一旦设置，不需要人为提供能量等。

PRB 技术也有一定的技术限制，如地下反应墙介质容量有限，不可能无限制地对污染物进行去除，对于高浓度的污染物，需要考虑污染物的去除能量和容量，有时会缩短 PRB 的使用寿命。此外，反应介质中的作用有可能导致物质的沉淀，使地下水在反应墙和其附近的流场发生变化，反应介质的堵塞可以导致 PRB 的失效。

3.3.2 化学修复

化学修复技术是利用一部分化学物质的氧化、还原及催化性等把污染土壤中的目标污染物转化和降解成低毒或无毒物质的技术。修复土壤中 PAHs 的化学技术通常包括以下几种。

3.3.2.1 化学氧化法

化学氧化法利用氧化剂的氧化性或分解生成的强氧化性自由基，通过破坏目标污染物的内部结构，把高毒性物质转化降解成低毒、无毒物质，降解速度快且降解彻底。化学氧化技术早在 20 世纪 30 年代就已应用于水中有机污染物的修复。该技术能高效去除石油烃和有机氯污染物，且所用周期短，造成较小的环境风险，因此逐渐运用于 PAHs 污染的土壤及地下水中。氧化过程的机理即氧化剂与 PAHs 之间得失电子，第一步一般都是分解产生的羟基自由基·OH 攻击有机物分子中的氢原子、双键或苯环等，即破坏有机物结构。反应机理如下：

$$R + \cdot OH \longrightarrow R \cdot OH \quad （羟基加成） \tag{3-20}$$

$$ROH + \cdot OH \longrightarrow R \cdot + H_2O \quad （脱氢过程） \tag{3-21}$$

（1）臭氧氧化。臭氧（O_3）为氧的同素异形体，其氧化性强，可直接与有机物反应，也可通过形成·OH（标准氧化还原电位为 2.8V）将难降解或不能生物降解的有机污染物转化为易于降解或可以生物降解且溶解性更高的中间体。其氧化反应机理如下：

$$Soil + O_3 \longrightarrow Soil\text{-}HO\cdot + O_2 \quad (3\text{-}22)$$

$$PAHs + \cdot OH \longrightarrow products \quad (3\text{-}23)$$

Kulik 等[1]发现臭氧对更多高分子量 PAHs 更有效，而微生物对更多低分子量 PAHs 更有效。Masten 等[2]用臭氧氧化菲和芘污染的土壤，去除率分别为 95%和 91%。但 Stehr 等[3]却发现 O_3 氧化对苯并(a)芘和菲的生物降解产生抑制作用。

（2）高锰酸盐氧化。通常指高锰酸钾（$KMnO_4$）和高锰酸钠（$NaMnO_4$），是一种常见的化学氧化剂。MnO_4^- 氧化性强，其标准氧化还原电位为 1.68V，不易分解，且对氧化反应 pH 值要求相对较低，能和有机物中碳碳双键（C ═ C）、醛基（—CHO）、羟基（—OH）等发生反应，在污染土壤及地下水修复工程中广泛应用。20 世纪 90 年代，高锰酸盐与过氧化氢被称作场地修复应用的第一氧化剂。其氧化反应机理如下：

$$MnO_4^- + R + H^+ \longrightarrow MnO_2 + H_2O + CO_2 \quad (3\text{-}24)$$

郭涓等[4]对人工制备的菲和芘污染土壤进行高锰酸钾氧化实验，初始浓度是 35 mg/kg，当 $KMnO_4$ 浓度达 33.33 mmol/L 时，反应 24 h 后污染物达到最大去除率，菲和芘去除率分别为 77%±4%和 89%±1%。赵丹等[5]研究焦化厂污染场地中 PAHs 的不同氧化剂去除效果，发现高锰酸钾对总多环芳烃的氧化去除率可以达到 96%。

（3）过氧化氢氧化。过氧化氢（H_2O_2，即双氧水）是一种强氧化剂，是常见的漂白剂和消毒剂，其标准氧化还原电位为 1.77V，能在酸性条件下产生 ·OH 降解有机物。其氧化反应机理如下：

$$H_2O_2 + H^+ \longrightarrow H_2O + \cdot OH \quad (3\text{-}25)$$

王春艳等[6]对人工制备的菲和芘污染土壤进行双氧水氧化降解实验，得到不同浓度双氧水氧化后菲和芘的去除率达到 46%～80%的结果，在浓度为 3.0 mmol/g 时，去除率最高。

过碳酸钠（即过氧化碳酸钠，$2Na_2CO_3 \cdot 3H_2O$）是固态过氧化氢，遇水分解成 Na_2CO_3 和 H_2O_2。作为固态氧化剂方便储存运输，宋伟等[7]利用超声波诱导过碳酸钠降解土壤中有机磷农药，当超声波频率为 40 kHz 氧化剂添加量为 20 mg 时，有机磷农药的降解率达到 95%。

---

[1] Kulik N, Goi A, Trapido M, et al. Degradation of polycyclic aromatic hydrocarbons by combined chemical pre-oxidation and bioremediation in creosote contaminated soil [J]. Journal of Environmental Management, 2006, 78 (4): 382-391.

[2] Masten S J, Davies S H R. Efficacy of in-situ for the remediation of PAH contaminated soils [J]. Journal of Contaminant Hydrology, 1997, 28 (4): 327-335.

[3] Stehr J, Müller T, Svensson K, et al. Basic examinations on chemical pre-oxidation by ozone for enhancing bioremediation of phenanthrene contaminated soils [J]. Applied Microbiology and Biotechnology, 2001, 57 (5/6): 803-809.

[4] 郭涓，杨玉盛，杨红玉，等．高锰酸钾氧化修污染土壤中菲和芘的研究［J］．农业环境科学学报，2010，29（3）：471-475.

[5] 赵丹，廖晓勇，阎秀兰，等．不同化学氧化剂对焦化污染场地多环芳烃的修复效果［J］．环境科学，2011，32（3）：849-856.

[6] 王春艳，李晓亮，董芬，等．化学氧化修复 PAHs 污染土壤的性质及毒性变化［J］．北京化工大学学报（自然科学版），2012，39（4）：95-100.

[7] 宋伟，徐雪丽．超声波诱导过碳酸钠降解有机磷农药［J］．江苏农业科学，2014，42（9）：307-309.

（4）Fenton 试剂氧化。19 世纪 90 年代，法国科学家 Henry Fenton 发现 Fe^{2+}/H_2O_2 共存的酸性水溶液能有效降解酒石酸，人们将 Fe^{2+}/H_2O_2 命名为 Fenton 试剂，其参与的反应称作 Fenton 反应。H_2O_2 溶液和 Fe^{2+} 溶液混合后，H_2O_2 在 Fe^{2+} 的催化作用下生成 · OH，然后与目标物反应。· OH 生成机理如下：

$$H_2O_2 + Fe^{2+} \longrightarrow Fe^{3+} + \cdot OH + OH^- \tag{3-26}$$

Bavel 等❶研究发现，在温度为 343K、pH 值为 3 的条件下，利用 Fenton 法氧化 PAHs 污染土壤的浓度在 140～9300 mg/kg，去除率在 40%～86%。

类 Fenton 试剂氧化：类 Fenton 法是指将天然铁氧化物（针铁矿、磁铁矿、赤铁矿）等无机/有机材料或将 Fe^{3+} 盐溶液作为催化剂，与双氧水反应生成氧化氢自由基 HO_2 ·，Fe^{2+} 再与 H_2O_2 反应产生 · OH，其反应机理如下：

$$Fe^{3+} + H_2O_2 \longrightarrow [Fe(HO_2)]^{2+} + H^+ \tag{3-27}$$

$$[Fe(HO_2)]^{2+} \longrightarrow Fe^{2+} + HO_2 \cdot \tag{3-28}$$

Ferrarese 等❷对受煤焦油厂污染的河道底泥（PAHs 含量高于 100 mg/kg）进行类 Fenton 试剂氧化处理，最终 PAHs 去除率为 98%。后来人们利用光、电等辅助方式促进 Fenton 反应，由此衍生出电—Fenton 法、光—Fenton 法等。

1）电-Fenton。电-Fenton 是指在污染土壤中装有正负接地电极，施加低强度的直流电流，通过电解反应产生 Fe^{2+} 和 H_2O_2，并促进 Fe^{2+} 变为 Fe^{3+} 和 H_2O_2 生成 · OH 的循环反应，以此作为 Fenton 试剂的持续来源。Bocos 等❸对 PAHs 污染土壤应用电—Fenton 降解，在电场中添加 0.2 mol/L 柠檬酸反应 27 d 后，菲、芘和荧蒽的去除率均在 90%以上。

2）光—Fenton。在光的照射下，Fe^{3+} 与 · OH 复合离子反应产生 · OH 和 Fe^{2+}，进而发生 Fenton 反应。其反应机理如下：

$$Fe^{2+} + H_2O_2 \longrightarrow Fe(OH)^{2+} + \cdot OH \tag{3-29}$$

$$Fe(OH)^{2+} + h\nu \longrightarrow Fe^{2+} + \cdot OH \tag{3-30}$$

$$H_2O_2 + h\nu \longrightarrow 2 \cdot OH \tag{3-31}$$

Silva 等❹通过人工紫外照射进行光—Fenton 实验，在 125W 的紫外辐射条件下，H_2O_2 加铁催化菲的去除率超过 97%，而无紫外辐射的降解率只有 14.4%。

（5）活化过硫酸盐氧化。过硫酸盐分为过一硫酸盐和过二硫酸盐，其分子结构中都有 O—O 键，且均为 H_2O_2 的衍生物。过硫酸盐也是常见的氧化剂，其性质较稳定、易储存运输，主要有过硫酸钾（$K_2S_2O_8$）和过硫酸钠（$Na_2S_2O_8$），但过硫酸钾溶解性较差，在实际应用中多选用过硫酸钠。过硫酸盐溶于水会产生过硫酸根离子（$S_2O_8^{2-}$），在常温下氧化能力较弱，与大多数有机污染物的反应速率较慢，通常需要施加能量或催化剂（热、紫外

❶ Bavel B V. Comparison of fenton's reagent and ozone oxidation of polycyclic aromatic hydrocarbons in aged contaminated soils (7pp)[J]. Journal of Soils & Sediments, 2006, 6 (4): 208-214.

❷ Ferrarese E, Andreottola G, Oprea I A. Remediation of PAH-contaminated sediments by chemical oxidation [J]. Journal of Hazardous Materials, 2008, 152 (1): 128-139.

❸ Bocos E, Fernández-Costas C, Pazos M, et al. Removal of PAHs and pesticides from polluted soils by enhanced electrokinetic-Fenton treatment [J]. Chemosphere, 2015, 125: 168-174.

❹ Silva P T D S E, Silva V L D, Neto B D B, et al. Phenanthrene and pyrene oxidation in contaminated soils using Fenton's reagent [J]. Journal of Hazardous Materials, 2009, 161 (2/3): 967-973.

光、超声波、过渡金属）来活化过硫酸盐，分解生成氧化性较强且稳定的硫酸根自由基 $SO_4^- \cdot$，其标准氧化还原电位为2.6 V。$SO_4^- \cdot$再通过氢原子提取、自由基加成等与目标污染物发生氧化反应，其反应机理为：

$$S_2O_8^{2-} + 催化剂(Fe^{2+}、heat 等) \longrightarrow SO_4^- \cdot \tag{3-32}$$

热活化：采用电阻加热、热传导、超声波或注入热空气等加热方式活化过硫酸盐，使过氧键断裂进而生成 $SO_4^- \cdot$，被称作清洁型技术。其反应式如下：

$$S_2O_8^{2-} + Heat \longrightarrow 2SO_4^- \cdot \tag{3-33}$$

Deng 等❶用超声波活化过硫酸钠降解污染土壤中高浓度的菲（816 mg/kg），30 min 内土壤温度从室温迅速升高至 80 ℃，过硫酸钠使用量为 50 g/L 和 100 g/L 时，菲几乎完全去除（去除率大于 95%）。

过渡金属活化：过渡金属离子如 Ag^+、Fe^{2+}、Cu^{2+}在常温、常规 pH 值条件下可以活化过硫酸盐产生 $SO_4^- \cdot$，其中不同金属离子活化效率依次为 $Ag^+ > Fe^{2+} > Mn^{2+} > Ce^{3+} > Ni^{2+}$。由于 Ag 是稀有金属，而自然界中的 Fe 含量较高、容易获得、价格较低，且高效无毒，因此一般将 Fe^{2+}作为过渡金属活化剂。反应过程为：

$$S_2O_8^{2-} + Fe^{2+} \longrightarrow SO_4^- \cdot + Fe^{3+} + SO_4^{2-} \tag{3-34}$$

Peluffo 等❷用 Fe^{2+}等方式活化过硫酸盐修复多环芳烃污染土壤，菲降解率最高可达 80%，芘的降解率接近 100%。张羽等❸用零价铁 Fe^0 活化过硫酸钠体系降解 PAHs 污染土壤，当过硫酸钠添加浓度达到 1 mol/L、$Na_2S_2O_8$ 与 Fe^0 的物质量之比为 200∶1、水土比为 2∶1、温度为 60 ℃时，PAHs 的降解率最高达到 98.15%，萘、菲、荧蒽和苯并（a）芘的降解率分别为 98.15%、78.41%、93.47%和 97.64%。

强碱活化：在强碱条件下，$S_2O_8^{2-}$ 与 OH^- 反应能生成更多的 $\cdot OH$ 和 $O_2^- \cdot$，进而能非选择性降解，降解体系主要是 $\cdot OH$ 发生氧化反应，其反应如下：

$$S_2O_8^{2-} + OH^- \longrightarrow HSO_4^- + SO_5^{2-} \tag{3-35}$$

$$SO_5^{2-} + H_2O \longrightarrow SO_4^{2-} + HO_2^- + H^+ \tag{3-36}$$

$$S_2O_8^{2-} + HO_2^- \longrightarrow SO_4^{2-} + SO_4^- \cdot + H^+ + O_2^- \cdot \tag{3-37}$$

$$SO_4^- \cdot + H_2O \longrightarrow SO_4^{2-} + H^+ + \cdot OH \tag{3-38}$$

施维林等❹用碱活化过硫酸钠修复 PAHs 污染土壤，发现对萘、苯并(a)蒽、苯并(b)荧蒽、苯并(a)芘、茚并(1,2,3-cd)芘和二苯并(a,h)蒽的降解率平均达到 65%。Crimi 等❺发现使用强碱活化过硫酸盐的效率低，可能是因为在强碱条件下过硫酸盐降解较快。

---

❶ Deng D，Lin X，Ou J，et al. Efficient chemical oxidation of high levels of soil-sorbed phenanthrene by ultrasound induced，thermally activated persulfate［J］. Chemical Engineering Journal，2015，265：176-183.

❷ Peluffo M，Pardo F，Santos A，et al. Use of different kinds of persulfate activation with iron for the remediation of a PAH-contaminated soil［J］. Science of the Total Environment，2016，563：649-656.

❸ 张羽，高春阳，陈昌照，等．零价铁活化过硫酸钠体系降解污染土壤中的多环芳烃［J］．环境工程学报，2019，13（4）：955-962.

❹ 施维林，沈秋悦，王儒，等．不同化学氧化剂对多环芳烃污染土壤修复效果研究［J］．苏州科技大学学报（自然科学版），2017，34（1）：61-66.

❺ Crimi M L，Taylor J. Experimental evaluation of catalyzed hydrogen peroxide and sodium persulfate for destruction of BTEX contaminants［J］. Journal of Soil Contamination，2007，16（1）：29-45.

3.3.2.2 光催化氧化法

光催化氧化法使用光辐射在催化剂表面生成的活性自由基氧化目标污染物，是一种氧化彻底、“绿色”环保的修复技术。目前常见的光催化剂有 TiO_2、ZnO、α-Fe_2O_3、ZnS、CdS 等，当添加过渡金属或贵金属后，能够提高光催化剂的性能。Kohtani 等[1]使用 Ag 负载 $BiVO_4$ 对 PAHs 进行光催化氧化，得出 Ag-$BiVO_4$ 氧化降解蒽的速率大于 $BiVO_4$，此外，在光催化 8 h 后，苯并(a)蒽的去除率达 75%。

3.3.2.3 电化学修复法

电化学修复法是指以电动提取为主，采用电化学对污染土壤进行修复的技术，其机理是电极和土壤中的水产生电化学反应：

正极：
$$2H_2O \longrightarrow O_2 + 4H^+ + 4e^- \tag{3-39}$$
负极：
$$4H_2O + 4e^- \longrightarrow 2H_2 + 4OH^- \tag{3-40}$$

正极析出 O_2、产生 H^+将水环境 pH 值降低呈酸性，负极析出 H_2、产生 OH^-将水环境 pH 值增加呈碱性，水相中的阴离子、阳离子在电场作用下迁移至相反的电极产生电迁移，而水自身也进行迁移产生电渗析作用，土壤中的污染物将由于电迁移和（或）电渗析作用迁移至电极室，从而被收集去除。可以通过调节 pH 值或者添加电解质增加电渗析速率，进而加快 PAHs 的去除。Alcántara 等[2]用 Na_2SO_4 作为冲洗液对菲污染土壤进行电化学修复，最终菲的去除率超过 95%。

3.3.2.4 声化学修复法

声化学修复法是一种将超声波辐射应用于环境污染修复中的修复技术，通过使用超声波辐射来提高化学反应效率和产率。超声波条件下，水分子会裂解生成高活性自由基 ·OH 和 ·H，即：

$$H_2O \longrightarrow \cdot OH + \cdot H \tag{3-41}$$

自由基能促进氧化还原反应，能与有机物快速反应。Psillakis 等[3]发现声化学修复 PAHs 的效率会随着超声波能量和频率的增加而增加。

3.3.2.5 机械化学法

机械化学法是指使用机械力引起化学反应，从而实现目标污染物降解的一种修复技术。Joseph-Ezra 等[4]使用 PAHs 污染的磁铁矿、Cu-蒙脱石等进行研磨试验，发现研磨可以降解磁铁矿中的芘，而对 Cu-蒙脱石中的芘则有抑制效果。

3.3.2.6 固化稳定化

固化/稳定化处理技术发展于 20 世纪 50 年代末，起初用于污泥处理，曾被美国环保

---

[1] Kohtani S, Tomohiro M, Tokumura K, et al. Photooxidation reactions of polycyclic aromatic hydrocarbons over pure and Ag-loaded $BiVO_4$ photocatalysts [J]. Applied Catalysis B: Environmental, 2005, 58 (3/4): 265-272.

[2] Alcántara T, Pazos M, Cameselle C, et al. Electrochemical remediation of phenanthrene from contaminated kaolinite [J]. Environmental Geochemistry & Health, 2008, 30 (2): 89-94.

[3] Psillakis E, Goula G, Kalogerakis N, et al. Degradation of polycyclic aromatic hydrocarbons in aqueous solutions by ultrasonic irradiation [J]. Journal of Hazardous Materials, 2004, 108 (1/2): 95-102.

[4] Joseph-Ezra H, Nasser A, Ben-Ari J, et al. Mechanochemically enhanced degradation of pyrene and phenanthrene loaded on magnetite [J]. Environmental Science & Technology, 2014, 48 (10): 5876-5882.

部评为效果最佳的危险废物修复技术。随着 1980 年美国超级基金法案的建立，开始被应用于土壤修复，并传入加拿大、英国、法国、荷兰等国。固化/稳定化药剂的选择、土壤的物理化学性质、药剂与土壤的混合程度等因素都会影响固化/稳定化的效果。固化/稳定化处理使用的修复剂价格低廉、容易获得，对不同类型的污染物、不同类型的土壤均有效果，设备也比较简单，处理时间短，见效快。其中，原位固化/稳定化处理对土壤扰动较小，与异位处理相比更为节约和经济。固化/稳定化技术一般用于污染严重的局部性、事故性土壤，在大面积重金属污染土壤的修复方面也具有良好的应用前景，2017~2018 年更是在中国修复技术市场遥遥领先（使用率高达 48.5%，市值近 30 亿美金）。但是固化/稳定化技术在实施过程中也存在着一些问题，如修复剂难以与有毒有害物质混合均匀，处理过程中可能会释放挥发性有机物、半挥发性有机物和其他微粒，污染物经过处理后依旧留在土壤中。

固化/稳定化技术流程描述包括：将土壤从污染地挖掘装车运输至固化/稳定化处理中心的堆场等待处理，堆场底部须做防渗；土壤预处理步骤为：将转运的土壤进行初步筛分，将土壤中粒径大于 50 mm 的石块和杂质分拣出来，若土壤存在黏土块，应破碎后再过筛；充分混合土壤，取样分析混合土壤的重金属含量、浸出液中重金属含量及土壤理化性质等；将预处理后的土壤送入搅拌机，加入调节水将土壤含水量控制在 60%~65%，同时加入固化/稳定剂进行连续性搅拌；经强制搅拌混合后的土壤由搅拌机排出；搅拌均匀的固化/稳定化土壤再转移至土堆暂存区，然后由铲车送至堆场进行养护，固化/稳定化反应彻底完成，养护完成后土壤水分可降至 30%以下，稳定堆场要求通风、防渗；稳定堆须经采样进行检测分析，确定达标后进行填埋处理。

3.3.3 生物修复

生物修复技术主要利用生物（包括原生动物、植物和微生物）的代谢功能，吸收、转化或降解污染物，使得土壤质量得到提高或改善。因此，生物修复技术一般分为动物、植物和微生物修复等。

3.3.3.1 动物修复

动物修复主要应用于受重金属污染的土壤修复过程中，一定程度上可以提高土壤肥力。土壤动物既能自己富集土壤中的污染物，也能同周围微生物实现共同富集，作用类似于催化剂。也有土壤动物对 PAHs 进行修复的报道。Contreras-Ramos 等[1]研究发现，赤子爱胜蚓对菲、蒽、苯并(a)芘等 PAHs 有吸收效果，加入蚯蚓后土壤中蒽的降解率高达 80%，未加入蚯蚓的降解率为 23%；对于苯并(a)芘，加入蚯蚓后降解率达到 60%，未加蚯蚓的降解率仅为 13%；当土壤中菲浓度低于 100 mg/kg 时，可被蚯蚓完全降解。

3.3.3.2 植物修复

土壤植物修复（soil phytoremediation）是指根据植物可耐受或超积累某些特定化合物的特性，利用绿色植物及其共生微生物提取、转移、吸收、分解、转化或固定土壤中的有机或无机污染物，把污染物从土壤中去除，从而达到移除、削减或稳定污染物，或降低污

---

[1] Contreras-Ramos S M, Álvarez-Bernal D, Dendooven L. Eisenia fetida increased removal of polycyclic aromatic hydrocarbons from soil [J]. Environmental Pollution, 2006, 141 (3): 396-401.

染物毒性等目的。植物修复的对象是重金属、有机物或放射性元素污染的土壤。研究表明，通过植物的吸收、挥发、根滤、降解、稳定等作用，可以净化土壤中的污染物，达到净化环境的目的，因而土壤植物修复技术是一种具有发展潜力的治理环境污染的绿色技术。

植物提取是指利用专性植物——超积累植物通过根系从土壤中吸取重金属，并将其转移、贮存到植物茎叶等地上部分，然后收割地上部分，连续种植超积累植物即可将土壤中的重金属降到可接受的水平。植物挥发是指利用植物根系分泌的一些特殊物质或微生物使土壤中的某些重金属转化为挥发形态，或者植物把某些重金属吸收到体内后将其转化为气态物质释放到环境中。植物固定是指通过耐重金属植物及其根系微生物的分泌作用螯合、沉淀土壤中的重金属，以降低其生物有效性和移动性，达到固定、隔绝、阻止重金属进入水体和食物链的途径和可能性，减少对环境和人类健康危害的风险。

土壤植物修复技术在修复土壤的同时也净化、绿化了周围的环境；对环境扰动少，对土壤来说属于原位处理；植物修复污染土壤的过程也是土壤有机质含量和土壤肥力增加的过程，被植物修复净化后的土壤适合于多种农作物的生长；植物修复技术使地表长期稳定，控制风蚀、水蚀，减少水土流失；土壤植物修复技术的成本较低。但土壤植物修复过程比物理化学过程缓慢、效率低、周期长。并且要针对不同污染种类、污染程度的土壤选择不同类型的植物。土壤植物修复技术对土壤肥力、气候、水分、盐度、酸碱度、排水与灌溉系统等自然条件和人工条件有一定的要求。植物受病虫害袭击时也会影响其修复能力。

3.3.3.3 微生物修复

利用土壤中土著微生物的代谢功能，或者添加能降解污染物的人工微生物群，最终降解或消除污染物。微生物一般通过两种方式降解：一是以 PAHs 作为唯一碳源和能源，其次是通过 PAHs 与其他有机质共代谢。Robert 等❶通过接种白腐真菌（*phanerochatechrysosporium*）来降解土壤中的 PAHs，初始含量为 41 g/kg，36 d 后降为 18 g/kg，其中低分子量 PAHs 降解率达到 70%~100%，高分子量 PAHs 降解率为 50%~60%。

3.3.4 热脱附

3.3.4.1 原位热脱附技术及其与不同技术的耦合

原位热脱附技术是一种通过加热土壤促使污染物挥发并对其进行集中处理的土壤修复方法，依据加热方式的不同，常用的原位热脱附方法包括热传导、电阻加热以及蒸汽加热三种类型，其中热传导方法包括电加热热传导与燃气加热热传导。原位热脱附技术对污染物的去除率非常高，它可以有效地应用于非均相和低渗透性的土壤中。原位热脱附技术的优点在于无须挖掘和运输污染土壤，二次污染相对可控，对低渗透污染区、非均质污染区域具有较强的适用性和较好的修复效果。截至 2019 年，国内应用此技术的工程项目及中试案例已达 20 余例。但原位热脱附技术也存在能耗大、修复成本高的问题，如上海市某有机污染场地开展的原位热脱附中试结果显示，使用该技术的修复成本为 2000~2800 元/m^3。

❶ May R, Schröder P, Heinrich S J. Ex-situ process for treating PAH-contaminated soil with phanerochaete chrysosporium [J]. Environmental Science & Technology, 1997, 31 (9): 2626-2633.

对于水文地质条件复杂与地下存在空洞、空腔情况的大型污染场地，在应用过程中单一使用原位热脱附技术热损失较大。其修复周期和修复效果具有一定的不确定性，主要取决于以下几个因素：(1) 场地污染物类型和浓度、污染面积或深度等；(2) 土壤中有机质的含量（土壤有机质会使污染物吸附在土壤上，从而限制其蒸发）；(3) 场地水文地质条件（如土壤含水率、渗透性、导热性等）；(4) 修复标准的选定（某些地方标准会比国家标准的要求更为严格，如北京市规定氯苯在居住用地的筛选值为 41 mg/kg，而国家对第一类建设用地规定的筛选值为 68 mg/kg）。因此，不同修复技术手段的组合应用逐渐成为主流，尤其是针对大型复杂污染场地的不同地块、不同分层、不同介质（污染土壤与地下水）或者修复的不同阶段，往往采取多种技术手段进行修复，如原位热脱附与化学氧化技术的耦合联用、原位热脱附与微生物降解的耦合联用和原位热脱附与其他热处理技术的耦合联用。

A 原位热脱附耦合化学氧化

原位化学氧化修复技术存在处理不彻底、出现反弹等问题，尤其是针对渗透性较差的黏性污染土壤。由于实际修复工程现场的复杂性、地面下的低温环境以及天气季节的原因，原位热脱附技术的热强化作用可以增强原位化学氧化的处理效率与效果：其一是对所用氧化剂进行活化，改进其处理效果；其二是改善土壤环境条件，增加污染物的可给性，促进污染物与氧化剂的充分接触。而热强化皆可满足以上条件，热强化的原位氧化耦合技术为土壤修复提供了一种新的思路。

B 原位热脱附耦合微生物修复

原位热脱附与微生物降解的耦合联用中，土壤原位热处理可以通过增加有机污染物的蒸气压，降低有机污染物的黏度并增加有机污染物的水中溶解度，增强有机污染物在土壤上的解吸能力，提高有机污染物的可给性以及微生物的可降解性。一些电阻低温加热与微生物降解耦合技术处理有机污染场地的应用案例也证实，热强化能够显著提高微生物的总量、活性以及污染物的去除率。除了增强污染物的去除效果，原位热修复与微生物等修复技术的耦合使用较单一热处理方式成本更低，也有研究表明，在经过蒸汽强化处理后冷却的污染土壤中，微生物仍具有良好的活性，尤其是针对嗜热型细菌。

C 原位热脱附耦合其他技术

原位热脱附与其他热处理技术的耦合联用中，对于水文地质条件差异性较大的污染场地，热传导技术与低温蒸汽注射技术可以联用，如可采用电阻热脱附或热传导热脱附技术处理土层渗透性较差的地区，而蒸汽注射热脱附用来处理渗透性较高和地下水流较快的区域，同时前者用来处理包气带中的难降解有机污染物，后者用来处理饱和区中的有机污染物。两种原位热脱附技术的耦合可以避免使用单一高温热脱附能耗高的劣势，同时也可以避免使用蒸汽注射抽提技术处理难降解有机污染物不彻底的弊端。

D 原位燃气热脱附

燃气热脱附是指以燃气燃烧作为热源，通过热传导方式使得土壤温度升高，再将有机污染物解吸处理，以进一步处理废水和废气。其技术优势在于燃气便于运输、输送方便；相比电加热方式，对于场地基础条件要求较低、启动快速、运行灵活。欧美等发达国家针对 GTD 技术已有初步研究和应用，而国内仍处于起步阶段。因此，有必要对国内外有关

GTD 技术的研究现状和工程案例进行总结和分析，以期为我国污染土壤原位修复领域的科研及工程应用提供参考，推动我国 GTD 技术的工程化应用进程。

原位 GTD 技术主要优势包括三个方面：

（1）GTD 最高加热温度可达到 500 ℃，可原位达标去除几乎所有有机污染物和部分挥发性的无机污染物。因整个污染区域处于高温负压环境，故会增加有机物的流动性并降低其汽化所需的蒸发温度，使其迅速从土壤中解吸并进入蒸汽。综合上述两点，该技术的综合性价比很高。

（2）GTD 技术不受复杂地质及水文地质条件等因素限制，对低渗透性污染场地修复具有很强的适宜性。同时，GTD 的加热深度大，最大加热深度目前可达 18 m，并可根据实际工程需要再加大深度。

（3）GTD 技术使用天然气和石油气等一次能源，单位加热长度内输入功率比电加热过程更高，可加速土壤升温效果，缩短修复工期。同时，该技术系统安装便捷，设备重复利用率高。另外，当修复现场电力供给紧张时，燃气运输的便利性更能保证修复项目的顺利实施。

相比其他原位热修复技术，GTD 技术也存在一些弊端，主要包括以下三方面：

（1）加热系统出口的排烟温度一般为 200~400 ℃，燃气加热能源利用率仅为 30%~60%，其热量损失达 40%~70%，因而造成大量的能量浪费。此外，在燃气加热土壤的过程中，能量损耗更高。

（2）电加热可以轻易控制不同深度的电能输出，实现定深加热，能量损失可以达到补偿，加热也就更均匀；而用燃气加热时，其底部加热温度最高，由于在浅层能量输入很低，达到目标温度会比较困难，故会产生受热不均匀的现象。

（3）电加热技术的安全保护措施（如漏电保护等）及安全操作规程非常完备，而燃气加热需要管道供应燃气，现场管道及管线设计尤为关键，会受施工现场的封闭性条件限制，存在较大的安全隐患。

在国外，GTD 技术更多地应用在污染浓度较高的污染源区域，处理的污染物主要包括总石油烃、苯系物和氯代烃。该类项目具备四个特点：污染土方量较小（单批次小于 3000 m^3），修复面积较小（<300 m^2），污染浓度较高（最高 150000 mg/kg，平均浓度约 15000 mg/kg），修复目标低（<300 mg/kg）。实施形式多数采用原位修复的方式，采用异位建堆的形式实施加热过程，分六个批次完成了 12000 t 石油烃污染土壤的修复工作。在我国，实际修复工程大多以工业污染场地为主，如焦化厂、农药厂和化工厂等。处理的污染物以苯系物、多环芳烃和石油烃等为主。同时，国内修复项目处置土方量和修复面积一般都很大，导致修复工期较长，因此，对 GTD 装置的工业化程度要求也更高。另外，修复过程的能耗取决于土壤含水量、孔隙度、受污染情况以及目标加热温度等。针对国内大型原位修复场地，降低系统能耗，保证装置的运行稳定性，以及研发配套的安全、高效、集成化的尾水尾气处理系统，是国内原位修复项目中迫切需要解决的实际问题。

3.3.4.2　异位热脱附

异位热脱附技术具有污染物去除率高、修复周期短、普适性强等显著优势，是目前修复有机污染土壤最有效的技术之一。通过资料、文献查阅及现场调研，梳理了异位热脱附技术及设备在国内外的研究现状及其在我国的应用发展历程，结合工程案例，分析了典型直接热脱附设备、间接热脱附设备的工艺技术路线，进而提出开展实际污染场地修复时的设备选择建议，以及热脱附技术的理论研究和设备发展方向，为我国有机污染土壤异位热脱附修复技术的推广和应用提供参考。

直接热脱附设备在我国的工程应用研究始于 2010 年。北京建工环境修复股份有限公司 2010 年自主研发了一套小型直接热脱附设备，并应用于山西某焦化厂污染治理项目。该设备体积大，但处理量较小。间接热脱附技术设备在我国的应用始于 2009 年杭州某 PCBs 污染场地修复项目，该项目是异位热脱附技术设备在国内的首次工程应用。

由热脱附设备在我国的应用历程可以看出，从 2009 年开始，我国的土壤修复企业及相关科研机构通过合作、引进、自主研发等方式开展了一定程度的热脱附技术设备应用，尤其是近年呈现出研发应用进程加快的趋势。并且经过近 10 年的发展，热脱附设备的模块化、集约化、热能利用率等方面都有了一定的创新和提升。但是，热脱附设备在单套处理能力等方面并未得到大幅提高，国外引进设备仍然占据市场的主导，自主研发设备仍存在模块化程度低、稳定性差、实际处理能力低于设计处理量等问题，多数仅局限于中试规模。在土壤修复政策、市场进一步开放的今天，迫切需要优化、研发具有自主知识产权的国产化设备。2018 年度国家重点研发计划“场地土壤污染成因与治理技术”重点专项，设置了“有机污染场地土壤修复热脱附成套技术与装备”项目，旨在创新研发适用于城市有机污染场地土壤的全国产化热脱附技术与装备，其中直接热脱附装备处理量不低于 30 t/h，间接热脱附装备处理量不低于 5 t/h；半挥发性有机污染土壤（含水率 20%）直接和间接热脱附能耗分别低于 2800 MJ/t 和 2000 MJ/t，污染物去除率高于 97%。项目的实施将显著提升异位热脱附成套技术与装备的修复能力与能效水平，带来可观的社会、经济和环境效益，具有广阔的产业化推广应用前景。

在异位热脱附设备应用的选择方面，异位热脱附技术在有机类污染场地土壤修复中应用效果良好。但该技术不适合用于处理无机物污染土壤（Hg 除外），也不适合处理腐蚀性有机物、活性氧化剂和还原剂，否则会损坏处理单元。另外，在应用该技术时，高黏土含量或湿度会增加处理费用，透气性差或黏性的土壤由于会在处理过程中结块而影响处理效果。同时，热脱附技术处置成本较高，且处理温度越高，能耗越大，操作费用也相应提高，并且对土壤粒径分布、含水率也有一定的要求。热脱附技术的优势在于对有机类污染土壤的修复效率、安全性、修复成本及工期，在未来一段时间内，其应用前景依旧广阔。

目前，国内针对异位热脱附技术开展的研究主要基于小试或中试规模设备，且集中于对热脱附效率的关键影响因素和尾气处理技术的探索研究，但研究的深度和广度不足，虽然对于热脱附技术发展具有一定意义，但对该技术的实际应用及推广作用却有限。同时，通过异位热脱附技术设备在我国的发展概况和应用案例的分析可以看出，国内应用的主流设备，其主要的技术工艺路线大致相同，只是可能会根据具体项目特点，要求增加或减少某一模块，而且经热脱附处理后的土壤、尾气基本都能达到相关标准要求。但是，不同设备之间的运行稳定性、能效水平、模块化程度、集成化程度、可移动性等方面仍差别较大，从而使得设备的实际处理能力、资金成本和适用范围等也不尽相同。我国的相关高校、科研院所及企业须在已有工程实践的基础上，进一步调研、学习、总结国内外热脱附技术应用的丰富经验，深入开展基础理论研究，夯实基础，并积极开展设备自主研发，推动异位热脱附技术在我国污染场地修复中的应用。针对目前我国在用热脱附技术与装备方面普遍存在的修复能力不足、能效水平低、二次污染物生成机制认识不清等问题，结合国内场地修复项目周期短、污染情况复杂、修复土方量大、资金有限等情况，对异位热脱附技术与设备研究发展方向提出以下建议：

（1）深入开展热脱附技术基础性理论研究，如高温条件下土壤有机污染物固-液-气界面行为及关键影响参数研究、典型污染物的迁移转化规律及控制条件研究、黏性土壤调理及其对典型有机污染物热脱附的作用机制研究等，为该技术应用发展夯实理论支撑。

（2）开展直接间接加热单元中土壤传热传质特性研究，揭示热脱附过程的传热传质机理，得到不同含水量和污染程度的土壤导热系数、水分析出速率及热脱附速率等传热传质参数和关键位置的温度值。同时，针对不同有机污染土壤，通过实验研究和数值模拟等手段研究加热单元关键结构（加热单元直径、长度和布置倾角）设计和运行参数（转速及进出料速度等）与容积利用率的关系，探究加热单元内扬料板等关键部件的结构和布置对土壤传热和污染物脱附效率的影响。

（3）探索热脱附过程二次污染控制机理，获得直接热脱附关键环节（加热单元、急冷和除尘）有机污染物沿程气-固相分布，研究土壤间接热脱附尾气经喷淋冷却后有机污染物的迁移规律，探明喷淋冷却对不同有机污染物捕集的适用条件，分析喷淋水温、循环水量等因素对尾气中污染物在固-液-气三相间的迁移行为影响，获得有机污染物在直接间接热脱附尾气净化单元沿程分布特性。同时，对比分析螺旋出料和回转窑出料方式对粉尘的抑制效果，降低出料过程中扬尘的产生量。

（4）探索多种修复技术组合的方式，开展多途径耦合联用。例如热脱附耦合化学氧化技术，先通过异位热脱附把污染物由高浓度降低到低浓度（还没达到修复目标值），再在螺旋出料装置中加入氧化药剂，利用化学氧化技术将污染物彻底降解。

3.3.4.3 热修复过程中出现的问题以及解决方法的探讨

后续针对原位热传导修复技术的热量传递机理、直接热脱附设备氮氧化物排放高、异位直接热脱附装置的能耗问题进行了研究，并探究了一种新型隔热材料在原位土壤热修复工程中的表面阻隔效应。

针对目前原位热传导修复技术存在的热量传递机理不明、主要影响因子作用关系不清的问题，通过模拟室内土柱实验实现对土壤内部热湿耦合迁移机理的验证，并应用到室外场地尺寸，明确场地尺寸下热源温度、初始含水率对原位热传导修复的影响作用。建立了原位热传导修复耦合模型，利用小试实验对其进行了数值模拟验证，在场地尺寸下探究了热源温度、初始含水率对原位热修复的影响。结果表明，原位热传导修复耦合模型准确度较高，模拟结果与实验结果平均相对误差为 1.30%。沸腾阶段持续时间与热源温度成反比，过热阶段升温速率与热源温度成正比，在工程实践中应以去除目标为评价标准而不是以冷点温度。土壤初始含水率在 15%~35%，相同温度影响下，含水率越低，导热系数越高。原位热传导修复技术适用于低含水率场地，若初始含水率高于 15%，则在进行修复之前应进行适当排水或设置止水帷幕。该研究结果可为原位热传导修复技术工程实践应用提供理论参考。

在研究有机污染土壤异位直接热脱附装置能耗过程中，以异位直接热脱附技术的原理、适用范围、工艺流程、优缺点等为基础，建立了输入、输出能量平衡关系式，并进行了热平衡计算；针对该工艺能耗过高的问题，分析了系统各部分能耗，提出了节能降耗方案。通过烟气热回用装置，将二燃室后高温烟气余热能量经循环管道输送给土壤预干燥装置，将有机污染土壤含水率降低，从而减少系统总能耗。结果表明，经过热力计算，土壤水分预干燥量越大，系统节能效果越好；烟气余热足以满足土壤预干燥减少17%左右土壤水分的要求。通过土壤预干燥装置将土壤水分从20%降低到15%，可使直接热脱附装置降低能耗20%以上。

对原位热修复场地表层土壤采用有效的隔热措施，有助于实现节能降耗。纳米中空陶瓷微珠水性隔热涂料是一种新型隔热材料，导热系数低，可作为原位热修复场地的表面阻隔材料。通过现场实验，探究了该涂料的隔热性能及其受施工方法、实验区域尺寸等因素的影响。结果表明，在加热井热影响区域内，新型隔热材料的温度梯度最高可达13600 ℃/m；加热井热影响区域半径至少为0.53 m，在影响区域敷设新型隔热材料可以显著减少修复区域的表层散热。新型隔热材料的温度梯度均高于传统泡沫混凝保温材料，在影响区域外最高可达1560 ℃/m；在晴天环境条件下，新型隔热材料的温度梯度高于雨天和夜晚环境条件。新型隔热材料对原位热修复场地具有良好的隔热保温效果。

3.3.5 原位污染物修复

在污染土壤的修复机理研究方面取得了一些成果，主要揭示了电阻加热耦合化学氧化修复机制；在此基础上对土壤污染进行精准预测，开发了原位热修复工艺设计软件；自主研发了精准电阻加热技术装备。

3.3.5.1 原位污染土壤修复机理

土壤电阻加热技术（electrical resistance heating，ERH）是现阶段发展较快的一种能耗低、效率高、施工相对简单的原位热脱附技术。该技术利用焦耳定律将土壤均匀加热至水沸点，从而达到热脱附条件。土壤热脱附对土壤污染物的处置效果明显，但对土壤加热会影响土壤性质，从而改变土壤功能性，故在土壤修复过程中，将污染物去除与土壤功能性保存相结合，对于土壤修复技术效果评估至关重要。相较于常规土壤加热技术（燃气、电加热棒），电阻加热不仅对土壤施加了低温热场（<150 ℃），且有电场（<9.8 V/cm）存在。影响ERH的重要因素有水分和电相分布。在土壤电阻加热修复过程中，热量是由电流通过土壤多孔介质提供电阻而遣散能量提供的，含水量高的土壤升温速率高于干燥土壤升温速率。电阻加热的电相分布包括三相电和六相电，六相系统的加热分配更均匀，但转换的成本较高，适用于实验室规模；而三相系统适合中试、扩大规模。

基于实验室模拟电阻加热和热传导加热小试装置，研究土壤电阻加热的优选条件及其对土壤中苯并(a)芘去除率的影响，以及土壤中BaP在电阻加热和热传导加热过程中的热脱附动力学，结果表明，土壤水分、盐分、电场强度显著影响土壤ERH升温速率与最高加热温度；在ERH最优条件为8 V/cm的电场强度下，添加6 mL的0.1%NaCl溶液，每30 min须补水6 mL，最终BaP的去除率为51.56%；在ERH过程中温度变化与电流变化基本同步，土壤水分和持温时间是去除土壤中BaP的重要影响因素；BaP在土壤中去除过程符合抛物线扩散模型，说明BaP在土壤中的去除以微孔扩散为主，去除率受加热时间的影响大。

单一的修复技术往往难以满足复杂的修复需求，多种修复技术耦合是今后污染土壤治理的发展方向。原位电阻加热技术较其他原位热修复技术能耗更低、加热更均匀，与化学氧化、微生物降解等技术具有很好的热耦合潜力。但是，热耦合化学氧化修复有机污染土壤的实际效果、原位污染物耦合强化去除机制等关键科学问题仍不明晰。

单一电阻加热降解多环芳烃的去除率与污染物的沸点显著负相关，加热温度为 120 ℃、加热时间为 120 min 时，低沸点多环芳烃的去除率最高，高沸点多环芳烃的去除率较低。在电阻加热过程中，高沸点多环芳烃可能不会发生蒸发反应，通过与其他低沸点化合物（如水、碳酸盐和腐殖酸）共沸后的脱附作用，沸点高于 340 ℃的多环芳烃（蒽）的去除率仅在25%左右波动，这表明单独使用电阻加热对沸点高于 340 ℃的多环芳烃（蒽）的去除效果有限。综上可知，单一电阻加热对多环芳烃的去除效率取决于污染物的沸点和初始条件，多环芳烃的去除率在 21.63%～71.53%波动，大多数多环芳烃的去除率低于 50%。

对电阻加热耦合化学氧化降解多环芳烃的去除效果和耦合强化去除机制进行研究，发现多环芳烃的去除率随着 $Na_2S_2O_8$ 添加量的增加而增大，如采用单一电阻加热处理时，菲的去除率为 35.90%，加入 0.05 mmol/g、0.1 mmol/g、0.5 mmol/g、1 mmol/g、1.5 mmol/g、2 mmol/g 和 2.5 mmol/g $Na_2S_2O_8$ 时，去除率分别提高到 52.90%、54.51%、61.11%、69.92%、68.67%、78.76%和 79.42%。同时，$Na_2S_2O_8$ 的加入对去除高沸点多环芳烃的影响更为明显，如采用单一电阻加热处理时，二苯并(a,h)蒽的去除率为 21.63%，加入 0.05 mmol/g、0.1 mmol/g、0.5 mmol/g、1 mmol/g、1.5 mmol/g、2 mmol/g 和2.5 mmol/g $Na_2S_2O_8$ 时，去除率分别提高到 51.32%、64.14%、68.79%、75.89%、76.30%、82.81%和 82.10%。以上结果表明，低沸点多环芳烃具有很强的挥发性，高沸点多环芳烃因环状结构较强而更加稳定，氧化剂可打破稳定环状结构从而使其被高效去除。

为了进一步认识电阻加热的去除效率随加入 $Na_2S_2O_8$ 而产生的动态变化，对电阻加热和电阻加热耦合 $Na_2S_2O_8$ 进行了动态研究。电阻加热修复多环芳烃的去除率与污染物沸点有很大关系，高沸点多环芳烃的处理效率较低。当加入 0.05 mmol/g $Na_2S_2O_8$ 时，去除过程加快。单一电阻加热处理 480 min 时，多环芳烃平均去除率为 41.43%，加入氧化剂后，平均去除率达到 50.54%；对于沸点较高的多环芳烃苯并(a)芘，单一电阻加热处理 480 min 时，多环芳烃平均去除率为 23.55%，而加入 $Na_2S_2O_8$ 后的 10 min 内，多环芳烃平均去除率为 21.39%。同时，发现电阻加热与化学氧化耦合效果显著，土壤污染物去除率提高 17%，速率提高 46%。表明 $Na_2S_2O_8$ 对电阻加热处理有明显的促进作用，并且对高沸点多环芳烃的加速作用更明显。

以上研究探索了一种用于修复有机污染土壤的新颖的、具有成本效益的耦合方法，发现电阻加热与化学氧化耦合效果明显，该结果为深入理解耦合强化机制及多种技术协同修复的优势提供了重要依据，为绿色可持续修复有机污染土壤提供了重要技术支持。

3.3.5.2 污染土壤修复过程精准预测

自主搭建了污染土壤原位电加热实验装置，通过监测电加热过程中土壤温度和水分变化，基于 COMSOL 精准预测了土壤内热—湿耦合迁移过程。

研发了燃气热脱附原位修复技术与中试装置，开展了原位热脱附过程中土壤热质传递机制研究。自主研制的原位燃气热脱附技术装备已应用于全世界修复方量最大的原位燃气热修复项目天津农药厂原位修复项目，运行稳定且节能显著，具有很好的推广应用价值。自主研发的原位热传导修复工艺设计平台，在输入土壤特性参数、场地参数、热源参数后，可计算出修复所消耗的能量，并根据加热周期计算合适的加热井排布间距，或者根据加热井排布间距推算预计加热周期，为耦合迁移模型构建提供理论基础。

基于弥补靠经验无法定量评估工艺设计参数、优化修复方案设计的不足，开发的“污染土壤原位热修复工艺设计智慧平台软件”，可根据场地调研基本数据及修复目标，对不同场地的预期效果进行定量评估。该工艺设计软件于2020年7~12月在中央土壤污染修复治理专项资金项目“柳州市造漆厂退役场地风险管控及修复治理工程”中进行了应用，在既定工期内圆满完成了修复任务，并综合节能11%左右。以上这些研究结果和热修复技术工艺平台为深入理解传热传质机理以及定量评估工艺设计参数提供了重要依据，为绿色可持续修复有机污染土壤提供了重要技术支持。

本章小结

本章立足于资源型地区污染土壤治理修复，首先利用多模型模拟不同修复措施下污染土壤溶质的运移过程，揭示相关修复措施对土壤溶质的影响机理及过程，并结合数学模型对修复效果做出评价。针对污染土壤中的典型污染物多环芳烃，运用电阻加热耦合过氧化氢、过硫酸钠的方法，阐明两种治理技术下土壤中多环芳烃的去除效果，同时揭示了电阻加热耦合化学氧化对土壤性质及微生物群落的影响。最后，本章立足全局，提出了国内外治理污染土壤的相关技术，力争为资源型地区污染土壤的治理提供科学指导。

习　题

1. 什么是弥散度?
2. 什么是可渗透反应墙技术?
3. 什么是固化稳定化技术? 简述其技术流程。
4. 什么是原位热脱附技术?
5. 简述影响土壤中溶质运移的因素。
6. 简述电阻加热耦合化学氧化对土壤性质及微生物群落的影响。
7. 简述原位土壤淋洗修复技术的修复机理。
8. 简述GTD技术的优缺点。
9. 简述原位污染土壤的修复机理。
10. 举例简述如何利用生物修复技术修复污染土壤。
11. 试论述电阻加热耦合化学氧化对土壤中多环芳烃的去除效果。
12. 试述污染土壤修复的技术种类。

4 资源型地区山水林田湖草沙一体化保护与修复

本章提要：

生态修复包括多个待修复的生态系统，即矿山生态系统、森林生态系统、草地生态系统、农田生态系统、河流生态系统和湿地生态系统。一体化生态修复中诸多复杂的关系和不同需求之间的平衡，决定了一体化生态修复不仅仅是自然科学问题和社会科学问题，同时也是管理问题。一体化生态修复目标的确定是有一个发展过程的，并且是阶段性的、长短期结合的、可动态调整的。在整个修复过程中，要遵循自然环境的完整性、系统性和整体性，应按照山、水、林、田、湖、草、沙各个生态要素的需要，从维护整个区域的生态系统出发，进行综合修复。

4.1 山水林田湖草沙一体化保护修复理论

山水林田湖草沙综合生态系统的本质是由各个生态要素有机结合形成的综合生态系统，其结构的合理、优化程度直接决定着其功能的大小及优劣程度。若各个生态要素比例适当、层次清晰、配置有序、结构合理，则能够提高生态功能，改善区域生态环境；相反，若生态系统中的某个或一些要素丢失或损坏，则可能导致区域某些生态系统功能减弱，生态环境恶化。保障综合生态系统的高效运转并不是使各个生态要素达到最优效益，而是需要将各个生态要素整体考虑，系统整合，进行区域统筹规划，确保对山水林田湖草进行整体保护、系统修复与综合治理。

山水林田湖草沙综合生态系统的特征有：(1) 整体性，“山”“水”“林”“田”“湖”“草”“沙”是其综合生态系统中的构成要素，它们自身也形成一个子系统，并在生态过程中是相互作用、相互制约的，共同构成了一个整体。(2) 尺度性，各生态要素的生态服务功能与价值具有一致性，但由于地区不同，空间尺度的不同，其在综合生态系统中的地位与作用也不同，山水林田湖草沙综合生态系统强调等级层次性，因此应充分研究不同尺度下生态过程的相互关系，采取管理和工程技术手段，因地制宜地系统保护和修复生态系统。(3) 均衡性，山水林田湖草沙综合生态系统具有空间均衡特性，它强调各个生态要素不仅要保持自身的生态稳定性，确保自身的平衡发展，同时还需相互制约，全面权衡生态系统中的生态服务功能供给和需求，如水源涵养、土壤保持等，确定维持生态系统良性运转的合理的生态产品供给数量和质量，保证各生态要素的生态空间及其服务功能在空间上的均衡优化布局。(4) 功能性，山水林田湖草沙生态保护修复以保护、恢复、提升其生态系统功能为最终目标，需在科学认识生态系统的结构、过程、功能等基本特性的基础上，明晰其生态系统边界及生态重要区、脆弱敏感区的空间分布情况。

4.1.1 山体生态修复

在黄河流域重点生态区的自然、社会经济系统进行调查分析的基础上，基于种群生态学原理，利用景观植物点缀功能，恢复人类破坏的自然植被，使人工植被与天然植被相融合，建设生态经济型防护林体系，提倡多林种、多树种以及乔灌草相结合。

A 岩土整理与改良

在石质荒坡上通过鱼鳞坑整地等技术，回填客土、有机质材料等立地环境改良技术，雨水集蓄利用、地表覆盖、肥水耦合等水资源高效利用技术，以及经济林生态功能提升技术、生态林经济化种植技术等的综合集成，提高困难立地造林的成活率和保存率，减少地表径流，实现山区的快速绿化美化。

B 景观植物引进筛选与适地化栽培

在植被修复治理中，应围绕植物的自然生长，通过合理配置，规范种植，科学养护，适当管理，最大限度地发挥植物的生态作用，创造自然生态的景观效果。在植物的选择上，应按照“乡土树种”“适地适树”和“合理生态空间”的理念。通过对彩叶树种、花卉和特色造型的景观植物，以及具有观赏价值的常绿植物的引进筛选和适地化栽培，培育出适合北方山地生长栽培的景观材料，包括黄栌、金叶榆、榆叶梅、五角枫、金叶国槐、连翘、丁香、紫薇、薰衣草等[1]。

C 关键节点设计

生态景观型是旅游观光与水土保持生态清洁型流域的结合。旅游业本身就是一种文化机构和文化模式。通过从人工植被获取与天然植被相当的生态功能与生态产出效益，提高经济林生态功能和景观效果，增强景观空间异质性，促进观光旅游业的发展。在规划建设景观林前，首先要对规划区域进行地形地貌、生境管理水平等方面的调查，明确规划区域的基本情况，立足现状进行科学合理规划。其次，综合分析山场地形、地貌、水体、气候、野生动物等环境视觉质量，研究山地景观结构与人居环境、生态敏感区分布与景观视觉特征，建立山地景观关键部位风景林设计技术体系，构建从空间构成、景观特色需求、山体周围环境相协调的多样化景观格局。

D 生态景观建设

（1）按照生态系统类型（天然次生林、人工林、经济林）、生态景观林地性质和区域功能特征，合理规划森林生态布局和相应的景观游赏功能布局，将森林生态、森林游赏、山区经济开发、水利整治等项目融会贯通到宏观的森林生态背景中去，取得结构上的完整性和功能上的高效性。（2）以模拟自然的手法，利用优良乡土植物营建优良的生态环境，创造丰富多彩的植物群落，以达到植物与植物之间，植物与其他生物之间，植物与道路、山水环境之间关系和谐、系统稳定、功能高效的目的。（3）以自然、野趣的景观，科学、生态的技术，将山水田园风光融入其中，营建“人与自然和谐共处”的生态游憩的景观格局。（4）通过合理科学地选择植物类群，将苗木生产、林果生产和休闲观光、田园意趣结

---

[1] 曹建生，阳辉，张万军．太行山区小流域生态修复及景观林建设技术探讨［J］．防护林科技，2018，181（10）：87-89.

合起来，实现林木的直接经济效益，提升区位经济功能。(5) 在植物配置上，实行乔灌结合、常绿与落叶相结合、针叶与阔叶相结合、速生与慢生相结合；在空间布局上，根据生态敏感区的特点，按生态景观林、休闲景观林配置不同的森林典型模式。

4.1.2 水生态系统修复

水生态系统修复是指针对河流生态空间被压缩、生态基流无法保障、水质严重恶化及水生生物锐减等问题，在充分发挥生态系统自修复功能的基础上，采取工程和非工程措施，促使河流生态系统恢复到较为自然的状态，改善其生态完整性和可持续性的生态保护行动。目前关于河流生态修复的技术很多，涉及河流形态恢复，河道水质净化，岸带生态防护，河流深潭和浅滩序列的重建，河流水生态系统重建，湿地创建，亲水设施建设，河道底泥疏浚，多孔和透水护岸材料、结构的开发及工程施工技术的应用等。其中，关于河道水质净化、岸带生态恢复、底泥疏浚及水生态系统构建等方面的技术在河流生态修复方面应用较为广泛[1]。

4.1.2.1 河流水质改善

A 河道水质净化技术

在“控源截污”的基础上，对受污染河道水进行综合治理。目前多采用河道复氧技术、人工湿地处理技术、生物接触氧化、氧化塘处理系统、植物—土壤处理系统、生态浮岛技术、生物操纵技术等。其中，生物处理技术具有工程造价少能耗和运行成本低、净化效果显著等特点。

B 底泥硫酸

底泥硫酸技术主要是指清除沉积物表层的氢、磷、有机质富集层，切断河道水体内营养盐物质循环链，将富含营养盐的物质移出河道水体，它是以减少内源污染负荷为目的的技术，被认为是控制河道内源污染效果最为明显的工程技术措施。常用的底泥疏浚的方法有两种：一是抽干湖/河水后清淤；二是用挖泥船直接从水中清除淤泥。后者的应用范围较广，江河湖库都可使用。底泥疏浚能相对快速地改善水质，但清淤过程由于扰动易导致污染物大量进入水体，影响到水体生态系统的稳定，因而具有一定的生态风险性，不宜作为一种污染水体的长效治理措施。

C 人工湿地技术

人工湿地生态系统因植物根系的传递特性以及输氧作用而呈现出厌氧、缺氧、耗氧状态，其利用反硝化和硝化作用可以脱除超过60%的总氮。人工湿地主要利用微生物的反硝化、硝化、氨化作用实现氮的去除，其中湿地植物能吸收总氨的8%~16%用于植物蛋白等有机氢的合成，并以植物收割的方式去除。人工湿地可以充分利用生物代谢或微生物与生物的吸收、吸附，以及沙土、沙石、砾石降解污染物，由此发挥净化水体的功能[2]。另外，水面、滩涂湿地、砂卵石能为水陆生物栖息和植物生长提供良好的生存环境，创造休闲景观区和美丽的城市环境。在满足河道防洪要求的情况下，可用人工挖填、推土修建人

---

[1] 朱文涛，董静，孙一鸣，等．山西典型河流水生态修复技术体系研究［J］．经济师，2021，386（4）：133-135.

[2] 雷书姗．基于生态修复技术的河流治理研究［J］．黑龙江水利科技，2020，48（11）：125-127.

工湿地或自然湿地以增加水陆过渡带，修建适宜的湿地景观平台，发挥其保护多样性生物、调节气候、净化水体、湿地调蓄洪水等环境、生态和景观的功能。

4.1.2.2　岸带生态恢复

生态型护岸技术种类多样，应依据具体情况进行调整设计，可采取植草沟、天然材料垫、透水砖等形式，对原有硬化河岸（湖岸）进行改造，通过恢复岸线和水体的自然净化功能，强化水体的治理效果。对于滨岸坡面或直立岸堤，鼓励其采用近自然岸堤、生态混凝土、石笼护岸、栅栏护岸及藤蔓植物仿自然等技术对滨岸带进行生态化改造，去除硬质化、渠系化及“三面光”河道。

A　设计模式

a　生态护坡技术

预制混凝土块、混凝土、干砌石或浆砌石等传统护岸形式，对保证防洪安全、防治土壤侵蚀和增强岸坡稳定性等发挥着巨大作用，同时也对河流生态和景观环境造成了负面影响，加剧了生态系统破坏、陆地和水体环境的恶化，降低了水体自净能力。而将生态植物材料与工程措施相结合或者利用生态型的植物，以保证河流冲刷时岸坡稳定性及完整性，也是实施生态护坡的关键。生态学、水力学、水土保持学、水文地质等为生态护坡技术的理论依据，通过实施植物与工程措施形成良性循环、绿色生态的护坡系统，最大限度地发挥生态工程自我修复、自我组织和自支撑功能，以达到边坡生态修复、抗滑动、抗冲蚀的目的，实现生态环境、人类社会、河道治理与水资源的协调统一，减少洪涝灾害与坡面水土流失，改善自然环境与小流域气候的目标。因此，生态护坡属于一种涉及动植物与微生物的综合性技术。

b　河床河堤技术

将河床上铺设的硬质材料拆除，恢复适宜各类水生动植物生长的生态化、多孔质化河床。为符合人与自然和谐相处的科学发展观以及改善河床生态环境、生物防护稳定河床的方法，提高河道行洪能力，增强水生态自修复功能及改善水体环境，创建岸绿、景美、水清、休闲的亲水环境。河堤发挥着植被护岸、缓冲带、廊道的功能，在提供一道人水相亲风景线的同时为防洪安全提供了保障。所以要注重堤防加固和生态修复工程，以生态与防洪功能兼具为要求把河堤建成坚固的绿色长廊。通过河堤及其沿线景观的治理，实现防洪安全、自然与人文景观相协调的目标。河堤生态修复就是指以生物与水体、水体与土体相互涵养，创建适宜的生境河堤来替代过去人工混凝土建筑，提高河流滞洪枯补、调节水量、水体自净等功能，为水生动植物的生长繁衍创建适宜的环境空间。

B　岸带生态恢复类型

a　自然原型生态驳岸

可结合景观设计，采用乔灌草相结合的方式，营造近自然状态下的植被群落来保护河岸，保持水道的自然堤岸特性，通过植被发达的根系吸附、过滤污染物，净化水体，稳固堤岸。该类型生态驳岸具有调节洪水、过滤污染物、控制养分流失以及保护生物多样性的多种生态功能。建设模式：水面→沉水植被→挺水植物→灌草地→乔木林。

b　自然型生态驳岸

结合现有的防洪石质堤坝等水利设施，沿河道两侧建设自然型生态驳岸，按驳岸原有的生态位植被模式进行补充和重植，增强堤岸抗水流冲刷能力。实行乔灌草结合，不仅可固堤护岸，还可过滤污染物，控制氮、磷的含量，防治面源污染。建设模式：水面→石头或木桩→灌草地→乔木林。

c　亲水堤岸

亲水堤岸可为人们亲水提供空间环境，其设计既要考虑堤岸的防洪安全和亲水空间，也要考虑到人身安全。需根据水位的变化，选择种植垂柳、芦苇、菖蒲等乡土水生植物，形成多层次、多样化的滨水湿地景观，为野生动物提供良好的栖息生境，促进湿地生态系统自然演替，维护湿地生态平衡。建设模式：水面→自然型驳岸→亲水栈道→灌草地→乔木林带→公路。

4.1.2.3　水生态景观建设

A　水生态系统构建

水生态系统构建技术是指针对水质得到改善后的河流，通过完善整个生物群落组成，形成生物群落与水体环境的双向反馈协调，其中水生植物、水生动物、底栖动物、浮游动物、微生物等各种类数量均衡协调，充分利用水生植物的净化效果，重建健康的水生态系统，提升河流的自净能力，实现水环境治理和水生态恢复的目的。该技术主要通过人工辅助，选择适于该区域生长的沉水、挺水及浮叶等水生植物，恢复水生植物系统，在保护水生植物净水功能的前提下，完善人工生态系统食物链和食物网结构，在水体中放养一定种类和数量的杂食性鱼类和底栖动物，提高水生生态系统的稳定性。

B　河道形态技术

天然河流大多呈蜿蜒曲折走向，为达到现代航运要求或便于规划建设，在传统河道整治中天然河流走势大多被裁弯取直。通过两岸植物的储水和水体渗透，自然蜿蜒河道能够发挥调蓄洪水的辅助功能，并在一定程度上降低水流速度，而河岸被钢筋混凝土和水泥加固后阻断了水体的交流，增大了洪涝风险。另外，直线化河流形态改变了河道原有流态，并改变了水生动物原有的栖息环境。因此，在达到行洪标准的基础上，转变以往的整治理念，依据“遇弯则弯，易宽则宽”的原则，随地形和层次变化，修复正向和横向连通性。在条件允许时可建设“带囊状”结构的蓄水湖，这有利于生态保护和自然景观的恢复。

4.1.2.4　生态缓冲带保护修复

采用生态修复型缓冲带解决河流与河岸带现状问题，首先要去除干扰，对于农田、养殖塘等侵占岸线的情况，应按确定的缓冲带范围有序退出，其他土地利用类型应根据实际情况尽量降低人为干扰对河流生态缓冲带生态功能的影响，进而按照河流生态缓冲带空间结构，从河流多年平均最低水位线至陆域范围实施生态修复，并分区域采用修复措施：一是水位变幅区生态修复，范围为河流多年平均最高、最低水位线之间的区域，主要修复措施包括基底修复、水生植物群落修复与生境营造[1]。二是陆域缓冲区生态修复，范围为河流多年平均最高水位线以上的陆域区域，主要修复措施包括基底修复、陆域植物群落构建与物种配置。另外，对有护岸需求的河岸带，应选择生态型护岸。缓冲带功能强化措施

---

[1] 袁鹏，刘瑞霞，孙菲，等．构建河流生态缓冲带的意义与技术路线（代序言）［J］．环境工程学报，2022，16（1）：20-24.

主要包括湿地、生态拦截沟、绿篱隔离带、下凹式绿地、生态塘及生物滞留带等措施或组合技术措施，用以达到拦截初期雨水及阻控面源污染物的功能，提高缓冲带水质净化的效果。

4.1.3 森林生态修复

森林生态系统具有涵养水源、调节矿区小气候及水土保持等生态功能。森林生态修复是指首先对破坏退化的森林生态系统停止人为干扰，在遵循生态系统的自我调节能力与自组织能力使其向有序的方向进行演化规律基础上，辅以人工措施，使遭到破坏的生态系统逐步恢复或使生态系统向良性循环方向发展的生态恢复工程。森林生态生物修复依据生态恢复学对退化森林自我恢复能力进行强化，遵循森林演替规律并借助人工技术加速退化森林的恢复，应用微生物技术促进土壤的改良和植物的生长。

4.1.3.1 现有森林修复

开展现有树林生态系统中林地、潮沟、林外光滩、浅水水域等区域的修复，特别是对人工纯林、有害生物入侵、生境退化的树林等进行抚育，采取树种改造、有害生物清除、潮沟和光滩恢复等措施，对树林生态系统进行修复，提高生物多样性。在树林资源现状调查的基础上，合理确定树林适宜恢复地。在自然保护地内，优先实施树林生态修复，坚持宜林尽林，优先选用本地林地物种，扩大森林覆盖率。

4.1.3.2 封山育林

封山育林可减少人、畜危害，促进地面植被的恢复和改善。选择林下植被稀少、人畜活动频繁的林区，采取必要的封禁措施，禁止人为破坏活动。对于天然下种能力较强的林地，为了促进种子触土，可进行小面积除草、破土整地，实行人工促进更新。对于自然繁育能力不足的林地，要对现有林分进行疏伐，为林下灌草的生长发育创造良好的光热条件，促进下层植被生长，形成乔灌草相结合的林分。

4.1.3.3 抚育后补植补种

采取种树配置调控方式，利用带状间伐+补阔和通林窗+补阔的方法，带宽设置三种梯度，林窗设置三个梯度，分别在采伐带内和林窗内补植阔叶树及灌木，选择较耐阴、耐修剪、萌发力较强的阔叶树或灌木，尽量选择乡土树种，形成针阔混交林[1]。这样既可以增加林下的生物多样性，又可以促进林地的水土保持和土壤改良。经过通林窗和带状间伐，可以改善林下光环境，促进林下灌木和草本的生长，增加生物多样性，加速形成针阔混交、复层林分的进度。林地生草措施通过在森林中实施生草栽培技术，不仅有助于地温的改善以及表层土壤湿度条件的提高，还可以提高林间土壤中养分的转化效率以及肥力水平，同时还可以种植一些周边地区的绿植，增加森林中生物多样性。

4.1.3.4 加强后期管护

对新营造的树林采取严格的保育措施，落实管护责任，对成活率不达标或分布不均的地块进行补植。根据树林生长规律，定期对树林营造质量及成效进行评价。营造一年后，对其成活率、生长情况等进行评价。营造三年后，对其保存面积、林分健康状况等进行全

---

❶ 郝凯婕．灵石县退化天然侧柏林生态修复技术探讨［J］．山西林业，2019，262（5）：32-33.

面评价，根据评价结果，制订和落实后续保护修复措施。开展树林生态系统外来有害生物、本土有害生物的调查和风险评估，重点加强有害生物灾害的预防和控制，建立有害生物监测预警及风险管控机制。

4.1.4 农田生态修复

随着城市化、工业化的发展及农业的规模化发展，受农用品投入、固体废弃物堆放、污水农灌及大气沉降等因素影响，铅、汞、镉、砷及铬等重金属在田地土壤中的积累现象极其严重。农田土壤退化、农产品安全等问题愈发严峻，重金属污染通过食物链严重威胁着人体健康，成为农业环境领域亟待解决的关键问题之一。目前已有多种农田生态修复技术，并在实践过程中取得了一定的成效。

4.1.4.1 农业工程修复技术

农田污染工程修复技术主要有客土、换土、深翻土三种方式❶，客土法是指在污染土壤上面覆盖一层无污染的土，其修复效果受到原土壤和覆盖土性质影响。换土法是指将原受污染的土壤表层挖走，再添加等量的新土。深翻土法是指将土壤的耕作层与深耕层相交换融合，使分布在土壤表层的大量污染物均匀地分散到土壤中，通过土壤本身的自净能力来修复，适用于污染程度轻、土层厚的土壤。农业工程修复技术的治理效果明显，但修复的成本高、操作困难、周期长。

4.1.4.2 土壤微生物修复技术

土壤微生物是环境修复的巨大宝库。土壤微生物作为土壤—植物之间的中介，可以通过生物积累、生物吸附等生物富集和生物氧化还原、甲基化与去甲基化以及重金属污染物的溶解和有机络合配位降解等环境友好的方式来影响植物的生长和污染物的吸收，通过对香蒲进行研究，发现其根际中分离出的 11 种好氧细菌菌株，均能钝化镉，部分菌株对锌、铁、锰有良好的钝化效果。而单一微生物的修复效果虽不明显，但可与其他方式组合，提高土壤的微生物修复技术效率。

4.1.4.3 农田农艺修复技术

合理的农艺措施能降低作物对重金属的吸收，可通过种植重金属低积累植物、改变土壤的理化性质、有效的田间管理和科学性施肥等方式实现。

A 科学使用化肥

农药、化肥的使用能很好地增加农产品的收成，因此农田土壤污染的一个重要原因就是农药、化肥的大量使用❷。为避免农田土壤污染，需要科学地使用农药、化肥。这就需要先就土壤肥力进行调查，再根据需要设定配方进行施肥，同时要对农药进行合理使用。生物有机肥不仅能增加土壤肥力，改善土壤的性状，而且其有机质含量丰富。

B 实施秸秆还田

秸秆被微生物分解后产生的腐殖质类物质可提高有机质含量，增加土壤肥力，还能改

---

❶ 刘顺翱，吴昊，胡钧铭，等．农田重金属土壤健康钝化技术研究及应用趋势［J］．农学学报，2020，10（3）：6-11.

❷ 高小龙．农业生态修复技术在农田土壤重金属污染中的应用［J］．乡村科技，2019，219（15）：112，114.

善土壤板结现状，协调土壤水肥气热条件以及提高土壤中微生物数量和酶的活性，创造利于根系生长的土壤环境。秸秆能对污染土壤环境进行调节，对生物的有效性进行改变。秸秆腐熟分解后产生的氨基酸等有机酸和一些含硫等杂环化合物能与金属离子、金属氧化物形成较稳定的金属络合物，从而减弱危害。

4.1.4.4 农田多模式联合修复技术

采用植物和微生物钝化剂联合组成土壤—植物—微生物复合体，可提高植物对污染的抗性，以实现农田污染修复。在污染农田采取钝化剂与低积累作物品种相结合，以提高钝化剂的修复效果，也可将抗重金属水稻品种与钝化剂联合施用，以提高作物产量。

4.1.5 草地生态修复

退化草地是指天然草地在干旱、风沙、水蚀、盐碱、内涝、地下水位变化等不利自然因素的影响下，或过度放牧与割草不合理利用，或滥挖、滥割、樵采破坏草地植被，引起草地生态环境恶化，草地牧草生物产量降低、品质下降，草地利用性能降低，甚至失去利用价值的过程。

针对不同类型的不同退化程度的草地，从促进植被自然恢复、改善土壤理化性质、增进土壤种子库等方面入手[1]，在进行退化草场生态修复过程中，要结合草场的实际情况，做到科学选择修复技术和修复模式。近自然修复是指按照草地植物的自然分布规律及生长特点，采取较少人为干预措施，促进退化草地植被修复的方法。常见方式有封育、禁牧、休牧、轮牧等。(1) 对于覆盖度相对较好的退化草场，采用围栏封育的形式，能在短时间内恢复草场的生态功能。由于对整个地区进行有效的围栏封育，因此可不破坏原有的植被，免遭人为采挖和牲畜的啃食践踏，使天然牧草得以休养生息，并依靠植物的自我修护功能，修复退化的草原。(2) 对于覆盖度不是很好的地区，采用围栏封育和切根振动深松技术相结合的方法，能有效打破土壤层原有结构，使土壤层疏松多孔，有利于牧草的根系的生长发育，同时还能改善土壤的理化性质，科学调整土壤中的水肥气热等多方面的因素，减少地表径流，增加土壤的蓄水保水能力，同时还具有抗旱防涝、抗盐碱化的作用，能为牧草营造良好的生长环境。(3) 对于覆盖度相对较低、生态功能严重下降的地区，通常采用禾本科牧草和豆科类牧草混合播种的模式。在播种前对地表的原生植被进行清理，达到平整土地、细碎土壤的作用，为牧草的生根发芽奠定坚实基础。

人工促进修复是指采取人为措施促进退化草地修复的方法。在进行人工修复前，对辖区范围的草原进行围栏隔离，防止牲畜和人类随意进出践踏草场。选择用多功能切根机对所在草场进行一次切根作业，不破坏土壤的原有结构，为牧草根系生长发育奠定坚实的基础。同时，切根可以改善土壤的物理性质，调控好土壤的水肥气热等条件。通过有效的切根深松作业，还能减少地表的径流量，增加土壤的蓄水量，更好地接纳天然降水，并有利于人工补播牧草。

在退化草场生态修复中，针对不同的治理模式，采用免耕补播人工种草的方式进行补种，并保证多种牧草科学搭配，营造复杂的群落结构。本次研究所补种的牧草主要为羊草、披碱草等适宜品种。在采取人工免耕补播过程中，能确保原有的植被不被破坏。对于

[1] 杨昌祥．退化草原生态修复技术应用效果［J］．畜牧兽医科学（电子版），2020，79（19）：153-154.

牧草生长较为旺盛的地区，采用围栏封育，让其自然修复。对于覆盖度相对较好的地区，采用切根震动深松作业，打破犁底层，促进牧草根系的生长发育，让其自然修复。对于部分覆盖面积相对较少的草场，在进行围封的基础上，进行免耕人工播种。对于生态恶化严重的地区，选择使用豆科类牧草和禾本科牧草进行混合播种。

针对不同沙化草原的地貌、风向、坡度、植被等情况，面积大小等环境特征，前人的治沙经验是首先要使流沙固定，为植物的定居和生长创造良好的环境。流沙固定技术一般分为在流沙表面喷洒化学胶结物质来固定流沙表面的化学固沙；通过设置机械沙障来改变下垫面性质，从而达到防风固沙的目的的机械固沙；通过应用适宜的造林种草技术与模式，以及封沙育林草恢复沙地植被的生物固沙三种类型。

4.2 山水林田湖草一体化生态修复治理体系

山水林田湖草是一个生命共同体，其中人的命脉在田，田的命脉在水，水的命脉在山，山的命脉在土，土的命脉在林和草。这揭示了生态系统各要素之间以及整个生态系统与人的依存关系，是相互依存、紧密联系的有机链条。山水林田湖草等生态系统各要素，既有各自内在的结构、功能和变化规律，又与其他要素相互耦合、相互影响。治山、治水、治林、治田、治湖、治草任何一个环节的动作，都会影响到其他环节，乃至影响生态系统全局。因此，国土空间生态修复工作应当坚持系统观念，对其进行整体保护、系统修复和综合治理，治山、治水、治气、治城要一体推进。为了更好地树立大局观、全局观，算清长远账、整体账，要把山水林田湖草作为一个生命共同体来统筹考虑、综合施策。

4.2.1 构建山水林田湖草生态修复空间治理体系

构建山水林田湖草生态空间治理体系，主要从以下三个方面进行构建。一是开展山西省山水林田湖草生态修复空间规划，推进国土空间综合整治优化，严格生态空间源头管控；二是构建山水林田湖草生态修复协调管理体系，冲破政府之间壁垒，实现省市县三级政府联动管制；三是实施山水林田湖草生态修复的精细化治理，形成“法律法规+实施政策+标准规范”的生态空间施政体系。

4.2.1.1 开展山水林田湖草生态修复空间治理规划

国土空间规划是国家空间发展的指南、可持续发展的空间蓝图，是各类开发保护建设活动的基本依据。建立国土空间规划体系并监督实施，将主体功能区规划、土地利用规划、城乡规划等空间规划融合为统一的国土空间规划，实现“多规合一”，强化国土空间规划对各专项规划的指导约束作用，是党中央、国务院作出的重大部署。党的十九大明确要求“完成生态保护红线、永久基本农田、城镇开发边界三条控制线划定工作”“加大生态系统保护力度”。由此可见，近年来国家发布的方案以及通知均以解决各类空间性规划矛盾作为重要目的，如何科学划分生产、生活和生态三大空间，合理界定建设用地、农业用地、生态用地，并制定相应的三类空间、六类分区综合管控措施，已成为空间规划改革中的一项重要任务。因此，按照人口、资源和环境相均衡，经济、社会和生态效益相统一原则，结合“两山七河一流域”布局，科学划定生态功能区，科学有序地统筹布局生态、农业、城镇等功能空间，划定生态保护红线、永久基本农田、城镇开发边界等空间管控边界，强化底线约束，为可持续发展预留空间，有序推进山西省国土空间综合整治优化，严格生态空间源头管控。

生态功能区是指承担水源涵养、水土保持、防风固沙和生物多样性维护等重要生态功能，关系区域的生态安全，需要在国土空间开发中限制进行大规模高强度工业化城镇化开发，以保持并提高生态产品供给能力的区域。

三类空间包括生态空间、农业空间、城镇空间，它们既不像生态保护红线、永久基本农田保护红线是国土空间资源保护的核心区域，又不像城镇开发边界是承载开发建设项目落地的主要空间载体，导致管控要求和划定方法弹性较大。在划定“三区三线”时，“三区”突出主导功能划分，“三线”侧重边界的刚性管控，新的“三区三线”要服务于全域全类型用途管控，管制核心要由矿产资源单要素保护向山、水、林、田、湖、草全要素保护转变。在三类空间划定过程中，必须根据保护重点和发展差异，对指标进行差异化设定，形成更加符合实际的三类空间。首先，根据主体功能区规划确定各市县的主体功能，设定三类空间功能的占比。其次，对生态、农业、城镇的功能适宜度进行梳理，并对区域的功能适宜度高低进行划分，最后，综合考虑国土空间所处区域的主体功能、地方特点，以及空间发展战略，甄别划分后划定三类空间。

生态功能空间规划和“三区三线”空间划定在支撑城镇化快速发展、促进国土空间合理利用和有效保护方面发挥了积极作用，综合考虑人口分布、经济布局、国土利用、生态环境保护等因素，科学布局生产空间、生活空间和生态空间，谋划新时代国土空间开发保护格局。这是加快形成绿色生产方式和生活方式、推进生态文明建设的关键举措，也是促进治理体系和治理能力现代化、实现“两个一百年”奋斗目标和中华民族伟大复兴中国梦的必然要求。

4.2.1.2 实施山水林田湖草生态修复的精细化治理

针对现状，对基本生态空间实施精细化、差异化和规范化管理。坚持节约优先、保护优先、以自然恢复为主的方针，统筹山水林田湖草系统治理，持续开展人工造林、封山育林，恢复湿地、湖泊，增强环境资源再生能力以及生态自然修复能力。针对不同区域的山水林田湖草破坏情况和资源差异，建立分级分类管理制度。对于轻度受损、恢复力强的山水林田湖草生态系统，采取以自然恢复为主的措施；对于中度受损的山水林田湖草生态系统，结合自然恢复采取辅助再生措施；对于严重受损的山水林田湖草生态系统，需进行生态重建。在实施过程中，由省级相关政府组织协调，依据“三区三线”以及经济发展定位，确定各市级生态修复任务，各市级政府根据生态修复任务以及山水林田湖草生态修复分级分类管理制度，确定生态修复手段，将适宜由县级政府发挥信息、管理优势的基本生态修复职能下移，由县级政府实施不同的、有针对性的管治措施，明确各个主体的责任和管治范围。

4.2.2 创建山水林田湖草生态修复协同治理体系

生态修复需要社会组织多元参与，从消极地对山水林田湖草生态空间进行管控治理，走向积极地合理利用社会资源共同参与，全过程参与，落实各参与主体责任，使得资源、组织、政策和产业协同发力，构建区域之间生态修复协同建设和运维管理机制，发挥各组织协同治理效应。山水林田湖草一体化保护和修复是以政府部门作为主导，社会公众共同参与的一项系统工程，通过构建山水林田湖草生态修复的多主体协同治理体系，推进山西省山水林田湖草生态修复工作的顺利进行。

4.2.2.1 发挥政府主导作用，落实生态修复措施

山水林田湖草一体化保护和修复是以政府部门作为主导，企业为主体，社会组织和公众共同参与的一项系统工程。相较于其他社会主体，政府部门在维护地方统治秩序、沟通联络中央政府与民众、制定政策制度、促进社会公平等方面具备不可代替的作用。因此，在山水林田湖草一体化保护和修复工作中，各级政府需要发挥主导作用，并对企业、社会组织及公众发挥监督作用。

在生态修复过程中发挥其主导作用主要体现在以下几个方面：一是政府部门在生态修复措施统筹上发挥主导作用，针对山水林田湖草的破坏原因，落实生态修复措施。可由政府负责治理，通过公共支付解决，按照属地管理原则，具体负责辖区内历史遗留的生态破坏问题的直接修复责任。二是在政策制度制定方面，各级政府应贯彻绿色发展理念，发挥主体作用，严明生态环境保护责任制度，坚持问题导向，把源头预防、过程控制、损害赔偿、责任追究贯穿落实到政策制度上，通过制定山水林田湖草一体化保护和修复的法律、政策、机制等有效的绿色管理制度政策，建立山水林田湖草一体化保护和修复问题解决的博弈规则，从而限制山水林田湖草的破坏行为。三是按照平等协作原则，发挥政府的监督作用，协调企业、民众等主体关系，解决社会治理主体之间的资源配置问题，从而实现同其他社会主体之间的协作共赢；从而实现山西省生态修复治理体系和治理能力现代化。

4.2.2.2 合理引导社会企业，组织社会资金流入

政府可以采用多元筹资方式，包括 PPP 模式、贷款融资、资金融资、国家专项建设债务、政策性中长期贷款等。政府和社会资本的合作模式采取引入竞争机制，公开、公平地选择具有相应建设、运营、管理经验和专业水平、投融资能力以及信用状况良好的社会资本方作为项目的合作伙伴，采取竞争性方式择优选择具有投资、运营管理能力的社会企业，双方按照平等协商原则订立合同，明确责权利关系，由社会资本组织实施项目，政府依据项目工程造价审核、财务决算审计报告及验收批复向社会资本方支付相应对价，保证社会资本获得合理收益。

发展改革委、财政部、国土资源部、农业部、水利部、环保部等部门，通过大数据建立项目库，对政府出资参与的项目建立联评联审机制，通过审查的项目报经当地政府批准后实施。这种模式能够实现政府部门和私人部门的优势互补，摆脱融资约束，更好地实现公平和效率的目标。在山水林田湖草治理过程中，要合理确定政府和企业的权利和义务，理顺收益关系，这是社会资本进入山水林田湖草生态补偿领域的前提。另外，政府必须采取平等协商的方式，按照权责分配风险和收益，明确项目的产出说明和绩效要求、收益回报机制、退出安排、应急和临时接管预案等关键环节，实现责权利对等。引入价格和补贴动态调整机制，充分考虑社会资本获得合理收益，涉及需要跨区域与政府合作的情况，要建立合理的组织管理体系。

4.2.3 健全山水林田湖草生态修复政策制度体系

4.2.3.1 健全山水林田湖草生态修复管理政策

山水林田湖草一体化保护和修复的效果受到多种因素的影响，各治理主体的认知、能

力、外在环境、发展阶段等都会对山水林田湖草的保护和修复效能产生极大的影响。上至山西省政府，下至乡镇政府，自上而下地设定山水林田湖草生态修复效果的目标，并对辖区山水林田湖草生态修复的效果建立第三方机构评价机制，支持公益性社会组织开展山水林田湖草生态修复效果的调研、论证和评价工作。在山水林田湖草生态修复效果的评估阶段中，第一步就是设立生态修复目标，这依赖于政府相关生态修复标准和政策。因此，山西省在制定生态修复政策中主要依据以下要求：一是从全省出发，地方各级政府在山水林田湖草一体化保护和修复过程中不能孤立地看待各个区域的问题，要站在全省总体战略的角度看待各区域内山水林田湖草保护和修复工作，使各区域的工作能够符合全省整体战略。二是体现山西省环境质量进步的要求，以保持山水林田湖草等自然资源生态系统的健康状态，防止煤炭等自然资源的开采利用对水体、空气、森林、土壤等造成污染。三是充分考虑当地的具体特征，对当地山水林田湖草破坏情况、保护和修复情况、发展战略、当地经济水平等进行实地调研，采用类比分析等方式，因地制宜，提高山水林田湖草生态修复效率。四是体现山水林田湖草一体化保护和修复的长效性，解决思想观念落后、制度不完善和政策措施不协调问题，建立具有整体性、专业性、协调性的大区域合作平台，明确不同部门、不同利益相关者的责任和任务，促进山水林田湖草保护和修复的政治制度、经济制度、社会制度和文化制度的形成和发展，形成政府、社会企业、组织和群众共同参与、共同治理的局面。

4.2.3.2 健全山水林田湖草生态修复经济政策

以改善生态环境质量为核心，针对山水林田湖草生态现状，坚持污染防治和生态保护“两手发力”。在投入机制创新方面，释放政策红利，创新多元投入渠道，鼓励社会资本参与重大工程建设，提出了一些比较有针对性和管用的政策举措，从而促进建立完善可持续的重大工程长效建管机制，逐步打通绿水青山转为金山银山的通道。为鼓励引入社会资本和民众参与，按照谁修复谁受益的原则，对公共自然资源配置方式作出安排。通过赋予一定期限的自然资源资产使用权，建立健全全民所有自然资源的有偿使用制度，更多地引入竞争机制进行配置，完善土地、水和矿产资源的有偿使用制度，实现资源的有偿获得和使用。通过制定激励社会资本投入生态保护和修复的政策措施，保障各类社会主体平等享受财政、土地等优惠政策的权利，鼓励金融支持，稳定政策预期，吸引社会资本积极参与重大工程的建设和管理，积极推动生态旅游、林下经济、生态养老、生物能源等各种特色产业的发展，探索重大工程市场化建设、运营、管理的有效模式，完善市场化、多元化的生态保护补偿机制。

4.2.3.3 健全山水林田湖草生态修复技术政策

网络信息技术是全球研发投入最集中、创新最活跃、应用最广泛、辐射带动作用最大的技术创新领域，是全球技术创新的竞争高地。在技术层面上，从多种措施中进行措施优选，实现山水林田湖草生态保护和修复目标。首先，利用气象观测、数值模拟、卫星遥感、地理信息系统等技术手段，融合其数据，建立数字化系统，完善山水林田湖草生态环境信息化机制。明确组织机构，由自然资源厅统筹，实现各部门数据共享，加强基础设施建设，推进生态大数据建设，保障生态数据的客观性、开放性和权威性。其次，加大对矿山生态系统、森林生态系统、湿地生态系统、农田生态系统、河流生态系统、草地生态系统的保护措施和修复治理技术的基础理论研究。突破原有的修复治理模式，根据不同生态系统的主要生态功能，开展基于生态功能的退化生态系统评价技术与诊断方法研究，识别不同生态系统生态退化的关键指标，建立完善各生态系统修复效果的评价体系。最后，依据山水林田湖生态修复进展，从生态环境影响与风险、经济技术可行性、社会可接受性等方面进行综合评价，开展修复方法模拟预测，筛选相对最优的生态保护修复措施和技术。

4.3 汾河中上游山水林田湖草一体化生态修复

4.3.1 背景意义

4.3.1.1 国家背景

党的十八大以来，党中央、国务院把生态文明建设摆在更加重要的战略位置上，纳入“五位一体”总体布局，作出一系列重大决策部署，出台《生态文明体制改革总体方案》，明确提出“树立山水林田湖是一个生命共同体的理念，统筹考虑自然生态各要素进行整体保护、系统修复、综合治理”的要求。生态文明建设已上升为国家战略。习近平总书记在党的“十九大”报告中指出，生态文明建设必须秉承“人与自然和谐共生”和“绿水青山就是金山银山”的理念，坚持节约资源和保护环境的基本国策，像对待生命一样对待生态环境。

2016 年，财政部、国土资源部、环境保护部联合印发了《关于推进山水林田湖生态保护修复工作的通知》，进一步明确了山水林田湖生态修复工作的重要性。提出组织实施山水林田湖生态保护修复重大工程，按照生态系统的整体性、系统性及其内在规律，开展山水林田湖生态保护修复，对山上山下、地上地下以及流域上下游进行整体保护、系统修复、综合治理，实现格局优化、系统稳定、功能提升，关系到生态文明建设进程，也关系到国家生态安全格局和中华民族永续发展。2019 年，习近平总书记在黄河流域生态保护和高质量发展座谈会上发表重要讲话，提出“共同抓好大保护，协同推进大治理，让黄河成为造福人民的幸福河”。强调“重在保护，要在治理”，坚持山水林田湖草综合治理、系统治理、源头治理。黄河流域生态环境问题，表象在黄河，根子在流域，汾河作为黄河的一级支流，汾河流域治理对保护黄河流域具有重要意义。

4.3.1.2 山西省背景

山西省人民政府高度重视生态环境保护工作，牢记习近平总书记在山西考察时提出的“先天条件不足，是山西生态环境建设的难点”。同时，由于发展方式粗放，留下了“生态破坏、环境污染的累累伤痕，使山西生态任务更加艰巨”重要论述，以及“要高度重视汾河的生态环境保护，让这条山西的母亲河水量丰起来、水质好起来、风光美起来”的嘱托，认真贯彻《国务院关于支持山西省进一步深化改革促进资源型经济转型发展的意见》（国发〔2017〕42 号）精神，坚持“山水林田湖草是一个生命共同体”和“绿水青山就是金山银山”的理念，把生态文明建设摆在突出的位置，在生态环境保护上先行先试、勇闯新路，努力探索出生态文明建设的“山西模式”。

山西省先后出台了《山西省生态文明体制改革实施方案》《山西省人民政府关于加强环境保护促进生态文明建设的决定》（晋政发〔2012〕12 号）《山西省“十三五”环境保

护规划》《山西省生态保护红线划定方案》《太行山吕梁山生态系统保护和修复重大工程总体方案》《汾河流域生态修复规划》等七河生态修复规划，《山西省汾河流域生态修复与保护条例》等一系列指导性文件，把生态系统修复作为生态文明建设的重要内容之一，并制定实施了“生态山西”重大战略。先后启动实施汾河流域修复，全面谋划实施六河生态修复，全面打响以“两山七河”为重点的生态修复攻坚战。

2018 年，山西省申报的汾河中上游山水林田湖草生态保护修复工程项目，成功纳入财政部等部委组织的全国山水林田湖草生态保护修复工程试点范围。随后，山西省制定了《山西省汾河中上游山水林田湖草生态保护修复工程试点实施方案（2018—2020 年)》，对工程试点区进行山水林田湖草生态保护修复。山西省汾河中上游生态保护修复工程试点自然生态要素齐备，生态功能完整，是华北平原生态屏障和山西最重要的水源涵养区。对调节区域气候和提升生态环境功能具有不可替代的作用，在国家生态安全格局中占有重要的地位❶。

4.3.1.3　汾河中上游流域背景

忻州市委、市政府高度重视汾河中上游山水林田湖草生态保护修复试点工程，多次召开试点工作会议，就汾河中上游山水林田湖草生态保护修复工作进行研究部署，先后出台了中共忻州市委忻州市人民政府关于印发《忻州市汾河中上游山水林田湖草生态保护修复工程试点实施方案（2018—2020)》的通知（忻市发〔2018〕29 号)；忻州市财政局关于印发《忻州市汾河中上游山水林田湖草生态保护修复工程专项资金管理办法》的通知（忻财建二〔2019〕7 号)。忻州市依据《山西省汾河中上游山水林田湖草生态保护修复工程试点（忻州）区实施方案》的相关规定，在对现实存在的生态环境问题进行分析的基础上，确定了生态保护修复的工程项目类型、规模与范围。针对静乐和宁武县境内汾河干流及生态环境问题较为典型的支流所构成的流域范围内的生态环境问题，布局了汾河川工程项目，制定了项目管理办法、资金管理办法和工作流程等，举全市之力确保汾河中上游逐步得到修复和有效保护，实现经济社会与自然环境的协调发展。

4.3.2　重要性和必要性

4.3.2.1　推进生态文明建设的需要

良好生态环境是最公平的公共产品，是最普惠的民生福祉。党的“十八大”首次将生态文明建设纳入中国特色社会主义事业“五位一体”总体布局。十八届三中全会进一步将生态文明纳入全面深化改革的总目标。“推进生态文明、建设美丽中国”是习近平新时代中国特色社会主义思想的重要内容之一。国务院出台的《关于支持山西省进一步深化改革促进资源型经济转型发展的意见》要求山西省落实最严格的水资源管理制度，全面落实河长制，加快推进汾河等流域生态修复和系统整治；要求加强黄土高原地区沟壑区保塬工作；要求加快水权交易市场建设；要求实施大规模植树造林。要坚决贯彻绿色发展理念，坚决打赢大气、水、土壤污染防治三大战役。把改善生态环境质量作为转型发展的题中之

❶ 付扬军，师学义，和娟．山水林田湖草生态保护修复工程控制性规划的编制——以山西省汾河上游为例［J］．中国土地，2019（11)：34-36.

义；要切实抓好生态环境保护工作，开展铁腕治污，系统整治山水林田湖，实现绿色可持续发展。

山西省人民政府高度重视生态环境保护工作，牢记习近平总书记在山西考察时指出的“先天条件不足，是山西生态环境建设的难点。同时，由于发展方式粗放，留下了生态破坏、环境污染的累累伤痕，使山西生态建设任务更加艰巨”重要论述，以及“要高度重视汾河的生态环境保护，让这条山西母亲河水量丰起来、水质好起来、风光美起来”的嘱托。山西省汾河中上游山水林田湖草生态保护修复工程试点区自然生态要素齐备，生态功能比较完整，是华北平原重要生态屏障和山西最重要的水源涵养区。对调节区域气候、改善空气质量、提升生态环境功能和保障山西供水安全具有不可替代的作用，在国家生态安全格局中占有重要的地位。

4.3.2.2 建设生态绿色山西的需要

山水林田湖草是生态系统的重要组成部分，构成了人类赖以生存发展的基础，在生物多样性维持、气候调节、环境净化、涵养水源、土壤保持等方面发挥着重要作用。而统筹山水林田湖草系统治理，则是推进生态文明、建设美丽中国的具体路径和重要抓手，是新发展理念中“绿色发展”理念的具体化。山西省先后启动实施汾河流域修复，全面打响以“两山七河”为重点的生态修复攻坚战。重点推进重点河流综合防治，加强良好水体保护，优先开展河流源头水环境保护，制订实施生态环境保护方案，系统整治山水林田湖，把改善生态环境质量作为转型发展的题中之义，切实抓好生态环境保护工作，实现绿色山西可持续发展。

4.3.2.3 修复汾河上游水生态的需要

汾河流域对山西省经济社会转型发展、绿色发展具有举足轻重的地位，汾河上游是山西最重要的水源地，汾河上游水源涵养区及中上游干流的水生态保护修复具有储水、调水和水资源补给与再生等多种重要的生态功能。习近平总书记在视察山西时特别嘱咐：“要高度重视汾河的生态环境保护，让这条山西的母亲河水量丰起来、水质好起来、风光美起来”。开展生态保护修复工程，可有效遏制流域内生态环境破坏和恶化趋势，使流域内生态环境得到修复与有效保护，对汾河水源地保护及汾河水生态修复具有重要作用，对改善山西生存环境、促进社会经济的转型发展均具有至关重要的战略意义。

4.3.2.4 治理流域水土流失的需要

流域地形地貌为黄土丘陵沟壑区，由于长期的强烈土壤侵蚀，地面切割得支流破碎，沟壑纵横。项目区地面被黄土覆盖，只有在沟道内有基岩出露，呈现出沟壑纵横、梁卯起伏的特点，水土流失严重。产生强烈水土流失的原因主要受自然条件影响，以及粗放式发展。因此，在该区域内遵循“整体保护、系统修复、综合治理”的原则，开展生态保护修复工程试点，研究一套符合黄土丘陵区生态环境综合治理的技术体系，建立不同类型的示范区，对黄土丘陵区开展生态环境综合治理具有不可替代的示范作用。

4.3.2.5 实施流域整沟治理的需要

流域生态修复将河流所在的流域作为一个整体，从根本上修复受损河流生态系统。从源头到河口，上中下游、干支流、左右岸、水量水质之间形成了完整的生态系统，水流量、水流情势从上游到下游的变化，影响并改变着河流生物多样性、生态系统的完整性。

任何对流域局部或某一要素造成的生态损害，都会引起整个流域生态系统发生变化，甚至演变为对流域的累积或叠加影响。因此需要将流域生态修复作为一个整体，综合考虑对遭受破坏的生态系统全面修复，把握生态系统演替方向和过程，满足人类社会可持续利用。整沟治理是忻州市生态建设和脱贫攻坚相结合的示范工程，在汾河中上游山水林田湖草生态保护修复试点县静乐县已取得诸多成功经验。

4.3.2.6 改善区域环境的需要

本项目主要以造林绿化、河道治理、生态恢复工程和农田治理与提升工程为主。充分利用河道自然地形进行规划，恢复自然，改善当地生态环境，给当地居民提供一个优美、舒适的生活环境。本项目的实施能够有力地抵挡风沙，调节空气湿度和温度，吸收空气中灰尘和二氧化碳等污染物，有效恢复森林植被，改善生态资源现状，提高农田土地质量，改善林业结构，巩固造林绿化成果，加速林业转型发展。同时可以提供优美的自然景观，显著提升润子沟山地景观、生态景观以及农田景观，对改善人居环境、建设生态绿色静乐具有重要意义。

4.3.2.7 促进经济转型的需要

山水林田湖草是“绿水青山”的基底，也是决定区域空间发展以及资源环境承载能力的重要因素。习近平总书记在山西考察期间指出：“实现资源型地区经济转型发展，形成产业多元支撑的结构格局，是山西经济发展需要深入思考和突破的重大课题”。在太原主持召开的深度贫困地区脱贫攻坚座谈会上提出：“深度贫困地区往往处于全国重要生态功能区，生态保护与经济发展的矛盾比较突出”。深度贫困的主要成因之一是汾河上游地区土地治理破碎，自然条件恶劣，既是深度贫困县，又是生态环境保护的重点县。国务院在《国务院关于支持山西省进一步深化改革促进资源型经济转型发展的意见》（国发〔2017〕42 号）文件中提出“以提高发展质量和效益为核心，以推进供给侧结构性改革为主线，改善生态环境质量，实现资源型经济转型实质性突破，将山西省建设成为创新创业活力充分释放、经济发展内生动力不断增强、新旧动能转换成效显著的资源型经济转型发展示范区”。山西省人民政府颁布的《贯彻落实国务院支持山西省进一步深化改革促进资源型经济转型发展意见行动计划》中指出要走出一条转型升级、创新驱动发展的新路。

4.3.2.8 实现脱贫攻坚的需要

保护生态环境就是保护生产力，改善生态环境就是发展生产力。山水林田湖草生态修复不仅能通过引导贫困地区人口直接参与工程建设获得收益，还可通过建立生态旅游、特色农业、易地扶贫等生态扶贫模式实现贫困地区的可持续发展。经济发展模式单一，水土流失严重，生态致贫问题突出，寻求以山水林田湖草生态保护修复工程为重点，破解生态环境难题，实现生态系统“格局优化、系统稳定、功能提升”是脱贫攻坚和乡村振兴的先决条件。通过生态保护修复项目的实施，可以以山林修复带动旅游业；以山林开发联动山林养殖，积极发展经济林产业；以水道河网修复贯通山水田林湖草整个生态系统；以湿地修复、调节洪涝、产业联动、最终达到推动经济发展、实现脱贫攻坚的目的。

4.3.3 基本原则

4.3.3.1 保护优先原则

尊重自然、顺应自然、保护自然是基本原则。在生态利益和其他利益发生冲突时，优先考虑生态利益，满足生态安全的需要；坚持节约优先、保护优先、自然恢复为主的方针，给生态恢复留足空间和时间；保护山水生态格局，构建山水绿色廊道，凸显区域地方特色。

4.3.3.2 以人为本原则

把为民、惠民、利民思想贯穿于生态保护修复实施的全过程，根据不同区域的生态环境问题，填平补齐生态要素，因地制宜地开展保护修复各项工作，改善环境质量，保障生态安全，形成人与自然和谐发展、保护与修复有机结合的新格局。

4.3.3.3 系统修复原则

在明确生态环境突出问题的基础上，按照全国、山西省生态功能重要性，合理安排生态保护修复项目，兼顾拓展区域的关联性，系统推进生态保护与修复。要遵循系统性原则，将山、水、林、田、湖、草纳入统一的系统，进行整体规划和综合治理。按照生态系统的整体性、系统性及其内在规律，统筹考虑自然生态各要素，进行整体保护、系统修复、综合治理。各要素之间要协调搭配、相互适宜，从而形成稳定健康的生态系统，达到综合治理的目的。

4.3.3.4 科学合理原则

要对整个项目进行科学布局，根据项目区的实际情况，在科学评价的基础上进行空间布局，确定项目实施地块及实施模式。项目在实施时与地方实际情况相结合，参考以往的成功经验进行选择设计。珍惜和合理利用土地，切实保护耕地，尽量增加有效耕地面积，为实现耕地总量动态平衡服务。科学适度地开发宜耕土地，提高农业基础设施配套程度，完善田间路网及排水设施，达到补充耕地面积、提升耕地质量、增强抵御自然灾害能力的目标。在实地调查的基础上，根据项目区立地条件，因地制宜、高标准地进行造林作业设计，以提高耕地质量、提升农业产出能力为原则，使项目具有可操作性。绿化造林应根据立地条件，选择最适宜的树种，并根据造林对象预期的主要功能有目的地进行造林作业设计，在不影响主要功能发挥的前提下，达到环境景观美化协调统一的目的。

4.3.3.5 保障效益原则

生态效益是保障，只有保护和改善生态环境，提高环境的容纳能力和自我调节能力，修复成果才能得到巩固，才具有持续生命力。经济效益是基础，只有在项目实施后耕地整体生产能力增强，农业产量产值增加，农业生产效率提高，资金投资回报率才有所保证，修复整治才能顺利进行并良性发展。社会效益是支撑，只有在项目完成后能够显著降低农民种田成本，增加农民收入，同时通过土地整治，提高耕地质量，合理增加耕地面积，为经济提供更大的发展空间，建设成果才可能获得广泛的社会支持，拥有较强的社会生命力。

4.3.3.6 机制创新原则

建立生态系统保护修复的组织、推进、管护、考核、奖励、责任追究等管理制度；构建协同有序、高效务实的生态保护修复机制，以点带线，以线带面，发挥试点项目的联动效应；充分考虑各级政府部门财政承受能力，坚持政府主导，整合财政资金向试点区倾斜，保障项目区生态保护修复工程的顺利实施。

4.3.4 理念

坚持“山水林田湖草是一个生命共同体”和“绿水青山就是金山银山”的理念，以润子沟自然资源和生态本底调查为基础，坚持“节约优先、保护优先、自然恢复”的方针，坚持“整体设计、系统修复、综合治理”的生态保护修复思路，以生态修复为主、人工干预为辅的方式，总体兼顾上下游、左右岸、干支流，开展山水林田湖草生态保护修复，实施全域系统修复。遵循“人工引导、自然发育、自然演替”的原则，从系统性角度出发，强调生态系统的完整性，突出山水林田湖草之间的内在生态过程和生态联系。在空间维度上，摒弃过去单一“点”或“线”层面的生态修复，转向由“点—线—面”相结合的系统性生态修复。在时序维度上，统筹安排“修山理水、营林调田、蓄水保土、生态修复”等生态修复工程，确保修复后的整体生态效益最大化。

4.3.5 布局

空间布局上，遵循“人工引导、自然发育、自然演替”的原则，以河流廊道为轴线，兼顾上下游、左右岸、干支流，开展“山上山下、地上地下、流域上下游同治”的山水林田湖草生态保护修复，推进整沟系统治理。上游固土保水，控制水土流失；下游清淤疏浚，进行河流综合治理。山上进行植被复绿；山下填筑沟壑，控制水土流失。

在不同生态功能区部署相应的工程措施，通过绿水廊道将各景观单元贯通，延伸河道综合治理、植被重建与生物多样性保护、农田整治建设、坡耕地提升建设、水土流失防治及水源涵养林的建设等。坚持人工修复与自然恢复相结合，以自然恢复为主，人工干预为辅的原则。坚持“山、水、林、田、湖、草”综合整治，以生态系统修复为核心，开展“修山理水、营林调田、蓄水保土、生态修复”等工程，各单元有机结合、兼顾重点。

本章小结

本章立足于资源型地区山水林田湖草沙一体化保护修复，系统阐述了一体化修复的机理与重要性。首先介绍了山体、水体、森林、农田、草地等主要生态系统的修复技术途径，然后上升到系统角度，指出山西省推进山水林田湖草沙一体化修复的必要性，同时提出开展山西省山水林田湖草生态修复空间规划，推进国土空间综合整治优化，严格生态空间源头管控，进而构建山水林田湖草生态修复协调管理体系，冲破政府之间的壁垒，实现省、市、县三级政府联动管制，最终实现山水林田湖草生态修复的精细化治理，形成“法律法规+实施政策+标准规范”的生态空间施政体系。最后将一体化保护修复理念落实到汾河中上游山水林田湖草沙修复中，阐明了实施一体化生态保护修复的必要性，并提出了修复原则、理念及布局，力争为山西省山水林田湖草沙一体化保护修复提供重要科学依据。

习 题

1. 简述山水林田湖草沙一体化保护修复的原理。

2. 简述山水林田湖草沙一体化保护修复的意义。
3. 简述山体生态修复的措施及重要性。
4. 简述水生态修复的途径与意义。
5. 简述森林生态修复的主要措施。
6. 简述农田生态系统修复的机理。
7. 简述草地生态系统修复的主要途径。
8. 如何实现山水林田湖草沙一体化修复治理体系？
9. 举例说明如何实现区域尺度山水林田湖草沙一体化修复治理。
10. 简述本章学习后对生态系统修复治理的感想。

5 生态脆弱区人工植被恢复及其生态效应

本章提要：

近几十年来，随着人口增长，人类生存和农业生产活动加剧，使得原本就脆弱的生态系统遭到更为严重的破坏，保持这些脆弱区生态稳定对国民生活和生产安全稳定具有重要意义。林草植被建设与恢复一直是我国干旱半干旱地区生态与环境建设的核心问题，与天然林保护、退耕还林（草）、防风固沙等联系紧密。这些措施一方面有可能在人为植树造林的影响下致使生态系统发生演变，另一方面也有可能在消除过度开垦、放牧和薪柴砍伐等人类活动的影响下恢复为原有生态系统。生态系统逆转过程由于人为改造的干预，其植被和土壤环境会发生全面的改善，基于非生物或生物变化，单独发生或同时发生，都可能使生态系统变化的演变偏离原有生态系统结构和功能。目前，越来越多的人认识到具有新物种组合和新非生物条件的生态系统出现的重要性，根据生态系统变化的程度，大致可以分为保持其原有结构和功能的系统、新旧混合结构和功能的系统、全新结构和功能的新系统。

5.1 天然封育对植被和土壤的影响

封育措施直接禁止了人为活动或减弱了牲畜对沙地生态系统植被和土壤的干扰，可以使天然植被在自身的弹性范围内得以恢复；同时，可以使植物群落生产力得到显著改善，增加物种多样性并促进沙地生态系统恢复。除了植被恢复，土壤状况的改善也是封育措施逆转沙漠化能否成功的关键。一般而言，当人为干扰消除时，土壤便会得到恢复，但土壤演变是一个非常重要而缓慢的过程，尤其是对于干旱荒漠生态系统。作为植物根系吸收养分和固着的基质，土壤对植被群落结构、动态、演替和固沙功能有极大的影响，因此土壤理化性质演变成为衡量沙化生态系统恢复的关键指标之一。目前，沙漠化逆转过程中土壤特征变化的研究主要集中在三个方面：（1）土壤物理性质，例如土壤的机械组成、容重、温度、湿度等；（2）土壤化学性质，例如土壤有机质、氮、磷的含量，电导率和 pH 值等；（3）土壤生物指标，例如土壤的呼吸强度、酶的活性、微生物和动物活动等。对于土壤物理性质而言，大量研究发现沙漠化逆转过程中土壤质地向着细粒化方向发展。例如，苏永中等[1]在科尔沁沙地的研究中发现，沙漠化逆转过程植被土壤黏粉粒含量逐年增加，

---

[1] 苏永中，赵哈林，张铜会，等．科尔沁沙地不同年代小叶锦鸡儿人工林植物群落特征及其土壤特性［J］．植物生态学报，2004，28（1）：93-100.

但短期恢复仅仅发生在土壤表层；齐雁冰等[1]在青海沙株玉地区的研究中发现，植被的盖度增加可以使沙面保持稳定，土壤颗粒分形维数逐渐提高。同时，也有研究发现土壤结构、土层特性、有效水分保持能力等土壤性质也会在沙化逆转过程中得到改善，使贫瘠的沙地中的养分含量（有机质、全氮、有效磷等）含量逐渐增加[2]。虽然已有大量关于封育对沙化土壤和植被的影响的研究，但目前多数研究集中于对封育的有益效应进行报告，而对于封育的负面效应报告则较少。尤其是在年降水量只有 100 mm 左右的干旱荒漠生态系统，封育措施会对土壤和植被产生怎样的影响，仍然是需要关注的科学问题。选择典型河西走廊荒漠绿洲过渡带，分析封育（禁止垦荒和放牧）自然恢复过程土壤理化性质和植被群落变化特征，以期为我国干旱地区荒漠绿洲过渡带植被的恢复提供数据支持和科学依据。

5.1.1　植被和土壤特征变化

5.1.1.1　土壤理化性质变化

随着封育年限的增加，灌丛下土壤的质地表现出细粒化的趋势，0~10 cm 土层和 10~20 cm 土层中的黏粒（<0.002 mm）和粉粒（0.05~0.002 mm）含量都显著增加。其中，0~10 cm 土层的黏粒从 4%增加到 9%，粉粒从 4%增加到 7%；10~20 cm 土层的黏粒从 3%增加到 6%，粉粒从 2%增加到 4%。而灌丛间的土壤黏粉颗粒则没有出现显著的变化（表 5-1）。

随着封育年限的增加，灌丛下土壤的肥力增加明显。0~10 cm 土层的有机质含量从 1.8 g/kg 增加到 5.8 g/kg，10~20 cm 土层的有机质含量从 1.3 g/kg 增加到 2.6 g/kg；灌丛下 0~10 cm 土层的全氮含量从 0.2 g/kg 增加到 0.6 g/kg，10~20 cm 土层的全氮含量从 0.1 g/kg 增加到 0.3 g/kg；灌丛下 0~10 cm 土层的全磷含量从 0.5 g/kg 增加到 0.8 g/kg，10~20 cm 土层的全磷含量从 0.5 g/kg 增加到 0.6 g/kg。而在灌丛间 0~20 cm 土层的有机质、全氮、全磷含量和 pH 值变化不显著（表 5-1）。说明封育后养分集聚在灌丛下，产生“沃岛效应”，土壤养分空间异质性增加。

随着封育年限的增加，灌丛下土壤的电导率显著增加，0~10 cm 土层的电导率从流动沙丘的 182 μS/cm 增加到固定沙丘的 471 μS/cm；灌丛下 10~20 cm 土层的电导率从流动沙丘的 169 μS/cm 增加到固定沙丘的 778 μS/cm（表 5-1）。

在封育过程中，灌丛下 0~10 cm 土层中的和 10~20 cm 土层中的盐分离子显著增加。灌丛下 0~10 cm 土层的 SO_4^{2-}、K^+ 与 Na^+ 的含量分别从 0.05 cmol/kg、0.02 cmol/kg 和 0.05 cmol/kg 增加到 0.34 cmol/kg、0.07 cmol/kg 和 0.90 cmol/kg，各自增加了 5.8 倍、2.5 倍和 17.0 倍；灌丛下 10~20 cm 土层的 SO_4^{2-}、K^+、Na^+ 的含量也有明显的增加，分别从 0.15 cmol/kg、0.004 cmol/kg 和 0.18 cmol/kg 增加到 0.61 cmol/kg、0.03 cmol/kg 和 2.35 cmol/kg，这些离子含量比未封育流动沙丘上的离子含量分别增加了 3.0 倍、6.5 倍和

[1] 齐雁冰，常庆瑞，惠泱河．人工植被恢复荒漠化逆转过程中土壤颗粒分形特征［J］．土壤学报，2007，44（3）：566-570.

[2] 吴彦，刘庆，乔永康，等．亚高山针叶林不同恢复阶段群落物种多样性变化及其对土壤理化性质的影响［J］．植物生态学报，2001，25（6）：648-655.

12.1 倍；而在灌丛间离子含量则增加得不显著，盐分主要集聚在灌丛下，产生“盐岛效应”。

表 5-1 不同封育年限 0~20 cm 土壤理化性质的变化

土层以及取样点/cm		年限/a	土壤质地/%			土壤化学性质				
			沙粒(1~0.05 mm)	粉粒(0.02~0.002 mm)	黏粒(<0.002 mm)	有机质/g·kg^{-1}	全氮/g·kg^{-1}	全磷/g·kg^{-1}	pH 值	电导率/μS·cm^{-2}
灌丛下	0~10	0	92.7^{b}	3.6^{a}	3.7^{a}	1.8^{a}	0.1^{a}	0.5^{a}	7.8	182^{a}
		5	86.8^{a}	4.8^{b}	8.4^{b}	2.8^{ab}	0.3^{a}	0.7^{b}	7.9	399^{b}
		10	84.7^{a}	6.6^{b}	8.7^{b}	5.8^{b}	0.5^{b}	0.8^{b}	7.9	471^{c}
	10~20	0	93.6	3.1	3.3	1.3	0.1	0.3	8.1	169
		5	90.8	4.1	5.1	1.4	0.2	0.3	8.2	1251
		10	88.8	4.3	6.9	1.6	0.3	0.5	8.0	778
灌丛间	0~10	0	94.9^{b}	1.8^{a}	3.3^{a}	1.3^{a}	0.2^{a}	0.5^{a}	8.1	169^{a}
		5	90.8^{a}	3.7^{b}	5.5^{b}	1.8^{a}	0.4^{b}	0.7^{b}	8.1	1251^{b}
		10	89.8^{a}	4.3^{b}	5.9^{b}	2.6^{b}	0.6^{b}	0.7^{b}	8.2	778^{ab}
	10~20	0	94.6	2.1	3.3	1.3	0.1	0.3	7.7	136
		5	91.6	3.4	5.0	1.5	0.1	0.4	8.6	355
		10	89.4	3.6	7.0	1.7	0.2	0.4	8.3	240

注：不同字母表示差异显著（$p<0.05$），下同。

5.1.1.2 植被变化

沙拐枣和泡泡刺是固沙群落的主要天然灌木种，随着封育年限的增加，优势种由沙拐枣变成泡泡刺。流动沙丘封育 15 a 后，沙拐枣密度从 150 株/hm^{2}下降到 100 株/hm^2，盖度从 10%下降到 5%，高度保持在 75 cm；而泡泡刺密度从 50 株/hm^{2}增加到 210 株/hm^2，盖度从 5%增加到 31%，高度基本维持在 45 cm（表 5-2）。

表 5-2 不同封育年限主要灌木植物的变化

封育年限/a	沙拐枣			泡泡刺		
	密度/株·hm^{-2}	盖度/%	高度/cm	密度/株·hm^{-2}	盖度/%	高度/cm
0	150	10	75	50	5	43
5	105	6	78	200	16	46
10	100	5	79	210	31	47

流动沙区草本层植物主要以先锋植物雾冰藜（*Bassia dasyphylla*）和沙米（*Agriophyllumsquarrosum*）为主，草本植物密度为 164 株/m^2，生物量为 11.4 g/m^2，盖度为 5%，草本层植物物种数量为 5 种；实施封育 5 a 后，草本层植物优势种以雾冰藜为主，草本植物密度为 54 株/m^2，生物量为 1.3 g/m^2，盖度为 3%，草本层植物物种数量增加到 6 种；实施封育 15 a 后，草本层植物以雾冰藜为优势种，草本植物密度为 138 株/m^2，生物量为 13 g/m^2，盖度为 7%，草本层植物物种数量增加到 8 种。由此可见，封育之后草本层依然主要以一年生草本植物为主，多年生草本并没有入侵。

5.1.2 封育对天然固沙植被的影响

封育可以使灌木层植被得到恢复。随着封育年限的增加，优势种灌木沙拐枣和泡泡刺灌丛趋向于大斑块发展，同时，优势种由沙拐枣变为泡泡刺。这可能是由于泡泡刺冠幅会随着封育年限的增加而不断增加，并形成灌丛沙堆，而沙拐枣冠幅相对于泡泡刺冠幅小，在对水平空间的竞争中没有优势。同时发现，封育还有利于草本层植物的定居和发展，然而草本层植物依然以一年生草本植物为主，并没有发现多年生草本植物，这表明草本层结构依然不是很稳定。草本层还主要依赖于多变的降水条件。一般而言，在荒漠绿洲过渡带，沙地植被的破坏多是由于人为过度活动所导致的，当人为干扰消除时，天然固沙植被就可以得到有效的恢复，植被盖度、密度就会增加，但天然固沙植被的恢复演变是一个非常重要而缓慢的过程，植被群落达到稳定还需要一段漫长的时间。

随着封育年限的增加，沙丘土壤质地逐渐得到改善，主要表现为灌丛下沙土中的黏粉含量都有显著的增加，特别是在固定沙丘灌丛下 0~10 cm 沙层中的黏粒（<0.002 mm）和细砂粒（0.05~0.002 mm）含量都显著增加。据报道，在中国西北荒漠地区，每年土壤细小颗粒沉积的厚度约为 0.8~2.0 mm，并且随着固沙年限的增加，沉降的细颗粒物质极大地改变了土壤质地，从而改变了沙土基质的物质组成。在科尔沁沙地，随着固沙植被小叶锦鸡儿（*Caragana microphylla*）的建立，土壤中的黏粉粒含量增加了近 14 倍。在固沙植被恢复过程中，沙土的黏粉粒含量增加了 8.8 倍。由此可见，随着流动沙丘固定程度的增加，沙土由粗质沙粒向细质沙粒转变。这种现象的出现与沙地植被的恢复也有着密切的联系。特别是植被盖度的增加，使得沙土表面颗粒物质的起沙风速增加，保证了在一定的风速范围内沙土表面细小颗粒物质免受风蚀，保持了沙土表面基质的稳定。封育为灌木植物沙拐枣和泡泡刺的定居、个体生长以及最终灌丛沙堆的形成提供了一个稳定的环境。随着固沙植被高度和盖度的增加，风沙活动逐渐减弱，生境风沙活动由风蚀向沙积转变，风沙流中携带的细小颗粒物质在灌丛下沉积，并随着植物枯枝落叶层以及灌丛雨和灌丛径流在灌丛沙堆聚集。

优势种灌丛下土壤养分（有机质、全氮和全磷）含量明显增加，而在灌丛间则并没有发现，“沃岛”效应明显，同时增加了土壤养分的空间异质性。这一研究结果和科尔沁沙地和腾格里沙地的研究结果较为一致，但相比于本节研究，土壤养分恢复相对较慢[1]。研究发现，细小颗粒物的增加是沙土养分恢复的重要原因。这主要是由于在风沙环境下，土壤中 62%的有机碳和 69%的氮存在于不到 10%的黏粒中，只有 30%~40%的有机碳和氮存在于占 80%以上的土壤沙粒中，而且由于沙粒为不稳定颗粒，沙质土壤碳氮对风沙活动极度敏感。流动沙丘的风沙活动强烈，沙土中的黏粉粒等细粒物质随着风沙活动而流失，导致有机质、氮、磷等养分含量呈现下降趋势。

优势种灌丛下有明显的盐分积累现象，离子主要以 SO_4^{2-}、K^+和 Na^+为主。在塔克拉玛干沙漠边缘和古尔班通古特沙漠南缘，柽柳（*Tamarix chinensis*）灌丛和梭梭（*Haloxylon ammodendron*）林下也发现有较高的盐分富集现象。一般认为，在荒漠，生境盐岛效应的发生与植物根系对盐分的吸收和转运有直接的关系。按照植物对盐分适应方式的不同，盐

[1] 苏永中，赵哈林，张铜会，等．不同退化沙地土壤碳的矿化潜力［J］．生态学报，2004，24（2）：372-378.

生植物可以分为两种，耐盐植物和泌盐植物。戈良朋等[1]研究认为，荒漠盐生植物根系可以起到盐泵作用，将盐分从地下运输到地上表层。Nosetto 等[2]也认为，耐盐的植物种往往可以引起土壤表层盐分富集。除了植物根系作用，盐岛的发生往往还和土壤水盐条件、地下水埋深以及地下水含盐量密切相关。例如，柽柳生长在地下水埋深较浅的地区，盐岛效应最明显，而在土壤水分少、含盐量低、地下水埋深深的地区并没有发现盐分集聚[3]。本研究中，认为盐分在土壤表层集聚主要和植物根系吸收地下水以及土壤表层细粒化有关。本研究区地下水埋深较浅，主要分布在 3~5 m，梭梭、沙拐枣和泡泡刺等灌木植物都可以利用含有大量盐分的地下水，在植物根系吸收水分的同时，将地下水中的盐分带到含有大量毛细根的浅层土壤。在流动沙丘，由于表层沙土质地粗、保水能力差，因此盐分无法富集在表层，只能停留在保水能力较好的细沙层。而在封育之后，流动沙丘得到固定，表层沙土细粒化，土壤水分和养分得到极大提高，土壤结构得到改善，盐分最终在强烈的蒸发作用下富集在土壤表层。

5.2 不同林龄人工柠条生长与繁殖动态特征

晋西北丘陵风沙区与陕西、内蒙古风沙区相邻，气候多变，风沙活动强烈，生态环境脆弱，是我国风沙活动危害最严重的地区之一，也是环京津地区建立防风固沙生态屏障的重点区域。20 世纪 70 年代，为了有效遏制风沙危害、改善水土流失状况，该地区开展了一系列以种植柠条为主要生态修复措施的生态建设工程。但近年，风沙治理区水资源短缺与大面积人工植被恢复建设的矛盾导致人工固沙植被生长发育缓慢甚至停滞，出现了“小老树”的现象，同时，由于种植结构单一、群落结构简单、种植密度大和管理粗放等原因，出现了土壤干燥化和人工种植柠条大面积退化的现象，严重阻碍了固沙植被的恢复，极大降低了人工林的生态效益和经济效益。本研究以晋西北丘陵风沙区人工种植柠条为对象，通过野外样地调查，分析在不同种植年限（0(撂荒地)、6 a、12 a、18 a、40 a、50 a）柠条林土壤水分状况，以及 6~50 a 生柠条的生长及其繁殖能力特征，为晋西北丘陵风沙区柠条人工种群的管理和当地的生态综合治理提供科学依据。

5.2.1 不同林龄柠条土壤水分变化

由图 5-1 可以看出，随着林龄的增加，土壤含水量呈波动下降趋势。种植前期（0~6 a），柠条土壤含水量平均值从13.6%下降到 12.1%；种植中期（6~18 a），柠条土壤含水量平均值从 12.1%上升到 15.0%，在 18 a 土壤水分达到最高；种植后期（18~50 a），柠条土壤含水量平均值从 15.0%下降到 11.1%，50 a 时生柠条土壤含水量最低。各林龄柠

---

[1] 戈良朋，马健，李彦．不同土壤条件下荒漠盐生植物根际盐分特征研究［J］．土壤学报，2007，44（6）：1139-1143.

[2] Nosetto M D，Jobbagy E G，Toth T，et al. Regional patterns and controls of ecosystem salinization with grassland afforestation a long a rainfall gradient［J］. Global Biogeochemical Cycles，2008，22（2）：1029-1037.

[3] 尹传华，冯固，田长彦，等．塔克拉玛干沙漠边缘柽柳对土壤水盐分布的影响［J］．中国环境科学，2007，27（5）：670-675.

条土壤剖面含水量随土壤深度的增加呈先增高、后降低的趋势。土壤含水量在0~40 cm 土层较低，40~80 cm 土层较高，80~100 cm 土层较低。

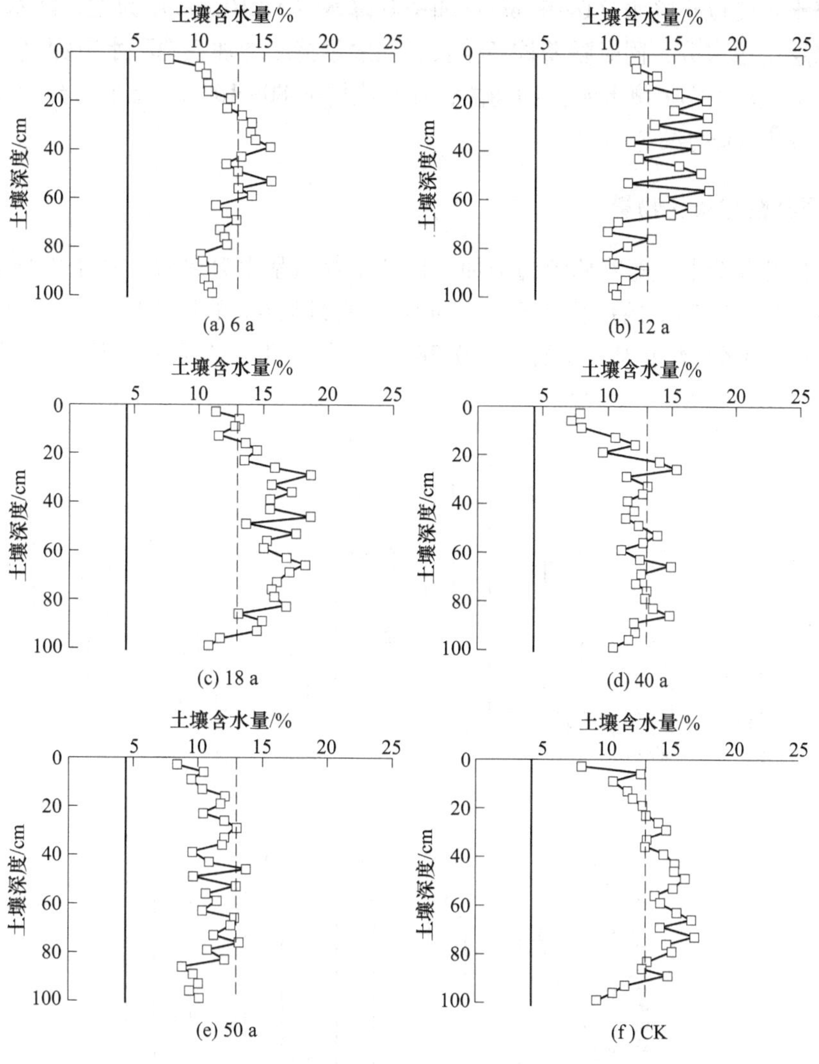

图 5-1 不同林龄柠条土壤含水量随土壤深度的变化

土壤水分是植物生长所需水分的主要来源，其变化直接影响着植被的生长状况。有研究表明，在黄土高原，由于植被蒸腾所导致的土壤水分变化是土壤水分亏缺进而形成干层的主要原因。本研究表明，人工柠条林土壤水分的变化与柠条林龄密切相关，这主要由柠条生长决定。6~18 a 柠条生长迅速，地上冠幅逐年增加，使近地表的风速和太阳辐射降低，从而减少了土壤水分的蒸发，同时地下根系向土壤深层发育，使根系附近土壤裂隙加大，利于降水和树干径流渗透。18 a 后，柠条地上生物量的增加是生长前期的2~3 倍，植物蒸腾量和根系对水分的吸收量大幅增加，使得土壤水分含量明显减少。在相同研究区内，王孟本[1]和梁海斌[2]等对土壤水分变化特征的研究表明，在种植柠条 20 a 后土壤水分开始下降，这与本研究结果相似。同时，本研究还发现，土壤干层主要分布在 80~100 cm 土层。这主要是由于可大量吸收水分的细根（<2 mm）主要分布在 80~100 cm 土层，加之本研究区降水主要以小降水（0~5 mm）和中等降水（5~10 mm）为主，降水入渗较浅，补充不到深层土壤水分，同时随着柠条生长，耗水量持续增加，地下水较深（大都位于地下 30~80 m），失去“土壤水库”的功能，导致浅层的 80~100 cm 土层水分收支失衡。该结论与邵明安[3]的研究结论一致。

5.2.2　不同林龄柠条生物量

由图 5-2 可以看出，随着林龄的增加，柠条生物量呈上升趋势：枝条生物量从 6 a 的每丛 0.44 kg 上升到 50 a 的每丛 9.63 kg；叶片生物量从 6 a 的每丛 0.15 kg 上升到 50 a 的每丛 0.91 kg；根系生物量从 6 a 的每丛 0.28 kg 上升到 50 a 的每丛 0.37 kg。

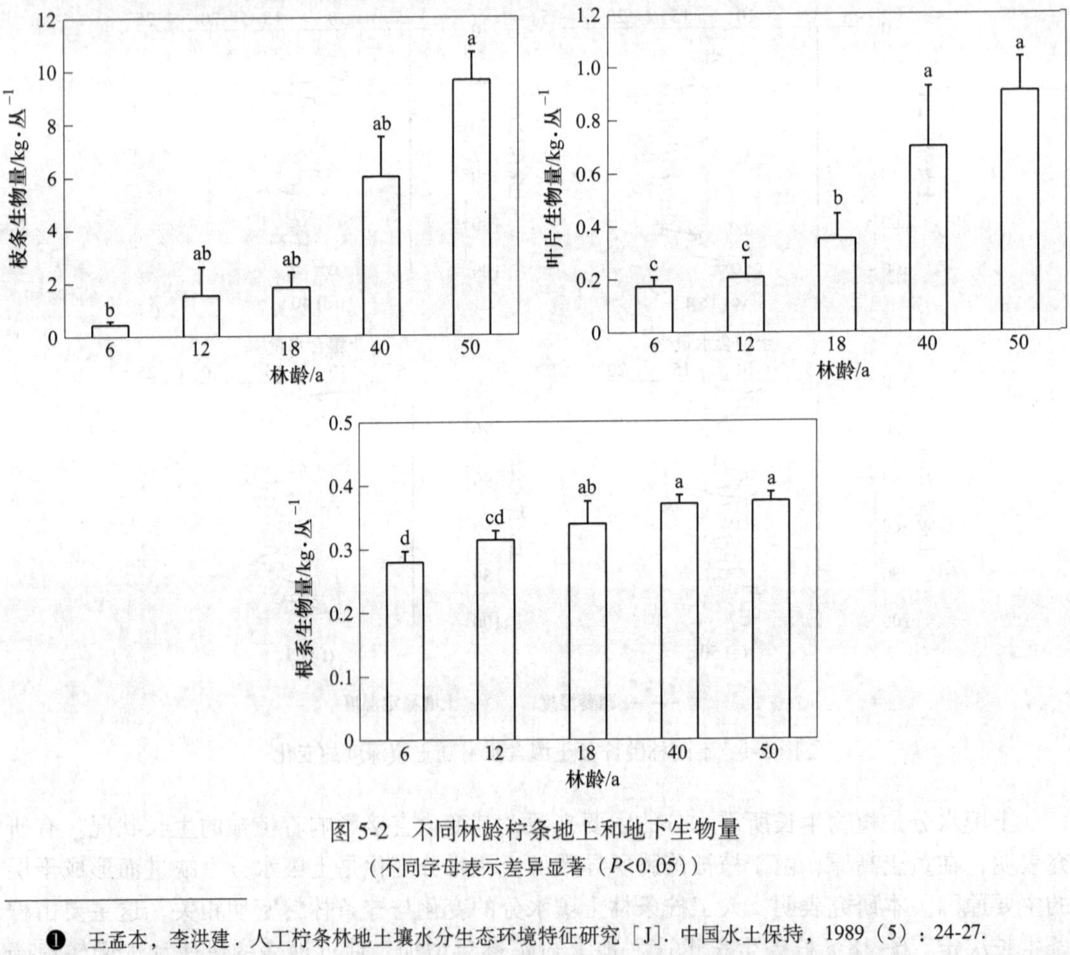

图 5-2　不同林龄柠条地上和地下生物量
（不同字母表示差异显著（P<0.05））

❶　王孟本，李洪建．人工柠条林地土壤水分生态环境特征研究［J］．中国水土保持，1989（5）：24-27.

❷　梁海斌，史建伟，牛俊杰，等．晋西北黄土丘陵区不同林龄柠条地土壤水分变化特征研究［J］．干旱区资源与环境，2014，28（6）：143-148.

❸　邵明安，贾小旭，王云强，等．黄土高原土壤干层研究进展与展望［J］．地球科学进展，2016，31（1）：14-22.

5.2.3 不同林龄柠条形态特征

由图 5-3 可以看出，随着林龄的增加，柠条冠幅、株高和复叶比叶面积均呈先上升后下降的趋势，其中在 40 a 达到最大。6~40 a，冠幅从 1.25 m^2上升到 9.61 m^2，在 40 a 达到最大，40~50 a，冠幅从 9.61 m^2下降到 6.79 m^2；6~40 a；株高从 111.56 cm 上升到 216.00 cm，在 40 a 达到最大，40~50 a 株高从 216.00 cm 下降到 202.50 cm；6~18 a，复叶比叶面积从 101.53 cm^2/g 上升到 138.33 cm^2/g，在 18 a 达到最大，18~50 a，复叶比面积从 138.33 cm^2/g 下降到 125.94 cm^2/g。柠条整体形态特征在种植 40 a 达到最佳，在种植 50 a 出现退化。

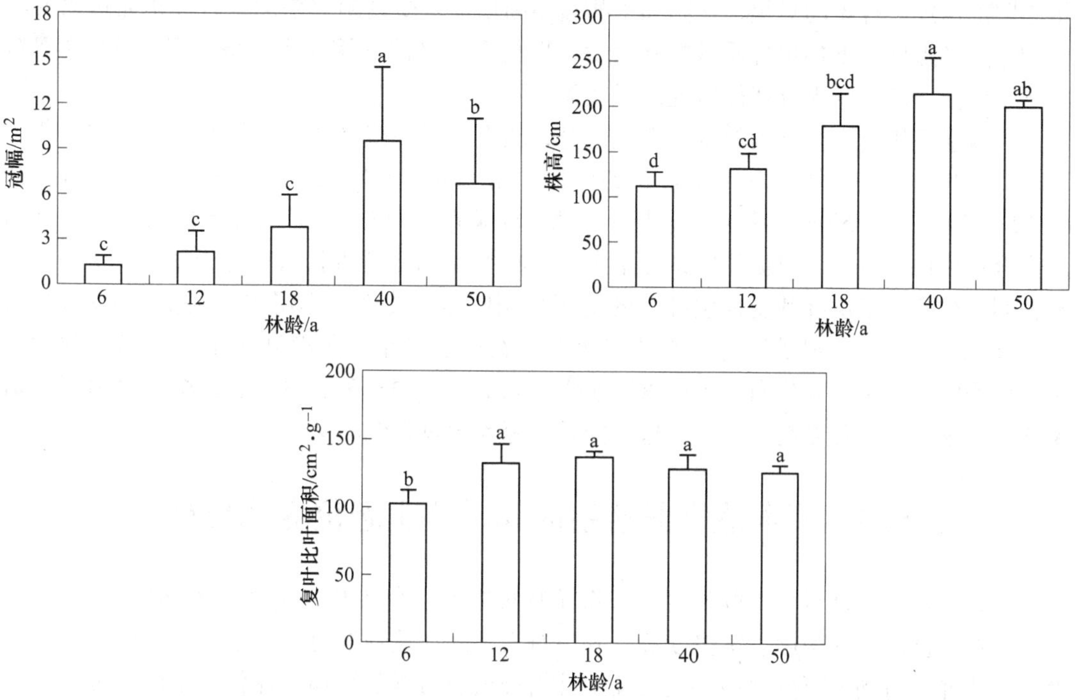

图 5-3 不同林龄柠条形态特征的变化
（不同字母表示差异显著（$P<0.05$））

5.2.4 不同林龄柠条生长特征变化

植物的生长是植物生活史的重要环节之一。本研究表明，随着种植年限的增加，柠条地上（枝条和叶片）生物量在 18~40 a 积累最快，冠幅和株高在 40 a 时达到最大，40 a 后，柠条冠幅和株高有所下降，出现顶梢枯死现象，地下（根系）生物量的生长逐渐放缓停滞。程积民等❶通过研究柠条土壤水分消耗过程，认为 6~14 a 是柠条发育旺盛时期。该结论与本研究结果不同，这可能是研究区气候与评判标准不同所致。本研究中，柠条枝条

❶ 程积民，万惠娥，王静，等. 半干旱区柠条生长与土壤水分消耗过程研究［J］. 林业科学，2005，41（2）：37-41.

生物量在18~40 a的增长量分别是6~18 a和40~50 a的3.0倍和1.1倍，叶片生物量的增长分别是6~18 a和40~50 a的2.0倍和1.5倍；而根系生物量积累主要发生在前期6~18 a，增长量分别是18~40 a和40~50 a的2.0倍和6.0倍。这表明柠条在生长过程中，发育的重心从6~18 a的以根系为主到18~40 a的以地上生物量为主，40 a时生长最为旺盛，40 a后进入衰退期。朱元龙等[❶]在对黄土高原不同苗龄柠条根系的研究中得出，根冠比呈逐年下降趋势，这与本研究结果相似。

有研究表明，植物在光照胁迫环境下可以通过增加单位质量的叶面积来提高叶片光捕获能力。本研究发现，6 a生柠条的复叶比叶面积显著低于其他林龄柠条。这是因为在柠条生长的6~12 a，灌丛枝叶稀疏，光获取条件好，便于叶绿素含量的有效提高。但随着种植年限的增加，柠条的冠幅、株高和生物量不断增加，受遮阴效果加剧，柠条通过改变叶片的厚度和形状，增加单位质量的叶面积，以提高对光的利用能力。该结果与李婷婷[❷]对柠条不同生长阶段的光合特征研究结果较为一致。

叶绿素是植物光合结构的重要组成部分，能直接反映植物光合作用的能力。类胡萝卜素可以吸收和传递光能，对叶绿素起到保护作用。本研究发现，柠条的光合生理指标在6~12 a较高，18~50 a维持在较低水平。说明柠条在6~12 a对光的吸收能力更强，可利用光合作用快速生长，以促使柠条尽早定居，在18 a后随着生长状态趋于稳定，生物量不断积累，柠条中下层叶片受顶层叶片的遮阴作用明显，使光合作用主要发生在灌丛顶部，因此叶片叶绿素含量显著降低。有研究表明，在中度和重度干旱胁迫下，叶绿素含量减少，植物的生长和新陈代谢受到严重影响[❸]。本研究中，柠条在18 a后土壤水分损耗开始增加，土壤干燥化程度趋于严重，这可能是叶绿素含量降低的又一重要原因。

5.3　草本植物群落组成和种群生态位变化特征

物种多样性是衡量一个群落或生态系统物种数量、分布和稳定性等方面的关键指标，主要包括丰富度、均匀度、优势度等。开展对人工固沙植物群落多样性、生态位及动态演替等的研究，有利于更好地揭示人工固沙林物种组成与群落结构，评估人工固沙林生态功能以及判断人工林生态功能恢复状况。生态位反映了一个种群在一定时间空间上所占据的位置，可以表达一个群落中特定种群与其相关种群之间的功能关系与作用。经典的生态位理论认为，物种环境资源利用上存在差异，即物种间的生态位分化，这是物种共存的基本机制之一。生态位宽度和生态位重叠作为反映植物生态位的关键指标，被广泛应用在人工固沙植被体系物种的种间关系、群落系统、物种多样性及种群演替等方面的研究中，目前对于长时间序列（50 a以上），人工林下草本植物群落构成和种群生态位特征的研究还非常有限，开展长时间序列人工固沙植被林下草本群落的生态位特征研究，有助于了解植物

❶ 朱元龙，王桑，林永刚，等．黄土高原丘陵区柠条根系生长发育特性研究［J］．水土保持通报，2011，31（2）：232-237.

❷ 李婷婷．荒漠草原柠条沙柳灌木林生长特征与土壤水分关系［D］．银川：宁夏大学，2019.

❸ 任迎虹，尹福强，刘松青，等．不同桑品种在干旱胁迫下叶绿素、水分饱和亏及丙二醛的变化规律研究［J］．西南农业学报，2016，29（11）：2583-2587.

对资源的利用状况，对干旱半干旱风沙区的生态修复研究具有重要意义。

晋西北丘陵风沙区水土流失严重，生态环境脆弱，荒漠化现象十分严重，是北方地区沙尘暴侵袭京津的中、西两条主线的必经之地，也是环京津地区建立防风固沙生态屏障的重点区域。该区域是农牧交错带，由于人类的过度放牧，造成荒漠化严重，为了有效控制水土流失与荒漠化现象，该地区开展了一系列植被恢复生态建设工程，主要是以种植柠条为主的人工林建设。目前，对该地区人工柠条林的研究主要集中在柠条树种的生理生态、柠条林地土壤特性等方面。但针对该地区长时间序列的人工柠条林下植物群落演替林下草本植物的组成以及不同植物种群生态位特征的研究还相对缺乏。因此，本研究基于生态位理论，以不同种植年限人工柠条林下草本植物群落为研究对象，分析人工柠条林下草本植物的物种组成和种群生态位特征，揭示人工柠条林下天然草本植物种群对资源的利用程度和对环境的适应能力，为评价人工柠条林地的生态系统稳定性等提供参考。

5.3.1 不同种植年限林下植物群落的组成

5.3.1.1 不同种植年限林下草本植物群落特征

A 植物种类组成和数量特征

在0~50 a，人工柠条林下共出现植物52种，分属于22科，41属。总体来看，植物群落主要以菊科所占比例最高，其次是禾本科、豆科、唇形科等，四科植物在不同种植年限的人工柠条林下的数量占比之和分别为72.22%（6 a）、69.81%（12 a）、73.53%（18 a）、64.95%（40 a）和55.78%（50 a）。从植被群落所属单科数量变化分析，6 a柠条林下草本群落变化从大到小依次为豆科>禾本科>菊科>唇形科>其他单科；12 a柠条林下草本群落变化从大到小依次为菊科>豆科>禾本科>唇形科>其他单科；18 a柠条林下草本群落变化从大到小依次为豆科>菊科>禾本科>唇形科>其他单科；而40 a和50 a柠条林下草本群落变化从大到小依次为菊科>豆科>禾本科>唇形科>其他单科。随着柠条林种植年限的增加，草本植物所在科属数显著增加，尤其在柠条种植后期（40~50 a），林下草本植物的科属的显著高于种植前期（0~6 a），增长了1.88倍。

在不同种植年限人工柠条林下草本植物差异显著，随着柠条林种植年限的增加，植物的物种数显著增加，其中，种植后期（40~50 a）比种植前期（6~18 a）的草本植物物种数增加了2.38倍。半灌木没有显著差异，物种数量维持在1~3种。而植物群落的生物量、盖度及高度随着种植年限的增加呈显著增加的趋势。在不同种植年限柠条林下，6 a柠条林下草本植物群落的生物量最低，平均值仅为39.54 g/m^2，50 a柠条林下草本植物群落的平均生物量最高（93.80 g/m^2）；6 a柠条林下草本植物群落的盖度最低，平均值为24.29%，50 a柠条林下草本植物群落的平均盖度最高为31.5%；不同种植年限柠条林下草本植物群落密度差异不显著，密度从大到小依次为40 a（7.61株/m^2）>50 a（7.28株/m^2）>18 a（6.34株/m^2）>12 a（6.28株/m^2）>6 a（6.25株/m^2）；12 a柠条林下草本植物群落的株高最低，平均值仅为42.98 cm，50 a柠条林下草本植物群落的平均株高为57.46 cm（表5-3）。

表 5-3 不同年限人工柠条林植物特征变化

年限/a	植物类型		植物群落特征			
	草本/株	灌木/株	生物量/$g \cdot m^{-2}$	盖度/%	密度/株 · m^{-2}	高度/cm
CK	16.50±6.5[ab]	2.00±0.11[a]	131.84±29.19[a]	36.86±4.61[a]	6.17±0.97[a]	40.24±0.07[b]
6	8.00±0.10[b]	1.00±0.10[a]	39.54±4.38[c]	24.29±0.69[b]	6.25±0.75[a]	42.98±3.07[b]
12	14.67±1.21[ab]	1.67±0.33[a]	44.97±2.68[c]	25.99±2.15[b]	6.28±0.51[a]	42.11±0.85[b]
18	15.00±3.00[ab]	1.50±0.50[a]	62.30±16.83[ab]	29.46±4.092[ab]	6.33±0.73[a]	46.06±0.86[ab]
40	17.60±1.50[a]	1.20±0.37[a]	54.36±4.11[c]	30.00±1.87[ab]	7.61±0.49[a]	48.33±1.8408[ab]
50	19.00±0.79[a]	1.43±0.20[a]	54.36±4.11[b]	31.50±1.50[ab]	7.28±0.30[a]	57.46±2.37[a]

注：不同字母表示差异显著（$P<0.05$）。

不同种植年限柠条林下，草本植物在林下植物中占有绝对优势，物种数占总植物物种数的91.98%，草本植物按照功能类群可以分为一年生植物、一年生至多年生和多年生植物。其中，一年生植物在不同种植年限柠条林下没有显著差异，物种数量维持在4~6种；而一年生至多年生植物的物种数量在不同种植年限柠条林下也不存在显著差异，维持在1~3种；而多年生植物的物种数量，6 a柠条林下为3种，12 a柠条林下平均为8.33种，18 a柠条林下为9种，显著低于40 a（10.4种）和50 a（11.43种）柠条林。从种植柠条年限变化来看，随着柠条林种植年限的增加，草本物种数也显著增加，种植中后期（18~50 a）比种植前期（6~12 a），一年生草本植物增加了1.71种，多年生草本增加了8.43种（图5-4）。

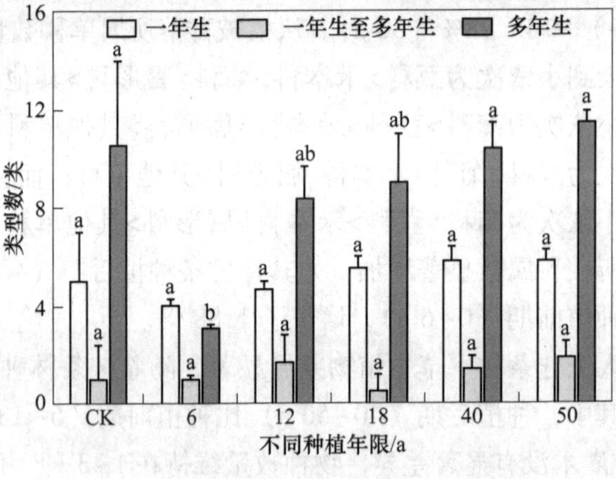

图5-4 不同种植年限柠条林林下植物功能类群
（不同字母表示差异显著（$P<0.05$））

B 植物群落多样性分析

不同种植年限人工柠条林下，草本植物群落多样性指数（丰富度和Shannon-Wiener多样性指数）随着种植年限的增加基本呈显著增加趋势（图5-5）。植物丰富度变化范围为9.00~20.29，其中50 a柠条林下草本植物群落平均丰富度是6 a柠条林的2.25倍；Shannon-Wiener多样性指数在不同种植年限柠条林下变化范围为0.48~0.97，50 a柠条林下草本植物Shannon-Wiener多样性指数最大，高于6 a柠条林1.94倍；Pielou均匀度指数变化范围为0.20~0.46，但是均匀度指数在不同种植年限差异不显著。

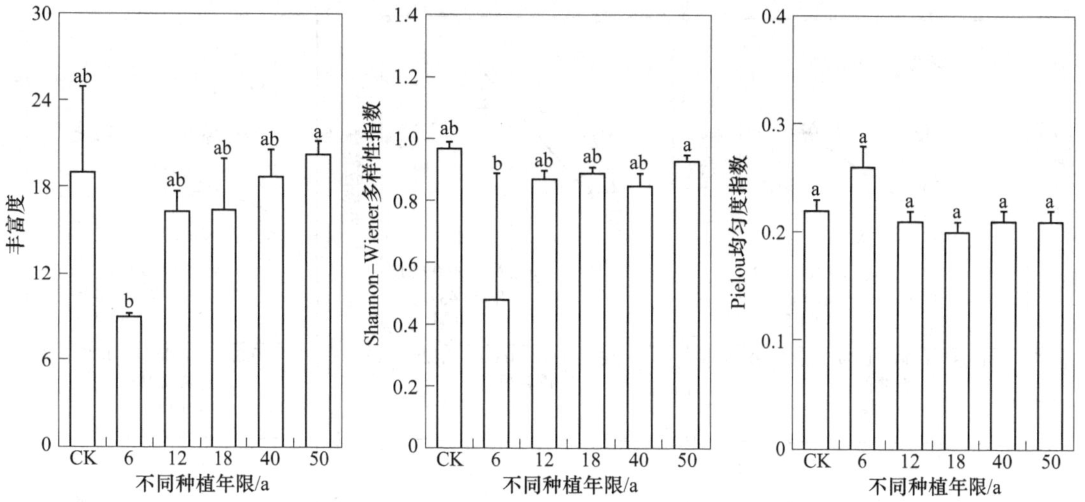

图 5-5　不同种植年限柠条林下植物群落多样性指数
（不同字母表示差异显著（$P<0.05$））

5.3.1.2　不同种植年限林下植物群落不同物种重要值

从不同种植年限人工柠条林下草本植物群落不同物种重要值的总和来看，排名前五的物种依次分为野燕麦（43.58%）、披碱草（42.93%）、米蒿（41.31%）、狗尾草（35.25%）和胡枝子（33.84%），其中披碱草（多年生草本）、野燕麦和米蒿（一年生草本）在林下草本层中占据绝对的优势。在不同种植年限下，CK（撂荒地）重要值最大的是多年生草本植物披碱草（10.88%）；6~12 a 柠条林下重要值最大的是一年生草本植物，其中 6 a 柠条林下优势种为野燕麦（12.19%），12 a 柠条林下优势种为米蒿（9.65%）；18~50 a 柠条林下重要值最大的是多年生草本植物披碱草，披碱草重要值随人工林种植年限的增加而逐渐增加。

5.3.2　不同种植年限林下植物种群生态位宽度变化特征

不同种植年限柠条林下草本植物种群生态位总宽度从大到小依次为米蒿（9.46）>野燕麦（9.34）>披碱草（8.77）>地梢瓜（8.66）>胡枝子（8.59）>猪毛菜（8.12）>披针叶苔草（8.03）。在不同种植年限下，CK（撂荒地）生态位宽度最大的依次为猪毛菜（一年生草本）、披碱草（多年生草本）、黄耆（多年生草本）和胡枝子（半灌木）；6 a 柠条林下生态位宽度最大的是米蒿（一年生草本）和胡枝子（半灌木）；12 a 柠条林下生态位宽度最大的是狗尾草（一年生草本）；18~40 a 柠条林下生态位宽度最大的是米蒿（一年生草本）；而 50 a 柠条林下生态位宽度最大的变为多年生草本植物披碱草。

从不同种植柠条林下草本植物群落中各物种生态位宽度和重要值相关关系来看（图 5-6），在不同种植年限下，各物种重要值与生态位宽度均呈显著正相关关系，从总体来看，各物种生态位总宽度和重要值呈极显著正相关关系（$P<0.01$），解释变量 $R^2=0.77$。

物种多样性是反映植物群落物种组成、林分结构、动态演替以及群落稳定评价等方面的重要指标。本研究发现，柠条林下植物多为菊科、禾本科、豆科和唇形科四大科植物，

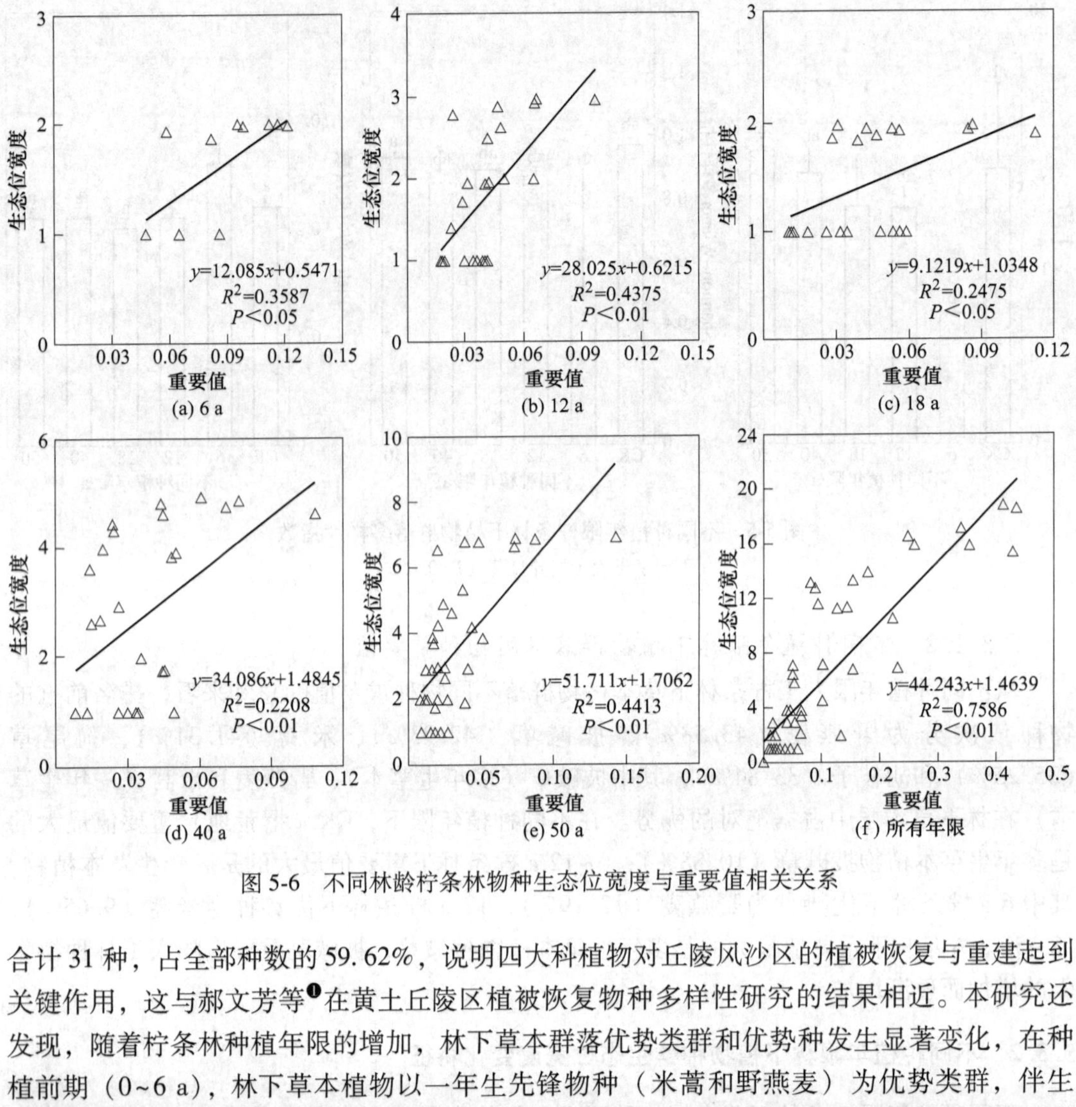

图 5-6 不同林龄柠条林物种生态位宽度与重要值相关关系

合计 31 种，占全部种数的 59.62%，说明四大科植物对丘陵风沙区的植被恢复与重建起到关键作用，这与郝文芳等❶在黄土丘陵区植被恢复物种多样性研究的结果相近。本研究还发现，随着柠条林种植年限的增加，林下草本群落优势类群和优势种发生显著变化，在种植前期（0~6 a），林下草本植物以一年生先锋物种（米蒿和野燕麦）为优势类群，伴生植物为多年生草本黄芩；而在种植中期（12~18 a），多年生草本植物优势明显，尤其是多年生草本植物披碱草，生物量、高度和密度都达到最大，重要值最高，伴生植物为一年生草本植物米蒿；在种植后期（40~50 a），多年生草本植物在植物种群中的优势地位更加稳定，伴生植物多为天然灌木胡枝子和白莲蒿。这些结果表明，种植柠条林从种植前期到中后期，群落组成多样性显著增加，林下草本层结构更趋于稳定，生态功能进一步增强。尤其在 50 a 柠条林下，多年生草本群落物种多样性和生物量达到最大，比自然恢复状态高出 1.22 倍；其中，一年生草本植物是自然恢复的 1.14 倍，多年生草本植物是自然恢复的 1.09 倍，这表明种植人工林有利于天然植被的恢复，其生态恢复力稳定性高。

不同种植年限柠条林下草本植物丰富度指数及 Shannon-Wiener 多样性指数随柠条林生

❶ 郝文芳，杜峰，陈小燕，等. 黄土丘陵区天然群落的植物组成、植物多样性及其与环境因子的关系［J］. 草地学报，2012，20（4）：609-615.

长年限的增加整体呈现显著增加的趋势，而 Pieloa 均匀度指数的变化趋势则与之相反，这与张晶晶等[1]的研究结果相似。在柠条林种植前期，植物的盖度与密度较小，光照充足，为草本植物提供了适宜的生存空间，该阶段柠条林下草本植物应具有较高的物种多样性[2]，但是本研究的结果却与之相反，在人工柠条林种植前期（0~6 a），物种多样性反而比较小，构成林下草本植物多以一年生草本植物为主；在柠条林种植中期（12~18 a），林下草本群落物种多样性显著增加，优势种群的优势度升高；在柠条林种植后期（40~50 a），适应环境的新物种开始出现，优势种群的优势度相对下降，但是物种数增加，植物的生长类型也趋向多样化。随着柠条林种植年限的增加，天然植物群落的生态效应趋于稳定，预计最终发展成为人工柠条林和稀树草原地区混合区域，更有利于改善农牧交错带脆弱的生态环境。

5.3.3 不同种植年限林下植物不同种群生态位及生态位重叠特征

生态位宽度是指一个物种所利用的各种资源的总和，是物种对环境资源利用及环境适应能力状况的反映，物种生态位宽度越大，代表其对环境的适应能力越强，在有限的空间里更具有竞争力。本研究发现，柠条林随着种植年限的增加，个体冠幅不断增加（表 5-3），但同时柠条密度出现“自疏”现象，因此人工柠条林的郁闭度变化不显著，整体呈不明显增加趋势。在 6~40 a 人工柠条林下，一年生草本植物（米蒿和野燕麦）生态位宽度值最大；而在 50 a 柠条林下，耐旱多年生草本植物披碱草生态位宽度最大，占据大部分可利用的资源。同时发现，米蒿、狗尾草、野燕麦和披碱草等植物种群的生态位宽度较大且对资源的利用程度较高，在资源竞争中具有较强的竞争力，这些优势种作为人工柠条林植物群落的泛化种出现。而堇菜、少花米口袋、老鹳草和蒺藜等物种是生态位宽度较小的特化种，其在样方中出现的频率较低，说明这些植物对资源的竞争能力较弱，生态位宽度与优势度均处于较低的水平。不同物种的生态位宽度的此消彼长反映了整体群落演替的规律[3]，有助于更好地理解人工林下草本植物多样性的演替与发展方向。同时，本研究还发现林下植物物种的重要值与生态位宽度呈显著正相关，这表明人工林下植物占有更多的生态位，在演替后期，林下草本植物群落可能在生态环境中发挥更为重要的作用。

生态位重叠在一定程度上可以反映植物物种对环境资源的利用情况和与其他物种的竞争关系，生态重叠系数越大，物种间存在的竞争关系越激烈，群落对环境资源的利用也更加充分。本研究发现，在柠条林种植前期（6~12 a），野燕麦和米蒿种群（一年生草本）与其他植物种群的生态位重叠系数最高；在柠条林种植中后期（18~50 a），多年生草本植物披碱草与其他植物种群的生态位重叠系数显著增加，最终达到最大。同时，本研究发现随着种植年限的增加，林下植物的物种多样性增加；林下一年生草本植物和多年生草本植

[1] 张晶晶，王蕾，许冬梅．荒漠草原自然恢复中植物群落组成及物种多样性［J］．草业科学，2011，28（6）：1091-1094.

[2] 王国梁，刘国彬，刘芳，等．黄土沟壑区植被恢复过程中植物群落组成及结构变化［J］．生态学报，2003，23（12）：2550-2557.

[3] Boulangeat I，Lavergne S，Van Es J，et al. Niche breadth，rarity and ecological characteristics within a regional flora spanning large environmental gradients［J］. Journal of Biogeography，2012，39（1）：204-214.

物生态位宽度与生态位重叠系数也都出现明显的增加趋势，这说明林下的土壤资源水分或养分资源出现短缺，不同植物类群或种群出现明显的竞争，耐旱耐盐的植物也在不断增加，植物群落仍然处于过渡阶段。由于0~20 cm层的含水量随着林龄的增加不断下降，因此浅根系草本植物需要不断扩展生态位以适应土壤水分短缺带来的影响，同时不同植物之间生态位出现重叠。而林下一些草本物种较小的生态位宽度却有较大的生态位重叠值，如角蒿、蓝刺头和黄芩等，这可能是由于生态位宽度较大的物种与其他物种的生态学特性和功能不同，对资源的利用方式存在差异。

本章小结

植被的自然及人工恢复是改善脆弱生态系统生态环境现状最有效的措施。植被的恢复过程对地上植被生态系统与物种多样性的恢复有着重要影响，同时通过凋落物及根系的输入，可以有效改善地下生态系统，增加土壤的养分含量、改善土壤的物理结构、增加土壤生物的生物量及活性。

河西走廊荒漠绿洲过渡带属生态环境脆弱区，封育天然植被是植被群落恢复、防止绿洲沙漠化的有效措施。随着封育年限的增加，天然固沙植被群落生物多样性增加，灌木层和草本层植物密度、盖度和生物量都显著增加。随着天然植被盖度的增加，土壤表层沙土细粒化明显，沙土中黏粉粒含量显著增加，土壤质地由粗质沙粒向细质沙粒转变。随着沙土中黏粉粒含量的增加，沙土有机质、全氮、全磷含量也增加，灌丛下土壤养分含量高于灌丛间，“沃岛效应”明显。在封育之后，流动沙丘得到固定，表层沙土细粒化，土壤水分和养分得到极大提高，土壤结构得到改善，盐分最终在强烈蒸发的作用下富集在土壤表层，显著恢复固沙植被群落。

晋西北丘陵风沙区生态环境脆弱，是我国风沙活动危害最为严重的地区之一。为了有效遏制风沙危害、改善水土流失状况，该地区开展了一系列以种植柠条为主要生态修复措施的生态建设工程。人工柠条林土壤水分变化与柠条林龄密切相关。6 a生柠条的土壤水分较低；6~18 a生柠条由于冠幅增加，降低了近地表的风速和太阳辐射，减少了土壤水分的蒸发，土壤水分呈上升趋势；18~50 a生柠条的生物量快速积累，植物蒸腾量和根系对水分的吸收量大幅度增加，土壤水分不断降低。其中，40 a生柠条的生物量维持在较高水平，冠幅和株高达到最高，生长状态达到最佳，到50 a则下降至最低水平，生长进入衰退期。因此，应该在柠条种植40 a后进行适度人工干预，例如适当灌溉、修剪枯枝，一定程度的平茬或间伐，对人工柠条林复壮具有积极意义，进而有助于生态环境脆弱区的恢复。

晋西北丘陵风沙区人工柠条林，在种植前期（0~12 a），林下植物群落主要以一年生先锋物种为优势种群，其中米蒿和野燕麦作为研究区生态位宽度及生态位重叠系数较高的植物种群，在环境适应性及资源竞争中占据优势地位，但是群落组成和生态结构不稳定，仍处于人工林演替前期植物定居阶段；在柠条林种植中后期（18~50 a），草本植物多样性进一步增加，植物群落优势度最大的植物变为多年生草本植物，其中披碱草的生态位宽度和重要值最高，成为林下优势种，同时，由于物种多样性增加和浅层土壤水分下降，一年生和多年生草本植物生态位宽度及生态位重叠系数进一步增加，竞争激烈，但依然以多年生草本植物为优势类群，50 a 人工林林下植物群落处于演替的过渡阶段。综上，人工种植柠条林相较于天然恢复，更有利于增加草本植物群落的多样性，但林下植物群落对资源的竞争更为激烈，在演替后期，林下草本植物群落可能在生态环境中发挥更为重要的作用，预计最终发展成为人工柠条林和稀树草原地区混合区域，更有利于改善农牧交错带脆弱的生态环境。

习　题

1. 什么是生态脆弱区？
2. 什么是封育？
3. 什么是盐岛效应？
4. 什么是物种多样性，如何计算物种多样性？
5. 什么是生态位，如何计算生态位宽度与生态位重叠？
6. 试述荒漠生境盐岛效应的发生与植物之间的关系。
7. 试述天然封育对植被的影响。
8. 试述天然封育对土壤的影响。
9. 试述不同林龄人工柠条生长与繁殖动态特征。
10. 举例论述不同种植年限下林下植物群落组成变化与生态位变化。
11. 举例论述如何开展生态脆弱区植被恢复工程。

6 丘陵沟壑区水土流失综合治理

本章提要：

黄土高原位于黄河中游地区，其独特的气候和土壤条件，加上人类长时间的不合理开发，导致黄土高原成为世界上水土流失最为严重的地区之一。针对黄土高原地区，国家开展了大量的水土流失治理工作，从20世纪50~70年代的植树造林、梯田和淤地坝建设工程，到80~90年代后主要开展的小流域治理和三北防护林建设，以及进入新世纪后重点开展的退耕还林（草）工程、坡耕地整治和治沟造地工程。作为国家第一批山水林田湖生态保护修复工程试点，黄土高原水土流失治理工作进入了新的阶段。

6.1 丘陵沟壑区土壤侵蚀定量模拟

年农业非点源污染模型（Annualized agricultural non-point source pollution model，AnnAGNPS）是由美国农业部开发的一种连续的、分布式参数的流域模型，可用于估算流域径流量、土壤侵蚀量以及物质的迁移转化等❶。本研究以位于黄土丘陵沟壑区的晋西北河曲县砖窑沟流域为例，采用流域出口径流量和沉积物量监测数据对模型进行了检验，在此基础上，分析流域土壤侵蚀特征及空间分布规律，为合理利用土地、控制水土流失提供科学依据。

6.1.1 模型描述

AnnAGNPS是一个连续的、以日为步长的模拟来自流域的地表径流、污染物负荷的分布式参数模型，是基于独立事件的AGNPS模型的升级，模拟的流域面积最大可达3000 km^2，输入参数包括8大类、31小类，约500多个参数，用来描述流域和时间变量，主要包括气象、地形、土壤、土地利用和管理等。流域被划分为适合水文边界的不规则形状，将在土地利用、水文、土壤等方面性质相对一致的均质体作为模拟单元，研究水分、沉积物、营养物质、农药等的产生、输入和输出状况。模型实现了与GIS的紧密结合，可利用共用的AnnAGNPS-ArcView界面完成模拟的全部过程，包括数据库建立、模拟和结果输出，地形、土壤和土地利用数字化图层的建立是模型模拟的基础。

❶ Bosch D D，Theurer F D，Bingner R L，et al. Evaluation of the AnnAGNPS water quality model ［C］// Am Soc of Agr Eng Annual Meeting Orlando. Florida，1988，982195：12.

6.1.2　数据库的建立

模型数据库的建立是参数输入的基础。贾宁凤等[1]详细论述了气候、地形、土壤、土地利用等相关参数的确定过程，充分使用了 GIS、RS 技术和农田调查方法，建立了地形、土壤和土地利用管理数据库。

6.1.2.1　气象

气象数据库主要包括最高气温、最低气温、降水量、露点温度、云量和风速六个逐日气象要素，及其反映降雨特征的综合降雨分布类型和降雨侵蚀力（EI）。流域综合降雨分布类型见图 6-1，与模型数据库提供的四种类型（Ⅰ、Ⅱ、Ⅲ、Ⅳ）[2]进行比较，选择了类型Ⅱ，即最强的短历时降雨。流域的年平均降雨侵蚀力为 1439.8 MJ · mm/(hm^2 · h · a)，流域的平均降雨侵蚀力分布属于典型的单峰分布，集中程度很高。

6.1.2.2　地形

基于流域数字高程模型，利用地形参数模块（TopAGNPS）自动划分的汇流网络，定义了 2120 个单元和 864 个沟道（图 6-1），作为各项参数输入和模拟结果输出的基本单元。

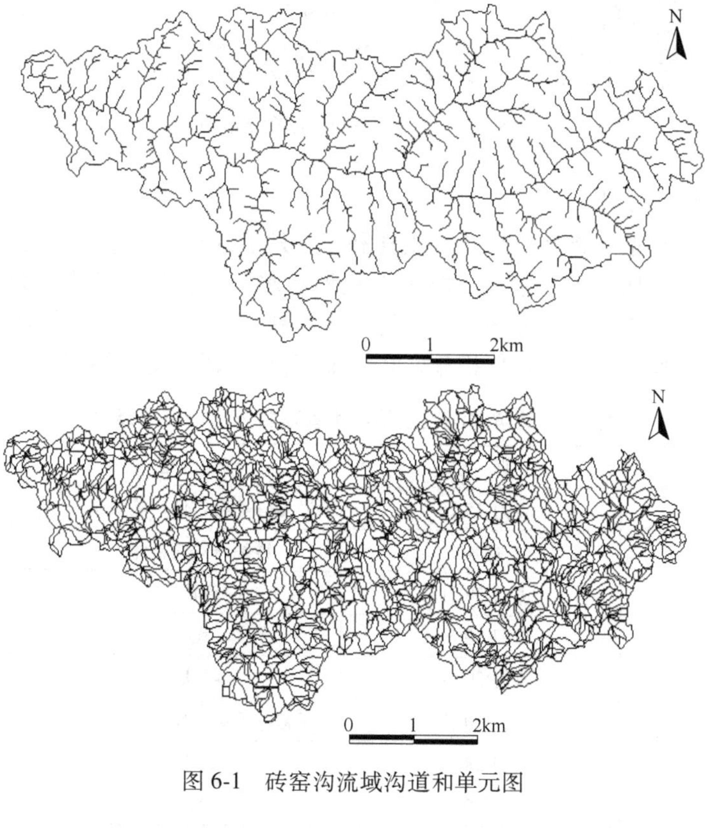

图 6-1　砖窑沟流域沟道和单元图

[1] 贾宁凤，李旭霖，陈焕伟，等. AnnAGNPS 模型数据库的建立——以黄土丘陵沟壑区砖窑沟流域为例［J］. 农业环境科学学报，2006（2）：436-441.

[2] Cronshey R. Technical Release 55：Urban Hydrology for Small Watersheds［J］. American Society of Civil Engineers，1986.

6.1.2.3　土壤

流域土壤数据库的建立是基于流域土壤调查结果，将原有的纸质土壤图进行矢量化，成为数字化土壤图，包括21个土种（图6-2）。由于我国土壤分类体系与模型要求的不同，许多参数无法直接输入，需要进行重新鉴定或合理转换，以符合模型输入的要求。流域土壤质地是卡钦斯基粒级制，将各粒级含量的百分率转化为对数分布，进行插值和外推，转化为美国农业部三角制。

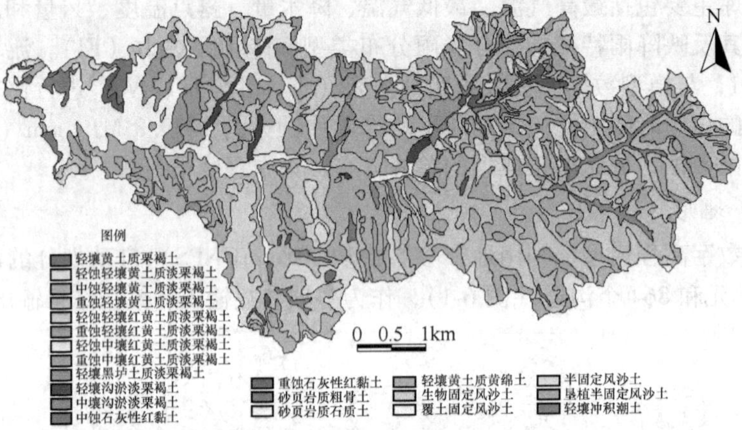

彩色原图

图6-2　砖窑沟流域土壤分布图

6.1.2.4　土地利用

流域土地利用类型有耕地、果园、刺槐和杨树地、疏林地、灌木林地、未成林地、天然草地、人工草地、居民点、荒地、黄土沟壑地、水面和裸岩。其中，耕地包括沟坝地、梯田和坡地，又按照作物类型和施肥水平进行了细化，并确定了各种土地利用类型的管理特征，包括作物轮作、施肥、耕作措施、径流曲线数（CN）等参数（表6-1）。

表6-1　砖窑沟流域土地利用管理特征与径流曲线值

作物类型	日　期	管理措施	CN
糜子	5月15日	犁地—等高耕作—施底肥	87
	6月8日	耧种—等高耕作	87
	6月28日	锄草	82
	8月30日	无	74
	9月29日	收获	75
马铃薯	5月10日	条播—等高耕作—施底肥	87
	6月28日	锄草	82
	8月30日	无	78
	10月7日	收获	87
豆类	5月5日	条播—等高耕作—施底肥	87
	5月19日	锄草	82
	8月30日	无	75
	10月2日	收获	78

续表 6-1

作物类型	日　期	管理措施	CN
玉米	5 月 2 日	条播—施底肥	87
	5 月 17 日	锄草	82
	8 月 30 日	无	74
	10 月 1 日	收获	75
蓖麻	4 月 20 日	条播—等高耕作—施底肥	87
	5 月 30 日	锄草	82
	7 月 25 日	无	74
	10 月 20 日	收获	75

6.1.3 模型检验

本研究在流域出口建立了卡口站，进行了 2004 年洪水期的径流量和沉积物量的监测，共获得 5 次有效监测数据。同时，考虑到降雨的代表性，增加了已有的 1988 年和 1989 年的 3 次监测数据，构成了 8 次径流事件的监测数据系列，从降雨量来看，包括 3 次暴雨、4 次中雨和 1 次小雨，具有较强的代表性。由于 AnnAGNPS 模型为长期的径流事件的模拟，模型检验使用 8 次径流事件的总观测值和总模拟值进行比较，计算方法采用洪水预报相对误差❶，即：

$$RE = [(\sum S_i - \sum M_i)/\sum M_i] \times 100\% \tag{6-1}$$

式中 RE——相对误差；

S_i——模拟值；

M_i——观测值。

依据水文情报预报规范，径流量的许可误差为 20%，由于沉积物量的许可误差无规范可循，这里参照径流量来检验。如表 6-2 所示，径流量和沉积物量的相对误差分别为 10%和-10%，均在许可误差范围内。可见，AnnAGNPS 模型能够比较理想地模拟流域长期的径流量和沉积物量，可应用于黄土丘陵沟壑区的多年径流流失和土壤侵蚀定量评价。

表 6-2 径流量和沉积物模拟值和观测值比较

项　目		合　计	相对误差/%
径流量	模拟值	1039969 m^3	10
	观测值	942969 m^3	
沉积物	模拟值	102724 t	-10
	观测值	113582 t	

❶ 中华人民共和国水利部．水文情报预报规范：SL 250—2000［S］. 北京：中国水利水电出版社，2000.

6.1.4 土壤侵蚀特征及空间分析

参照水力侵蚀强度分级指标[1]，将砖窑沟流域土壤侵蚀强度划分为六级，分别为微度（<1000 t/(km^2·a)）、轻度（1000~250 t/(km^2·a)）、中度（2500~5000 t/(km^2·a)）、强度（5000 ~ 8000 t/(km^2·a)）、极强度（8000 ~ 15000 t/(km^2·a)）和剧烈（>15000 t/(km^2·a)）。

从平均土壤侵蚀强度来看（表 6-3），分析如下：

（1）按照土壤侵蚀模块（RUSLE）计算的离开各个单元的平均土壤侵蚀强度，即片蚀和细沟侵蚀（sheet and rill erosion），分别为 3590 t/(km^2·a)（1987 年）和 3508 t/(km^2·a)（2004 年），属中度侵蚀强度，该侵蚀量可作为坡面侵蚀。

（2）离开单元进入沟道系统的平均土壤侵蚀强度，即 2705 t/(km^2·a)（1987 年）和 2651 t/(km^2·a)（2004 年），稍高于轻度侵蚀，属中度侵蚀，分别为片蚀和细沟侵蚀强度的 75.34%（1987 年）和 75.57%（2004 年）。

（3）沟道（包括冲沟和切沟）中沟床和沟壁的平均侵蚀强度，即 8446 t/(km^2·a)（1987 年）和 10330 t/(km^2·a)（2004 年），属极强度侵蚀，分别为片蚀和细沟平均侵蚀强度的 2.35 倍（1987 年）和 2.94 倍（2004 年）。

（4）沟道土壤侵蚀强度属于中度偏高，沟道中的物质（包括来自单元和沟道本身的侵蚀）被进一步侵蚀运移到单元出口的沉积物负荷为 4598 t/(km^2·a)（1987 年）和 4457 t/(km^2·a)（2004 年），分别占沟道中物质的 41.23%（1987 年）和 34.33%（2004 年），说明沟道中既有侵蚀，又有沉积。

表 6-3 砖窑沟流域平均土壤侵蚀强度比较 （t/(km^2·a)）

来　源	1987 年	2004 年	土壤侵蚀强度等级
离开单元	3590	3508	中度
由单元进入沟道	2705	2651	中度偏低
运移到单元出口	4598	4457	中度偏高
沟床和沟壁侵蚀	8446	10330	极强度

可见，流域的平均片蚀和细沟侵蚀强度并不高，但由于存在严重的沟床和沟壁侵蚀，显著增加了运移到流域出口的泥沙，若将片蚀和细沟侵蚀与沟床和沟壁侵蚀全部作为土壤侵蚀计算，在 1987 年和 2004 年土地利用状况下，流域平均土壤侵蚀模数分别高达 12036 t/(km^2·a)和 13838 t/(km^2·a)，分别是片蚀和细沟侵蚀的 3.35 倍和 3.94 倍，属于典型的极强度侵蚀。因此，在黄土高原，平均土壤侵蚀强度的计算应同时考虑片蚀和细沟侵蚀量与沟道中的沟床和沟壁侵蚀量。

从保护土地、保持并提高土地的生产力而言，人们更关心的是土壤离开原有地块而发生的局部流失，即片蚀和细沟侵蚀。以此为依据，进一步分析流域土壤侵蚀强度空间分布状况，见图 6-3 和图 6-4。1987 年，年平均侵蚀总量为 104641 t，年平均侵蚀强度为 3590 t/(km^2·a)，属中度侵蚀等级。其中，中度以上的侵蚀面积占总面积的 36.25%，土

[1] 中华人民共和国水利电力部．水土保持技术规范：SD 238-87.［S］. 北京：中国水利水电出版社，1988.

壤侵蚀量占总侵蚀量的98.42%，尤其集中在强度和极强度两个等级上。与之相比较，2004年的土壤侵蚀状况稍有好转，但差异很小，年平均侵蚀总量和年平均侵蚀模数分别减少了2348 Mg和78 t/(km^2·a)，仍属中度侵蚀等级。中度以上的侵蚀面积占总面积的35.33%，土壤侵蚀量占总侵蚀量的97.95%，可见其集中程度略有降低（表6-4和图6-5）。

彩色原图

图6-3　砖窑沟流域1987年土壤侵蚀分布

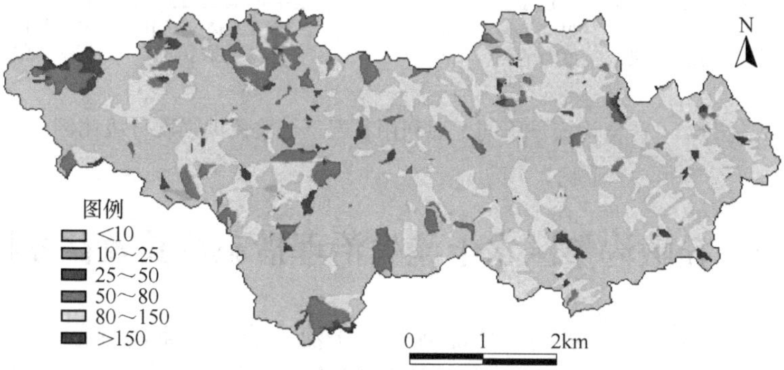

彩色原图

图6-4　砖窑沟流域2004年土壤侵蚀分布

表6-4　砖窑沟流域不同土地利用状况下土壤侵蚀强度分级结果

侵蚀强度	级别	微度	轻度	中度	强度	极强度	剧烈	合计
	侵蚀模数 /t·(km^2·a)$^{-1}$	<1000	1000~2500	2500~5000	5000~8000	8000~15000	>15000	
面积/hm^2	1987年	1846.76	11.37	61.07	236.77	742.41	16.49	2914.87
	2004年	1875.05	8.82	57.75	226.23	732.22	12.82	2912.89
平均侵蚀模数 /t·(km^2·a)$^{-1}$	1987年	77	1988	3904	6627	11088	15701	3590
	2004年	103	1837	3993	6658	11039	15598	3512
侵蚀总量 /t·a^{-1}	1987年	1431	226	2384	15690	82321	2589	104641
	2004年	1933	162	2306	15062	80829	2000	102293

续表 6-4

侵蚀强度	级别	微度	轻度	中度	强度	极强度	剧烈	合计
	侵蚀模数 /t·(km²·a)⁻¹	<1000	1000~2500	2500~5000	5000~8000	8000~15000	>15000	
面积比例 /%	1987 年	63.35	0.39	2.1	8.12	25.47	0.57	100
	2004 年	64.37	0.30	1.98	7.77	25.14	0.44	100
侵蚀量比例 /%	1987 年	1.37	0.22	2.28	14.99	78.67	2.47	100
	2004 年	1.89	0.16	2.25	14.72	79.02	1.95	100

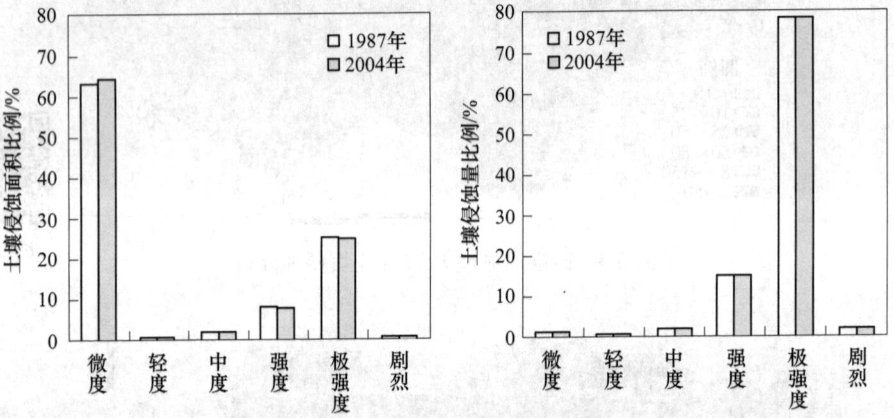

图 6-5　砖窑沟流域不同土地利用状况下土壤侵蚀强度分级比例

6.2　丘陵沟壑区水土流失治理措施及其效益分析

砖窑沟位于河曲县沙坪乡境内，该流域是水土流失非常严重的地区，在晋西北地区有典型的代表性。为此，国家在 1986 年将砖窑沟流域列为在黄土高原上设置的 11 个综合治理试验示范区之一。显然，开展关于砖窑沟流域综合治理的试验研究，对于大规模整治黄土高原，特别是对于晋西北黄土丘陵沟壑区的治理，有着极高的科学价值和巨大的实践指导意义。山西大学黄土高原研究所教师和科研人员于 1986~1990 年在砖窑沟流域开展综合治理试验研究工作，并按计划完成了综合治理试验研究任务，该项目也荣获 1993 年国家科技进步奖一等奖。本书对后续效益进行了追踪调查和实际测定，对整个小流域综合治理试验过程中所采用的技术措施及其效果进行了评价，从中找出了全面治理小流域水土流失的有效技术方法。

6.2.1　治理水土流失的技术措施

在整个试验过程中，根据流域的自然条件及特点，采取了一系列有针对性的技术措施。

6.2.1.1　工程措施

在梁峁、沟底和坡度不大的山坡上修建水平梯田，截至 1990 年底，共建设水平梯田

291.6 hm^2，有效地把降到水平梯田上的雨水拦蓄在地里，大大减轻了水土流失的强度。

在坡度较大的山坡上，由于不便兴建水平梯田，于是挖水平沟和鱼鳞坑，拦蓄地表径流，减少了水土流失量。

在支毛小型沟头修建土坝，截至1990年底，共修建45个小型土坝，做到了水土不出沟。在中等大小的支沟上修建带有泄洪渠的拦水坝，截至1990年底，共修建4个拦水坝。在主沟道的尾部种植了柠条和针茅植被25 hm^2，有效地控制了沟头的活动。在庭院内建大型水窖，减少了庭院排水，截至1990年底，共修建250个水窖，有效地削减了地表径流量。

6.2.1.2 生物措施

植被建设是进行流域治理的关键环节，为加速植被建设，必须合理应用生物土壤等技术。

A 乔木造林技术

根据各树种的生态学特性和当地立地条件类型的特点，确定造林组合，在阴坡种植油松和樟子松，在阳坡种植刺槐、串杨和臭椿，在沟谷底部种植杨树。在造林过程中，土壤墒情是造林成活率高低的主要限制因子之一，一般在前一年或当年雨季前通过在坡上修挖水平沟和鱼鳞坑，充分增加土壤蓄水能力，为春季和雨季造林打下良好基础。在梁峁和阳坡上，要适当深栽，以避开地表干土层。对于已经成活的幼树，适量施用化肥，效果良好。

B 草灌种植技术

针对流域的具体情况，主要是柠条和苜蓿以及柠条和沙打旺混种，种植密度要大，并辅以施用化肥和农家肥。同时，还要适时刈割和平茬复壮，对多年生草本和多年生灌木适量进行刈割和平茬，能促进萌蘖、复壮增产、提高生物生长量。柠条每隔3~5 a平茬一次效果最好，苜蓿每年刈割2~3次生物生长量最高。

6.2.1.3 农业措施

当地7~8月是暴雨集中的季节，此时也正是农作物的旺盛生长季节，能否提高农作物的覆盖度，是能否减轻水土流失的关键。为此，采取了套种、间作和密植技术，主要是将玉米和马铃薯套种、玉米和黄豆套种以及黄芥与黑豆套种等。这样就增加了农作物的垂直层次以及农作物的覆盖度，有效地减弱了降水对地表的击溅和冲刷强度，据测定，可以使农田在7~8月的水土流失量减少40%~50%。

6.2.1.4 社会经济措施

对原来不合理的土地利用结构进行调整，主要是将坡度在15°以上的农耕地退耕还林还牧，截至1990年底，农、林、牧用地结构已经从1985年的72∶27∶2调整为19∶26∶7。显然，经过调整土地利用结构后，农田所占的比例明显减少，而林地和牧地所占的比例则显著增加。其结果是使流域内水土流失的主要产土源地大幅度减少，控制水土流失的效果明显。

6.2.2 治理效益分析

（1）全流域的林灌草地面积由1985年的450.6 hm^2增加到1990年的14522 hm^2，植被覆盖度由1985年的15.7%，增加到1990年的50.6%，1995年进一步增加到1492.4 hm^2，覆盖率达到了52.0%。流域内由于植被覆盖率的提高，结合多种工程设施蓄洪拦沙，有效地控制了流域内的水土流失，使年输入黄河的泥沙总量减少（表6-5）。从表6-5中数据看出，砖窑沟流域年输入黄河的泥沙总量呈逐年下降的趋势，1986年为345600 t，1990年锐减为172800 t，1995年进一步下降至154980 t，达到了小雨土不出沟、大雨土少出沟的程度。这表明流域内采用的水土保持措施是持续有效的。

表6-5 砖窑沟流域1986~1995年逐年输沙总量

年 份	1986	1987	1988	1989	1990	1991	1992	1993	1994	1995
年降水量/mm	464.83	450.3316	425.2289	356.2237	387.5172	405.6175	417.8171	428.9162	442.1155	450.2154
年输沙量/t	4560	700	400	200	800	200	500	200	100	980

（2）流域内由于建设了大量保水、保土和保肥的基本农田，再加上生态环境的改善，有效减少了自然灾害的发生，使农业生产走上了良性发展的轨道，粮食生产出现了持续增长的势头。据实际统计，流域内平均粮食产量由1985年的577.5 kg/hm^2，提高到1990年的1710 kg/hm^2，1995年进一步提高到1875 kg/hm^2，这是当地历史上的最高水平。

（3）流域内的畜牧业也有了较大的发展，年户均大牲畜、猪和羊饲养头数，分别从1985年的0.3头、1.8头和1.6头，提高到1990年的0.4头、2.0头和3.1头，1995年进一步提高到0.5头、2.4头和3.6头。

（4）流域内的果品总产量，也由1985年的80000 kg，增加到1990年的168000 kg，1995年进一步提高到195000 kg。

（5）流域内的经济水平也有了显著改善，流域内的农村经济总收入从1985年的124.1万元，猛增到1990年的389.5万元（按1980年不变价格计算）；人均纯收入从1985年的136元，增加到1990年的631元。1995年，农村经济总收入进一步增加到457.2万元，人均纯收入进一步增加到742元。

通过对砖窑沟流域水土流失综合治理试验之前、试验结题之时和结题之后的主要统计数据进行对比分析，结果表明：（1）整个试验过程中所采用的主要技术措施是切实可行的，并且是行之有效的，特别是其后续效应良好。这些措施能够使该流域的水土保持生态效益和经济效益持续地向良性方向发展，为全面整治晋西北地区的水土流失问题走出了一条新路。（2）虽然晋西北地区生态环境破坏和水土流失极为严重，经济非常落后，但实践证明，只要采取上述科学的、对路的治理措施，就能够把它治理好和改造好，而且能在较短时间内收到成效，并使该地区走上持续发展的轨道。（3）在治理该地区的水土流失时，不能只采用一两种技术措施，必须根据具体情况，将多种技术措施结合使用，并辅之以社会经济措施。

6.3 植被NDVI时空变化及驱动力

20世纪80年代以后，黄土高原地区开始进行坡耕地整治、退耕还林（草）、淤地坝建设和小流域综合治理等一系列生态建设，水土流失状况和生态环境得到明显改善。黄土高原的植被建设正在改变原生的水土流失环境，植被覆盖以及植被缓冲带等地表条件的变化影响了降雨与径流之间的关系，从而深刻地影响了该地区的坡沟系统土壤侵蚀过程。深入开展植被覆盖时空变化特征及驱动机制研究对于正确分析和评价水土流失治理的生态环境效应具有十分重要的意义。归一化植被指数（NDVI）作为表征植被生长状况的重要指示因子，与叶面积指数、生物量存在明显的相关性，可以对地表植被生长状况进行快速评估。基于 MODIS、SPOT/VEGETATION 等卫星遥感影像得到的 NDVI 数据具有易获取、分辨率高的特点，是长时序植被覆盖研究的重要数据来源。目前，国内外众多学者已利用不同时段的 NDVI 数据采用不同方法对区域尺度植被覆盖的时空变化规律及其对气候变化的响应进行了深入研究。

黄河流域是我国第二大流域，生态环境较为脆弱。近年来，在气候变化和人类活动等因素的作用下，流域植被覆盖状况发生了转变。目前，黄河流域植被覆盖变化监测及驱动机制研究取得了一定的进展。张亚玲等[1]采用 1998~2012 年 SPOT-NDVI 数据，发现黄河流域 NDVI 平均值与纬度变化存在一定的负相关性，并且随着时间的增长呈现出增加的趋势。袁丽华等利用 2000~2010 年的 MOD13Q1 数据，发现黄河流域 NDVI 呈现出北部较低，而东南部、西部较高的特征。赵安周等[2]基于 MODIS-NDVI 数据研究发现在 2000~2014 年，黄河流域 NDVI 保持着增长的趋势，并且达到了 6.93%/10 a 的增速。刘启兴等[3]利用 2000~2016 年的 MODIS-NDVI 数据，综合采用多种方法（肯德尔法检验法等）探讨了气候因子对于黄河流域植被覆盖特征的变化，研究结果显示，该区域 NDVI 在 2000~2016 年保持了较高的稳定性。其中大部分区域的植被的 NDVI 保持着增长的趋势，其比例达到了 70.4%，而增长率基本保持在 0~0.004/a。郭帅等[4]通过分析 1982~2015 年的 GIMMS-NDVI 数据及相关气象数据，得出黄河流域 NDVI 与年平均气温和年降水量分别以正相关为主，其中显著正相关分别为 22.39%和 21.99%。叶培龙等[5]通过分析 1980~2018 年黄河上游各气象站点的数据，发现黄河上游呈现暖湿化趋势，有利于黄河上游植被的生长。但鲜有学者对影响黄河流域植被覆盖的自然和人文因子展开系统性的分析和研究，且缺少相关驱动力分析。地理探测器是探测空间分异性，以及揭示其背后驱动力的一组统计学方法，已有一些学者将该统计方法应用于植被 NDVI 驱动机制的研究。因此，本研究基于 SPOT-NDVI 遥感数据，采用趋势分析、空间转移矩阵和重心迁移模型分析了 1999~2018 年黄河流域 NDVI 的时空变化特征，并采用地理探测器模型对黄河流域 NDVI 的空间分异特征与驱动因子进行了探测分析，为黄河流域植被恢复与生态建设提供了科学依据。

---

❶ 张亚玲，苏惠敏，张小勇．1998—2012 年黄河流域植被覆盖变化时空分析［J］．中国沙漠，2014，34（2）：597-602.

❷ 赵安周，刘宪锋，朱秀芳，潘耀忠，陈抒晨．2000~2014 年黄土高原植被覆盖时空变化特征及其归因［J］．中国环境科学，2016，36（5）：1568-1578.

❸ 刘启兴，董国涛，景海涛，周俊利，党素珍，贾培培．2000—2016 年黄河源区植被 NDVI 变化趋势及影响因素［J］．水土保持研究，2019，26（3）：86-92.

❹ 郭帅，裴艳茜，胡胜，等．黄河流域植被指数对气候变化的响应及其与水沙变化的关系［J］．水土保持通报，2020，40（3）：1-7，13.

❺ 叶培龙，张强，王莺，等．1980~2018 年黄河上游气候变化及其对生态植被和径流量的影响［J］．大气科学学报，2020，43（6）：967-979.

6.3.1 数据分析与方法

6.3.1.1 数据来源与预处理

本次研究所采用的植被 NDVI 数据来自于 1 km 植被指数（NDVI）空间分布数据集，并通过最大值合成法形成；气象气候数据来自于气象背景数据集，基于全国 1915 个站点的气象数据插值生成 500 m×500 m 的空间分布数据集；地貌、土壤数据分别来自于中国 1∶100 万地貌类型数据、土壤类型空间分布数据；90 m DEM 来自于 SRTM V4.1（shuttle radar topography mission，SRTM）数据，通过拼接重采样生成 1 km×1 km 栅格数据，并利用 ArcGIS 进一步获取坡度和坡向数据；土地利用类型数据主要来自于中国土地利用现状数据集，分辨率为 1 km× 1 km；人口密度、GDP 密度数据分别来源于中国人口空间分布公里网格数据集和 GDP 空间分布公里网格数据集，均为 1 km×1 km 网格。所有的数据均通过中国科学院资源环境科学数据中心（http://www.resdc.cn/）获取，并通过 ArcGIS 软件利用黄河流域范围矢量数据进行裁剪、投影变换等处理。

6.3.1.2 研究方法

A 趋势分析

采用 Sen 氏趋势分析与 M-K 检验结合，分析像元尺度上 NDVI 的变化趋势。Sen 氏趋势分析对数据误差有较强的抵抗能力，且分析结果较为科学可信❶。其计算公式如下：

$$s = \text{Median}\frac{\text{NDVI}_j - \text{NDVI}_i}{j - i} \qquad 1 < i < j < n \tag{6-2}$$

当斜率 s 大于 0 时，NDVI 呈现增长趋势；当斜率 s 小于 0 时，NDVI 呈现下降趋势。

Manna-Kendall 检验（M-K 检验）可判断趋势的显著性，且能够排除少数异常值的干扰。因此，本书将二者相结合，用来判断黄河流域内 NDVI 在像元尺度的变化趋势及其显著性。

B Hurst 指数

Hurst 指数多用于描述自然界中长时间序列的自然现象❷，具体定义为：已知时间序列表示为 $\{\text{NDVI}_{(T)}\}$，$T=1, 2, \cdots, n$，则均值形式为：

$$\overline{\text{NDVI}_{(T)}} = \frac{1}{T}\sum_{t=1}^{T}\text{NDVI}_{(T)} \qquad T = 1,2,\cdots,n \tag{6-3}$$

累积离差为：

$$X_{(t,T)} = \sum_{t=1}^{T}(\text{NDVI}_{(t)} - \overline{\text{NDVI}_{(T)}}) \qquad 1 \leqslant t \leqslant T \tag{6-4}$$

极差为：

$$R_{(T)} = \max X_{(t,T)} - \min X_{(t,T)} \qquad T = 1,2,\cdots,n \tag{6-5}$$

❶ 章维鑫，曹建华，吴秀芹. 基于 Landsat 影像的石漠化区植被动态监测及治理效益研究［J］. 农业工程学报，2019，35（8）：221-229.

❷ 侯西勇，应兰兰，高猛，等. 1998~2008 年中国东部沿海植被覆盖变化特征［J］. 地理科学，2010，30（5）：735-741.

标准差为：

$$S_{(T)} = \left[\frac{1}{T}\sum_{t=1}^{T}(\mathrm{NDVI}_{(t)} - \mathrm{NDVI}_{(T)})^2\right]^{\frac{1}{2}} \qquad T = 1,2,\cdots,n \tag{6-6}$$

对比值 $R_{(T)}/S_{(T)} \approx R/S$，如果有 $R/S \propto T^H$，则可以证明序列中体现出 Hurst 现象，利用最小二乘法拟合得到 H 值。

NDVI 序列的完全随机性和持续性由 H 值决定。如果满足条件 $0<H<0.5$，表明时间序列具有反持续性；如果满足 $H=0.5$，表明 NDVI 具有完全随机性，不存在长期持续性；如果满足条件 $0.5<H<1$，则表明 NDVI 具有长期序列性，将来依然会保持与先前基本相同的走势；并且当 H 值基本等于 1 时，对应着更高的持续性。

C 地理探测器

目前在空间分异性研究中广泛采用了地理探测器模型。在本次研究中即利用该工具分析了黄河流域 NDVI 变化的驱动因子单个及其交互关系。已有研究表明，气候因子对 NDVI 有显著影响。黄河流域面积广阔，地形复杂多样。西部高原山地，植被覆盖较为原始，受人类影响较小；西北部内蒙古高原及北部河套平原，历史上为农业灌溉区，受人类活动影响较大。因此，在考虑系统性、典型性等因素下，本研究选取气候、地表及人类活动三大类影响因素，14 个影响因子，探测其对黄河流域 NDVI 的影响（表 6-6）。在 ArcGIS 10.2 中，按照 1 km×1 km 网格，随机生成 7520 个采样点，结合空间位置关系对采样点 NDVI 数据进行关联。本研究将平均降水量、湿润指数、干燥度、积温（≥10 ℃）、积温（≥0 ℃）、年均温分为 6 个等级，将高程分为 7 个等级，将坡度、地貌、土壤、GDP、人口、土地利用类型分为 9 个等级，将坡向分为 10 个等级，划分过程中采用了自然断点法（图 6-6）。

表 6-6 黄河流域 NDVI 影响因子

气候因素	地表因素	人类活动因素
≥0 ℃积温（X_1）	高程（X_7）	土地利用类型（X_{12}）
≥10 ℃积温（X_2）	坡度（X_8）	GDP（X_{13}）
干燥度（X_3）	坡向（X_9）	人口密度（X_{14}）
年平均降水量（X_4）	地貌（X_{10}）	
湿润指数（X_5）	土壤类型（X_{11}）	
年均温（X_6）		

地理探测器具体包括如下四种类型：

（1）分异及因子探测。其可以对 NDVI 的空间分异性进行探测，在此基础上可以进一步分析不同因子产生的影响。具体公式如下：

$$q = 1 - \frac{\sum_{h=1}^{L} N_h \sigma_h^2}{N\sigma^2} \tag{6-7}$$

式中 h——$h=1, 2, \cdots$；

L——Y、X 的分类；

σ_h^2，σ^2——h 层、全区 Y 的方差；

N_h，N——二者的单元数目。

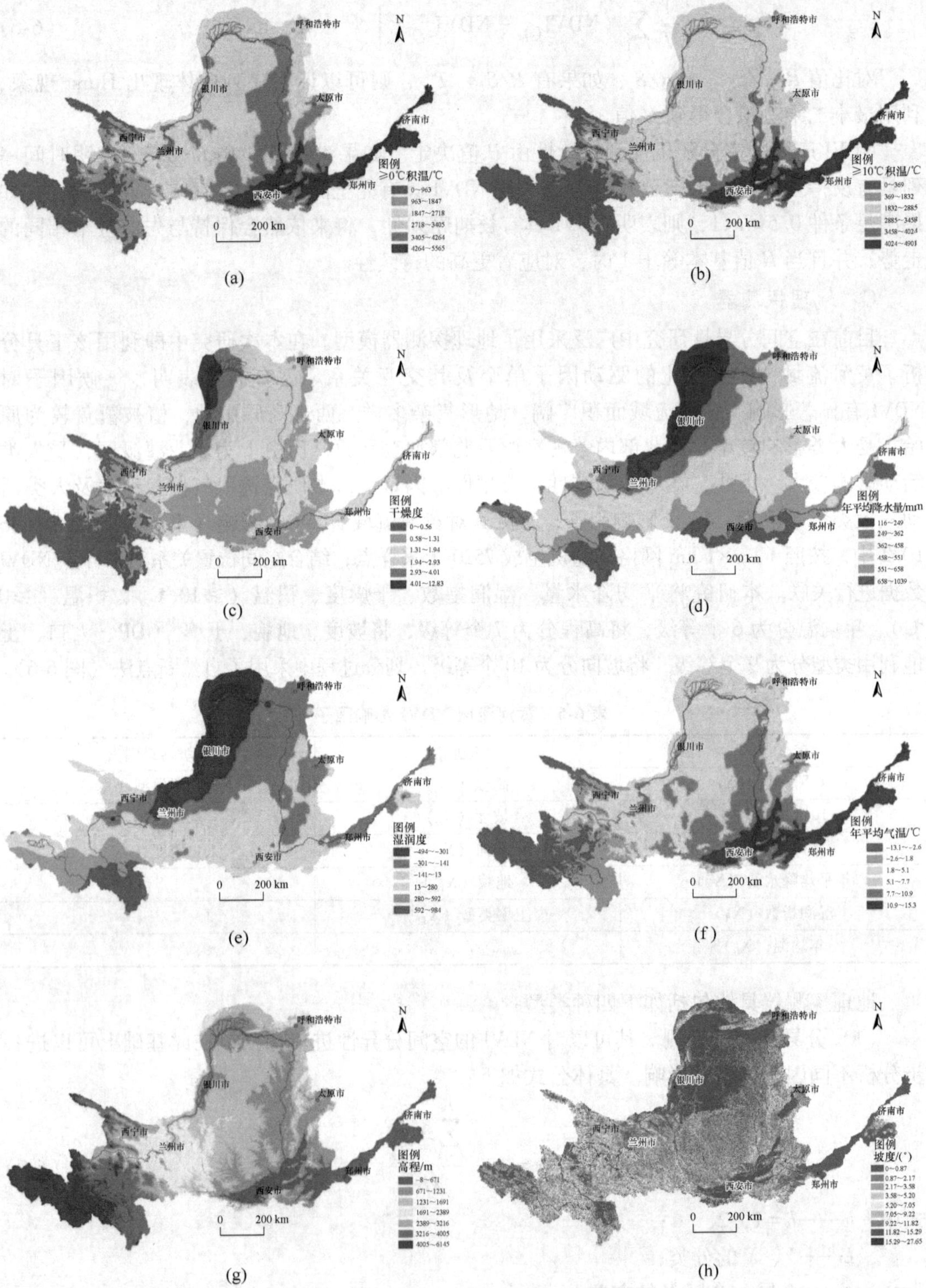
呼和浩特市
银川市
太原市
济南市
西宁市
兰州市
西安市
郑州市
N
0　200 km
图例
≥0℃积温/℃
0～963
963～1847
1847～2718
2718～3405
3405～4264
4264～5565
(a)
图例
≥10℃积温/℃
0～369
369～1832
1832～2885
2885～3458
3458～4024
4024～4901
(b)
图例
干燥度
0～0.56
0.58～1.31
1.31～1.94
1.94～2.93
2.93～4.01
4.01～12.83
(c)
图例
年平均降水量/mm
116～249
249～362
362～458
458～551
551～658
658～1039
(d)
图例
湿润度
-494～-301
-301～-141
-141～13
13～280
280～592
592～984
(e)
图例
年平均气温/℃
-13.1～-2.6
-2.6～1.8
1.8～5.1
5.1～7.7
7.7～10.9
10.9～15.3
(f)
图例
高程/m
-8～671
671～1231
1231～1691
1691～2389
2389～3216
3216～4005
4005～6145
(g)
图例
坡度/(°)
0～0.87
0.87～2.17
2.17～3.58
3.58～5.20
5.20～7.05
7.05～9.22
9.22～11.82
11.82～15.29
15.29～27.65
(h)

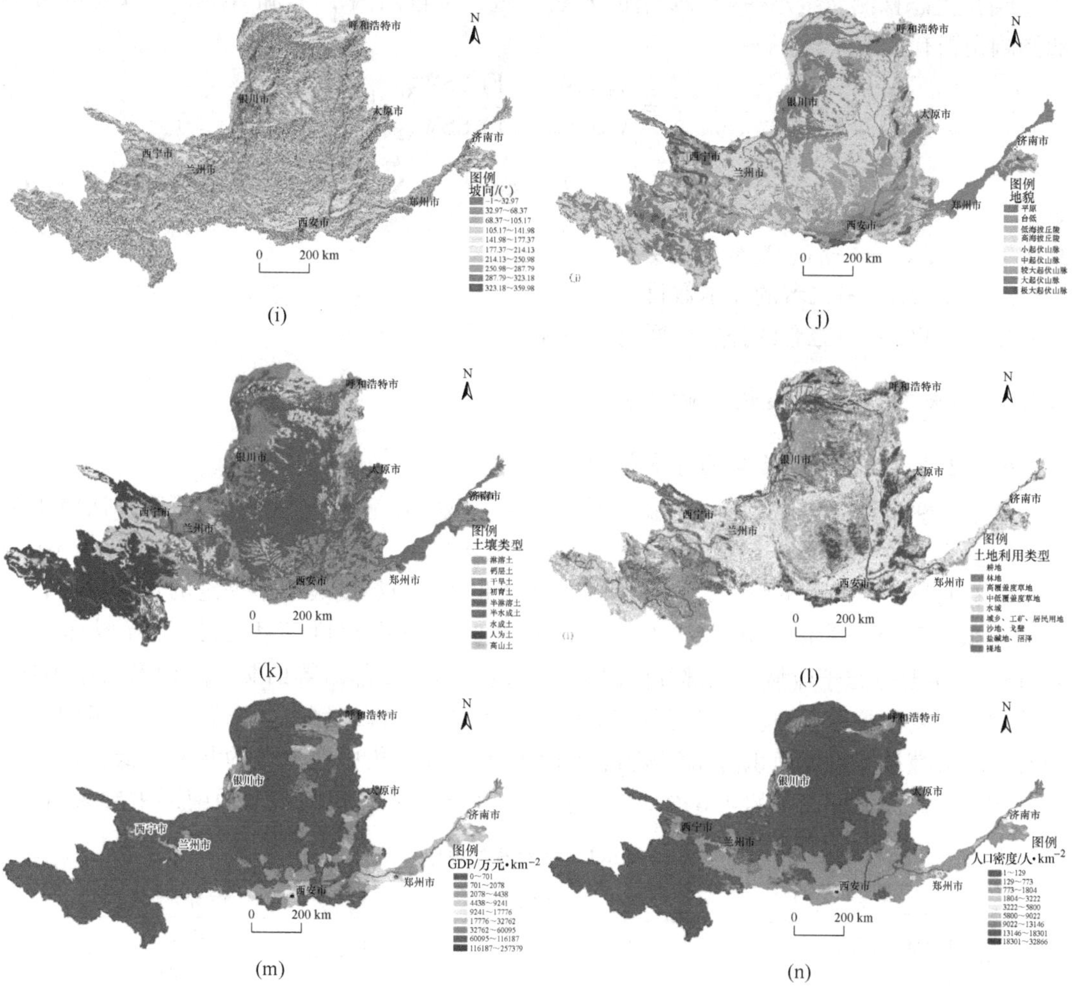

图 6-6 黄河流域因子空间分布

彩色原图

根据 q 值大小可以验证 X 的解释性，如果其值较大，则意味着具有更高的解释性。

（2）交互作用探测。基于交互作用探测可以对人类活动、气象以及地表等因素之间的交互作用进行分析，且可以评价多因子的交互作用是否能够影响到对于 NDVI 的解释能力。

（3）风险区探测。据此可以评价不同子区域属性均值的差异性，可用于鉴别各区域植被覆盖情况，用 t 统计量来检验。具体公式如下所示：

$$t = \frac{\overline{Y}_{h=1} - \overline{Y}_{h=2}}{\left[\frac{\mathrm{var}(\overline{Y}_{h=1})}{n_{h=1}} + \frac{\mathrm{var}(\overline{Y}_{h=2})}{n_{h=2}}\right]^{1/2}} \tag{6-8}$$

式中 h——一个子区域；

$\overline{Y}_h$，n_h——h 的 NDVI 值、样本数目。

（4）生态探测。生态探测需要借助 F 统计量，衡量两因子 X_1 和 X_2 对 NDVI 空间分布的影响是否有显著差异。

$$F=\frac{N_{X1}(N_{X2}-1)\,SSW_{X1}}{N_{X2}(N_{X1}-1)\,SSW_{X2}}$$

$$SSW_{X1}=\sum_{h=1}^{L_1}N_h\sigma_h^2 \qquad SSW_{X2}=\sum_{h=1}^{L_2}N_h\sigma_h^2 \tag{6-9}$$

式中　L_1，L_2——X_1、X_2 分层的数量；

N_{X1}，N_{X2}——二者的样本数目；

SSW_{X1}，SSW_{X2}——二者的分层、层内方差和。

6.3.2　植被 NDVI 时空变化及驱动力

6.3.2.1　植被 NDVI 空间分布格局

基于 1999~2018 年的 NDVI 数据，结合黄河流域实际情况，本书利用等间距法将植被状况划分为五种类型（表 6-7）。由植被覆盖空间格局图（图 6-7）可见，黄河流域 NDVI 分布具有明显的空间分异特征，总体表现为南高北低，与纬度表现出一定的负相关性，即纬度越低，则 NDVI 值越高。其中，较高及以上植被覆盖度面积占黄河流域面积的 47.13%，主要分布于流域的东部和南部地区，包括山西西部吕梁山脉、陕南及关中地区；中植被覆盖度面积占黄河流域面积的 26.80%，多位于中部地区，呈东北—西南走向带状分布；较低植被覆盖度面积占黄河流域面积的 21.41%，集中在流域的北部；低植被覆盖度面积仅占黄河流域面积的 4.65%，分布在河套平原两侧。黄河流域西南部主要为山地，

表 6-7　植被覆盖类型

植被类型	NDVI	面积比例/%
低植被覆盖度	<0.2	4.65
较低植被覆盖度	0.2~0.4	21.41
中植被覆盖度	0.4~0.6	26.80
较高植被覆盖度	0.6~0.8	37.54
高植被覆盖度	>0.8	9.59

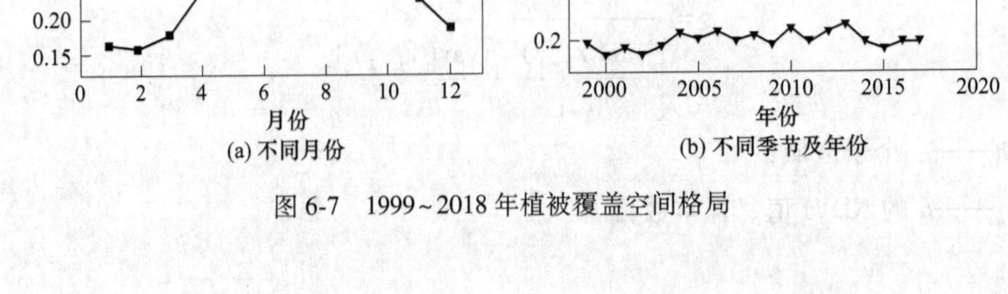

(a) 不同月份　(b) 不同季节及年份

图 6-7　1999~2018 年植被覆盖空间格局

植被以森林、草地以及草本湿地为主，有较高的NDVI值；东南部属于海洋性半湿润气候，水热较充足，且林地和农作物分布较为广泛，所以NDVI值较高；北、中部为内蒙古高原、河套平原，生态环境脆弱，气温高、降水少，植被破坏严重，现有植被多为低矮的农作物，因此NDVI值较低。

6.3.2.2 植被NDVI时间变化趋势

A 区域尺度NDVI的时间变化趋势

由区域尺度植被NDVI的时间变化趋势图（图6-8）可见，1999~2018年，黄河流域NDVI整体呈增加态势，平均年际变化率为0.007。其中，年均NDVI最高值（0.44）出现在2012年；最低值出现在2000年（0.34）。就季节来看，夏季NDVI值最高，秋季、春季其次，冬季最低。黄河流域春季、夏季、秋季NDVI变化趋势与年际变化趋势基本一致，呈波动上升趋势，平均年际变化率分别为0.005、0.007、0.007，而冬季NDVI的年际变化相对平稳，年际变化率只有0.00007，这可能与当地植被主要以落叶植被为主，冬季植被大都凋落，增长不够明显。从月份NDVI变化趋势来看，NDVI最低值出现在冬季的2月份（0.16）；NDVI最高值出现在夏季的8月份（0.53）；2~8月NVDI值上升明显，8月到次年2月NVDI值下降明显，呈波峰和波谷状。

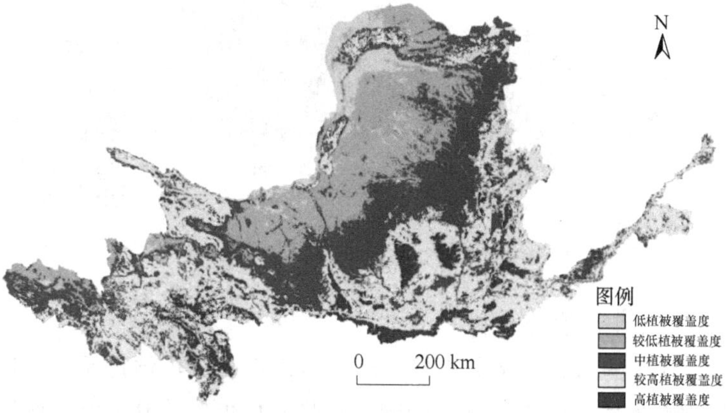

彩色原图

图6-8 1999~2018年区域尺度NDVI时间变化趋势

B 像元尺度NDVI的时间变化趋势

根据Sen趋势分析结果，将NDVI变化趋势分为七级（图6-9）；根据M-K检验结果（0.05置信水平），将NDVI变化显著性分为六级（图6-10）。由变化趋势结果可见，黄河流域20 a间NDVI时间变化趋势以极显著缓慢增长为主，整体变化趋势向好。其中，极显著缓慢增长区域所占面积最大，占整个流域面积的53.12%；其次是不显著变化的区域，占整个流域面积的29.98%；极显著较快增长的区域占整个流域面积的15.47%；快速增长的面积占整个流域面积的1%；而极显著较快退化和极显著缓慢退化合计共占黄河流域面积的1.43%。极显著较快增长和极显著快速增长的区域主要位于黄河流域的东部和黄河两岸，地理位置上属山西西部吕梁山脉和陕西北部黄土高原，这与该区域持续退耕还林、人工再造林有密不可分的关系，在一定程度上减少了黄土高原的水土流失，改善了黄河的生态环境。基本不变的区域则位于黄河流域北部、河套平原周边地区以及黄河下游地区，该区域城镇、耕地面积较大，因而基本没有变化。

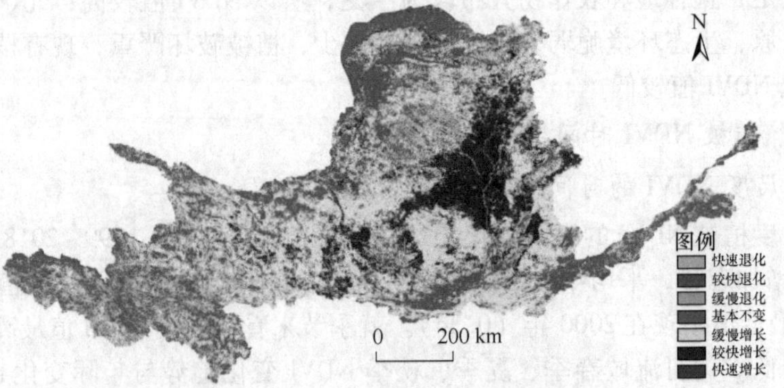

彩色原图

图 6-9 1999~2018 年 NDVI 趋势变化

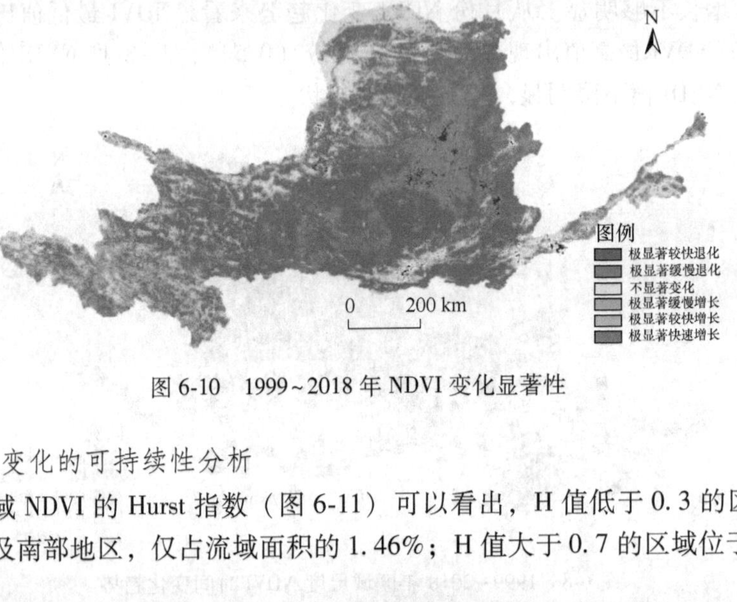

彩色原图

图 6-10 1999~2018 年 NDVI 变化显著性

C NDVI 变化的可持续性分析

从黄河流域 NDVI 的 Hurst 指数（图 6-11）可以看出，H 值低于 0.3 的区域零星分布在流域的中部及南部地区，仅占流域面积的 1.46%；H 值大于 0.7 的区域位于流域的中部

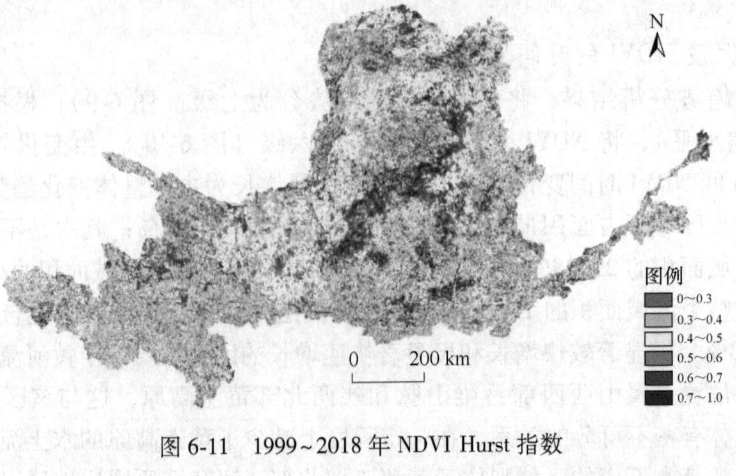

彩色原图

图 6-11 1999~2018 年 NDVI Hurst 指数

和北部地区，占流域面积的 0.67%；H 值在 0.5~0.6 的区域占流域面积的 28.78%，H 值在 0.6~0.7 的区域占流域面积的 6.32%，主要分布于山西西部和陕西中部；H 值在 0.3~0.4 的区域占流域面积的 18.13%，H 值在 0.4~0.5 的区域占黄河流域的 45.15%，其反退化占比较高，主要分布于甘肃陇中黄土高原、宁夏地区和陕西、山西黄土高原区，这些区域本身为黄土高原或干旱沙地，植被覆盖差，多为季节性降水，加上人类活动频繁，其植被生长持续性不强；H 值在 0.5~0.6 的区域占流域面积的 28.78%，H 值在 0.6~0.7 的区域占流域面积的 6.32%。

将 Hurst 指数分析图与趋势分析图在 ArcGIS 中叠加，得到黄河流域 NDVI 未来趋势变化图（图 6-12）。结果表明，持续快速退化和持续较快退化的面积极小，仅占流域面积的 0.01%，几乎可以忽略不计；持续较缓慢退化的面积占流域面积的 0.14%，大多分布于城镇及周边，是由城区扩张所造成的；持续基本不变的面积占流域面积的 30.19%；波动变化的面积占流域面积的 44.86%，是占比最大的区域；缓慢退化区域和缓慢增长区域是波动变化的主要发生地；持续缓慢增长的面积占流域面积的 17.67%，与 Hurst 指数为 0.5~0.6 的分布基本一致；持续较快增长的面积占流域面积的 6.66%，持续快速增长的面积仅占流域面积的 0.47%，二者占比较小，多分布于持续缓慢增长区内。

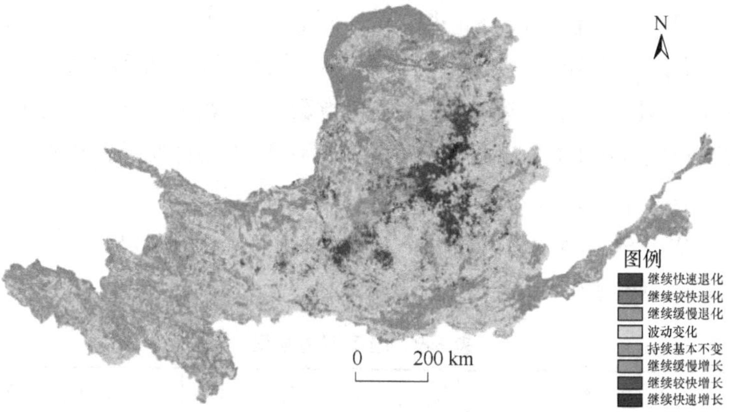

彩色原图

图 6-12 未来变化趋势

6.3.2.3 植被 NDVI 空间分布变化

在 ArcGIS 中通过叠加分析得到了 1999~2018 年植被覆盖空间转移矩阵表（表 6-8），结果表明，1999~2018 年期间高植被覆盖度和较高植被覆盖度大幅增加，中植被覆盖度增加明显，主要是由低一级植被覆盖度转化而来。演化趋势为较低植被覆盖度→中植被覆盖度，中植被覆盖度→较高植被覆盖度，较高植被覆盖度→高植被覆盖度。其中，植被覆盖度保持稳定的区域占 31.6%，持续增加的区域占 65.99%，减少的区域占 2.41%。总体来看，黄河流域植被增长明显，生态恢复成效显著，生态环境整体向好。

表 6-8 黄河流域植被覆盖空间转移矩阵 (%)

时间	植被类型	2018 年					
		低植被覆盖度	较低植被覆盖度	中植被覆盖度	较高植被覆盖度	高植被覆盖度	合计
1999 年	低植被覆盖度	2.84	4.97	0.97	0.21	0.10	9.09
	较低植被覆盖度	0.23	7.80	12.26	8.02	0.46	28.77
	中植被覆盖度	0.03	0.64	5.82	15.66	2.84	24.98
	较高植被覆盖度	0.00	0.16	1.25	12.98	20.50	34.90
	高植被覆盖度	0.00	0.00	0.01	0.09	2.16	2.25
合 计		3.10	13.57	20.31	36.96	26.06	100

6.3.2.4 NDVI 空间分布的地理探测

A 不同驱动因子对 NDVI 空间分异的驱动分析

用地理探测器对 NDVI 的空间分异及变化趋势进行归因，因子探测结果见表 6-9。不同因子对黄河流域 NDVI 空间分布的解释能力从高到低依次为平均降水量(X_4)>湿润指数(X_5)>干燥度(X_3)>土壤类型(X_{11})>年均气温(X_6)>土地利用(X_{12})>积温(≥0 ℃)(X_1)>积温(≥10 ℃)(X_2)>高程(X_7)>地貌(X_{10})>坡度(X_8)>人口(X_{14})>GDP(X_{13})>坡向(X_9)，这也反映了地处内陆半湿润、半干旱、干旱交汇区的黄河流域，水分仍然是影像 NDVI 的主导因素。其中，平均降水量、湿润指数、干燥度、土壤类型的解释率均超过 30%，分别为 59.6%、46.1%、34.9%、33.9%，是主要影响因子；年均气温、土地利用、积温（≥0 ℃）、积温（≥10 ℃）、高程、地貌的解释率大于 20%，分别为 27.9%、26.9%、26.2%、25.7%、24.2%、20.7%，是次要影响因素；坡度、人口、GDP、坡向的解释率均低于 20%，影响力较低。

表 6-9 因子探测结果

因子	X_1	X_2	X_3	X_4	X_5	X_6	X_7	X_8	X_9	X_{10}	X_{11}	X_{12}	X_{13}	X_{14}
q	0.262	0.257	0.349	0.596	0.461	0.279	0.242	0.114	0.010	0.207	0.339	0.269	0.028	0.097
p	0.000	0.000	0.000	0.000	0.000	0.000	0.000	0.000	0.000	0.000	0.000	0.000	0.000	0.000

B 交互作用探测分析

由表 6-10 可知，交互作用解释力最强的是平均降水量和土地利用，它们的双因子交互 q 值达到了 0.704，这说明土地利用的变化影响了降水量，以此作为因变量对黄河流域 NDV 的解释力较强。解释力最差的是坡向与 GDP 的交互，这可能是由于坡向及 GDP 本身对 NDVI 的解释力较差，因此在这样两个因子交互下，解释力不足。同时，降水量与大多数因子相结合都能产生较高的 q 值，q 值最低的是平均降水量与坡向的组合，却也达到了 0.638。

表 6-10 交互作用探测结果

因子	X_1	X_2	X_3	X_4	X_5	X_6	X_7	X_8	X_9	X_{10}	X_{11}	X_{12}	X_{13}	X_{14}
X_1	0.262													
X_2	0.296	0.257												
X_3	0.493	0.473	0.349											
X_4	0.665	0.654	0.615	0.569										
X_5	0.576	0.553	0.491	0.627	0.461									
X_6	0.320	0.321	0.505	0.669	0.584	0.279								
X_7	0.312	0.321	0.530	0.687	0.622	0.337	0.242							
X_8	0.368	0.360	0.415	0.640	0.501	0.389	0.392	0.114						
X_9	0.279	0.276	0.368	0.609	0.479	0.295	0.254	0.128	0.010					
X_{10}	0.452	0.438	0.507	0.688	0.569	0.472	0.482	0.271	0.224	0.207				
X_{11}	0.448	0.440	0.544	0.698	0.606	0.488	0.461	0.424	0.359	0.454	0.339			
X_{12}	0.510	0.507	0.548	0.704	0.631	0.514	0.521	0.378	0.290	0.416	0.552	0.269		
X_{13}	0.274	0.269	0.399	0.624	0.512	0.295	0.259	0.205	0.047	0.271	0.381	0.311	0.028	
X_{14}	0.343	0.334	0.451	0.632	0.551	0.357	0.339	0.265	0.114	0.328	0.426	0.334	0.113	0.097

由表 6-11 可知，绝大多数因子交互呈现相互增强或非线性增强的关系，表现为两因子 q 值相加大于单因子 q 值。其中以年平均降水量为代表的主导因子表现更为明显，$X_4 \cap X_{12}(0.704) > X_4 \cap X_{11}(0.698) > X_4 \cap X_{10}(0.688) > X_4 \cap X_7(0.687) > X_4 \cap X_6(0.669) > X_4 \cap X_1(0.665) > X_4 \cap X_2(0.654) > X_4 \cap X_8(0.640) > X_4 \cap X_{14}(0.632) > X_4 \cap X_5(0.627) > X_4 \cap X_{13}(0.624) > X_4 \cap X_3(0.615) > X_4 \cap X_9(0.609)$。结果表明，年平均降水量与土地利用类型、土壤类型、地貌、高程、年均温等因子的相互作用呈现相互增强的关系。由 $X_9 \cap X_4(0.609) > X_9 \cap X_5(0.479) > X_9 \cap X_3(0.368) > X_9 \cap X_{11}(0.359) > X_9 \cap X_6(0.295) > X_9 \cap X_{12}(0.290) > X_9 \cap X_1(0.279) > X_9 \cap X_2(0.276) > X_9 \cap X_7(0.254) > X_9 \cap X_{10}(0.224) > X_9 \cap X_8(0.128) > X_9 \cap X_{14}(0.114) > X_9 \cap X_{13}(0.047)$，且 $X_9 \cap X_n$ 均大于 $X_9 + X_n$，可见坡向与年平均降水量、湿润指数、干燥度、土壤类型等因子的相互作用效应呈现非线性增强的关系。

表 6-11 影响植被 NDVI 主导因子交互作用分析

两因子交互	两因子 q 值	两因子 q 值相加	结果	交互关系
$X_4 \cap X_5$	0.627	$<1.057 = X_4 \cap X_5$	$C<A+B$	互相增强
$X_4 \cap X_6$	0.669	$<0.875 = X_4 \cap X_6$	$C<A+B$	互相增强
$X_4 \cap X_7$	0.687	$<0.838 = X_4 \cap X_7$	$C<A+B$	互相增强
$X_4 \cap X_8$	0.640	$<0.710 = X_4 \cap X_8$	$C<A+B$	互相增强
$X_4 \cap X_9$	0.609	$>0.606 = X_4 \cap X_9$	$C>A+B$	非线性增强
$X_4 \cap X_{10}$	0.688	$<0.803 = X_4 \cap X_{10}$	$C<A+B$	互相增强
$X_4 \cap X_{11}$	0.698	$<0.935 = X_4 \cap X_{11}$	$C<A+B$	互相增强

续表 6-11

两因子交互	两因子 q 值	两因子 q 值相加	结果	交互关系
$X_4 \cap X_{12}$	0.704	$<0.865=X_4 \cap X_{12}$	$C<A+B$	互相增强
$X_4 \cap X_{13}$	0.624	$=0.624=X_4 \cap X_{13}$	$C=A+B$	相互独立
$X_4 \cap X_{14}$	0.632	$<0.693=X_4 \cap X_{14}$	$C<A+B$	互相增强
$X_7 \cap X_{14}$	0.339	$=0.339=X_7 \cap X_{14}$	$C=A+B$	相互独立

注：表中 $A+B$ 表示两因子 q 值的相加值；C 表示两因子 q 值。

研究结果表明，仅有两对因子交互对 NDVI 的影响是相互独立的，分别是年平均降水量与土地利用类型的交互及高程与人口密度的交互（表 6-11），$X_4 \cap X_{13}=0.624=X_4+X_{13}$，$X_7 \cap X_{14}=0.339=X_7+X_{14}$。

C　生态探测分析

由表 6-12 可知，气候要素中各因子大多与其他气候要素因子存在显著性相关，其中年平均降水量尤为突出，而各因子与地表因素和人类活动因素极少存在显著性相关。比如积温（≥0 ℃）与干燥度、年平均降水量、湿润指数和土地利用类型存在显著性相关，年平均降水量与积温（≥0 ℃）、积温（≥10 ℃）和干燥度存在显著性相关。在地表因素中，大多数因子均与土壤和土地利用类型之间存在显著性差异，比如高程与土壤类型和土地利用类型存在显著性相关；坡向与地貌、土壤类型、土地利用类型和人口密度存在显著性差异；地貌与坡度、坡向、土壤类型和土地利用类型存在显著性差异。由此可见，NDVI 受三大类要素共同影响，气候因素仍为主导。其中，年平均降水量、土壤和土地利用类型对 NDVI 影响最大，GDP 对 NDVI 影响最小。

表 6-12　生态探测结果

因子	X_1	X_2	X_3	X_4	X_5	X_6	X_7	X_8	X_9	X_{10}	X_{11}	X_{12}	X_{13}	X_{14}
X_1														
X_2	N													
X_3	Y	Y												
X_4	Y	Y	Y											
X_5	Y	Y	Y	N										
X_6	N	Y	N	N	N									
X_7	N	N	N	N	N	N								
X_8	N	N	N	N	N	N	N							
X_9	N	N	N	N	N	N	N	N						
X_{10}	N	N	N	N	N	N	N	Y	Y					
X_{11}	Y	Y	N	N	N	Y	Y	Y	Y	Y				
X_{12}	N	N	N	N	N	N	Y	Y	Y	Y	N			
X_{13}	N	N	N	N	N	N	N	N	N	N	N	N		
X_{14}	N	N	N	N	N	N	N	N	Y	N	N	N	Y	

注：置信水平为 95%。

D 影响因子的适宜范围或类型

基于风险探测，能够得出各类影响因子中，植被 NDVI 最适宜的范围（表 6-13）。气象因子方面，当年平均降水量在 658～1039 mm，年均温在-2.6～1.8 ℃时，NDVI 均值最高，可见水热条件较好的地区植被覆盖度较好。当高程在 3216～4005 m，坡度在 15.29°～27.56°时，植被覆盖度最高，与地貌的大起伏中山、大起伏高山，土地利用的林地、草地相对应，说明在山高坡陡的地区植被覆盖度更高。草甸土和砂姜黑土广泛分布于山地和山前洼地中，从侧面反映出海拔对植被覆盖的影响。

表 6-13 不同影响因子的适宜类型或范围

因　子	植被 NDVI 适宜类型或范围	NDVI 均值
≥0 ℃积温	963～1847 ℃	0.744
≥10 ℃积温	4024～4901 ℃	0.687
干燥度	131～194	0.652
年平均降水量	658～1039 mm	0.764
湿润指数	592～984	0.767
年均温	-2.6～1.8 ℃	0.741
高程	3216～4005 m	0.746
坡度	15.29°～27.65°	0.732
坡向	-1°～32.98°	0.567
地貌	大起伏中山、大起伏高山	0.710
土壤类型	草甸土、砂姜黑土	0.749
土地利用类型	林地、草地	0.717
GDP	4438～9241 万元/km^2	0.669
人口密度	773.37～1804.44 人/km^2	0.652

总体来看，由风险探测可知，气象因素、地表因素是影响黄河流域 NDVI 的主要因素，而人类活动对 NDVI 的影响主要体现在土地利用方式的改变上，其中退耕还林与植树造林工程发挥了重要作用。

黄河流域地跨我国三级阶梯，地貌类型复杂多样，自然因素与人为因素共同作用，对流域内的植被覆盖产生重要影响。本研究表明，黄河流域自实施退耕还林、生态修复工程实施以来，流域 NDVI 变化趋势以极显著缓慢增长为主，植被覆盖空间格局整体向好。而气象因素、地表因素与人类活动因素共同影响了植被分异，其中气象因素依旧为主导因素，平均降水量与湿润指数的解释力均大于 0.45，占主导地位。由此可见，降水是植被活动的主要驱动力，这与前人的研究结果一致。土壤类型是植被 NDVI 变化的重要因子，在以降水为主要限制因素的地区，土壤类型对植被生长和雨水再利用效率的影响显著，如淋溶土、半淋溶土地区的 NDVI 值较高；而漠土与干旱土 NDVI 值较低，不适宜植被生长。初育土广泛分布于陕北黄土高原区，该区是黄河流域生态修复与水土保持的重点区域，因此 NDVI 增速较快。人类活动中，土地利用方式对 NDVI 影响较大，自 1999 年退耕还林还草工程实施以来，黄河流域 NDVI 持续增长，但增速较慢，这可能与城市化和过度放牧有关。气候因素与地表因素、人类活动因素相交互，会显著提高各因素对 NDVI 的解释力。本研究发现，降水量与土地利用解释力最强，q 值为 0.704，降水量与其余各因子交互 q 值均大于 0.6，湿润指数与其余各因子交互 q 值均大于 0.47，同样反映了降水的主导作用。这与相关研究[1]认为的社会经济因子与自然因子交互，会显著提高其对植被 NDVI 空间分布的影响力一致。

像元尺度上的区域 NDVI 时空变化及其驱动因素分析一直是地理学和生态学研究的重点，本书利用 SPOT NDVI 数据客观揭示了黄河流域 20 a 间植被覆盖度变化的时空特征，研究表明，黄河流域 NDVI 变化的可持续性不强，主要以波动变化为主，与其他已有研究的相同时期对比，基本趋势是一致的[2]。已有研究表明，SPOT 系列卫星 NDVI 数据在光谱波段设计、空间精度和几何纠正等方面都比其他数据更有优势，因此其应用较为广泛[3]。由此可见，本研究是可信的。但是 NDVI 存在饱和现象，特别在夏季或植被覆盖度高的林区尤为明显。EVI 能很好地反映植被生长情况，即使在生物含量较高的月份也能反映出植被生长的季节性特征[4]，因而 EVI 更适用于长序列季节性研究。本书大多基于年际 NDVI 数据展开分析，因此受饱和现象影响较小。

地理探测器是探测空间分异性，以及揭示其背后驱动力的一组统计学方法[5]。地理探测器在各领域应用广泛，特别是在对 NDVI 的探测上。本书采用地理探测器对黄河流域 NDVI 空间分异特征展开探测，结论与同流域研究基本一致[6]，但是在选取因子指标和对各因子数据进行离散化处理时，存在一定的主观性。

本章小结

虽然晋西北地区生态环境破坏和水土流失极为严重，经济非常落后，但实践证明，只要采取上述科学的、对路的治理措施，就能够把它治理好和改造好，而且能在较短时间内收到成效，并使该地区走上持续发展的轨道。在治理该地区的水土流失时，不能只用两种技术措施，而必须根据具体情况，将多种技术措施结合使用，并辅之以社会经济措施。

我国黄土高原严重的水土流失造成了许多生态环境问题。年农业非点源污染模型（AnnAGNPS）是由美国农业部农业研究局和自然资源保护局联合开发用来进行流域评价和管理的有效工具之一，可用来进行水土流失研究，以确定土壤侵蚀风险区。利用 AnnAGNPS 模型分析黄土高原土壤侵蚀特征及空间分布规律，帮助农业管理者和政策制定

[1] 张思源，聂莹，张海燕，等．基于地理探测器的内蒙古植被 NDVI 时空变化与驱动力分析［J］．草地学报，2020，28（5）：1460-1472.

[2] 袁丽华，蒋卫国，申文明，等．2000~2010 年黄河流域植被覆盖的时空变化［J］．生态学报，2013，33（24）：7798-7806.

[3] 朱艺旋，张扬建，俎佳星，等．基于 MODIS NDVI、SPOT NDVI 数据的 GIMMS NDVI 性能评价［J］．应用生态学报，2019，30（2）：536-544.

[4] 杨嘉，郭铌，黄蕾诺，等．西北地区 MODIS-NDVI 指数饱和问题分析［J］．高原气象，2008（4）：896-903.

[5] 王劲峰，徐成东．地理探测器：原理与展望［J］．地理学报，2017，72（1）：116-134.

[6] 裴志林，杨勤科，王春梅，等．黄河上游植被覆盖度空间分布特征及其影响因素［J］．干旱区研究，2019，36（3）：546-555.

者做出更好的决策，以减少农业活动对水资源和土壤的不良影响。

为了探究黄河流域 NDVI 时空变化及其驱动力，基于遥感数据，采用趋势分析、空间转移矩阵分析了 1999~2018 年黄河流域 NDVI 时空变化特征，并采用地理探测器模型对黄河流域 NDVI 的空间分异特征与驱动力进行解释。结果表明，1999~2018 年黄河流域植被覆盖整体较好，多年平均 NDVI 值为 0.39，呈现南高北低的分布格局，其中较高及以上植被覆盖度区域占流域面积的 47.13%。从 NDVI 空间变化特征来看，1999~2018 年高植被覆盖度和较高植被覆盖度大幅增加，中植被覆盖度增加明显，主要是由低一级植被覆盖度转化而来。其中，黄河流域的 NDVI 值整体呈增加态势，年增率为 0.007；季节变化特征明显，最低值（0.16）出现在冬季的 2 月份，最高值（0.53）出现在夏季的 8 月份，从 NDVI 像元尺度的时间变化趋势来看，1999~2018 年黄河流域 NDVI 变化趋势以极显著缓慢增长为主，占整个流域面积的 53.12%，整体变化趋势向好，但可持续性不强；极显著较快增长和快速增长的区域占整个流域面积的 15.47%，主要位于山西西部吕梁山脉和陕西北部黄土高原，这与当地生态恢复工程紧密相关。需要注意的是，未来持续波动区域所占面积比例达到 44.86%，其中以缓慢退化和缓慢增长为主。黄河流域的 NDVI 空间差异主要由平均降水量、湿润指数、干燥度、土壤类型决定，其因子解释力均超过 30%，这表明降水仍然是影响黄河流域 NDVI 的主导因素。绝大多数驱动因子间交互呈现相互增强或非线性增强的关系，交互解释力最强的是平均降水量和土地利用，其 q 值为 0.704。只有年平均降水量与土地利用类型交互及高程与人口密度的交互是相对独立的。

习　题

1. 什么是年农业非点源污染模型（AnnAGNPS）？
2. 什么是归一化植被指数（NDVI）？
3. 简述 AnnAGNPS 模型的功能。
4. 简述地理探测器的类型。
5. 简述植被 NDVI 变化的影响因子。
6. 简述归一化植被指数（NDVI）的研究意义。
7. 试述 AnnAGNPS 模型与 GIS、RS、GPS 等技术之间的关系。
8. 试述治理丘陵沟壑区水土流失的技术措施。
9. 举例论述如何构建 AnnAGNPS 模型的数据库。
10. 利用 AnnAGNPS 模型、GIS 与 RS 等技术，分析某一流域土壤侵蚀特征及空间分布规律。

7 黄土高原生物多样性格局与保育

本章提要：

党的二十大提出“推动绿色发展，促进人与自然和谐共生”。黄土高原地区是世界上最大的黄土堆积区，黄土层覆盖深厚且质地疏松，地形多为山地和盆地，再加上该区降水集中且多为暴雨，以及多年来人类活动的干扰，导致黄土高原水土流失严重，水源涵养功能也在不断下降。黄土高原作为我国生态关键脆弱区，生态环境的脆弱使得物种濒危程度加剧，遗传资源不断丧失，生物多样性保护面临着严峻的形势。生物多样性是经济持续发展的基础，而物种分布格局及其形成机制是生物多样性研究的核心内容之一，是保护生物多样性的根本依据，对保护生物多样性有重要的指导意义，所以需要探索有效的方法和提高管理水平来实现更好的保护。黄土高原地区保护优先区的识别，对将来生态系统完整性的维持、自然保护区整合以及国家公园理论体系的完善都有着重要的现实意义。

7.1 黄土高原生物多样性

7.1.1 黄土高原生物多样性

黄土高原地区植被类型多样，南部为暖温带落叶阔叶林，北部跨入内蒙古草原植被区，西北部进入荒漠区，是旱生、中生和水生植物交汇和过渡的地带（图 7-1）。该地区植物种类丰富，在中国植物区系中属于泛北极植物区[1]。在科、属组成上，大科、大属的种类最为丰富，如具有代表性的禾本科、菊科、蔷薇科等，这些科很多是植物群落中的优势种或建群种，在该区的生态恢复过程中起到重要的作用。并且该区稀有濒危植物丰富，据前人统计，稀有濒危植物共有 78 种，隶属于 43 科 66 属，其中不乏有红豆杉、翅油果等国家级保护植物[2]。除此之外，该区植物起源古老且成分复杂，以温带成分为主，但与热带区系也有一定的亲缘关系，多种成分汇集交错、相互渗透，具有明显的过渡带的特征。

由于该区降水集中且多为暴雨，黄土层覆盖深厚且质地疏松，以及长期以来人类活动的干扰，导致该区水土流失，植被退化，物种濒危程度加剧，遗传资源不断丧失，生态环境脆弱，生物多样性保护面临着严峻的形势[3,4]。

---

❶ 张文辉，李登武，刘国彬，等．黄土高原地区种子植物区系特征［J］．植物研究，2002，22（3）：117-123.

❷ 李登武，党坤良，温仲明，等．黄土高原地区种子植物区系中的珍稀濒危植物研究［J］．西北植物学报，2004，24（12）：139-146.

❸ 王力，李裕元，李秧秧．黄土高原生态环境的恶化及其对策［J］．自然资源学报，2004，19（2）：263-271.

❹ 李凤民，徐进章，孙国钧．半干旱黄土高原退化生态系统的修复与生态农业发展［J］．生态学报，2003，23（9）：1901-1909.

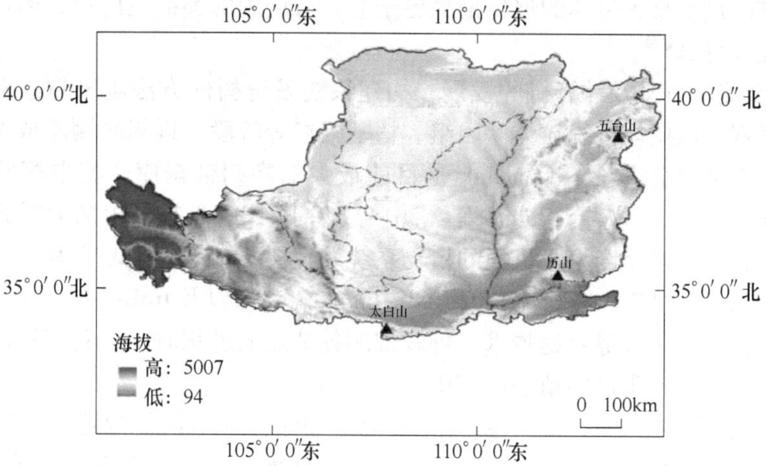

图 7-1 黄土高原示意图

彩色原图

7.1.2 系统发育分析与系统发育树构建

物种在漫长的进化历史过程中形成了错综复杂的谱系关系，保留了独特的遗传信息。以往关于生物多样性的研究大多从分类学层面考虑，受物种分类地位的影响，将物种视为独立、等价的，忽略了物种间的进化关系[1]。据此开展的保护生物多样性工作可能是不够全面的，如澳大利亚关于生物多样性的保护法（Environment Protection and Biodiversity Conservation Act，EPBC Act）明确表明，在评估国家遗产地时应考虑到遗传价值及其在历史过程中的重要性[2]。

早在 1859 年达尔文就提出了生命之树的概念，他指出地球上的生命都是同源的，任何生物物种都是从一个共同祖先经过漫长的地质历史逐渐演化而来，每个物种都能在生命之树上找到自己的位置。这棵树的根代表物种的共同祖先，枝长代表进化时间，树枝的分叉代表物种的分化，每个端点代表一个物种，形象地展示了物种间的亲缘关系。

构建物种间可靠的谱系关系可以帮助理解生命的起源、生物类群间的亲缘关系、生物体的进化形式以及生物多样性的存在方式及动态变化等。生物学家最初利用物种的形态特征构建生命之树，但物种有限的性状特征导致这种方式具有较大的局限性及不准确性[3,4]。直到 20 世纪 60 年代以后，随着测序技术的成熟，生物学家开始利用蛋白质、RNA 及 DNA 的序列差异来构建物种间的系统发育关系，与蛋白质及 RNA 序列相比，DNA 序列具

[1] Barnabas H D，Michelle B，Davies T J. Spatial incongruence among hotspots and complementary areas of tree diversity in southern Africa［J］. Diversity and Distributions，2015，21（7）：769-780.

[2] Laity T，Laffan S W，González-Orozco C E，et al. Phylodiversity to inform conservation policy：An Australian example［J］. Science of the Total Environment，2015，534：131-143.

[3] De Queiroz K，Gauthier J. Phylogenetic taxonomy［J］. Annual Review of Ecology and Systematics，1992，23：449-480.

[4] Doolittle W F，Bapteste E. Pattern pluralism and the tree of life hypothesis［C］. Proceedings of the National Academy of Sciences，2007，104：2043-2049.

有更多的变异位点信息，传达的遗传信息更全面，可应用的类群更广泛，因此构建的系统发育树更为准确可靠[1][2]。

随着DNA测序技术及计算机的发展，构建系统发育树的方法越来越成熟，经历了从单序列到多序列，从质体到线粒体基因组、核基因组等阶段。近年来测序成本的降低更是导致了序列数据的快速增多，Genbank是目前最大的序列数据库，其中存储着上亿条数据，涵盖全球30多万个物种。Zanne等（2014）基于APG Ⅲ被子植物分类系统发表了维管植物进化树骨架，是至今为止最大的植物系统发育树，基于七个基因片段组建：核基因18SrDNA、26SrDNA、ITS，叶绿体基因rbcL、matK、atpB以及trnL-F内含子，该进化树结合化石记录，利用分子钟等生物技术，可以推测各节点的进化时间，直接输出带有支长的进化树，在大尺度、多类群的植物研究中多有应用。

选取在线建树软件Phylomatic黄土高原地区293种木本植物构建系统发育树，选择Zanne等（2014）的进化树骨架，分辨率为属级分类水平，若进化树上没有该属的信息，则到科级。

7.1.3 多样性测度指数

传统的生物多样性研究主要侧重于物种多样性的评估，简单直观地反映了研究区域的物种数量水平，在长期的发展中形成了一套简便有效的方法[3]。随着系统发育学的发展，越来越多的研究表明，在保护生物多样性的工作中，将物种的进化历史及物种间的亲缘关系纳入考虑中将更为全面合理。1992年，Faith提出了系统发育多样（phylogenetic diversity，PD）的概念，该指标以系统发育树上符合最小距离路径（minimum spanning path）的分支总和来表示，有利于识别出累积了深远进化历史的类群[4]。相较于物种多样性而言，系统发育多样性具有以下优点：（1）不受物种分类地位变更的影响，更为准确地反映了物种保护价值的本质[5]；（2）具有比物种多样性更快的丧失速率，所以系统发育多样性较高的区域在保护生物多样性工作中尤为重要[6]；（3）物种灭绝会造成物种多样性减少，但短期内对系统发育多样性的影响并不明显[7]；（4）系统发育多样性较高的群落往往具有更多营养级的物种，表现出更高的生产力，能更好地维持生态系统功能[8]。研究证明，物种丰富度（species richness，SR）和系统发育多样性不一定存在正相关性，如Forest

---

❶ Doolittle W F. Phylogenetic classification and the universal tree [J]. Science, 1999, 284: 2124-2128.

❷ Yang Z, Rannala B. Molecular phylogenetics: Principles and practice [J]. Nature Reviews Genetics, 2012, 13 (5): 303-314.

❸ 刘灿然，马克平．生物群落多样性的测度方法 [J]．生态学报，1997，17（6）：601-610.

❹ Faith D P. Conservation evaluation and phylogenetic diversity [J]. Biological Conservation, 1992, 61 (1): 1-10.

❺ Cadotte M W, Cardinale B J, Oakley T H. Evolutionary history and the effect of biodiversity on plant productivity [J]. Proceedings of the National Academy of Sciences, 2008, 105 (44): 17012-17017.

❻ Sechrest W, Brooks T M, Fonseca G A B, et al. Hotspots and the conservation of evolutionary history [C] // Proceedings of the National Academy of Sciences, 2002, 99 (4): 2067-2071.

❼ Shapcott A, Forster P I, Guymer G P, et al. Mapping biodiversity and setting conservation priorities for SE Queensland's rainforests using DNA barcoding [J]. PLoS ONE, 2015, 10 (3): e0122164.

❽ Cadotte M W, Dinnage R, Tilman D. Phylogenetic diversity promotes ecosystem stability [J]. Ecology, 2012, 93 (8): 223-233.

等（2007）在研究南非好望角东、西部植物分布格局时发现物种丰富度和系统发育多样性表现出了相反的趋势，并认为具有较高系统发育多样性的东部更具保护价值。也有研究提出，系统发育多样性并不一定能比物种水平的指标提供更多信息，但其代表了物种的进化历史，或是对环境的适应能力。

植物在进化历史过程中表现出不均匀的特性，不同的植物所适应的生境不同，从而造成了植物的特有现象。在宏观尺度的研究中，特有现象明显的地区通常是生物多样性十分丰富的地区。局限于特定区域的物种称为特有植物，由于特有植物的分布格局与当地的气候波动及地质历史事件密切相关，且灭绝风险较高，因此特有植物已成为生物多样性研究的热点之一，对预测热点区域和确定保护优先区等决策有着重要的意义[1]。Crisp 等在研究植物特有现象的分布格局时提出加权特有性（weighted endemism，WE），该指数在物种丰富度的基础上结合了物种的空间分布范围，物种的分布区越狭窄，被赋予的权重越高，代表受威胁程度越严重[2]。加权特有性的值比较高的地区通常是特有植物较为集中的地区，具有较高的保护价值。Rosauer 等结合物种间的谱系关系提出系统发育特有性（phylogenetic endemism，PE），与加权特有性类似，该指数在系统发育多样性的基础上考虑了物种的分布范围，反映了物种在系统发育树上的分散程度，能识别出存在孤立物种的区域，在进化历史过程中，这些物种通常携带更多稀有的基因和性状[3]。

系统发育多样性和系统发育特有性均是在实际具有支长的系统发育树上计算所得，Mishler 等在研究澳大利亚金合欢属的空间分布格局时引入零模型比较树，即保留系统发育树的拓扑结构，假设其分支长度都相等，该树可以评估指数是高于期望值还是低于期望值。此时实际树的系统发育多样性与比较树系统发育多样性的比率即为相对系统发育多样性（relative phylogenetic diversity，RPD），实际树的系统发育特有性与比较树系统发育特有性的比率即为相对系统发育特有性（relative phylogenetic endemism，RPE）[4]。

在拓展了相对系统发育特有性的概念后，Mishler 等进一步对澳大利亚金合欢属的新、古特有中心进行了划分，定义为 CANAPE（categorical analysis of neo-and paleo-endemism）法，该方法从进化的角度将物种的分布区域分为古特有中心（palaeo-endemism）、新特有中心（neo-endemism）、混合特有中心（mixed-endemism）以及超级混合特有中心（super mixed-endemism）。

随着各个维度的生物多样性指数越来越多，Laffan 等开发了 Biodiverse 软件用来分析物种的空间分布格局，可以对物种多样性、特有性，整合系统发育信息的系统发育多样性、特有性以及 β 多样性等多种指数进行简单便捷的运算[5]。

---

[1] Myers N，Mittermeier R A，Mittermeier C G，et al. Biodiversity hotspots for conservation priorities［J］. Nature，2000，403（6772）：853-858.

[2] Crisp M D，Laffan S W，Linder H P，et al. Endemism in the Australian flora［J］. Journal of Biogeography，2001，28（2）：183-198.

[3] Rosauer D，Laffan S W，Crisp M D，et al. Phylogenetic endemism：A new approach for identifying geographical concentrations of evolutionary history［J］. Molecular Ecology，2009，18：4061-4072.

[4] Mishler B D，Knerr N，Gonzalez-Orozco C E，et al. Phylogenetic measures of biodiversity and neo- and paleo-endemism in Australian Acacia［J］. Nature Communications，2014，5：4473-4483.

[5] Laffan S W，Lubarsky E，Rosauer D F. Biodiverse，a tool for the spatial analysis of biological and related diversity［J］. Ecography，2010，33：643-647.

7.2 黄土高原生物多样性格局

7.2.1 物种丰富度、系统发育多样性格局及环境解释

黄土高原地区木本植物的物种丰富度、物种加权特有性、系统发育多样性和系统发育特有性的空间分布格局表现出相似的趋势，均呈现为由东南向西北逐渐递减（图7-2）。采用自然间断点分级法划分为五个等级，物种丰富度（SR）较高的区域（橙色、红色区域）面积最大，系统发育多样性（PD）和物种加权特有性（WE）次之，系统发育特有性（PE）较高的区域面积最小，数值较高的区域集中在黄土高原南部的狭长区域，即秦岭（太白山）和中条山脉（历山）一带。

图7-2 黄土高原地区木本植物多样性分布格局

彩色原图

逐步回归分析表明，年平均降水量（Bio12）和最冷月最低温（Bio6）两个因子对于物种丰富度（SR）、物种加权特有性（WE）、系统发育多样性（PD）和系统发育特有性（PE）的解释能力分别达到77.2%、65.8%、76.6%和63.3%，其中，最冷月最低温单因子对于系统发育特有性（PE）的解释能力达到52%（表7-1）。这说明年降水量（Bio12）和最冷月最低温（Bio6）在很大程度上决定了物种丰富度（SR）、物种加

权特有性（WE）、系统发育多样性（PD）和系统发育特有性（PE）的空间分布格局。

表 7-1 气候因子与指数多元逐步回归结果

项 目	$R^2_{adj.}$	Beta	t
物种丰富度			
年平均降水量	0.656	0.438	31.316
最冷月最低温	0.772	0.392	30.247
最干月降水量	0.777	0.098	8.549
平均日较差	0.782	-0.097	7.798
物种加权特有性			
年平均降水量	0.544	0.197	9.037
最冷月最低温	0.658	-0.445	-2.245
最干月降水量	0.682	0.288	16.948
最热月最高温	0.700	0.661	3.831
平均日较差	0.701	-0.359	-5.554
季节性温度	0.704	-0.847	-4.621
系统发育多样性			
年平均降水量	0.652	0.411	21.770
最冷月最低温	0.766	-1.014	-5.746
平均日较差	0.771	-0.466	-8.296
最干月降水量	0.775	0.121	8.308
季节性温度	0.777	-1.215	-7.670
最热月最高温	0.781	0.885	4.931
年平均温度	0.782	0.264	2.219
系统发育特有性			
最冷月最低温	0.520	-0.443	-2.166
年平均降水量	0.633	0.157	6.957
最干月降水量	0.659	0.307	17.472
最热月最高温	0.680	0.653	3.666
平均日较差	0.681	-0.352	-5.270
季节性温度	0.683	-0.866	-4.572

注：$R^2_{adj.}$ 为标准化决定系数；Beta 为回归系数；t 为回归系数 t 检验。

7.2.2 特有性格局分析

本研究使用新、古特有中心分类分析法（CANAPE）对黄土高原地区木本植物进行了特有性格局分析。该方法由 Mishler 等（2014）提出，可以识别特有中心的类型，并将其分为新特有中心、古特有中心、混合特有中心和超级混合特有中心[1]。

之前计算的系统发育多样性（PD）和系统发育特有性（PE）均是在实际的系统发育树上计算所得，引入零模型比较树（即保留系统发育树的拓扑结构，假设其分支长度都相等）可以评估指数是高于或低于期望值。此时实际树的 PE 与比较树 PE 的比率即为相对系统发育特有性（RPE）。CANAPE 方法基于相对系统发育特有性（RPE）进行计算。

CANAPE 方法具体步骤如下：首先识别实际树 PE 值或比较树 PE 值显著高的网格（单尾检验，$\alpha=0.05$），将其定义为特有中心；其次，根据这些网格的 RPE 进行分类（双尾检验，$\alpha=0.05$），RPE 显著高的网格为古特有中心，RPE 显著低的网格为新特有中心，RPE 不具显著性的为混合特有中心；最后，在混合特有种中心进一步分类，将实际树 PE 值或比较树 PE 值显著高的网格（单尾检验，$\alpha=0.01$）定义为超级混合特有中心。上述分析利用 Biodiverse2.0 软件完成[2]。

当前气候情景下，黄土高原地区木本植物的特有现象集中在南部地区和青海省，由南向北分别出现了古特有中心和混合特有中心，不存在单独的新特有中心，呈现出了较为明显的扩散趋势。青海省具有显著的混合特有现象。

2070s 气候情景下，黄土高原木本植物的特有现象依然集中在南部地区和青海省，由南向北依次显示为古特有中心、混合特有中心、新特有中心。青海省依然显示出明显的混合特有现象。与当前气候情景下的特有性分布格局相比，2070s 出现了新特有中心，显示出更为明显的由南向北扩散趋势。

Mishler 等（2014）提出了相对系统发育多样性（RPD）和相对系统发育特有性（RPE）的概念，引入零模型比较树来评估指数高于期望值还是低于期望值。显著高的系统发育特有性（RPE）值表示研究区域内存在过多的长支，是大量古老类群的表现，这些类群可能曾经广泛存在，但现在分布范围较为狭窄，这种情况被认为是古特有现象，古特有现象明显的地区或许是物种应对环境压力的“避难所”；相反，显著低的系统发育特有性（RPE）值意味着研究区域内存在过多分布范围狭窄的短支，它们可能因为分化时间较短，还未扩散到更大的区域，这种情况称为新特有性现象，新特有现象明显的地区物种分化速率较快，是物种的分化中心，也可称为物种的“摇篮”。

---

[1] Mishler B D, Knerr N, Gonzalez-Orozco C E, et al. Phylogenetic measures of biodiversity and neo- and paleo-endemism in Australian Acacia [J]. Nature Communications, 2014, 5: 4473-4483.

[2] Laffan S W, Lubarsky E, Rosauer D F. Biodiverse, a tool for the spatial analysis of biological and related diversity [J]. Ecography, 2010, 33: 643-647.

早先有研究提出黄土高原地区植物区系起源古老，原始类群及稀有濒危植物丰富[1]，本研究通过分析特有种系的分布格局及性质证实了这一观点。当前气候情景下，黄土高原地区只存在古特有中心和混合特有中心，不存在单独的新特有中心。随着时间推移，物种在进化过程中逐渐出现了新特有中心，并且由南向北依次为古特有中心、混合特有中心、新特有中心，说明黄土高原地区木本植物存在明显的由南向北扩散趋势，物种分化不占主导地位，并且区系过渡性特点比较明显，具有热带亲缘的物种在该区域内占较高的比重。此外，秦岭及中条山脉的横向阻隔也是造成这种特有中心分布格局的原因之一[2,3]。青海省具有丰富的特有现象，推测是由于该地区因山脉较多而造成了地理隔离，限制了植物的扩散迁移[4]。结合之前的环境因素来看，水热条件仍是该地区的最主要限制因素。在未来生态恢复工作中，不宜大规模引入外来物种，起源古老的物种在该区域内有着较强的适应性。

7.3 黄土高原生物多样性保育网络构建

7.3.1 黄土高原自然保护区现状

自然保护区的生物多样性的保护价值包括生态系统、物种多样性和遗传种质资源的保护价值，涉及自然保护区内植物群落的多样性、典型性、自然性，野生动植物物种的丰富程度、濒危性、特有性，以及遗传种质资源的稀有性、濒危性、特有性等多方面。自然保护区作为野生生物资源分布最为集中的地区，不仅可以维持基本的生命系统与生态系统的物质循环、能量交流与信息传递，还可以为自然进化、物种生存提供最为有利的场所，保护完整的种群结构，为生物多样性的保护创造有利条件。自然保护区作为保护物种及其生境最为直接有效的方法，已经为我国保护珍稀濒危物种、自然生态系统及维护良好的生态环境发挥了巨大作用。

黄土高原地区共有自然保护区 141 个，其中，国家级的有 41 个，对植物重点保护的有 87 个；按省划分，山西省有 46 个，内蒙古自治区有 23 个，河南省有 5 个，陕西省有 34 个，甘肃省有 17 个，青海省有 2 个，宁夏回族自治区有 14 个。虽然建立自然保护区的目的可以是多种多样的，但在抢救式保护的背景下，过去大多自然保护区的建立带有很大的机会性，使得现存的保护区仍存在自然保护区归属复杂、交叉重叠多头管理、法制管理不完善、类型多、面积小、孤岛化严重、连通性不足、受人为活动干扰比较严重、财政投入不均衡、自然保护区管理工作落后于保护区建立的速度、保护效率不高等一系列问题。目前为止，对黄土高原地区自然保护区的保护规划仍没有一个完整且系统的研究，对现存

❶ 张文辉，李登武，刘国彬，等．黄土高原地区种子植物区系特征［J］．植物研究，2002，22：117-123.

❷ 张殷波，郭柳琳，王伟，等．秦岭重点保护植物丰富度空间格局与热点地区［J］．生态学报，2013，34：2109-2117.

❸ 上官铁梁，张峰，樊龙锁．中条山木本植物区系地理成分分析［J］．植物研究，2000，20：143-155.

❹ 刘哲，李奇，陈懂懂，等．青藏高原高寒草甸物种多样性的海拔梯度分布格局及对地上生物量的影响［J］．生物多样性，2015，23：21-32.

自然保护区的分布格局也没有一个合理的评估。因此，在未来黄土高原自然保护区的规划中，应实现由抢救性保护向系统性保护理念的转变，加强生物多样性保护，依据科学规划原理在黄土高原地区设计一个完整合理的保护网络。

7.3.2 系统保护规划

全球生物多样性资源丰富，将所有具有保护意义的区域划为保护区也不太可能。生物多样性资源丰富的地区通常自然资源也比较丰富，人口也相对密集，而密集的人口需要更多的活动空间、生活资料和垃圾排放空间，这就使得生物多样性保护与人类活动、社会经济发展面临新的挑战。所以，补充保护地选择和保护体系规划就显得尤为重要。但规划过程需要考虑操作的可行性，也就是在有明确目标的情况下，结合自然、社会、经济特征解决重要的资源、空间配置和管理问题，将有限的保护资源合理分配到保护的重点地区或者关键地区，并实施切实有效的管理措施来提高生物多样性的保护效率。到目前为止，许多研究已经通过保护优先区、关键地区或热点地区等研究方法来实现保护效益的最大化，其中以物种的特有程度、丰富度、稀有性等为评价基础，世界自然基金会（WWF）发起了"全球 200"（Global200），由 Olson 等于 1988 年在全球范围内确定出世界史上生物多样性最丰富的 233 个生态地区；Myers 等于 2000 年提出了热点地区（hotspot）途径；徐卫华于 2006 年基于生态系统层面确定了我国 18 个陆地生态系统保护优先区。

对保护优先区的识别作为一种使保护重要物种更容易实现的途径，同时也可以为自然保护区的建设提供一定的理论依据。其目的是根据不同的保护目标确定出具有最有保护价值的地区并设计出它们的优先序列，以期利用有限的环境资源保护尽可能多的生物多样性，缓解经济发展、资源分配与生物多样性保护之间的冲突。保护优先区的研究对于提高生物多样性保护效率以及全面、合理地规划我国的自然保护区具有重要意义。目前，优先保护区识别与规划的方法主要有热点区分析方法、保护空缺分析方法、系统保护规划法、选址迭代运算方法、多准则决策分析方法、多布森算法，以及由 Jeffrey、Richard 等于 2018 年基于 R 平台，利线性算法来灵活解决保护优先区选址问题的 prioritizr 包。相关的保护优先区研究在全国范围内有徐卫华于 2006 年基于生态系统保护确定的 18 个陆地生态系统保护优先区、陶国庆于 2016 年基于多准则决策分析方法对滇西北植被优先保护区的识别、池秀莲于 2017 年基于热点分析方法识别我国濒危药材的分布以及喻方圆于 2017 年识别杜鹃花科植物在我国的保护优先区等。

系统保护规划（SCP）由 Margules 和 Pressey 于 2000 年首次提出，其有以下六个突出的特点：（1）在规划过程中需要明确可用作整体生物多样性的替代的特征；（2）基于明确的目标实现可定量、可操作的目标的转化；（3）能够清楚地认识到保护目标在现有自然保护区内可实现的保护程度；（4）能够采用简单、明确的方法确定和设计新保护区以补充现有保护区来实现保护目标；（5）基于明确目标来实施保护，尤其是在所有候选区域未能同时得到保护的情况下；（6）采用明确的目标和机制来维持保护区内的特征，以促进关键自然特征的持久性，并根据需要监测这些特征以及对保护区进行适应性管理。系统保护规划（SCP）的主要目的是在实现生物多样性目标的同时，最大限度地降低经济成本，解决保护与发展之间的冲突，促进生物多样性的可持续性。

为实现保护优先区的选取，首先将前边保留的 293 种木本植物、505 种草本植物作为重要的保护物种，对蒋志刚提到的我国自然保护的适宜面积，从多方面进行了分析，其中从土地类型方面考虑，森林自然保护区不应超过森林面积25%，草原自然保护区不应超过草原面积20%。因此，将每个物种潜在分布区的前25%定为木本植物的保护目标，9112个栅格作为规划单元（PU）（10 km×10 km），同时以（1000/丰富度×空间异质性×破碎化值）作为每个保护规划单元（PU）的保护成本。这样设置的主要原因是物种丰富度越高的地方其需要的保护成本越低，而海拔差越大、破碎化程度越高的地方需要的保护成本也越高。然后将以上各数据放在Marxan模型中运行，得到对应的不可替代性值。

不可替代性不仅是系统保护规划的一个核心概念，其本身也是一个考虑区域所有相关信息而得出的一个生物多样性重要性表征的综合概念，主要凸显了系统保护规划方法的系统思想。不可替代性值可以反映区域生物多样性的不同重要等级，若某区域的不可替代性值很高，就代表该区域有较高的生物多样性保护价值，所以不可替代性值越高的地方就越容易被选作保护优先区，而且如果规划单元具有较高的不可替代性值，那么可以在未来因输入数据发生更新变化而需要重新调整保护规划时，降低规划单元被替换掉的概率。

由于连接性这一概念主要用于凸显系统保护规划的生态网络思想，因此采用Marxan附带的BLM来确定保护优先区的连接程度。边界长度修正值（BLM）是指边界总长与总面积的比值，BLM值越大，代表空间单元越离散，破碎化程度越高。一般认为连接度高、聚集度高、相对集中的保护格局更有利于生物多样性的维持以及保护工作的管理和实施，但过于集中的连片的保护区域，其所需的土地资源成本也会随之增加。为在保护格局聚集度和保护成本之间找到一个合理的紧密度值，将BLM值分为（0，0.0001，0.001，0.01，0.1，1，10，100，1000，10000）10个等级进行100次运算，由于当BLM=1时，边界值开始下降，而总面积快速增加，所以将BLM确定为1，最后设置模型运行100次。结果显示，木本植物应选取不可替代性值大于35的区域作为保护优先区。

7.3.3 保护网络识别与现存自然保护区评估

黄土高原地区现存的自然保护区分布图来源于世界自然保护区数据库（Word Database on Protected Area，http：//www.wdpa.org/），此次研究采用2017年数据，并通过ArcGIS10.3掩膜提取得到自然保护区部分分布范围和分布点。然后使用ArcGIS10.3将保护优先区图与现存的自然保护区分布图叠加，以此来评估现存的自然保护区分布格局。

将不可替代性大于35的区域选作保护优先区，一共得到11个保护优先区，其面积占黄土高原陆地总面积的14.9%（图7-3）。识别的保护优先区主要集中于山地地区，这可能是因为山地地区环境异质性比较高，生物多样性也比较高，所以更容易被选作优先保护区。山地生态系统生境异质性和生物多样性高，适合研究生物多样性空间分布及其相关机制。黄土高原的边界地区的不可替代性值也比较高，这可能是因为黄土高原属于一个植被的过渡带。此次保护优先区的识别对于未来的保护工作是一个重要的指导建议或补充。

保护优先区1内现存的保护区主要有位于青海省大通回族土族自治县的大同北川河源区保护区，主要保护高原森林生态系统及白唇鹿、冬虫夏草等珍稀野生动植物；以及位于循化撒拉族自治县内的循化孟达保护区，主要保护森林生态系统及珍稀生物物种。这两个保护区都属于国家级自然保护区，由于它们都位于保护优先区1内，所以后续的建设可以考虑将两个保护区整合或者是通过建立连接来形成一个大的自然保护区。

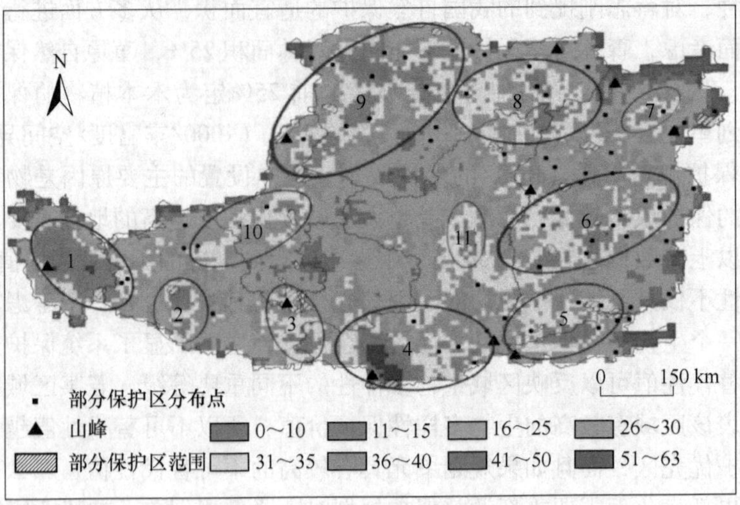

彩色原图

图 7-3　黄土高原空间单元不可替代性值与自然保护区分布

保护优先区 2 内现在的保护区主要有位于甘肃省榆中县的兴隆山国家级自然保护区，主要保护森林生态系统及马麝等野生动物。该保护区与保护优先区对比，面积较小，所以在后续的自然保护区建设中可以适当考虑扩大该自然保护区的建设面积。

保护优先区 3 内现在的保护区主要有位于甘肃省以及宁夏回族自治区边界的六盘山国家级自然保护区，主要保护水源涵养林及野生动物等。从保护优先区对比来看，该保护区目前面积比较合理，只需要加强内部管理和监测就好。还有位于陕西与甘肃省交界处的保护区，该保护优先区由于该保护优先区与现存自然保护区的重叠程度低，因此在后续保护区建设中应将这一部分规划入内。

保护优先区 4 位于陕西省的中部地区以及黄土高原南部边界地区，覆盖的自然保护区比较多，主要有位于陕西周至县的周至、老县城和太白山国家级自然保护区；主要保护湿地生态系统的周至黑河湿地省级自然保护区；位于扶风县主要保护森林生态系统及金钱豹等珍稀野生动植物、水源涵养态林的野河自然保护区；位于麟游县主要保护渭北黄土丘陵沟壑区典型森林系统及野生动植物的安舒庄自然保护区；位于永寿县主要保护人工林和天然灌木林草的翠屏山市级自然保护区；以及分别保护湿地生态系统及水禽，森林生态系统及林麝等野生动植物，大鲵、水獭、多鳞铲颌鱼等珍稀水生野生动物及其生境的泾渭湿地、神沙河、华县大鲵三个省级自然保护区。由于该保护优先区内现存的保护区数量比较多也比较集中，因此应该主要加强后续的监测与保护。

保护优先区 5 主要位于山西省与河南省的交界处，主要覆盖有阳城蟒河猕猴、历山、河南黄河湿地、小秦岭、太行山猕猴五个国家级自然保护区以及主要保护天然侧柏林生态系统和爬行类动物的崦山和保护涑水河源头森林生态系统的涑水河源头省级自然保护区。该保护优先区内自然保护区的覆盖率也比较高。

保护优先区 6 内现存的保护区主要有灵空山国家级自然保护区，主要是对油松林和辽东栎林等暖温带落叶阔叶林生态系统及褐马鸡、豹等珍稀野生动物进行保护；以及云顶山、铁桥山、四县垴、超山、韩信岭、绵山、管头山、人祖山、霍山、薛公岭等省级自然保护区，保护区覆盖范围较广。

保护优先区 7 内覆盖的保护区有桑干河自然保护区和应县的应县南山省级自然保护区，主要保护对象是华北落叶松林；还有保护优先区周边的恒山、六棱山和紫金山自然保护区，该保护优先区除了将位于保护优先区内的自然保护区保护好以外，还需加强对其周边的自然保护区的保护。

保护优先区 8 位于陕西、山西与内蒙古的交界处，覆盖的保护区有陕西神木县红碱淖、神木臭柏保护区和府谷县府谷杜松保护区；山西省的主要保护褐马鸡及森林生态系统的贺家山省级自然保护区；山西省的偏关县和河曲县虽然也位于保护优先区内，但是这两个县没有设立对应的自然保护区，与现存自然保护区重叠程度较低；内蒙古的准格尔旗、土默特右旗、清水河县、伊金霍洛旗、达拉特旗、东胜区也都位于保护优先区内，但只有准格尔旗、鄂尔多斯市东胜区、伊金霍洛旗内覆盖有准格尔古哺乳动物化石、阿贵庙和鄂尔多斯遗鸥自然保护区，其他区县目前没有保护区的分布。其中阿拉善-鄂尔多斯地区在序识别的 18 个陆地生态系统保护优先区也被认为是生态系统的重点保护区域。

保护优先区 9 主要位于河套平原地区，该保护优先区主要包括内蒙古的乌拉特前旗、杭锦旗、鄂托克旗和宁夏回族自治区的陶乐县、平罗县等。该保护优先区内覆盖的自然保护区有位于鄂托克旗的都斯图河、鄂托克甘草、鄂托克恐龙遗迹化石、西鄂尔多斯保护区；位于杭锦旗的白音恩格尔荒漠、大漠沙湖、杭锦淖尔和库布齐沙漠自然保护区；还有位于宁夏平罗县主要用于保护荒漠化区域内典型的自然湿地生态系统及珍稀动植物的沙湖自然保护区。该保护优先区内以及周边的保护区覆盖范围都比较广，说明之前的保护区建设比较合理。

保护优先区 10 主要位于宁夏同心县、中卫县、吴忠市、中宁县内，现存的自然保护区主要有位于吴忠市红寺堡区、同心县的宁夏罗山国家级自然保护区和位于中宁县的石峡沟泥盆系剖面省级自然保护区。该保护优先区内基本被现存的自然保护区覆盖。

保护优先区 11 位于陕西省的延安市、长子县、安塞县以及甘泉县、富县和宜川县的一部分。该保护优先区内只在甘泉县和富县覆盖崂山和柴松两个省级自然保护区，与现存的自然保护区的重叠程度很低，也就是保护优先区游离于现有的保护区系统之外。这些保护优先区可能正被农业用地、工业用地以及城市化建设等占用，所以现有的保护区系统仍需要考虑更多的综合因素来进一步优化。

除了保护优先区 3、保护优先区 8、保护优先区 11 与现存的保护区重叠程度比较低外，其他的保护优先区重叠程度都比较高，说明黄土高原现存的自然保护区整体分布格局比较合理。

本 章 小 结

黄土高原地区木本植物的物种丰富度、物种加权特有性、系统发育多样性和系统发育特有性的空间分布格局表现出相似的趋势，均呈现为由东南向西北逐渐递减，数值较高的区域集中在黄土高原南部的狭长区域，即秦岭（太白山）和中条山脉（历山）一带。年平均降水量和最冷月最低温两个环境因子对上述指数的解释能力最强，在很大程度上决定了生物多样性的空间分布格局。黄土高原地区 2070s 木本植物的物种丰富度、物种加权特有性、系统发育多样性和系统发育特有性的空间分布格局也呈现相似的趋势，均为由南向北逐渐递减。物种丰富度和系统发育多样性较高的区域集中在秦岭（太白山）和中条山脉（历山）一带，物种加权特有性和系统发育特有性较高的区域集中在秦岭（太白山）一带。与当前黄土高原地区木本植物的空间分布格局相比，黄土高原地区 2070s 木本植物的生物多样性指数的整体趋势变化较小，但是均有不同程度的下降趋势，这说明未来黄土高原地区木本植物将面临更加严峻的生存风险，生境适宜度将逐渐降低，因此目前应采取科学有效的保护措施来应对环境压力。物种加权特有性和系统发育特有性的下降趋势尤为明显，这或许反映出随着未来的气候变化，黄土高原地区目前存在的特有物种、珍稀濒危物种及狭域物种的灭绝风险增高，在制订保护策略时应予以重视。

习　题

1. 思考什么是生物多样性。
2. 展开生物多样性的保护工作应考虑哪些因素？
3. 浅述黄土高原地区植物多样性分布格局的构建机制。
4. 为什么要进行保护地选择和保护体系规划？
5. 浅述气候变化下黄土高原地区植物多样性分布格局的变化机理。

8 国土空间全域土地综合整治

本章提要：

坚持和践行“绿水青山就是金山银山”“山水林田湖草是一个生命共同体”理念，按照全域规划、全域设计、全域整治的要求，全面推进全域土地综合整治与生态修复，对农村生产、生活、生态空间进行全域优化布局，推动农民增收、农业增效和农村发展。针对耕地分布碎片化、建设用地利用低效化、生态用地退化以及空间布局无序化等多重问题，在国土空间规划引领下，通过全域土地综合整治，统筹推进农用地整理、建设用地整理和乡村生态保护修复，促进耕地保护和土地节约集约利用，解决一二三产业融合发展用地，改善农村生态环境。在推进全域土地综合整治工作中，坚守耕地保护红线，加强土地资源保护和土地权益保障，在生态保护和修复中实现绿色发展、高质量发展。对“田水路林村”等进行全要素综合整治，对农田进行连片提质建设，对存量建设用地进行集中盘活，对美丽乡村和产业融合发展用地进行集约精准配置，对农村人居环境进行治理修复，打造美丽田园风光，逐步构建农田集中连片、建设用地集中集聚、空间形态高效集约的国土空间新格局，助力乡村振兴和生态文明建设。

8.1 背景意义

8.1.1 形势与要求

党的“十八大”以来，国家将生态文明建设纳入中国特色社会主义事业“五位一体”总体布局。习近平总书记从生态文明建设的整体视野提出“山水林田湖草是生命共同体”的论断，强调“统筹山水林田湖草沙系统治理”“全方位、全地域、全过程开展生态文明建设”。在生态文明理念之下，生态环境保护是土地利用的重要约束条件。在空间规划中，山西省划定了22.6%的生态红线区域。在自然资源保护中，林地、草地、湿地与耕地得到共同保护。陡坡耕地、河流耕地、湖区耕地、林区耕地、沙化耕地等需要逐步退出农业生产。未利用地的开发受到了严格限制，在土地资源开发利用中，需要兼顾生态保护，提高永续利用能力。与传统土地整治模式相比，全域土地综合整治将整治对象从过去单一的农用地，转向“田水路林村矿”综合整治；在操作手段上，从原来以单一、零散项目操作为主，向依托土地整治平台、统筹各方资源、政策集成转变。通过全域土地综合整治腾退的建设用地，在保障项目区内农民安置、农村基础设施建设、公益事业等用地的前提下，重点用于农村一二三产业融合发展，促进产业振兴，增强乡村自我造血功能。全域土地综合整治是土地整治领域迭代改进的一个重要标志，是土地整治进入城乡统筹发展和生态文明建设时代的“4.0版”。

坚持国土资源的节约和循环利用，切实转变国土资源粗放利用方式。继续开展高标准农田建设，改善农业生产条件，提高农业综合生产能力，增强农村经济持续发展的后劲；推进城镇低效用地再利用、再开发和工矿废弃用地复垦利用，提高土地利用效率。加强对农村建设用地规模、布局的管控，合理控制集体经营性建设用地，优先保障农村配套设施用地，提升农村土地资源节约集约利用水平；有效探索农村宅基地的有偿腾退机制，积极盘活农村土地资源。加大工矿废弃地的复垦力度，增加耕地、林地、草地和建设用地的供给。

8.1.2 机遇与挑战

8.1.2.1 机遇

（1）耕地保护与粮食安全得到进一步重视。“十分珍惜和合理利用土地”是我国的国策之一，耕地保护与粮食安全是土地管理工作的核心。当前，在国际关系复杂的情况下，耕地保护与粮食安全成为十分突出的挑战。习近平总书记提出：“像保护大熊猫一样保护耕地”“确保国家粮食安全，把中国人的饭碗牢牢端在自己手中”。

耕地是我们最为重要的资源，关系着全国14亿人口的吃饭问题。保护耕地数量，提高耕地质量，坚持“占补平衡”政策，实现耕地总量的动态平衡，是土地整治的核心任务。在生态环境保护前提下，审慎合理开发必需的宜耕后备资源，补充部分耕地，稳定耕地数量，是我国经济社会发展的需要。在保护耕地数量的同时，加强高标准农田建设，提高耕地质量，提升耕地生态，提高粮食综合生产能力，推动现代农业发展，助力乡村振兴。

（2）乡村振兴成为新时期的发展战略。党的十九大报告把乡村振兴战略列为党和国家未来发展的“七大战略”之一。乡村振兴关系到我国是否能从根本上解决城乡差别、乡村发展不平衡、不充分的问题，也关系到中国整体发展是否均衡，是否能实现城乡统筹、农业一体的可持续发展的问题。乡村振兴战略坚持农村优先发展，按照实现产业兴旺、生态宜居、乡风文明、治理有效、生活富裕的总要求，推动城乡一体、融合发展，推进农业农村现代化。

农村土地资源集约节约利用是乡村产业发展、生态宜居的基础。乡村振兴战略的实施，要充分科学利用自然山水资源。

（3）积累了科技实力、资金实力。经过多年实践，山西省土地整治工作积累了丰富的经验，“十三五”期间重新修订了《山西省土地整治工程建设标准》，为土地整治提供了技术依据。随着国家经济实力的增强，土地整治资金得到了充分保障。此外，引入社会资本参与土地整治，山西省成立国有土地整治公司，土地整治的机制更加完善。

8.1.2.2 挑战

（1）水资源短缺。山西之长在于煤，山西之短在于水。全省人均、亩均占有水量均仅为全国平均水平的15.00%，资源型缺水特征明显。水资源开发利用率达到60.94%，远超国际公认的生态警戒线，处于过度利用状态。土地资源利用开发的本质是地、土和水资源的优化配置，由于水资源短缺，难以发展旱涝保收的高标准农田；由于水资源短缺，新开发的耕地因生产水平低而得不到有效利用。在“以水定城、以水定地、以水定人、以水定产”的水资源限定条件下，水资源短缺的山西省土地整治工作受到了很大影响，新开发耕地难，提高耕地质量难。将水资源作为最大刚性约束，坚持以水定地，推广农业节水灌溉技术，提高水资源利用效率，充分利用山西大水网和市县小水网工程配置的水源，推进节水型土地整治农业建设。

（2）后备资源不足。山西省土地开发历史悠久，五大盆地地区人口稠密，耕地、园地占国土面积比例高。随着生态文明建设理念的发展，一系列不宜进行耕作的地类诸如陡坡耕地、沙化耕地、河区耕地、林区耕地等退出耕地行列。自2000年以来，全省累计完成国家退耕还林任务 1820.2×10^3 hm^2（2730.3万亩）（截至2019年）。山西省宜耕后备资源以其他草地、裸地和盐碱地为主，主要集中在忻州市、晋中市、大同市、吕梁市和临汾市这五个地市的吕梁山区和太行山区，与山西省水土流失区域和退耕还林区域高度吻合。当前，光温资源足、坡度小、土层厚、水资源丰的高度适宜开发的后备耕地资源非常稀缺，土地开发的压力非常大。

（3）农村建设用地整治机制不畅。从规模上说，低效农村建设用地是最大的土地整治潜力来源，“十三五”期间，少数市的农村建设用地规模得到了明显收缩，城乡建设用地结构得到优化。但是，农村建设用地主要通过增减挂钩的方式开展，形式单一，低效农村建设用地大规模整治的有效机制缺乏，限制了农村建设用地的全面整治。

8.1.3 目的与意义

为深入贯彻落实习近平总书记生态文明思想，学好用活“千村示范、万村整治”经验，发挥沁源县绿水青山优势，厚植金山银山基础，发挥全域土地综合整治在推进乡村振兴、建设美丽乡村中的支柱作用，优化农业生产、村庄建设及产业发展和生态保护，整体推进农用地整理、低效建设用地整理和乡村生态保护修复，促进耕地保护和土地节约集约利用，改善农村人居环境，助推乡村全面振兴。开展全域土地综合整治是实现由土地整治向规划管控和空间治理转变的一项农村土地管理制度供给和自上而下的顶层设计，是解决农村用地碎片化、无序化、低效化的有力抓手，是基层对土地管理和发展用地及政策需求、渴望的积极回应，是对“千村示范、万村整治”的继承和发展，是实施乡村振兴战略的重要平台，是推动城乡融合发展的有效途径，是推进生态文明建设的重要举措。

为全面落实党中央、国务院及山西省委、省政府生态文明建设的要求，遵循生态优先、绿色发展的新理念，积极稳妥推进更高质量、更有效率的土地整治，切实推进最严格的耕地保护和土地节约集约利用，统筹城乡发展，扎实推进乡村振兴和美丽山西建设，有序开展工矿用地整治和复垦，促进退耕还林还草。加强土地整理，提高农业综合生产能力。对耕地、宅基地和集体建设用地进行整理复垦，在增加耕地的同时，建设高标准基本农田。集中连片推进土地平整、农田水利、田间道路、林网等建设，提高农业综合生产能力，实现“林成网、路相通、旱能浇、涝能排、村成片”的社会主义农村新貌[1]。

推进村庄整治，优化农村用地结构布局。依据村镇体系规划和新农村布局建设，适度调整撤并布局分散的自然村，合理开发利用腾退宅基地、村内废弃地、空闲地，改造旧村、建设新村，形成农村人口向城镇和中心村集中，产业向集聚区集中，耕地向规模经营

[1] 国瑞．农村土地利用新篇章——新时期农村土地整治的历史使命［J］．中国土地，2011（6）：1.

集中的新农村格局。完善设施配套，改善人居环境。通过实施土地综合整治，完善当地的路网、供水、通电、通信以及生活垃圾、污水收集和处理等基础设施，健全教育、医疗卫生、文化娱乐、社会养老、商业网点等公共服务设施，推广清洁能源，改变原有的状况，实现布局优化、道路硬化、村庄绿化、环境净化。从村庄体系优化、农用地整治、建设用地整治、生态整治修复、基础设施用地整治等方面编制郭道镇全域土地整治规划方案，科学引领郭道镇全域土地综合整治实践，总结形成可操作、可复制的乡镇全域土地综合整治规划编制方法，为更大范围的乡镇全域土地综合整合和规划编制提供借鉴，助推乡村振兴。

8.1.4 目标与任务

目标主要包括耕地和永久基本农田保护、村庄建设、基础设施和公共服务设施建设、产业发展、生态修复、人居环境整治等方面的目标，重点明确建设用地规模控制指标、耕地保有量、永久基本农田保护面积、新增耕地面积等。各项目标设定要因地制宜、实事求是、客观准确，可量化、可统计、可考核。

通过实施全域土地综合整治，统筹推进农用地整理、建设用地整理和乡村生态保护修复，优化生产、生活、生态空间格局，促进耕地保护和土地节约集约利用，解决一二三产业融合发展用地，改善农村生态环境，助推乡村振兴，构建经济繁荣、生态宜居、充满活力、幸福和谐和可持续发展的美丽国土。

8.1.4.1 农用地整理

以耕地保护为重点，统筹推进低效林草地园地整理、农田基础设施建设、现有耕地提质改造等，减少耕地碎片化，增加耕地数量、提高耕地质量、改善农田生态，增加永久基本农田储备面积。试点区共实施 5 个土地综合整治项目，整治后新增耕地 202.005 hm^2。项目实施后的耕地优先划为永久基本农田储备区。

8.1.4.2 建设用地整理

统筹农房建设、产业发展、公共服务、基础设施等各类建设用地，有序开展农村宅基地以及其他低效限制建设用地整理，优化农村建设用地结构布局，提升农村建设用地使用效益和集约化水平，支持农村特色产业融合发展用地。优化试点区涉及行政村结构布局，着力开展村民房屋修缮，充分利用村庄闲置建设用地发展旅游业催生的农家乐、采摘园等生产经营活动，增加农民土地租金收入、农副产品销售收入等。试点区原自然村鳄子沟村的建设用地通过整村搬迁、旧村复垦为耕地，增加了耕地面积。

8.1.4.3 保护和传承历史文化

坚持开发与保护相结合、特色与品牌相结合原则，整合自然生态和人文旅游资源，以乡村旅游为载体，充分盘活保护历史文物遗迹及非物质文化遗产，配合沁源全域旅游的建设，凝练核心特色旅游景点，打造精品旅游线路。依托于永和水电站、红街特色历史街区、介子推墓等旅游景点，重点发展度假疗养、休闲垂钓、田园观光采摘、农家乐等旅游项目，积极开展与推广“沁源剪纸”“寒食节”“九曲黄河阵”等地方传统民俗活动。通过“区域联动，资源互补”的旅游开发方式，突出特色、统筹规划、系统开发、分期实施，有序推进旅游资源的整合开发，打造郭道镇人文及生态休闲旅游品牌。

8.1.4.4 生态保护修复

按照山水林田湖草整体保护、系统修复、综合治理的要求，结合农村人居环境整治，优化调整生态用地布局，保护和恢复乡村生态功能，维护生物多样性，提高防御自然灾害能力，保持乡村自然景观❶。通过生态保护和修复治理，进一步提升沁河流域、紫红河流域沿岸的河流湿地景观及荒山荒沟的森林覆盖率，有效治理水土流失，有效改善乡村居民生产生活环境，努力形成“山青、水绿、林郁、田沃、景美”的生态格局。加强沁河流域生态保护和修复，以永和水库水利风景区为中心，实施“以旅活水，以水富民”，联动周边乡村，以库区周边闫家庄、定阳、向阳村为重点，往南以紫红河为轴线联动永和、东阳城、西阳城等村庄，往东以定阳河为轴线联动郭家庄、梭村、康家庄村、仁里村等村庄，充分依托区域内独特的自然山水风光、人文历史古迹及社会乡土风情等资源，打造滨水休闲乡村旅游带，不断强化“绿色沁源、水韵郭道”的旅游形象及品牌，逐步把郭道镇域东部打造成集水利科普、滨水休闲、康养度假、乡村体验、文化交流等多功能于一体的休闲旅游度假区。

8.2 全域综合整治适宜性评价

8.2.1 土地适宜性评价

土地适宜性评价是在全面了解试点区土地自然属性、社会属性和土地情况等的前提下，从土地利用的需求出发，通过分析不同类型土地的特点，了解土地各因子在生态环境中相互制约的内在规律，全面衡量土地用途的适宜性及适宜程度，从而确定土地最合理的利用方式，为采取相应的复垦措施提供依据。

8.2.1.1 土地适宜性评价原则

A 适宜性评价依据

土地适宜性评价在详细调查分析项目区自然条件、社会经济状况以及土地利用状况的基础上，依据国家和地方的法律法规及相关规划，综合考虑土地分析结果、公众参与意见以及周边类似项目的经验等，采取切实可行的办法，确定土地利用方向。土地适宜性评价的主要依据包括：

（1）相关法律法规和规划，包括国家与地方有关土地综合整治的法律法规，如《中华人民共和国土地管理法》《土地复垦条例》、土地管理的相关法律法规和复垦区土地利用总体规划和其他相关规划等。

（2）相关规程和标准，包括国家与地方的相关规程、标准等，如山西省土地整理工程建设标准、《土地开发整理规划编制规程》等。

（3）其他，包括项目区范围内自然社会经济状况、土地损毁分析结果、土地损毁前后的土地利用状况、公众参与意见以及周边同类项目的类比分析等。

B 适宜性评价的原则

（1）最佳效益原则。在充分考虑企业承受能力的基础上，以最小的复垦投入，获取最

❶ 周远波．全域土地综合整治若干问题思考［J］．中国土地，2020（1）：4-7.

佳的经济效益、生态效益和社会效益。

（2）因地制宜和农用地优先的原则。在确定土地的利用方向时，根据评价单元的自然条件、区位和占地现状等因地制宜确定其适宜性，不能强求一致。

（3）与土地利用总体规划等规划相协调的原则。在确定土地的适宜性时，不仅要考虑被评价土地的自然条件和破坏状况，还应考虑区域性的土地利用总体规划和农业规划等，统筹考虑本地区和复垦区的生产建设发展，原来为农田的地应尽最大可能复垦为耕地。

（4）综合分析与主导因素相结合，以主导因素为主的原则。影响待复垦土地利用方向的因素很多，包括自然条件、土壤性质、原来的利用类型、占地现状和社会需求等多方面，但各种因素对土地复垦利用的影响程度不同，应选择其中的主导因素作为评价的主要依据。

8.2.1.2 适宜性评价因子的选择

土地适宜性评价因子的选择主要遵循主导因素原则，复垦土地在再利用过程中，以土地利用主导作用或限制作用为主导因素，这些主导因素是影响复垦利用的决定性因素，应按主导因素确定其适宜的利用方向。

宜耕方向评价因子的选择如下：

（1）坡度：指影响宜耕的地形坡度。分级标准为<6°、6°~15°、15°~25°、>25°四个级别。最大值为25°，>25°本项得分即为0分，不适宜复垦为耕地。

（2）土壤质地：是指根据土壤的颗粒组成划分的土壤类型。土壤质地一般分为壤土、黏土、砂土、砂质和砾质等。指按照土壤质地的分类进行分级，砂质和砾质在本项中得分为0分，不适宜复垦为耕地。

（3）预期土层厚度：即预期复垦后的土层可达到的厚度，包括原有土层未破坏的部分和复垦后覆土厚度之和。分级标准为<60 cm、60~85 cm、85~100 cm、≥100 cm四个级别。最小值为60 cm，小于60 cm则本项得分为0，不适宜复垦开发为耕地。

（4）交通条件：指项目区交通便利程度。分级标准为有完善的道路系统、有道路系统但不完善、无道路系统三个级别。其中无道路系统则本项得分为0，不适宜复垦为耕地。

8.2.1.3 评价方法的确定

本方案采用指数和法来进行土地适宜性评价。

A 指数和法评价方法

根据确定的各因素、各因子不同级别的得分值 A 与权重 B 建立土地质量评价综合分值的数学模型：

$$C = \sum_{i=1}^{n} A_i B_i \tag{8-1}$$

式中 C——破坏土地适宜性评价的综合得分值；

A_i——某单元第 i 参评因子分值；

B_i——第 i 参评因子权重；

n——评价因素因子的个数。

B 评价标准的建立

以60分作为评价复垦单元的评价标准值。综合评价得分值在60分以下表示不适宜复垦为耕地，60分以上表示适宜复垦为耕地。各因素评价标准见表8-1。

表 8-1 宜耕方向限制性因素评价标准表

影响因子	权重	因素特征分级标准	对应分值
坡度/(°)	0.3	<6	100
		6~15	80
		15~25	60
		>25	0
土壤质地	0.2	壤土	100
		黏土	80
		砂土	60
		砂质、砾质	0
预期土层厚度/cm	0.3	≥60	100
		50~60	80
		30~50	60
		<30	0
交通条件	0.2	有完善的道路系统	100
		有道路系统但不完善	60
		无道路系统	0

结合实地踏勘调查情况，对评价单元的各限制因子进行评分，其评价过程及结果见表 8-2 和表 8-3。

表 8-2 土地复垦的宜耕方向适宜性特征描述表

评价单元	评价单元因素特征				
	面积/hm^2	坡度/(°)	土壤质地	土层厚度	交通条件
补充耕地区域	196.389	6~15	砂土	50 cm	有道路系统，不完善
增减挂钩区域	1.72	6~15	砂土	70 cm	有完善的道路系统

表 8-3 土地复垦的宜耕方向适宜性评价计算过程和结果表

评价单元	评价单元因素特征及分值		评价结果
	计算过程	计算结果	
补充耕地区域	80×0.3+60×0.2+80×0.3+60×0.2	72	适宜
增减挂钩区域	80×0.3+60×0.2+100×0.3+60×0.2	78	适宜

根据以上对各单元的综合得分，可见补充耕地区域和增加挂钩区域适宜复垦为耕地。

8.2.2 生态保护重要性评价

8.2.2.1 生态本底特征

郭道镇地处太岳山腹地，是重要的天然林分布区，其中油松林分布广，面积大。天然林生态系统为生态建设提供了物质基础，如涵养水土资源，调节气候；保持清新的空气，为居民营造良好的生活环境。

沁河流域共有 9 处较大的泉水，分布在郭道镇的有 3 处，分别为苏家庄村西的苏家庄泉、龙门村的西村岑泉、秦家庄村西的金艮泉，源头区域泉水不断，生物多样性十分丰富。沁河由西北向东南穿越郭道镇，形成径流，可满足农业生产生活用水。永和水库以供水为主，水库及周边湿地为湿生的植物、鱼类及栖息于湿地的动物提供了相应的生存环境，对于生物多样性的维持具有重要作用，此外，水库湿地的生态系统对局部小气候的形成也具有重要的意义。

8.2.2.2 评价方法

生态保护重要性评价的目的主要是识别区域生态系统服务功能相对重要和敏感或脆弱程度相对较高的生态地区，通过生态系统服务功能重要性和生态系统脆弱性集成反映。依据《资源环境承载能力和国土空间开发适宜性评价指南（试行)》，结合试点区实际情况，生态系统服务功能重要性主要考虑水源涵养功能重要性、生物多样性维护功能重要性，生态敏感性主要考虑水土流失敏感性。

A 水源涵养功能重要性

根据降水量减去蒸散量和地表径流量得到的水源涵养量，评价生态系统水源涵养功能的相对重要程度（表 8-4)。郭道镇水源涵养功能重要性评价结果见图 8-1。

表 8-4 水源涵养功能重要性分级标准

植被覆盖	有林地	灌木林、水体	耕地、草地	居民点及工矿用地、未利用地
重要性	重要	中等重要	比较重要	一般重要

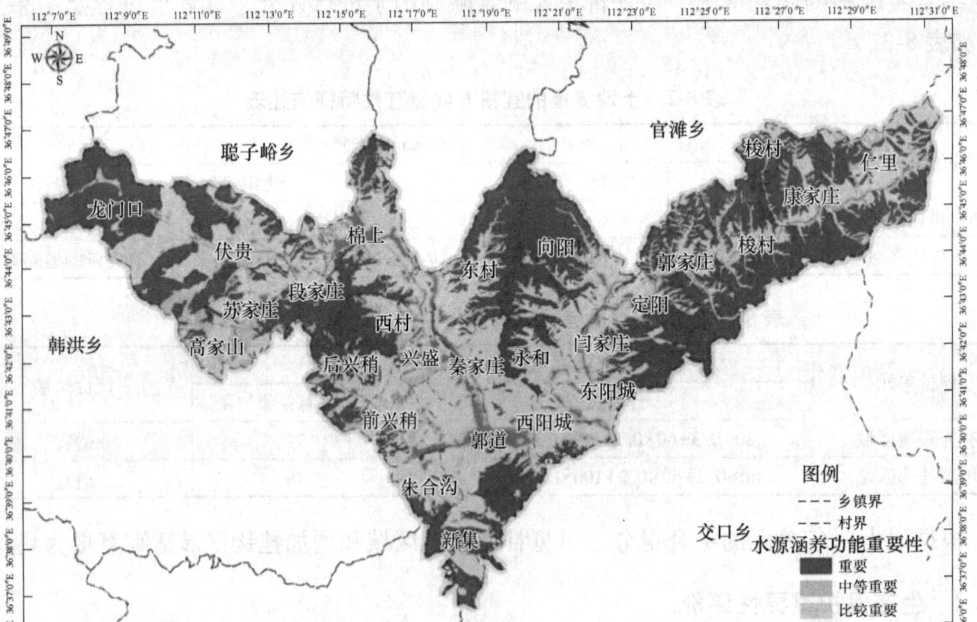

图 8-1 郭道镇水源涵养功能重要性评价图

彩色原图

B 生物多样性保护重要性

生物多样性保护是生态系统为人类提供的重要服务功能之一。生物多样性评价主要是评价区域内不同地区对生物多样性保护的重要程度，重点评价生态系统与物种保护的重要性。在生态系统层次，将原真性和完整性高，需优先保护的森林、灌丛、草地、内陆湿地等生态系统评定为生物多样性维护极重要区；其他需保护的生态系统评定为生物多样性维护重要区。在物种层次，参考国家重点保护野生动植物名录、世界自然保护联盟（IUCN）濒危物种及中国生物多样性红色名录，确定具有重要保护价值的物种为保护目标，将极危、濒危物种的集中分布区域、极小种群野生动植物的主要分布区域，确定为生物多样性维护极重要区；将省级重点保护物种等其他具有重要保护价值物种的集中分布区域，确定为生物多样性维护重要区。

根据郭道镇的实际情况，考虑到资料的可获取性，本评价采用主要物种的栖息地保护级别来对郭道镇的生物多样性重要性进行评价，评价结果见图 8-2。

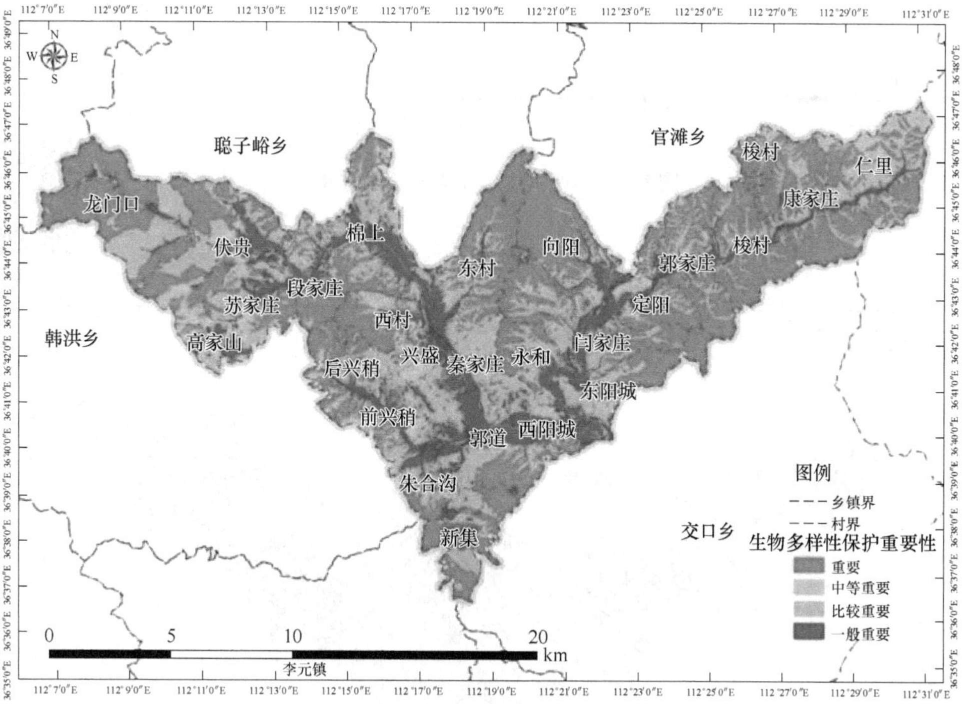

图 8-2 郭道镇生物多样性保护重要性评价图

彩色原图

C 水土流失敏感性评价

水土流失敏感性主要受地形、降水量、土壤性质和植被的影响，其目的是识别出容易形成水土流失的区域，评价水土流失对人类活动的敏感程度。根据郭道镇已有的土壤侵蚀敏感性专项评价结果，将郭道的水土流失敏感性分为不敏感、轻度敏感和中度敏感，评价结果见图 8-3。

8.2.2.3 评价结果

生态保护重要性评价取生态系统服务功能重要性和生态敏感性评价结果的较高等级，作为生态保护重要性等级，郭道镇生态保护重要性评价结果见图 8-4。

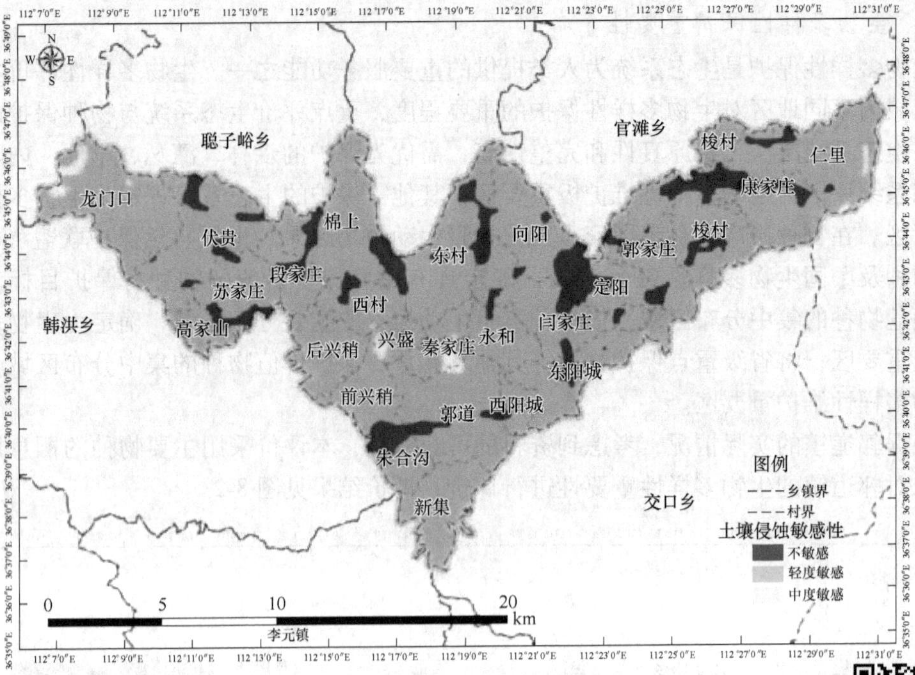

图 8-3　郭道镇水土流失敏感性评价图

彩色原图

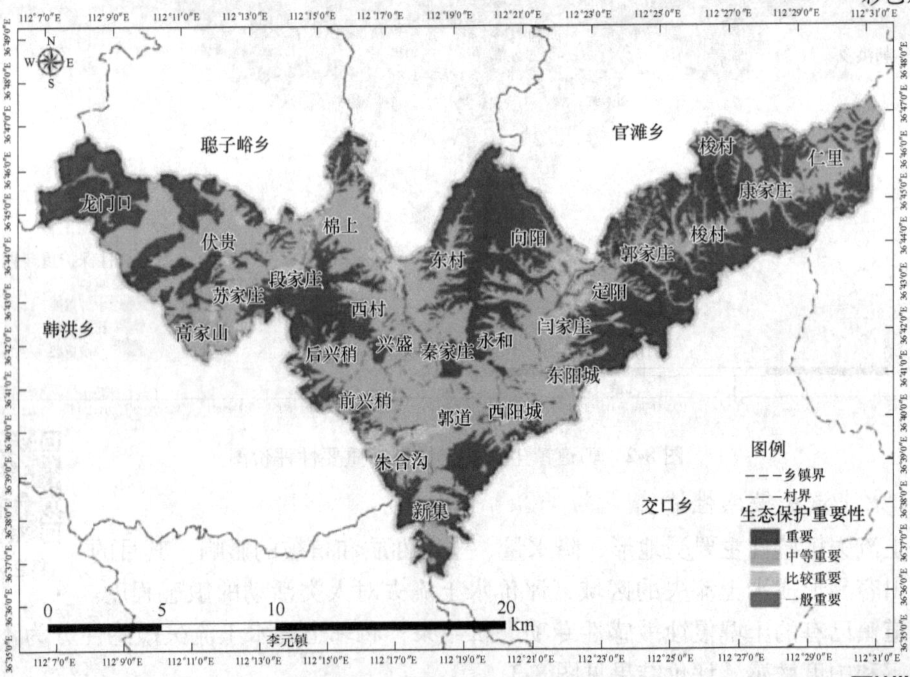

图 8-4　郭道镇生态保护重要性评价图

彩色原图

8.2.3 农业生产适宜性评价与承载规模

在全域开展农业生产适宜性评价，识别农业生产适宜区和不适宜区。种植业生产适宜性以水、土、光、热组合条件为基础，结合环境质量、气象灾害等因素，评价种植业生产适宜程度。结合郭道镇实际情况，从土地资源、水资源开展农业生产适宜性评价。

8.2.3.1 土地资源评价

土地资源评价主要表征区域土地资源对农业生产的可利用程度，采用土地可利用度作为评价指标，主要通过坡度和高程反映。

A 评价方法

$$\text{土地可利用度} = f(\text{坡度},\text{高程}) \tag{8-2}$$

土地可利用度是指用于农业发展、城市建设的土地资源可利用程度，受坡度和高程条件的影响，同时应扣除不可利用地类，如水域等。

B 评价步骤

基于数字地形图，计算栅格单元的坡度，按照坡度<3°、3°~8°、8°~15°、15°~25°、>25°的分级标准生成坡度分级图；以坡度分级结果为基础，将土地资源的可利用度划分为高、较高、中等、较低、低五种类型。高程大于1500 m的区域，将坡度分级降1级作为土地可利用度等级；高程在1500 m以下的，采用坡度分级作为土地可利用度等级；当现状土地利用类型为水域时，土地可利用度一般应作为低等级。郭道镇坡度分级结果见图8-5。

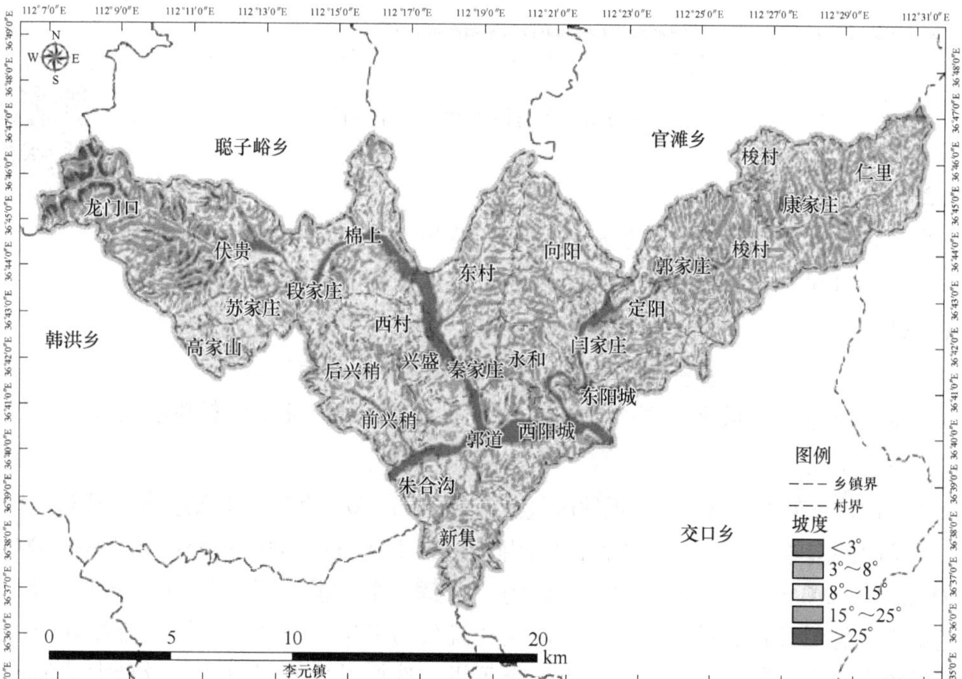

图8-5 郭道镇坡度分级图

彩色原图

C 评价结果

综上所述，郭道镇土地可利用度结果见图 8-6。

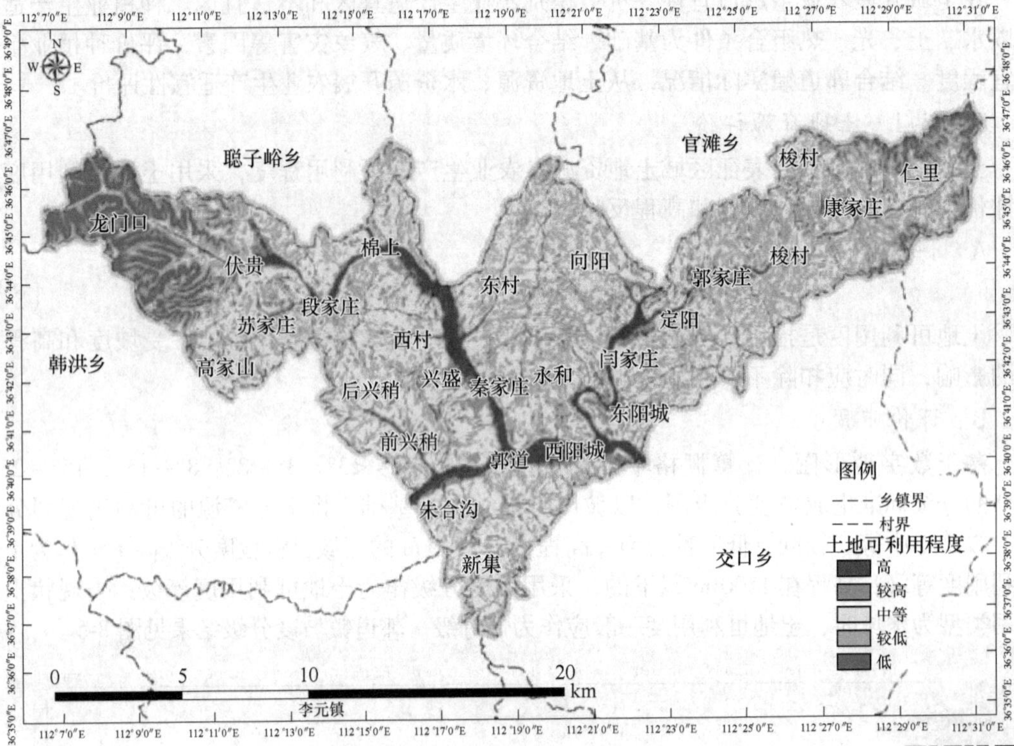

图 8-6 郭道镇土地可利用度图

彩色原图

8.2.3.2 水资源评价

水资源评价主要表征区域水资源对人口和经济集聚的支撑能力，采用水资源丰度作为评价指标，通过当地水资源与过境水资源的丰富程度综合反映。

A 评价方法

$$水资源丰度 = f(降水量,过境水资源量) \tag{8-3}$$

水资源丰度是指区域水资源的丰富程度，通过降水量和过境水资源量综合反映。

B 评价步骤

降水量评价：基于沁源县及邻近地区气象站点 2006~2015 年降水观测资料，通过空间插值得到格网尺度的多年平均降水量数据，按照降水量>1200 mm、800~1200 mm、400~800 mm、200~400 mm、<200 mm 的分级标准划分为很湿、湿润、半湿润、半干旱、干旱五个等级。

过境水资源量评价：计算区内主要河流径流量的多年平均值，并按径流量划分为过境河流流量很大、大、较大、一般、较小五个等级；选择过境河流中径流量最大的河流，取其评价分级作为评价单元的分级结果。

水资源丰度评价与分级：取降水量、过境水资源量两项指标中相对较好的结果，确定水资源丰富、较丰富、一般、较不丰富、不丰富五个等级。郭道镇水资源分布情况见图 8-7。

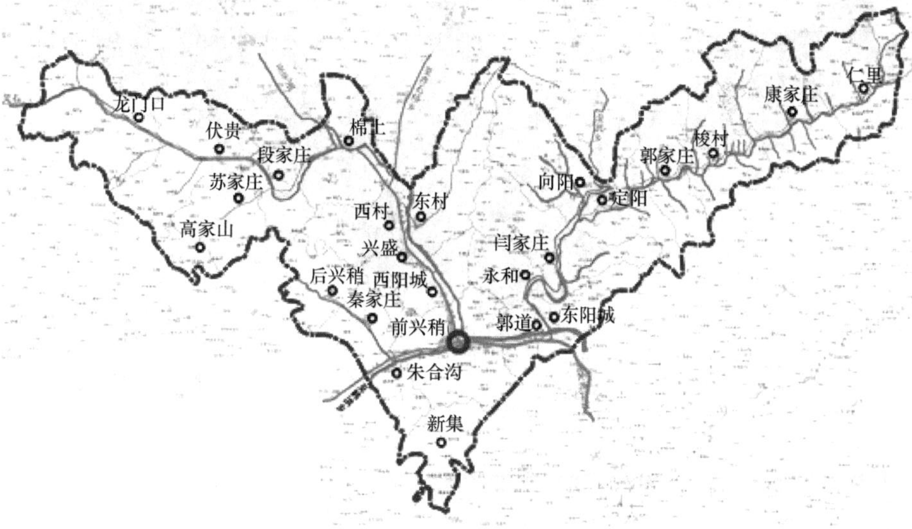

图 8-7　郭道镇水资源分布图

彩色原图

C　评价结果

郭道镇整个试点区年均降水量为 440.58～414.23 mm，处于半湿润区；境内的永和水库库容 960 万立方米，主要任务以供水为主，兼顾防洪、灌溉、发电、旅游等综合利用，定阳河、紫红河河流水质好，无污染河流、支流约 24 km。综合考虑，整个试点区的水资源丰度评定为一般。

8.2.3.3　农业生产适宜性评价

农业生产适宜性可反映国土空间中进行农业生产活动的适宜程度，农业生产适宜性评价结果一般划分为高适宜区、中适宜区和低适宜区三种类型。农业生产高适宜区具备承载农业生产活动的资源环境综合条件，且田块完整性和耕作便利性优良；农业生产中适宜区具备一定承载农业生产活动的资源环境综合条件，但田块完整性和耕作便利性一般；而农业生产低适宜区不具备承载农业生产活动的资源环境综合条件，或田块完整性和耕作便利性差。综合土地资源和水资源评价结果，郭道镇域农业生产适宜性空间分布见图 8-8。

8.2.4　城镇建设适宜性评价与承载规模

在生态保护极重要区以外的区域，开展城镇建设适宜性评价，着重识别不适宜城镇建设的区域。一般地，将水资源短缺，地形坡度大于 25°，海拔过高，地质灾害、海洋灾害危险性极高的区域，确定为城镇建设不适宜区。结合郭道镇实际，将地形坡度大于 15°、海拔高于 1500 m、地质灾害危险性高的区域确定为城镇建设不适宜区。

8.2.4.1　地形评价

郭道镇坡度大于 25°，海拔高于 1500 m 区域见图 8-9。

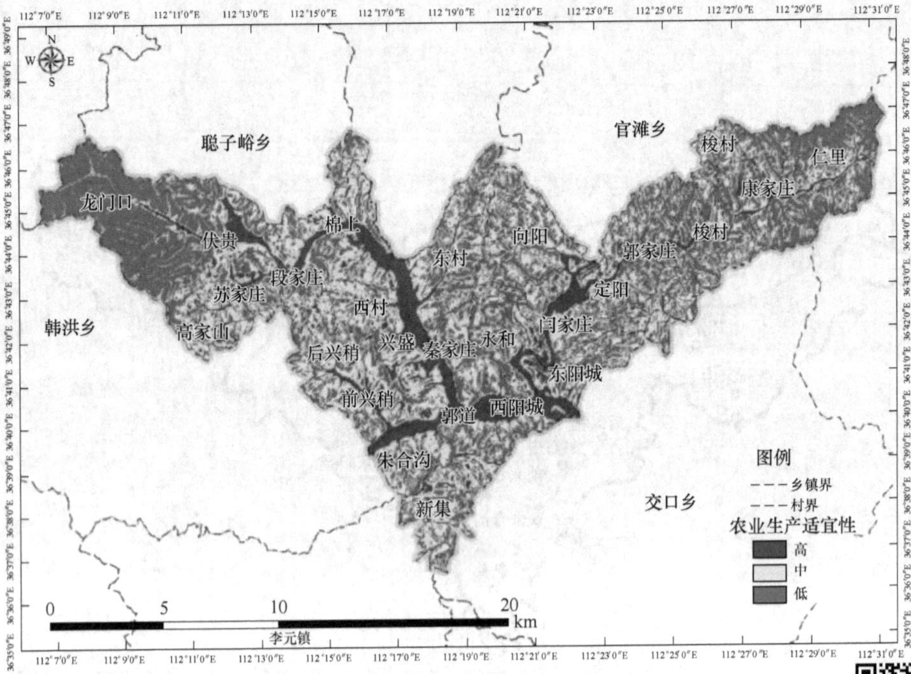

图 8-8　郭道镇农业生产适宜性空间分布图

彩色原图

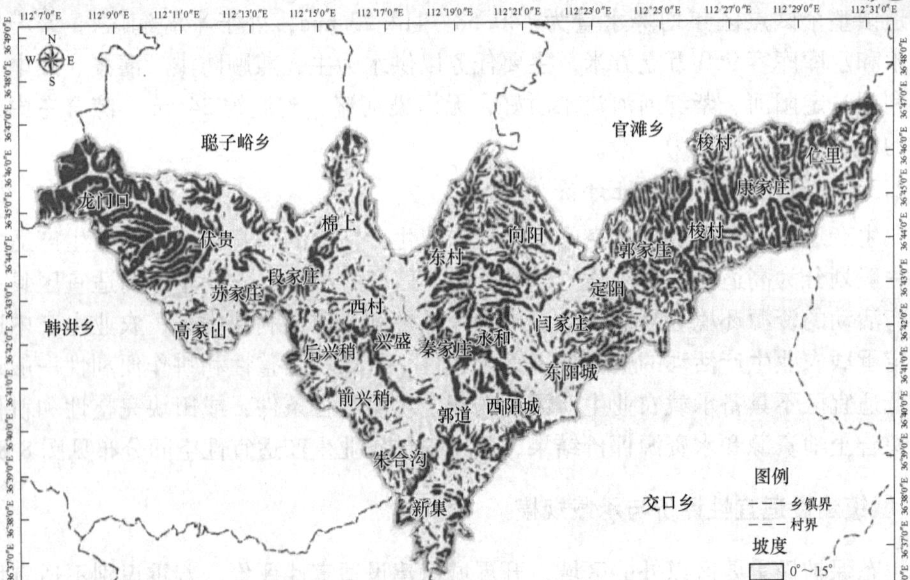

图 8-9　郭道镇坡度分级图

彩色原图

8.2.4.2 灾害评价

灾害评价主要用来表征区域灾害对城镇建设的影响。选择地质灾害危险性作为城镇建设影响评价指标，主要通过地面塌陷和地面沉降等地质灾害影响的大小和可能性来反映。

结合郭道镇实际情况，地质灾害危险性主要考虑矿山地质环境影响评价。根据地质环境调查数据资料，结合地质环境保护与恢复治理方案数据资料，将郭道镇地质环境划分为地质环境严重影响区、地质环境较严重影响区、地质环境轻微影响区三个区，见图 8-10。

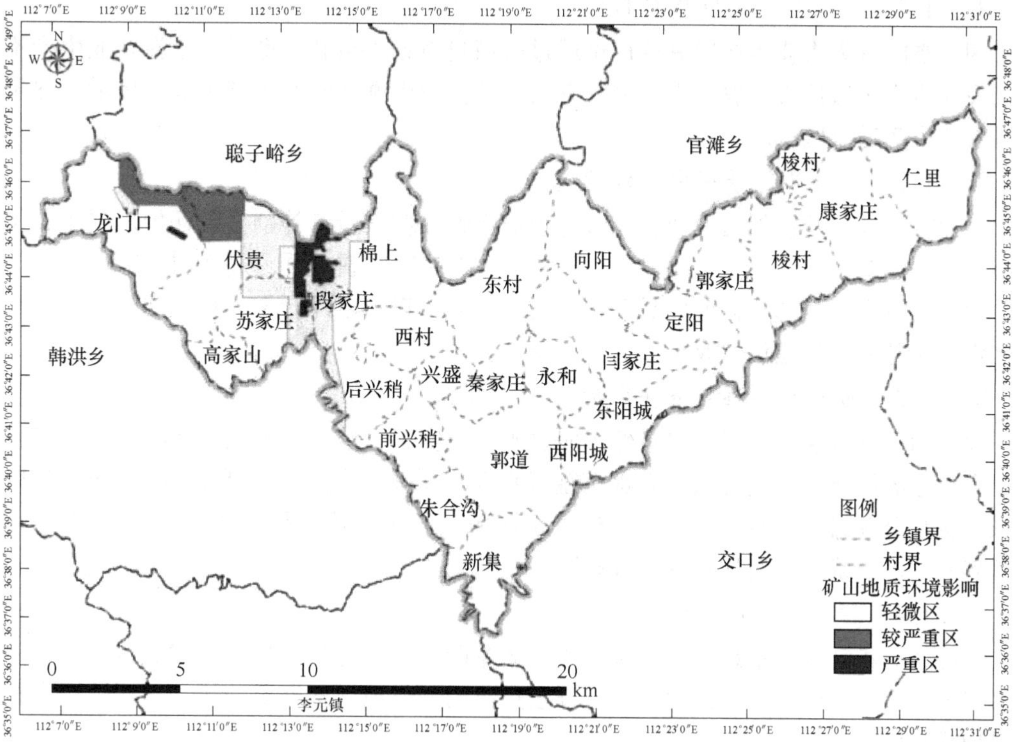

图 8-10 郭道镇地质环境影响评价图

彩色原图

8.3 可行性分析

8.3.1 农用地整理潜力分析

全域土地综合整治新增耕地来源主要有两点：一是耕地占补复垦；二是低效林草地开发补充。郭道镇新增耕地的主要来源为低效林草地的开发补充。

经过调查分析，在结合土地利用总体规划管制区、城镇规划开发边界、重点交通项目和产业园区分布的基础上，综合考虑国土空间规划农业生产适宜性评价、耕地质量等别更新成果和往年耕地后备资源调查成果，对现状为工矿用地、裸土地、其他草地等地类进行深入摸底，通过 DEM 坡度分析、河流水渠走向分布，综合确定复垦项目区分布。郭道镇耕地的主要来源为废弃工矿用地、其他草地改为旱地。

郭道镇全域土地综合整治项目占补复垦潜力 218. 21 hm^2(3273. 15 亩)，考虑田间工程占地系数 0. 1，拟新增耕地 196. 389 hm^2(2945. 84 亩)（表 8-5）。

表 8-5 耕地占补平衡潜力调查表

地类	潜力面积/hm^2	潜力面积/亩	新增耕地面积/hm^2	新增耕面积/亩
旱地	218. 21	3273. 15	196. 389	2945. 84
总计	218. 21	3273. 15	196. 389	2945. 84

8. 3. 1. 1 农业生产适宜性分析

国土空间规划农业生产适宜性评价通过区域自然条件分析，将区域分为农业生产不适宜、农业生产一般适宜、农业生产适宜三类区域。应当避开农业生产不适宜区域，尽量选址在农业生产适宜区域。

8. 3. 1. 2 耕地质量等别更新评价

耕地现状变化及耕地质量建设能够直观地反映在耕地质量等别更新评价成果中，实现耕地数量、质量、生态“三位一体”保护。郭道镇现有耕地质量等别主要为 10 等、11 等，项目区应当尽量选择耕地质量等别较高的区域，集中连片开发，形成规模效应，有利于加强农业基础设施建设，改善农业生产条件。

8. 3. 1. 3 河流沟渠灌溉条件分析

河流沟渠灌排主要依靠地势自然形成的水位差实现，垦造水田项目区灌排工程布置需要综合考虑灌溉条件。通过数字高程模型（DEM）获取区域坡度情况，避开坡度 25°以上区域，将复垦项目区尽量选址在 0°~6°平坦区域（耕地坡度级别为 1）。在自然条件分析的基础上，综合确定复垦项目区的分布❶。

8. 3. 1. 4 往年耕地后备资源调查

在综合分析往年耕地后备资源调查成果的基础上，土地利用现状已建成区、土地利用总体规划允许建设区和有条件建设区、开发边界内的耕地后备资源地块，不再适合布置开发耕地项目区。

8. 3. 1. 5 项目区综合分析排查

通过综合分析土地利用总体规划管制区、开发边界、重点交通项目和产业园区分布，避开已实施高标项目区、永久基本农田保护区，对潜力图斑进行筛查，避免重复投资形成浪费。经核实，试点区范围内无生态保护红线。

8. 3. 1. 6 拟采取倾斜摄影测量技术细化调查

目前无人机航摄测量技术在土地整治的勘测项目中已被广泛使用，正在逐步取代传统的土地整治规划方法。倾斜摄影三维建模优势有以下几点：

（1）高分辨率影像。倾斜摄影平图搭载于低空飞行器，可获取厘米级高分辨率的影像；可快速获得项目区最新资料，加快全域土地综合整治项目推进速度。

（2）在同一位置以不同角度同时获取高分辨率图像，并收集地物更加丰富的纹理和位置信息，直接基于实景三维进行规划设计，为沟渠、林带、道路等田间工程规划设计提供

❶ 自然资源部. 资源环境承载能力和国土空间开发适宜性评价指南（试行）[Z]. 北京：自然资源部，2020.

了科学依据。提高全域土地综合整治设计水平。

（3）逼真的三维空间场景，可以方便地了解整个工程范围情况，对整个工程形成直观印象。在整治工程验收复核阶段，倾斜摄影测量技术能提供项目实施前后对比图，提高后期管控力度。

8.3.2 建设用地整理潜力分析

农村建设用地整理是对农村地区散乱、废弃、闲置和低效利用的建设用地进行调整改造，完善农村基础设施和公共服务设施，提高农村建设用地节约集约利用水平，改善农村生产生活条件的活动。农村建设用地整理潜力类型包括两类：（1）农民搬迁后废弃村庄用地及村庄内的闲置和低效用地，主要是农村居民点内存在的部分低效、空闲土地，包括一些乡、村内的废弃、闲置土地以及偏僻地带自然村庄整村移民后形成的废弃用地；（2）农村集体建设用地中存在的工矿废弃地和低效闲置用地。

通过潜力调查和实地抽样踏勘，分析农村建设用地现状并综合调查村庄及农户意愿，根据《沁源县土地整治规划（2016—2020 年）》，农村建设用地整理以行政村为分级单元，采取最低门槛法，以农村建设用地整理潜力规模为分级依据，将全镇农村建设用地整治潜力分为三个等级：

（1）一级潜力区为新增耕地面积大于 3 hm^2 的区域，为郭道村、棉上村、伏贵村共计 3 个行政村，可补充耕地面积 12.0099 hm^2。

（2）二级潜力区为新增耕地面积介于 1~3 hm^2 的区域，为东村、前兴稍村、秦家庄村、段家庄村、苏家庄村、龙门口村共计 6 个行政村，可补充耕地面积 8.8370 hm^2。

（3）三级潜力区为新增耕地面积小于 1 hm^2 的区域，为郭道镇的西村、东阳城村、西阳城村、兴盛村、永和村、新集村、后兴稍村、高家山村、朱合沟村、定阳村、向阳村、闫家庄村、郭家庄村、棱村、康家庄村、仁里村共计 16 个行政村，可补充耕地面积 5.0956 hm^2。

8.3.3 生态修复能力分析

郭道镇以土地综合整治为平台，以耕地“占补平衡”和“增减挂钩”政策为驱动，综合采取工程、技术、生物等多种措施，推进山水林田湖草系统治理，打造“山青、水绿、林郁、田沃、村美”的生命共同体，全面提升自然的“资源、资产、生态、文化”功能。该项目在 2020 年已初见成效，形成“山水林田湖草”全要素综合整治模式。

以耕地“占补平衡”和“增减挂钩”政策为驱动，以景观生态学方法、生态基础设施建设、近自然生态化技术为主流技术方法，统筹开展荒山绿化、水体面源污染治理、生态天然林保护、零星耕地归整、湿地生态环境保护、道路生态修复和镇区生态修复等工作，综合布置田、水、路、林、村空间格局，优化土地利用景观格局与生态过程，提高景观空间异质性、多样性和景观功能连通性，着力构建“山水林田湖草”一体的郭道镇田园综合体，以保障郭道镇的生态环境能一直保持可持续绿色发展，在真正意义上实现“山水林田湖草生命共同体”，从而促进乡村振兴。

8.4　优化布局与目标

8.4.1　耕地和永久基本农田保护目标

8.4.1.1　耕地保护

A　落实保护任务，保证新增面积

根据沁源县土地利用总体规划（2006—2020 年）调整方案完善成果，沁源县郭道镇耕地保有量为 2386.58 hm^2。通过实施全域土地综合整治，实现耕地数量增加质量提高，能够确保土地利用总体规划确定的耕地保护目标实现。

总建设规模 25682.35 hm^2，其中土地整治补充耕地项目区涉及闫家庄村、高家山村、段家庄村、梭村等四个行政村。项目区内新增耕地潜力较大，新增耕地面积来源一是耕地占补复垦（废弃工矿用地复垦），二是低效林草地开发补充。

郭道镇全域土地综合整治项目占补复垦潜力 224.45 hm^2(3366.75 亩)，考虑田间工程占地系数 0.1，拟新增耕地 202.005 hm^2(2945.84 亩)。

通过增减挂钩潜力测算，增减挂钩新增耕地面积为 1.72 hm^2(25.8 亩)。补充耕地新增耕地共计 203.725 hm^2(3055.875 亩)。郭道镇耕地面积 2502.50 hm^2(37537.5 亩)，新增耕地比例为 8.6%。

通过开展全域土地综合整治，补充耕地和增减挂钩能够增加耕地面积，保证土地利用总体规划耕地保护目标得以实现。

B　建设农田配套，提升保护质量

通过调查和自然条件分析，试点区拟改造旱地面积 196.389 hm^2(2945.84 亩)。采用土地整治工程技术，提升农田生产配套条件，建设规模化、现代化、生态化的基本农田。通过农耕路与农田林网建设相结合，提高土地利用效率，并且改善农田小气候，有利于农业生产。

C　倡导绿色农田，实现生态农业

以农田的生态有机为核心导向，通过发展有机农业，建设有机农业品牌，推广有机生产理念。积极申请有机农业认证，从农田生产的有机化开始，逐步实现全产业链的有机生产。通过农田种植绿肥，用生态方式提升地力增加产能，兼具景观性与功能性；在生产过程中，使用有机肥料，以生物手段进行农业防害，达到耕种方式有机化的目标；同时需要确保农业生产两端的无害化，即农田周边无污染源、后期收获与储藏运输环节无污染。

在有机农业的基础上，通过发展循环农业、混合农业实现全生产链的构建，以此为基础发展服务性产业。通过不同的生产空间——农田、林地、大棚等，利用其产出物形成自循环，以达到物尽其用的效果，例如有机肥生产、有机饲料原材料、还田护耕技术等。根据地区历史与特性选择生产模式，多种循环生产模式构成农业生态链的稳固，根据季节变化选择不同的农作物维护生产模式的可持续性。

8.4.1.2 永久基本农田保护

A 保护任务指标

根据沁源县土地利用总体规划（2006~2020 年）调整方案完善成果，郭道镇永久基本农田保护面积为 1795.26 hm^2(26928.9 亩)。

B 占用补划要求

按照"数量不减、质量不降、布局稳定"的要求开展补划，按照法定程序和要求相应修改土地利用总体规划。补划的永久基本农田必须是坡度小于 25°的耕地，原则上与现有永久基本农田集中连片，补划数量、质量与占用或减少的永久基本农田相当。占用或减少城镇周边永久基本农田时，原则上在城镇周边范围内补划，经实地踏勘论证确实难以在城镇周边补划时，按照空间由近及远、质量由高到低的要求进行补划[1]。

根据沁源县郭道镇总体规划（2012—2030 年），依据区位条件、资源状况、经济发展及其区域影响力，结合新农村"一村一品"建设要求，将郭道镇各居民点按照综合型、农贸型、农业型三种职能类型进行调整和引导。

镇村体系空间结构规划为"一心，一轴，两带，多点"的镇域体系结构。

（1）"一心"：即郭道镇区，郭道镇区是镇域经济、政治、经济、文化中心，是镇域产业发展的核心，辐射带动镇域经济发展，同时镇区也是沁源县域商贸中心，为周边乡镇提供商贸服务。

（2）"一轴"：结合省道汾屯公路形成镇域社会发展主轴线。

（3）"两带"：镇区西部村庄发展农业种植及养殖；东部发展特色农林经济作物；发展商贸物流业；镇区东向的特色农业经济发展轴，重点发展特色山林经济。

（4）"五区"：镇区之外的中心村形成的经济发展组团。

为适应现代畜牧产业发展，在郭道镇朱合沟村由沁源县明苑生态农业开发有限公司建立湖羊养殖基地，重点发展生态循环型现代农业产业体系等产业。规划中湖羊养殖基地用地总面积 33.33 hm^2（500 亩），涉及永久基本农田 18 hm^2（270 亩）。占用的永久基本农田将严格按相关规定补划，达到"数量不减、质量不降、布局稳定"的要求。

8.4.2 村庄发展及农村住房布局目标

8.4.2.1 村庄建设发展目标

以整体推进新农村建设为契机，坚持科学规划，合理布局，点面结合，循序渐进，节约土地、集约发展的原则，坚持以人为本，创新机制，强化管理，加强村镇建设，完善配套基础设施，逐步改善村民生产、生活条件和人居环境，助推乡村全面振兴。

8.4.2.2 村庄分类与建设要求

依据郭道镇乡村居民点重组规划和中心村规划，在中心城镇—中心村—基层村三个等级的镇村体系职能结构的基础上，响应乡村振兴发展战略中"分类推进乡村发展"的要求，从生态宜居建设角度出发，根据郭道镇不同乡村的发展现状、区位条件、资源禀赋，

---

❶ 自然资源部．农业农村部关于加强和改进永久基本农田保护工作的通知［J］．中华人民共和国国务院公报，2019（14）：64-69.

结合其发展规律和演变趋势，坚持差异化发展，分类推进、分步实施，确保乡村振兴能够稳健有序发展（表 8-6）。

表 8-6　村庄分类建设一览表

村庄类型		分类依据及评判	建设要求	村庄名称
集聚提升类村庄	中心村	现有规模较大的中心村和其他仍将存续的一般村庄，是乡村振兴的重点。	第一，遵循发展优先原则。根据新型农村社区建设的做法，坚持向城镇靠近、向产业集聚区靠近、向交通干线靠近的原则选择中心村； 第二，遵循规模化发展原则。鼓励地形条件允许的地区村庄实行规模化发展，现状在空间上十分接近或已连成一片的几个村庄联合建设中心村，扩大乡村居民点规模，以利于集中规划、布局各类设施； 第三，遵循示范带动原则。规划期将中心村作为新型农村社区建设的示范村，因此在优先发展原则基础上考虑空间布局的相对均衡，为村庄进一步朝着社区化发展奠定基础	郭道村、棉上村、伏贵村、前兴稍村、定阳村、东村、东阳城等 7 个村庄
	基层村			龙门口村、段家庄村、苏家庄村、高家山村、西村、兴盛村、后兴稍村、秦家庄村、朱合沟村、新集村、西阳城、永和村、闫家庄村、向阳村、郭家庄、梭村、康家庄村、仁里村等 17 个村庄
特色保护类村庄		将镇域内的历史文化名村、传统村落、移民新村以及具有特色产业的村庄划定为特色村，重点打造一批休闲旅游示范村	第一，统筹保护、利用与发展的关系，努力保持村庄的完整性、真实性和延续性； 第二，切实保护村庄的传统选址、格局、风貌以及自然和田园景观等整体空间形态与环境，全面保护文物古迹、历史建筑、传统民居等传统建筑； 第三，重点把改善农民生产生活条件与保护自然文化遗产统一起来，优先安排基础设施和服务网络建设，在延续传统生产生活方式的基础上，适度发展特色旅游业，推动旅游业与传统农业的结合	闫家庄、定阳村、向阳村、伏贵村、棉上村等 5 个村庄

8.4.3　生态保护修复目标

生态保护修复目标主要包括荒山造林绿化、生活污水治理、河流综合整治、源头泉域保护、水库湿地管护、畜禽养殖污染综合防治、农业面源污染治理、生态天然林保护。在生态空间范围内，土地整治活动着重加强土地生态修复和建设，对依法划定的生态保护红线范围内的土地，实行严格保护，确保生态功能不降低、面积不减少、性质不改变；对生态退化严重的区域，按照自然恢复为主的原则开展土地整治和保护工程，提高退化土地生态系统的自我修复能力，遏制土地生态环境恶化趋势[1]。

---

[1] 梁梦茵．突出区域特色 开展差别化土地整治［J］．国土资源，2017（4）：41-42.

试点区通过实施荒山造林绿化工程，确保荒山植被覆盖率逐年增加，水源涵养能力逐渐提高，坚持土地生态建设与保护并重，充分发挥耕地、园地、林地等农用地的生产、生态、景观等多重功能。

积极推进生活污水治理、河流综合整治、畜禽养殖污染综合防治、农业面源污染治理，提高整体生态功能效益，使生态环境得到明显改善，生物多样性提高。

8.4.4 产业发展空间布局

深化农村供给侧改革，调整优化优质、特色、绿色的农业结构，推动农村产业融合发展。加快培育发展新动能，支持各类人才乡贤返乡创业创新，拓展农村就业空间和农民增收渠道[1]。根据郭道镇的地理条件和产业现状，构建“一轴、四区”的产业空间布局（图8-11）。

“一轴”，指沿汾屯公路形成的以镇区为中心的镇域主要经济发展轴线。

“四区”，即中部依托郭道镇镇区重点打造综合服务核心区，完善沁源县副中心、沁源中部综合功能服务区的职能；西部以龙门口、伏贵、苏家庄、高家山、前兴稍、朱合沟、新集等村域为主重点打造特色农业生产区，大力发展特色种植、养殖；北部以沁源经济技术开发区为核心，主要涵盖棉上、东村、段家庄、苏家庄，建设以新型煤化工产业、节能环保产业、新材料产业为主导的新型产业示范基地；东部依托永和水库，联动紫红河、定阳河沿线村庄打造休闲旅游度假区，重点培育乡村旅游、森林旅游、滨水休闲等旅游产品体系。

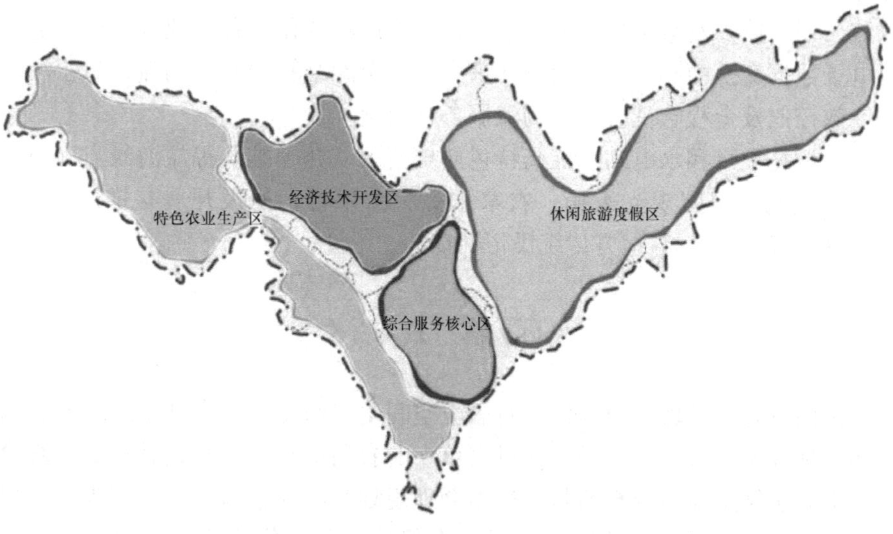

图 8-11 郭道镇产业发展空间布局图

8.4.4.1 农业发展规划

按照“工业反哺农业，以工带农”的思路，围绕建设现代农业、农业产业化先进镇的战略目标，按照“适应市场、各具特色、因地制宜、突出效益、发挥优势”的原则，大力

[1] 佚名. 中央农村工作会议在京召开［J］. 中国粮食经济，2019（1）：8.

实施农业现代化工程，重点建设现代农业龙头园区和循环种养基地，推进农业产业化进程，全面提升农业现代化水平。

种植业：充分利用现有的政策优势、传统优势，在现有蔬菜种植基地的基础上，大力发展高产、优质、高效、生态、安全农业，围绕蔬菜、药材、干果、畜牧养殖等优势产业，在镇域内推广药材大棚种植业。加强与周边乡镇的合作，走区域合作生产化道路和合作社式养殖道路，最终实现镇域农业产业的升级优化。

林业：结合农田林网建设、路河防护林建设、镇域居民点绿化建设、山区退耕还林工程，重点发展干果经济林、生态采摘业等。

畜牧业：镇区东部地区建议与干果种植业相结合，重点发展家禽饲养业，构建新型立体生态农业基地；中部地区重点发展养猪业；西部山林地区利用其自然优势发展养羊业。

8.4.4.2　工业发展规划

一方面，围绕北部沁源经济技术开发区，建设以新型煤化工产业、节能环保产业、新材料产业为主导的新型产业示范基地；另一方面，依托农业和畜牧业的发展，发展以干果、蔬菜、肉类为主的农副产品加工。

8.4.4.3　第三产业发展规划

商贸业：凭借优越的区位和较好的发展基础，继续加强商贸业的发展，以镇区为中心，棉上村为支点，沿汾屯路形成商业轴线；在镇区结合红街传统历史街区重点发展沁源剪纸等传统手工制作产业。

物流业：在镇区南部工业园内建立物流工业园。由通州物流集团牵头，联合镇域及周边乡镇物流公司，兼并及重组成大型运输企业，形成集约化经营。建设一个以互联网为载体，包括电子数据交换中心、电子商务认证中心和金融结算中心的物流信息平台，实现物流环节的有效控制及全程管理。推进物流服务社会化。

旅游业：依托于永和水电站、红街特色历史街区、介子推墓等旅游景点，重点发展度假疗养、休闲垂钓、田园观光采摘、农家乐等旅游项目，积极开展与推广“沁源剪纸”“寒食节”“九曲黄河阵”等地方传统民俗活动。

本章小结

本章以山西省沁源县郭道镇为例，对国土空间生态修复中的全域土地综合整治进行了说明。山西省加强土地整治，实现了从过去单一的农用地到“田水路林村矿”综合整治的转变。国土空间全域土地综合整治是以科学合理规划为前提，以乡镇为基本实施单元，整体推进农用地整理、建设用地整理和乡村生态保护修复，优化生产、生活、生态空间格局，促进耕地保护和土地节约集约利用，改善农村人居环境，助推乡村全面振兴的一项综合性活动。在经济实力增强、土地整治资金充分保障和社会资本参与等方面，为土地整治提供了良好的机遇。本章对郭道镇进行了土地适宜性评价、生态保护重要性评价、农业生产和城镇建设适宜性评价及承载规模评价，从而对农用地和建设用地进行潜力分析，在此基础上，介绍了沁源县郭道镇的农业发展规划、村庄发展与农村住房布局规划、产业发展空间布局以及生态保护修复策略。加快推进全域土地综合整治，努力破解发展用地难题，不断释放农村土地资源和空间要素红利，为推动乡村振兴、实现共同富裕提供土地资源保障。

习　题

1. 说明国土空间生态修复背景下全域土地综合整治的内涵。
2. 山西省全域综合整治适宜性评价从哪几方面展开？
3. 如何进行土地适宜性评价？
4. 生态保护重要性评价要考虑哪些因素？
5. 生态保护修复目标有哪些？

9 资源型地区生态系统碳密度和碳储量变化

本章提要：

资源型地区通常指石油、天然气、矿产等资源丰富、经济发展依赖资源开发的地区。在这些地区，生态系统固碳增汇功能对于缓解环境压力、降低碳排放、维持生态平衡、提升经济可持续发展等方面具有重要作用。生态系统作为生命支持系统，无时无刻不在为人类的生存和社会的发展提供着服务。随着经济和社会的发展，人们对生态环境的影响日益明显，对生态系统固碳增汇功能的研究也逐渐成为人们关注的热点问题。陆地生态系统的固碳增汇功能能直接固定大气中的 CO_2，有效减缓全球变暖趋势。该服务的供需平衡对于区域的可持续发展至关重要。资源型地区生态系统固碳增汇功能是指在森林、草原等生态系统中，通过植物光合作用、土壤微生物代谢等，将空气中的二氧化碳转化为有机碳储存于植物体和土壤中，发挥固碳增汇功能的能力。因此，资源型地区生态系统固碳增汇功能的重视和保护，对于生态环境保护和经济可持续发展至关重要。本章所述研究成果基于时间尺度进一步揭示了资源型地区植被固碳能力的时空演变格局和主要驱动因子，丰富了生态修复理论，同时也可为中国未来生态环境管理和政策制定以及“碳中和”目标的实现提供科学参考。

9.1 生态系统固碳增汇基础原理

9.1.1 碳通量的观测

碳通量的观测方法主要有化学法、微气象法、箱式法等，其中微气象法和箱式法应用最为广泛。随着通量网建设的发展，涡度相关技术已经逐渐成为生态系统测量碳通量的标准方法，而小尺度上箱式法仍然被广泛应用。

9.1.1.1 箱式法

箱式法是指将植被或者植被的一部分套在一个密闭的系统里，然后通过测定此系统内 CO_2 的含量的变化来计算 CO_2 通量。根据箱内气体与外界的气体有无交换，可以将箱式法分为静态箱法与动态箱式法。静态箱法是指在保持箱内空气与外界没有交换的情况下，通过箱内被测气体的浓度变化来获得该气体的交换通量。而动态箱法则是指在允许箱内空气与外界交换的情况下，通过测量箱体中被测气体的浓度来确定该气体的交换通量。

9.1.1.2 微气象法

涡度相关技术是通量观测的主要技术手段，是对生态系统与大气之间进行非破坏性测量的微气象学技术，被认为是如今唯一直接测量生物—大气间能量与物质通量的最直接、标准的方法。涡度相关技术可以提供长时间序列、高时间分辨率（30 min）的净生态系统碳交换量（net ecosystem exchange，NEE）和对应的气象数据，为研究站点不同时间尺度碳交换量及其对环境因子的响应提供了重要信息。近年来，涡度相关技术的快速发展，不仅能对森林生态系统 CO_2 交换量进行长期和连续的监测，还能揭示森林生态系统碳通量的日、季节和年际波动特征及其与环境因素的相关性。

涡度相关技术虽然可以在较短的时间里获得 CO_2 通量和环境变化的数据，为研究不同时间尺度碳通量的变化及其对环境因子的响应提供了方便。但是涡度相关法也有其自身的局限性，会带来一定的观测误差。造成误差的原因主要包括：（1）由传感器物理属性的局限性而引起的高频或低频湍流信号丢失；（2）坐标系选择不恰当造成的碳收支的系统低估；（3）夜间湍流混合不均匀引起呼吸通量低估等。

9.1.2 模型估算总初级生产力

随着遥感技术的发展和通量站点的增加，用模型对生态系统的总初级生产力（GPP）进行估算成为了可能。近年来，许多学者对 GPP 进行了估算研究。闫敏等利用 MOD_17 模型研究了 2001~2012 年黑河流域植被 GPP 变化趋势；王莹莹等利用 MCD12Q2 数据和 MOD17A3 数据，采用回归分析对中国温带地区物候变化对 GPP 的影响进行了研究；Schubert 等运用长时间序列的 MODIS 产品估算了北欧森林的 GPP；林尚荣等基于 MODIS GPP 算法估算了不同植被类型的 GPP 并与站点实测通量数据进行对比，结果表明，MODIS 算法对全球 GPP 的估算结果较好；Huimin 等用 MODIS 和通量数据利用 VPM 模型估算了冬小麦-玉米双季作物的 GPP，结果表明，利用 VPM 模型估算 GPP 具有很大的潜力；Kimball 等结合 TEM 模型和 Biome-BGC 模型研究了阿拉斯加至加拿大西北部地区碳通量的年际变化及变化趋势。国内外许多学者对 GPP 的影响因素，尤其是对气候因子进行了大量的研究，研究结果表明，不同区域、不同时期影响 GPP 的主要因素各不相同；Kim 等研究得出，春季气温下降引起植被 GPP 的降低；Yu 等整合中国通量观测数据的研究发现，年平均温度和降水量可很好地揭示 GPP 的变化特征；Deng 等以北半球中高纬度地区为研究站点域，发现植被生产能力主要受温度影响较大；Bartsch 等的研究结果表明，对欧洲地中海生态系统来说，GPP 季节变化的重要驱动因素是气温而不是年降水量。

9.1.3 生态系统碳通量的模型估算

目前用于估算碳通量的模型大体上可分为气候相关统计模型、生态系统生态过程模型和光能利用率模型等。

（1）经验模型：经验模型（统计模型）是根据植物的生长量与气候因子之间的关系来建立模型估算植被生产力的方法。这种方法只考虑了气候因子对植被生产力的影响，只需对气候因子与植物干物质建立相关分析就可以估算植物的 NPP。其优点是模型简单、应用方便，缺点是研究站点区域不同误差可能较大。气象统计模型使用最多的是 Miami 模型、桑斯威特纪念（Thornthwaite Memorial）模型和筑后（Chikugo）模型等。

（2）过程模型：过程模型是指从机理上模拟植被的光合作用、呼吸作用、蒸腾蒸发以及土壤水分散失的过程，大多将土壤—植被—大气连续体作为一个系统，进行各层的物质、能量交换模拟，并建立相应的模型，包括气候模块、光合作用模块、呼吸作用模块、气孔导度模块等。此类模型主要有 TEM 模型、CENTURY 模型、BIOME-BGC 模型。

（3）光能利用率模型：光能利用率模型（参数模型）是基于 Monteith 提出的光能利用效率概念，结合卫星遥感数据对 GPP 进行估算的方法，现已得到广泛应用。可以准确获取季节、年际生产力的动态变化。但其缺乏可靠的生理生态基础，光能传递及转换的过程中还存在许多不确定性。常见的光能利用率模型有 GLO-PEM 模型、CASA 模型。

9.1.4 基于涡度相关法的森林生态系统 CO_2 研究

目前，涡度相关技术已经在各类生态系统中发挥着重大作用，尤其是在森林碳通量观测中应用广泛。纪小芳等研究了浙江凤阳山混交林生态系统，发现该区域在全年表现为碳汇，碳汇强度在 7 月达到最大；王春林等研究了鼎湖山常绿针阔叶混交林，发现在 2003 年和 2004 年该区域尺度森林生态系统表现为碳汇；Liu 等研究了千烟洲常绿针叶林，发现该地区在 2003 年表现为碳汇；Urbanski 等对美国 Havard 森林的落叶混交林站点进行了观测，结果表明，该森林是一个大的碳汇；Baldocchi 等发现分布在北美洲、欧洲及亚洲的中纬度、高纬度的森林生态系统是重要的碳汇；Bracho 等基于涡动相关系统观测的美国东南部种植的湿地松林的 CO_2 通量数据，发现相对年轻的湿地松林表现为碳汇，而相对老龄的林分表现为碳源；Carey 等发现落基山脉亚高山成熟森林生态系统是明显碳汇；Valentini 等研究发现随纬度的增加，森林碳汇的功能减弱，甚至成为碳源。

9.1.5 植被光合模型及参数算法

9.1.5.1 植被光合模型

植被光合模型（vegetation photosynthesis model，VPM）是光能利用率模型中的一种，是基于遥感数据和涡度相关 CO_2 通量观测数据演变而来的，用来模拟生态系统 GPP 的参数模型。它在估计 GPP 时考虑到了植被叶绿素所吸收的光能有效辐射（fraction of photosynthetically active radiation，FPAR），而且 FPAR 可以通过增强植被指数（enhanced vegetation index，EVI）来估算，大大提高了 GPP 估计的准确性。自 2004 年 VPM 模型被提出以来，在不同生态系统 GPP 估算过程中得到了广泛应用。

VPM 模型的计算公式为：

$$GPP = \varepsilon_g \cdot FPAR_{chl} \cdot PAR \tag{9-1}$$

$$\varepsilon_g = \varepsilon_0 \cdot T_{scalar} \cdot W_{scalar} \cdot P_{scalar} \tag{9-2}$$

式中 PAR——光合有效辐射，μmol Photon/(m^2 · s)；

$FPAR_{chl}$——被叶绿素所吸收的光合有效辐射比率；

ε_g——植被将所吸收的光合有效辐射转化为 GPP 的效率，μmol CO_2/μmol Photon；

ε_0——表观量子效率或最大光能利用率，μmol CO_2/μmol Photon；

T_{scalar}——温度对最大光能利用率的影响函数；

W_{scalar}——植被冠层水分蒸腾状况对最大光能利用率的影响函数；

P_{scalar}——物候对最大光能利用率的影响函数。

在 VPM 中，$FPAR_{chl}$ 被近似用增强型植被指数（enhanced vegetation index，EVI）的线性函数来表达：

$$\mathrm{FRAR}_{\mathrm{chl}} = a \cdot \mathrm{EVI} \tag{9-3}$$

式中 a——经验系数，取值为 1，即 FPAR 等于 EVI。

T_{scalar}表征温度对光合作用的影响，采用陆地生态系统模型（terrestrial ecosystem model, TEM）的算法：

$$T_{scalar} = \frac{(T - T_{min})(T - T_{max})}{(T - T_{min})(T - T_{max}) - (T - T_{opt})^2} \tag{9-4}$$

式中 T_{min}，T_{max}，T_{opt}——植被进行光合作用时的最低、最高和最适温度。

当空气温度小于最低光合温度时，T_{scalar}设为 0。

W_{scalar}表征水分对光合作用的影响，在 VPM 模型中，使用对水分敏感的陆地表面水分指数（land surface water index，LSWI）进行表征：

$$W_{scalar} = \frac{1 + \mathrm{LSWI}}{1 + \mathrm{LSWI}_{max}} \tag{9-5}$$

$$\mathrm{LSWI} = \frac{P_{nir} - P_{swir}}{P_{nir} + P_{swir}} \tag{9-6}$$

式中 LSWI——陆地表面水分指数；

LSWI_{max}——单个像元内植被生长季最大的 LSWI；

ρ_{nir}，ρ_{swir}——近红外 841~875 nm 波段和 1628~1652 nm 波段的反射率。

P_{scalar}表示叶龄对冠层尺度上光合作用的影响，计算方法取决于叶片寿命的长短，若植被叶片经历出芽、舒展、枯萎和凋零过程，则分为两个阶段计算，从叶片出现到充分舒展的阶段计算公式为：

$$P_{scalar} = \frac{1 + \mathrm{LSWI}}{2} \tag{9-7}$$

叶片舒展后，$P_{scalar} = 1.0$。将树叶保持几个生长季，冠层由不同叶龄的叶片组成的植被（常绿针叶林等）及在整个生长季中不断有新叶长出的植被（苔原、草地、小麦等）的 P_{scalar}设为 1.0。

9.1.5.2 模型参数化

A 最大光能利用率 ε_0的确定

光能利用率是表征植被固定太阳能效率的指标，是指植被通过光合作用将所吸收的光合有效辐射转化为有机干物质的效率。如何准确地估算植被的最大光能利用率是 VPM 模型的难点之一。涡度相关技术的发展为研究生态系统尺度的光合特征参数提供了途径；为估算 APAR 和 GPP 提供了机会，为从冠层到景观水平估计光能利用率（LUE）提供了可能。在光能利用率模型中，常用表观量子效率作为最大光能利用率。因此，本研究中利用 Michaelis-Menten 方程对白天净生态系统碳通量（NEE）与光合有效辐射（PAR）的关系进行拟合得到最大光能利用率。

B T_{scalar}与 LSWI_{max}的确定

在 VPM 模型中，采用 T_{opt}来反映温度对最大光能利用率的胁迫作用，估计温度限制函数 T_{scalar}。本研究参考生长季 NDI 达到最大值时的温度，将最适温度取值为 20 ℃。研究发现，当温度为 20 ℃时，植被生长最快。本书 T_{max}、T_{min}分别设为 40 ℃和 0 ℃。

$LSWI_{max}$是指在生长季期间 LSWI 的最大值。选择每一年生长季最大 LSWI 作为 $LSWI_{max}$。不同年份对应不同的 $LSWI_{max}$。

9.1.6 净初级生产力估算模型

9.1.6.1 植被指数计算

植被指数是不同波段间的线性或非线性组合，能够反映地表植被状况。本研究使用 NDVI 和 LSWI 两种植被指数，其中，NDVI 能反映出植物冠层的背景影响；LSWI 是用来描述植被叶片水分含量的重要指标，计算公式如下：

$$\text{NDVI} = \frac{\text{NIR} - \text{R}}{\text{NIR} + \text{R}} \tag{9-8}$$

$$\text{LSWI} = \frac{\text{NIR} - \text{SWIR}}{\text{NIR} + \text{SWIR}} \tag{9-9}$$

式中，NIR、R 和 SWIR 为近红外 841~875 nm 波段，红光 620~671 nm 波段和短波红外 1628~1652 nm 波段，分别对应 MOD09A1 产品中的 2 波段、1 波段和 6 波段。

9.1.6.2 光能利用率模型

净初级生产力估算采用遥感数据驱动的光能利用率模型，模型的遥感驱动数据是 LSWI 和 NDVI。光能利用率模型是基于冠层吸收太阳辐射与植被光合作用固碳量之间的关系而建立的光能利用率理论模型，通过植被冠层对太阳辐射的有效利用率来估算植被的生产力。

本节基于 MODIS 数据，结合气象数据，对吉林省长时间序列（2001~2019 年）的总初级生产力（GPP）和净初级生产力（NPP）进行遥感估算，计算公式如下：

$$\text{NPP} = \text{GPP} - \text{Ra} \tag{9-10}$$

$$\text{GPP} = \varepsilon_g \cdot \text{PAR} \cdot \text{FPAR} \tag{9-11}$$

$$\text{Ra} = \text{GPP} \times \frac{7.825 + 1.145T}{100} \tag{9-12}$$

$$\text{FPAR} = 1.1628 \times \text{NDVI} - 0.1426 \tag{9-13}$$

$$\varepsilon_g = \varepsilon_0 \cdot T_{schalar} \cdot W_{schalar} \tag{9-14}$$

式中 PAR——光合有效辐射（photosynthetically active radiation），通过气候学辐射计算方法获得；

FPAR——光合有效辐射吸收比例（fraction of absorbed photosynthetically active radiation），Myneni 等做了大量使用 NDVI 反演 FPAR 的研究，建立了 NDVI 和 FPAR 的线性相关模型，该算法不受像元异质性的影响，同时兼顾了 FPAR 的物理意义与应用普适性，决定系数达到 $R^2 = 0.919$；

ε_g——实际光能利用率，通过和水决定系数（$W_{schalar}$）、温度决定系数（$T_{schalar}$）与最大光能利用率（ε_0）的乘积计算获得，最大光能利用率的取值与植被类型有关，本书根据相关文献总结出吉林省不同植被类型的 ε_0；

Ra——自养呼吸消耗，Goward 等研究表明其与日平均温度存在相关关系。

$W_{schalar}$表示水分对光能利用率的影响，基于 LSWI 的计算公式如下：

$$W_{schalar} = \frac{1 + LSWI}{1 + LSWI_{max}} \quad (9\text{-}15)$$

$T_{schalar}$表示温度对光能利用率的影响，崔耀平等研究表明，吉林省植被最适生长温度为 20.93 ℃，公式如下：

$$T_{schalar} = \frac{(T - T_{max})(T - T_{min})}{(T - T_{max})(T - T_{min}) - (T - T_{opt})^2} \quad (9\text{-}16)$$

式中 T_{opt}，T_{max}，T_{min}——植被光合作用时的最适温度、最高温度和最低温度。

9.1.7 碳密度和碳储量的估算

有林样地乔木层碳密度（CD，mg/hm^2）使用生物量扩展因子法（BEF）进行估算：

$$CD = (V \cdot WD \cdot BEF)(1 + R)CF \quad (9\text{-}17)$$

式中 V——立木蓄积量，m^3/hm^2，即单位面积地上部某优势树种活立木材积之和；

WD——木材密度，t/m^2；

BEF——生物量扩展因子，包括叶、主杆、树枝在内的立木生物量；

R——根冠比；

CF——单位烘干生物量的碳含量，tC /t 烘干生物量。

单个样木材积根据每株样木 1.3 m 处的胸径（DBH，cm）和样木高度（H，m），参考以下公式进行计算：

$$\lg V = a \cdot \lg(b + c \cdot DBH) + d \cdot \lg H - f \quad (9\text{-}18)$$

式中 V——单个样木材积，m^3；

a，b，c，d，f——不同乔木树种的材积方程参数。

有林样地灌木、草本和枯枝落叶层的碳密度（CD，mg/hm^2）基于区域类型参数换算法❶，利用以下公式进行估算：

$$CD = B \cdot CF \quad (9\text{-}19)$$

式中 B——样地生物量，mg/hm^2；

CF——灌木、草本、凋落物层 CF 分别为 0.4627、0.3270 和 0.4700。

灌木林样地的碳密度也利用方程（9-19）进行了估算。

样地中枯死木的碳密度（CD，t/hm^2）利用以下公式进行估算：

$$CD = \frac{V_{DW}}{V} \cdot B \cdot CF \quad (9\text{-}20)$$

式中 V_{DW}——枯死木的材积，m^3/hm^2；

B——活立木生物量，t/hm^2。

每个样地中土壤有机碳（SOC）（不包括植物根部生物量）的碳密度（CD，kg/m^2）用以下公式估算：

$$CD = 0.58 \times SOM \times D \times E \quad (9\text{-}21)$$

式中 SOM——土壤有机质含量，kg/kg；

0.58——Bemmelan 系数（SOC/SOM）；

❶ 国家林业局调查规划设计院. 全国林业碳汇计量监测技术指南［S］. 2011.

D——土壤容重，kg/m^3；

E——土壤深度，m，E 值随样地土层厚度的不同而不同。

本研究中生物量碳密度包括乔木层、灌木层、草本层、枯枝落叶层和枯死木的生物量碳密度，有林样地的总碳密度由生物量碳密度和土壤碳密度组成。

由于研究区样地的高密度和均匀性分布，每种森林类型（天然林、人工林、所有森林类型在各研究子区、各个年龄组、各个林层）的平均碳密度（CD，t/hm^2）通过各有林样地的碳密度（有林样地碳密度总和/有林样地数）来估算。每个分区或林型的总碳储量（CS，t）为各分区或林型平均碳密度与相应森林面积（各分区或林型样地数/所有分区或林型样地总数×所有分区或林型的总占地面积）的乘积。

9.2　碳通量时间变化特征及其影响因素

涡度相关系统能够揭示生态系统与大气间的碳通量不同时间尺度的变化特征。近年来，随着涡度相关技术的快速发展，不仅可以对森林生态系统 CO_2 交换量进行长期和连续的监测，还能揭示森林生态系统碳通量的日、季节和年际波动特征及其与环境因素的相关性。目前，涡度相关技术已经在各类生态系统中发挥着重大作用，尤其是在森林碳通量观测中应用广泛。唐祥等研究了北京八达岭林场 CO_2 通量特征得出 7 月的日 CO_2 吸收值最大；Carey 等发现落基山脉亚高山成熟森林生态系统是明显碳汇；Zhou 等研究了盘锦芦苇湿地净生态系统碳交换量的动态变化，发现 PAR 与 CO_2 通量的大小密切相关。本节以芦芽山针叶林生态系统为研究对象，利用涡度相关通量塔和配套气象观测系统对研究站点内碳通量和气象因子进行连续观测，对 2018 年碳通量观测数据进行研究，分析和探讨 2018 年碳通量和环境因子在日尺度、季节尺度的变化规律，揭示碳通量对光合有效辐射、空气温度、土壤温度和饱和水汽压差的响应。旨在认识芦芽山混交林的碳源、碳汇功能，以及为该森林生态系统碳评估提供科学依据。

9.2.1　碳通量的季节变化特征及其影响因素

9.2.1.1　环境因子季节变化特征

从图 9-1 中可以看出，测定年研究站点 PAR 的动态变化整体呈现单峰形，中间的位置较高，两端较低，在第 100~250 d 即 4~8 月间呈波动上升趋势，其他月份相对较低，最低值在 1 月，观测期内光合有效辐射最大值为 1099.8 $\mu mol/(m^2 \cdot s)$，呈现出先增加后减小的变化趋势（图 9-1（b））。T_a和 T_s都具有明显的季节变化特征，呈单峰曲线，T_a的波动幅度比 T_s大。T_a 的最高值出现在 8 月（18.3 ℃），最低值出现在 1 月（-25.4 ℃）；T_s的最高值出现在 8 月（15.9 ℃），最低值出现在 1 月（-8.4 ℃）。观测期内 VPD 呈现出先增加后减小的趋势，最大值出现在 6 月（1.54 kPa），最小值出现在 1 月（0.04 kPa），有明显的季节变化趋势。

9.2.1.2　碳通量季节变化特征

图 9-2 为 GPP、R_e和 NEE 的日总量和月总量的季节变化图。从图中可以看出，NEE 的季节变化为不规则的“U”形曲线。在 1~3 月，由于温度较低，碳通量的规律不明显，

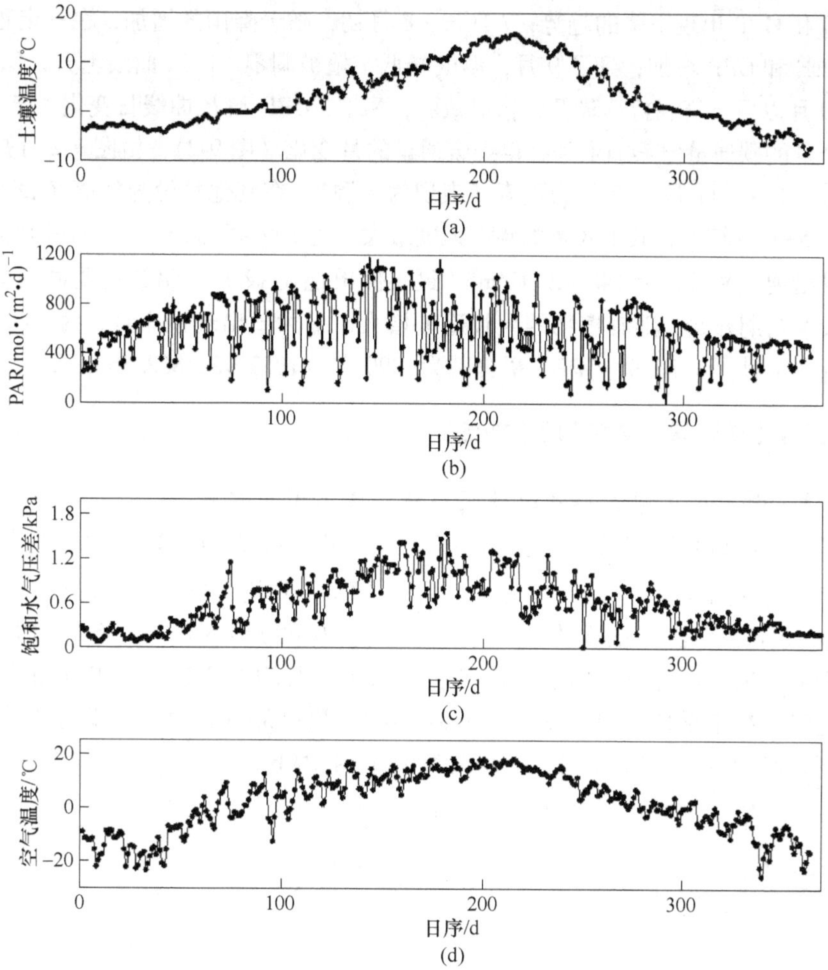

图 9-1 气象要素季节变化图

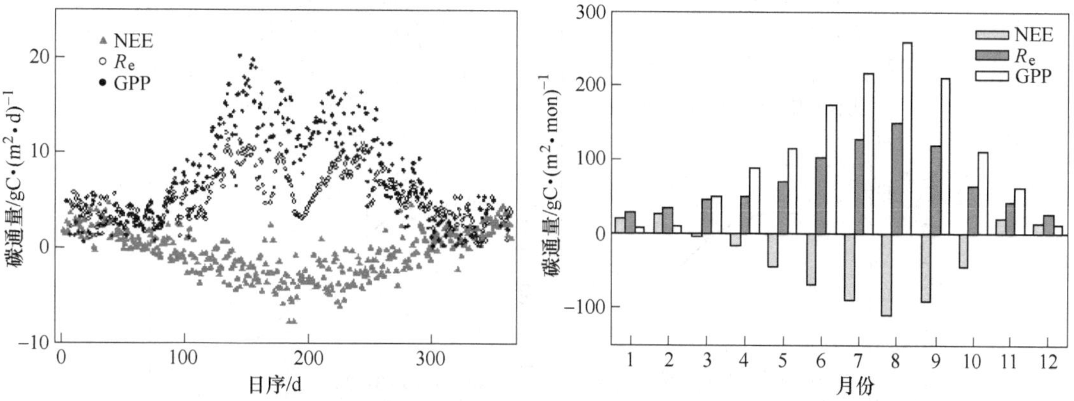

图 9-2 GPP、R_e和 NEE 的日总量和月总量的季节变化

且波动性较小；4 月的 NEE 曲线明显下降，GPP 和 R_e曲线明显上升；到了 7 月，光合有效辐射和气温达到最强，土壤含水量下降，出现干旱胁迫、植被出现枯萎现象，光合能力

下降，NEE 和 GPP 出现下降的趋势；7 月末、8 月初，随着降雨的增加，在一定程度上缓解了干旱，NEE 和 GPP 增加；到了 9 月，温度降低，植被凋零，NEE 曲线上升，GPP 和 R_e曲线下降；10 月以后，气温持续降低，辐射减弱，NEE、GPP 和 R_e曲线日变化规律不明显。

对各个月的碳通量值累加求和，得到碳通量的月变化（图 9-2），由图 9-2 可知，NEE 月总量在 1 月、2 月、11 月、12 月为正值（表现为碳源），在其他月份为负值（表现为碳汇）。碳汇强度在 5~8 月较大，其中 8 月的碳汇强度最大，为 109.45 gC/m^2。R_e月变化为单峰型变化，最大量出现在 8 月，为 148.72 gC/m^2；最小值出现在 12 月。GPP 有明显的季节变化趋势，从生长季初期开始，随着植物的生长逐渐增大，最大值出现在 8 月，为 258.18 gC/m^2，最小值出现在 1 月。年 NEE、GPP、R_e分别为-390.01、1252.96、862.36 gC/m^2。

9.2.2　月尺度上碳通量对环境因子的响应

9.2.2.1　月尺度上净生态系统碳交换对环境因子的响应

运用统计分析软件 SPSS24.0 对月尺度上 T_a、T_s、VPD、PAR 与 NEE 进行相关性分析，NEE 的月累积量与月均 T_a、月均 T_s、月均 VPD、月均 PAR 均呈极显著负相关（$P<0.01$），相关系数从大到小依次为 $T_a(-0.78)>T_s(-0.68)>$PAR$(-0.65)>$VPD(-0.51)。回归分析表明，NEE 的月累积量随月均 T_a、月均 T_s、月均 VPD、月均 PAR 的增大呈现负向增大的趋势，决定系数分别为 0.94、0.87、0.65 和 0.33（图 9-3）。以上分析表明，月尺度上温度是影响 NEE 的主要因子，其次为 VPD 和 PAR。

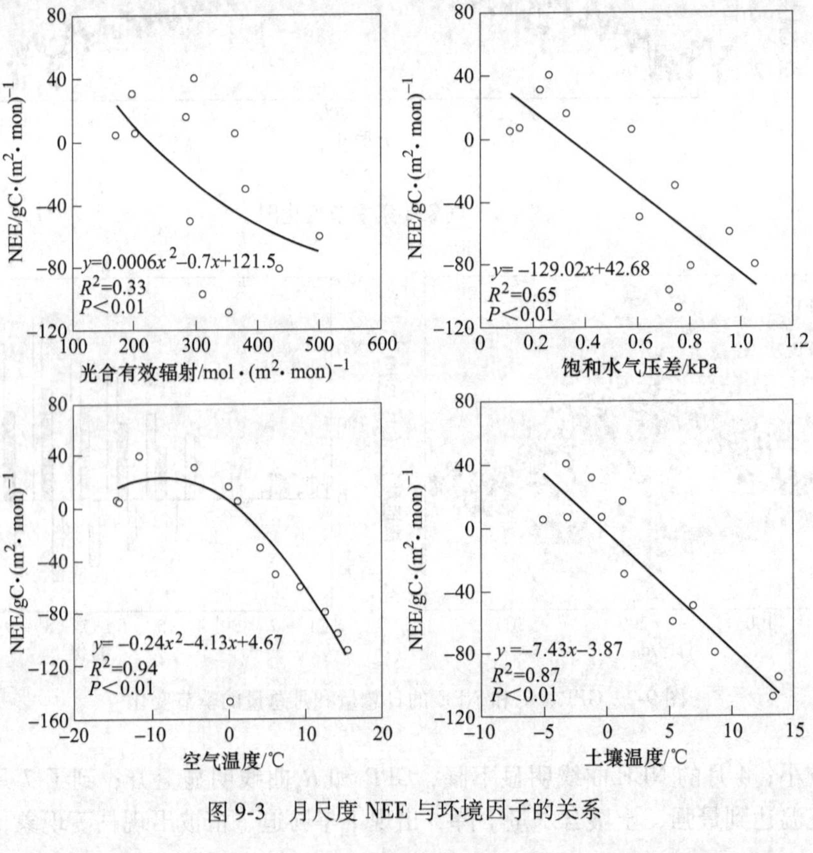

图 9-3　月尺度 NEE 与环境因子的关系

9.2.2.2 月尺度上总初级生产力对环境因子的响应

与NEE月尺度上与环境因子的关系规律相一致，月累积GPP与月均T_a、月均T_s、月均VPD、月均PAR均呈极显著相关（$P<0.01$），相关系数从大到小依次为T_a(0.93)>T_s(0.91)>VPD(0.86)>PAR(0.61)。回归分析表明，月累积GPP与月均T_a和月均T_s均呈极显著的指数函数关系（$P<0.05$），决定系数R^2分别为0.73和0.49，表明研究站点T_a对GPP的月累积量的影响要强于T_s。月累积GPP与月均PAR和月均VPD呈极显著（$P<0.01$）和基本显著（$P=0.06$）的线性关系，决定系数分别为0.72和0.43（图9-4）。以上分析表明，月尺度上月均气温是影响月累积GPP的主要因子，其次为月均T_s。

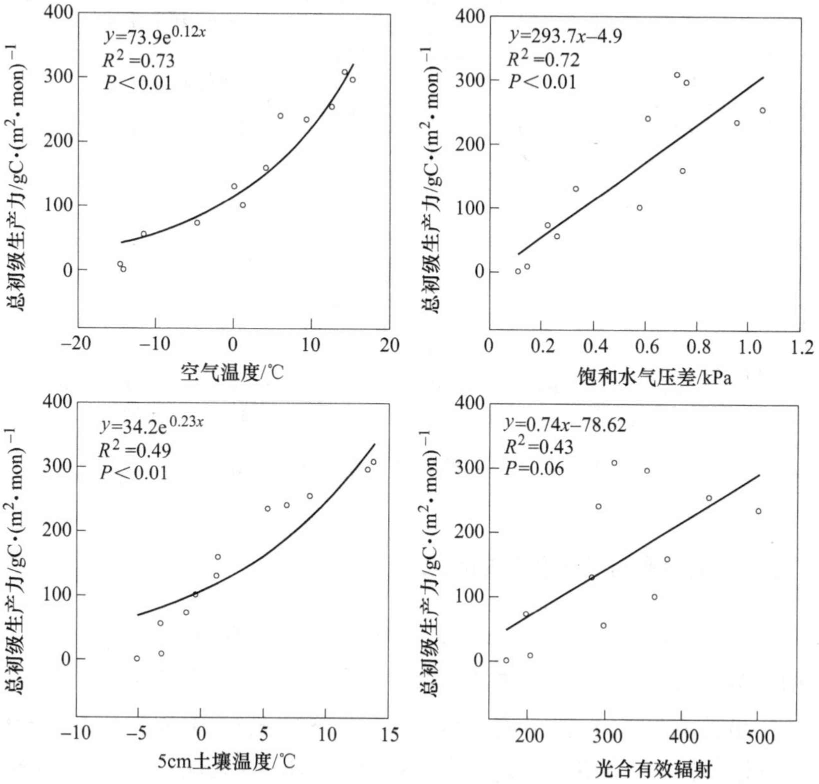

图9-4 月尺度GPP与环境因子的关系

9.2.2.3 月尺度下生态系统呼吸对环境因子的响应

皮尔逊相关分析表明，月累积R_e与月均T_a、月均T_s、月均VPD、月均PAR均呈极显著正相关（$P<0.01$），相关系数从大到小依次为T_a(0.77)>VPD(0.73)>T_s(0.69)>PAR(0.68)。回归分析表明，月累积R_e与月均T_a、月均T_s均呈极显著的指数函数关系（$P<0.01$），决定系数R^2分别为0.89、0.84，表明研究站点T_a对R_e的月累积量的影响要强于T_s。月累积R_e与月均PAR和月均VPD呈显著（$P<0.05$）和极显著（$P<0.01$）的线性关系，决定系数分别为0.34、0.61（图9-5）。以上分析表明，月尺度上月均气温和土壤温度是影响月累积R_e的主要因子，可以解释R_e季节变化的89%和84%。

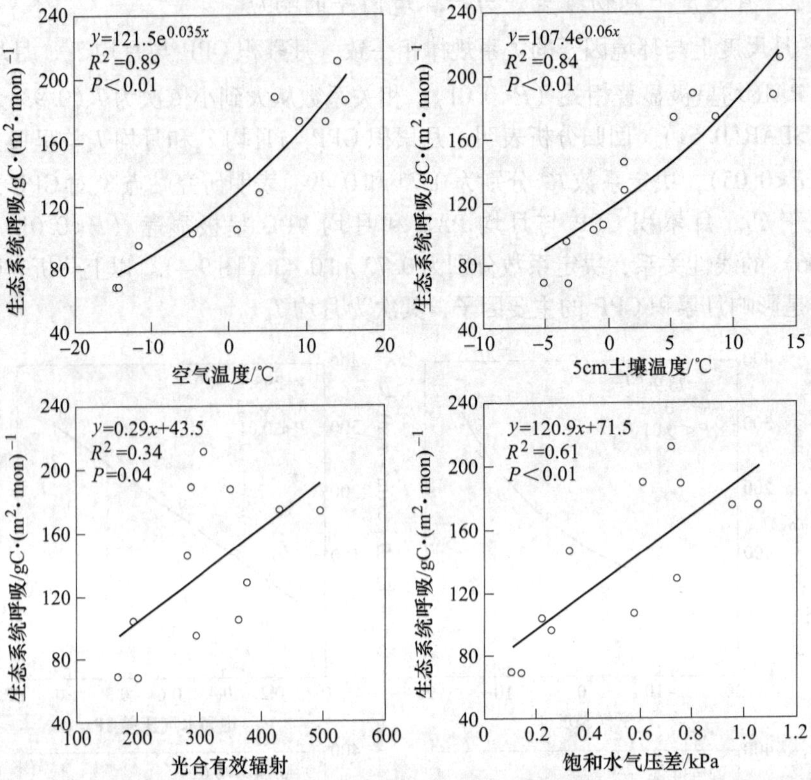

图 9-5 月尺度 R_e 与环境因子的关系

9.2.3 季节尺度上碳通量对环境因子的响应

9.2.3.1 季节尺度上净生态系统碳交换对环境因子的响应

皮尔逊相关分析表明，季节尺度上 NEE 与 T_a、T_s、VPD 和 PAR 均呈极显著负相关（$P<0.01$），相关系数从大到小依次为 T_a(−0.78)>T_s(−0.63)>PAR(−0.61)>VPD(−0.58)。回归分析表明，NEE 与 T_a、T_s、VPD、PAR 的最佳拟合方程形式有所不同，T_a、T_s和 VPD 为二次函数，PAR 采用米氏方程进行拟合，决定系数分别为 0.63、0.56、0.49 和 0.53。以上分析表明，季节尺度上 T_a和 T_s对 NEE 的影响较大，能够解释 NEE 季节变化的 63%和 56%（图 9-6）。

在计算两个变量之间的相关性时，有时会因为受到加入其他因素的影响而造成相关分析的不精确性。偏相关分析是指控制可能对其产生影响的变量，在其他变量固定不变的情况下分析这两个变量的关系，是将第三个变量的影响剔除，只分析另外两个变量之间相关程度的过程。因此，本研究中将对 VPD、PAR、T_a、T_s分别与 NEE 做偏相关分析，当分析某一因素与 NEE 的偏相关关系时，其他因素都作为控制因素。运用统计分析软件 SPSS 对四个环境因子逐个进行偏相关分析，结果见表 9-1。从表 9-1 中可以看出，与 NEE 相关关系显著的因子有 T_s($P=0.001$)、VPD($P=0.02$)、T_a($P=0.003$)，偏相关系数分别为 −0.31、−0.126、−0.158，与 PAR 关系不显著，以 T_s的偏相关系数最高。与皮尔逊相关

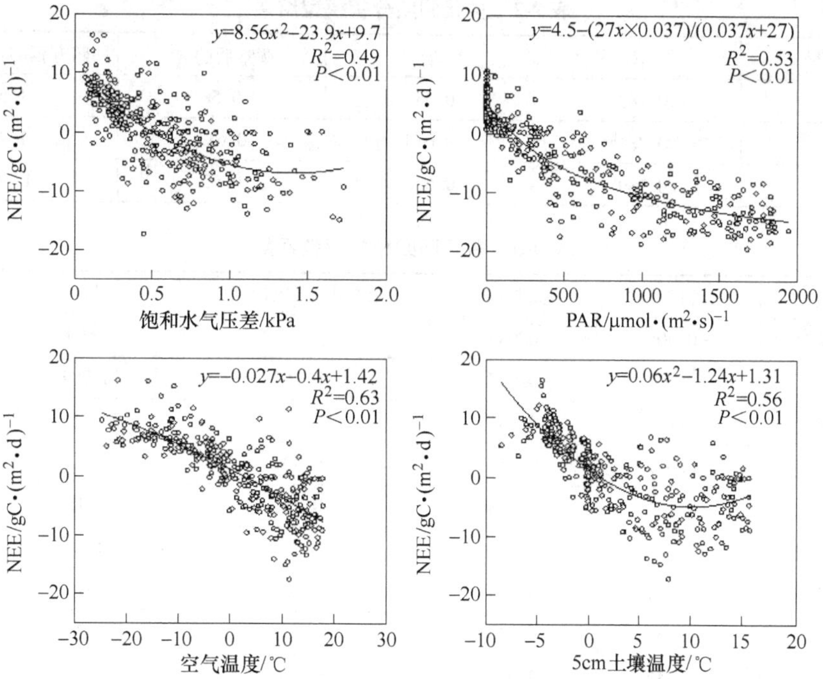

图 9-6　季节尺度上 NEE 与环境因子的关系

分析的相关系数相比，T_s、VPD、T_a与 NEE 的相关关系都有所减小，说明前面在分析 T_s、VPD、T_a与 NEE 的相关关系时，包括了其他因素的综合效应，通过偏相关分析消除了其他因素的影响，使得各因素与 NEE 的相关关系发生了改变。

表 9-1　季节尺度上 NEE 与环境因子的偏相关分析结果

控制变量	变　量	性　质	数　值
VPD&PAR&T_a	NEE	相关性	-0.31
	T_s	显著性	0.001
PAR&T_a&T_s	NEE	相关性	-0.126
	VPD	显著性	0.02
PAR&VPD&T_s	NEE	相关性	-0.158
	T_a	显著性	0.003
T_s&T_a&VPD	NEE	相关性	-0.169
	PAR	显著性	0.213

为了综合分析各因素对 NEE 所产生的影响，本研究以 NEE 为因变量，以通过偏相关分析后与 NEE 关系显著的 T_s、VPD、T_a三个因子为自变量，进行多元回归分析。表 9-2 和表 9-3 分别是多元回归分析的模型结果汇总和模型的回归系数表。从表中可以看出，模型 3 的复相关系数（R）和判定系数（R^2）最大，且模型 3 的各因素概率值（P）均小于 0.01，为极显著相关。所以最终所得模型为：$\text{NEE}=0.533-0.064T_a-0.168T_s-0.842\text{VPD}$，$R^2=0.623$。

表 9-2　多元回归分析模型结果

模型编号	R	R^2	调整后的 R^2	回归方程的估计标准误差
1	0.762[a]	0.581	0.58	1.5412
2	0.784[b]	0.615	0.612	1.4810
3	0.789[c]	0.623	0.62	1.46701

表 9-3　多元回归分析模型系数

模型	变量	偏回归系数	标准误差	标准化偏回归系数	t 值	P 值
1	常量	−0.308	0.085		−3.609	0.000
	T_a	−0.17	0.008	−0.762	−21.794	0.000
2	常量	0.064	0.107		0.601	0.548
	T_a	−0.091	0.016	−0.409	−5.584	0.000
	T_s	−0.154	0.028	−0.397	−5.418	0.000
3	常量	0.533	0.201		2.653	0.008
	T_a	−0.064	0.019	−0.288	−3.393	0.001
	T_s	−0.168	0.029	−0.433	−5.870	0.000
	VPD	−0.842	0.307	−0.129	−2.747	0.000

利用结构方程模型解析 NEE 与 PAR、T_a、T_s、VPD 之间的关系，NEE 有四个显著影响因子，分别是 PAR、T_a、T_s、VPD，对 NEE 都有直接影响。它们之间的总通径系数分别为 0.29、0.52、0.33、0.2，表明季节尺度上，T_a 是 NEE 主要的环境控制因子，其次为 T_s。VPD 有两个控制因子，分别是 PAR 与 T_a，通径系数分别为 0.18 和 0.69，T_a 对 VPD 的影响高于 PAR；T_a 有一个控制因子为 PAR，通径系数为 0.43；T_s 有两个控制因子，分别为 PAR 和 T_a，其中 T_a 与 T_s 为正相关，通径系数为 0.93，PAR 与 T_s 为负相关，通径系数为−0.14。结构方程分析结果显示，影响 NEE 变化因素的 65%来自 PAR、T_a、T_s、VPD。

9.2.3.2　季节尺度上总初级生产力对环境因子的响应

运用统计分析软件 SPSS 24.0 对 T_a、T_s、VPD、PAR 与 GPP 进行相关性分析，结果如图 9-7 所示。GPP 与 T_a、T_s、VPD、PAR 都呈极显著正相关（$P<0.01$），相关系数从大到小依次为 T_a(0.79)>T_s(0.73)>VPD(0.66)>PAR(0.42)(图 9-7)。回归分析表明，研究样

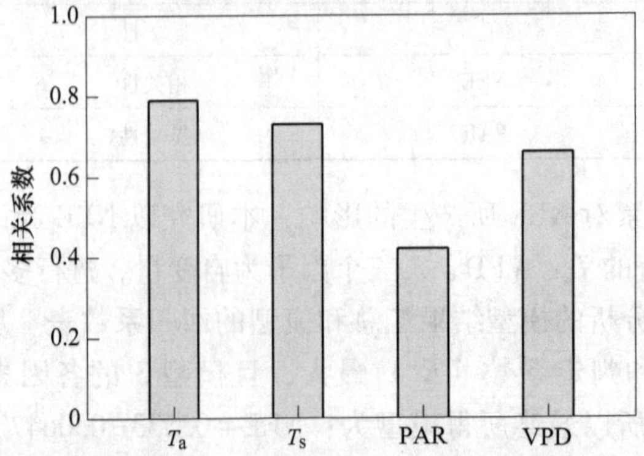

图 9-7　季节尺度 GPP 与环境因子的相关系数

地 GPP 与 T_a和 T_s呈极显著的指数函数关系，决定系数 R^2 分别为 0.56 和 0.53，GPP 与 T_a的决定系数高于 GPP 与 T_s的决定系数，表明 T_a对 GPP 的影响大于 T_s。GPP 与 VPD、PAR 呈显著的线性函数关系，R^2 为 0.38 和 0.11。以上分析表明，季节尺度上影响 GPP 的主要因子为 T_a和 T_s，分别可以解释 GPP 季节变化的 56%和 53%（图 9-8）。

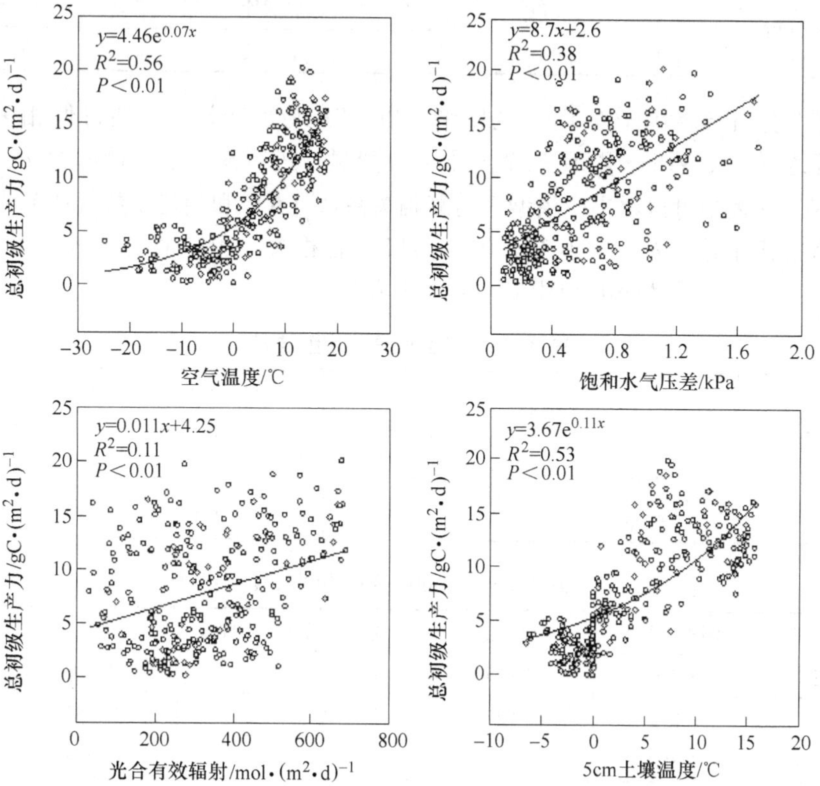

图 9-8 季节尺度上 GPP 与环境因子的关系

表 9-4 为季节尺度上 GPP 与环境因子的偏相关分析结果。从表中可以看出，与 GPP 偏相关关系显著的因子有 T_a($P=0.000$)、VPD($P=0.000$)和 PAR($P=0.000$)，偏相关系数分别为 0.495、0.353、0.267，与 T_s相关关系不显著，以 T_a的偏相关系数最高。与 SPSS 24.0 的相关系数相比，GPP 与 T_s的相关关系有所减小，而 GPP 与 PAR 的相关关系有所增加，说明在分析 GPP 与 T_s、PAR 的关系时，包括了其他因素的综合效应，通过偏相关分析消除了其他因素的影响，使得各因素与 GPP 的相关关系发生了改变；而 GPP 与 VPD 的偏相关系数变化不大，说明其他因素对其产生的影响较小。

表 9-4 季节尺度上 GPP 与环境因子的偏相关分析结果

控制变量	变 量	性 质	数 值
VPD&PAR&T_a	GPP	相关性	0.495
	T_a	显著性	0.000
PAR&T_a&T_s	GPP	相关性	0.353
	VPD	显著性	0.000

续表 9-4

控制变量	变 量	性 质	数 值
PAR&VPD&T_s	GPP	相关性	-0.026
	T_s	显著性	0.636
T_s&T_a&VPD	GPP	相关性	0.267
	PAR	显著性	0.000

为了综合分析环境因子对 GPP 的影响，以 GPP 为因变量，以通过偏相关分析后与 GPP 关系显著的 T_a、VPD、PAR 三个因子为自变量，进行多元逐步回归分析，结果见表 9-5 和表 9-6。从表中可以看出，模型 3 的复相关系数（R）和判定系数（R^2）最大，且模型 3 的各因素概率值（P）均小于 0.01，为极显著相关。所以最终所得模型为：$GPP = 1.771+0.521T_a+3.684VPD+0.005PAR$，$R^2=0.751$。

表 9-5　多元回归分析模型结果

模型编号	R	R^2	调整的 R^2	回归方程的估计标准误差
1	0.807[a]	0.651	0.650	3.019
2	0.855[b]	0.731	0.729	2.654
3	0.866[c]	0.751	0.748	2.559

表 9-6　多元回归分析模型系数

模型	变量	偏回归系数	标准误差	标准化偏回归系数	t 值	P 值
1	常量	5.069	0.195		25.968	0.000
	T_a	0.672	0.027	0.807	24.882	0.000
2	常量	2.885	0.279		10.334	0.000
	T_a	0.519	0.028	0.624	18.356	0.000
	VPD	4.737	0.477	0.337	9.925	0.000
3	常量	1.771	0.347		5.110	0.000
	T_a	0.521	0.027	0.625	19.095	0.000
	VPD	3.684	0.504	0.262	7.304	0.000
	PAR	0.005	0.001	0.159	5.102	0.000

利用结构方程模型解析 GPP 与 PAR、T_a、T_s 和 VPD 之间的关系，结果见图 9-9。PAR、T_a、T_s与 VPD 对 GPP 都有直接影响，它们之间的总通径系数分别为 0.13、0.46、0.24 和 0.17，其中 PAR 对 GPP 的影响较小，T_a是主要的环境控制因子。VPD 受 PAR 与 T_a的调控，通径系数分别为 0.18、0.69，T_a对 VPD 的影响高于 PAR；T_a受 PAR 的调控，通径系数为 0.41；T_s受 PAR 与 T_a的调控，其中 T_a与 T_s为正相关，通径系数为 0.93，PAR 与 T_s为负相关，通径系数为-0.14，T_a对 T_s的影响高于 PAR。结构方程分析结果显示，影响 GPP 变化因素的 73%来自 PAR、T_a、T_s、VPD。

9.2.3.3　季节尺度下生态系统呼吸对环境因子的响应

运用统计分析软件 SPSS 24.0 对 R_e与 T_a、T_s、VPD 和 PAR 进行相关性分析，结果见

图 9-9。从图中可以看出，R_e与 T_a、T_s、VPD、PAR 均呈极显著正相关（$P<0.01$），相关系数从大到小依次为 $T_s(0.66)>T_a(0.63)>$VPD（0.56）>PAR(0.39)。

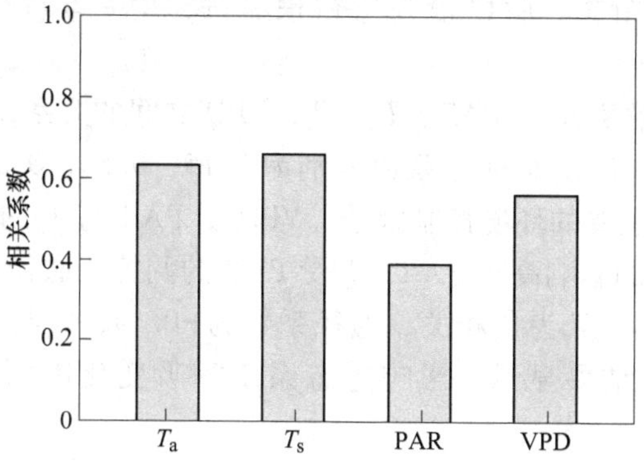

图 9-9　季节尺度 GPP 与环境因子的相关系数

回归分析表明，从 R_e与 T_a、T_s的拟合关系可以看出，研究站点 R_e与 T_a、T_s均呈极显著的指数函数关系，R^2 分别为 0.53、0.56，R_e与 T_s的决定系数要高于 T_a，表明 T_s对 R_e的影响大于 T_a。从 VPD 与 R_e的拟合关系可以看出，随着 VPD 的增加，R_e表现出极显著增加的趋势，R^2 为 0.32；R_e与 PAR 表现为极显著正相关关系，随着 PAR 的增加，R_e也在增加，R^2 为 0.17。以上分析表明，季节尺度上影响 R_e的主要因子为 T_s和 T_a，分别可以解释 R_e季节变化的 56%和 53%（图 9-10）。

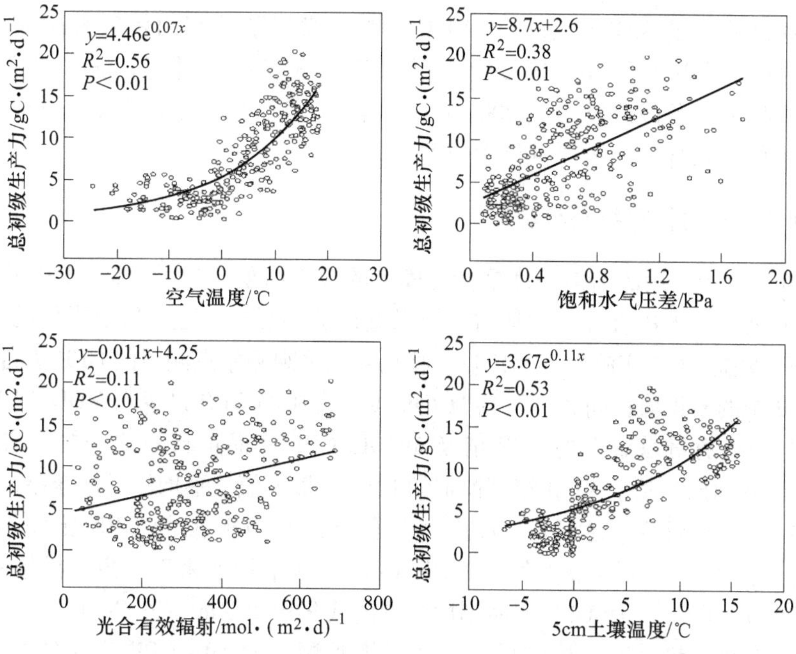

图 9-10　季节尺度上 R_e与环境因子的关系

为了综合分析环境因素对 R_e的影响，本研究以 R_e为因变量，以通过偏相关分析后与

R_e关系显著的T_s、VPD、PAR 三个因子为自变量，进行多元回归分析。从结果中可以看出，模型 3 的复相关系数（R）和判定系数（R^2）最大，且模型 3 的各因素概率值（P）均为 0.000，为极显著相关。所以最终所得模型为：$R_e = 2.779 + 0.204T_s + 1.548\text{VPD} + 0.003\text{PAR}$，$R^2 = 0.51$。

利用结构方程模型解析R_e与 PAR、T_a、T_s、VPD 之间的关系，PAR、T_s、T_a、VPD 对R_e都有直接影响，它们之间的总通径系数分别为 0.15、0.53、0.32、0.17，其中 PAR 对R_e的影响较小，T_s是R_e主要的环境控制因子。VPD 受 PAR 与T_a的调控，通径系数分别为 0.18、0.69，T_a对 VPD 的影响高于 PAR；T_a受 PAR 的调控，通径系数为 0.43；T_s受T_a与 PAR 的调控，其中 PAR 与T_s为负相关，通径系数为-0.14，T_a与T_s为正相关，通径系数为 0.93。结构方程分析结果显示，影响生态系统呼吸变化因素的 61%来自 PAR、T_a、T_s、VPD。

9.3 总初级生产力的年际变化特征及驱动因子

森林作为陆地生态系统中最大的碳储存空间，是陆地碳循环应对气候变化的关键组成。GPP 在调节气候变化以及陆地生态系统碳平衡中发挥着重要的作用，是森林生态系统中最大的碳通量。近年来，许多学者对 GPP 进行了估算研究。Huimin 等用 VPM 模型估算了冬小麦-玉米双季作物的 GPP；Schubert 等运用长时间序列的 MODIS 产品估算了北欧森林的 GPP。芦芽山针叶林位于华北干旱区和半干旱区的交界，在维持区域碳循环方面起着非常重要的作用，但是对该区域植被 GPP 的年际变化特征及驱动因子方面依然不清楚。本章基于长时间序列的 MODIS 数据和 VPM 模型，模拟了芦芽山针叶林生态系统的植被 GPP，并用通量观测数据和 MODIS GPP 产品对 VPM 模拟结果进行验证，在验证结果可行的基础上，模拟分析了该研究站点 2001~2019 年的 GPP 年际变化特征及其驱动因子，以期为该区植被保护和合理利用提供科学依据。

9.3.1 总初级生产力估算结果与验证

模型可在实际中应用的前提条件是验证模型的模拟结果，为了验证 VPM 模型对芦芽山针叶林 GPP 估算结果的准确性，对其估算结果进行了必要的检验。目前常用的 GPP 验证方法主要是，模型估算值与实测数据相比较。将涡度通量观测站点测得的 GPP 进行累加，计算出 GPP 在 8 d 中的累积值；同时，下载 MODIS 8 d 合成的 GPP 产品（MOD17A2）。将 VPM 模型估算值与站点通量塔获得的 GPP 值及 MODIS GPP 产品进行对比分析。结果表明，与 MODIS GPP 产品相比，基于 VPM 模型模拟的 GPP 的最大值、平均值、标准差、变异系数与通量塔观测的 GPP 都更为接近。从最大值来看，模型模拟的 GPP 比观测的 GPP 高 4.48 gC/m^2，而GPP 产品则比观测值低 7.69 gC/m^2；从平均值来看，模型模拟的 GPP 比观测的 GPP 高 5.32 gC/m^2，而 GPP 产品则比观测值低 9.91 gC/m^2（表 9-7）。

从季节的变化趋势来看，模型模拟、通量塔观测、MODIS GPP 产品的季节变化趋势基本一致（图 9-11）。总体来看，MODIS 产品有明显的低估现象，已有文献对 VPM 模型模拟结果和 MODIS GPP 产品进行对比分析，发现 MOD17A2 产品对 GPP 表现出明显的低估，与本研究结果相一致。

表 9-7 GPP 模拟值、观测值及 MODIS GPP 产品比较 (gC/m²)

项 目	GPP 模拟值	观测值	MODIS GPP 产品
最大值	78.07	73.59	65.90
最小值	0.00	0.00	0.00
平均值	34.29	28.97	19.06
标准差	28.70	25.23	22.62
变异系数	0.84	0.87	1.19

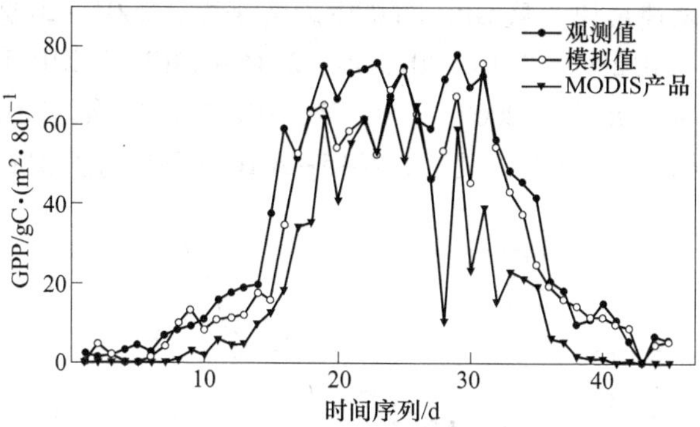

图 9-11 GPP 模拟值、观测值及 MODIS GPP 产品比较

线性回归分析表明，VPM 模型模拟的 GPP 精度要高于 MODIS 提供的 GPP 产品。其中，VPM 模型 GPP 估算值与站点 GPP 观测值之间决定系数（R^2）为 0.88，而 MODIS GPP 产品与站点 GPP 观测值之间决定系数（R^2）为 0.81，明显低于 VPM 模型估算精度（图 9-12）。从 VPM 模拟 GPP、MODIS GPP 产品以及实测 GPP 的拟合线与 1∶1 线的关系对比来看，VPM 模拟 GPP、MODIS GPP 与实测 GPP 的线性拟合线（实线）均低于 1∶1 线（虚线），VPM 模拟 GPP 与实测 GPP 的拟合线更接近 1∶1 线（图 9-12）。因此，鉴于通量站点实测数据验证结果，及其与 MODIS 提供的 GPP 产品的对比分析，可以认为 VPM 模型适用于芦芽山针叶林 GPP 的估算。

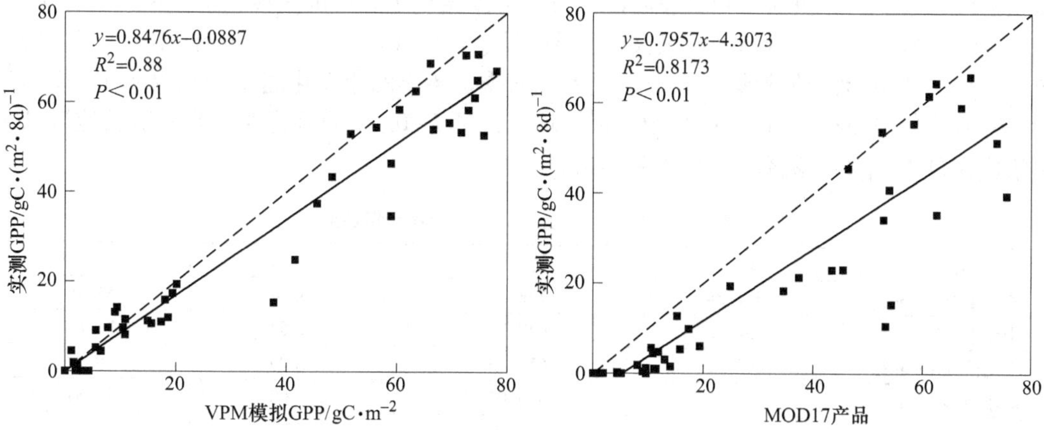

图 9-12 站点 GPP 模型估算结果及 MODIS GPP 产品、观测值的线性回归分析

9.3.2 总初级生产力和环境因子的年际变化

9.3.2.1 总初级生产力的年际变化

为研究芦芽山针叶林 GPP 的年际变化趋势，对研究站点的 GPP 进行估算分析（图 9-13）。由图可知，2001~2019 年的 GPP 在 931.23~1453.62 gC/m² 范围内呈增加趋势，并伴随小幅的波动。多年 GPP 平均值为 1173.48 gC/m²，线性增长趋势达到极显著水平（$P<0.01$），增长速率为每年 27.676 gC/m²。2015 年达到峰值（1453.62 gC/m²），高出平均值 280.51 gC/m²，最低值在 2001 年（931.23 gC/m²），低于平均值 242.25 gC/m²；其中，2013~2014 年增速最快。从 GPP 的总体趋势来看，2001~2002 年、2004~2005 年、2006~2008 年、2009~2012 年、2013~2015 年、2016~2017 年 GPP 值呈现波动上升趋势；2002~2004 年、2005~2006 年、2008~2009 年、2012~2013 年、2015~2016 年、2017~2019 年 GPP 值呈现波动下降趋势，其中，2015~2016 年下降速度最快（图 9-13）。

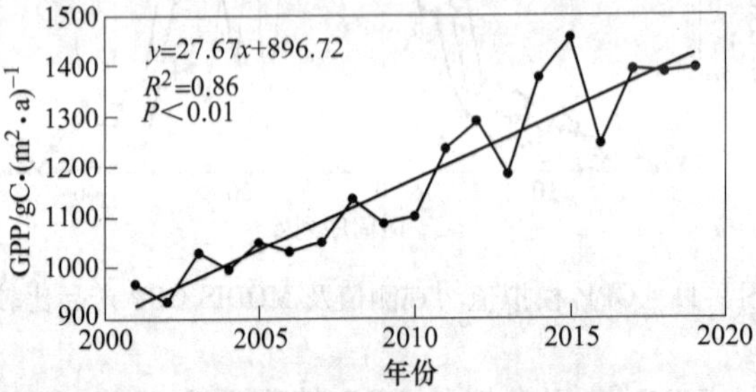

图 9-13 芦芽山针叶林 GPP 的年际变化

9.3.2.2 不同季节总初级生产力的年际变化

为了明确不同季节研究样地植被的 GPP 的年际变化，以 3~5 月为春季，6~8 月为夏季，9~11 月为秋季，12、1~2 月为冬季，对不同季节研究样地植被的 GPP 进行了统计。从结果可以看出，四季 GPP 的平均值由高低依次为夏季、春季、秋季、冬季，其平均值分别为 654.04 gC/m²、243.89 gC/m²、198.75 gC/m² 和 29.43 gC/m²，夏季远远高于其他季节，春季略高于秋季；夏季极差较大，离散度高，其最大值（796.42 gC/m²）与最小值（496.02 gC/m²）相差 300.4 gC/m²，而冬季极差最小，离散度低，最大值（51.40 gC/m²）与最小值（19.81 gC/m²）仅仅相差 31.59 gC/m²（表 9-8）。研究样地四个季节的植被 GPP 均呈现波动增加趋势，春季、夏季、秋季、冬季的年变化速率分别为 8.78 gC/m²、12.79 gC/m²、5.38 gC/m²、1.24 gC/m²、均通过了 $P<0.01$ 的显著性检验，增长速度从大小依次为夏季>春季>秋季>冬季（图 9-14）。

表 9-8 不同季节针叶混交林 GPP 值统计

函数名	春 季	夏 季	秋 季	冬 季
最大值/gC·m⁻²	327.34	796.42	315.74	51.40
中位数/gC·m⁻²	234.35	648.35	242.53	25.44
平均值/gC·m⁻²	243.89	654.04	198.75	29.43
最小值/gC·m⁻²	136.28	496.02	205.68	19.81
变异系数	0.241	0.135	0.170	0.235

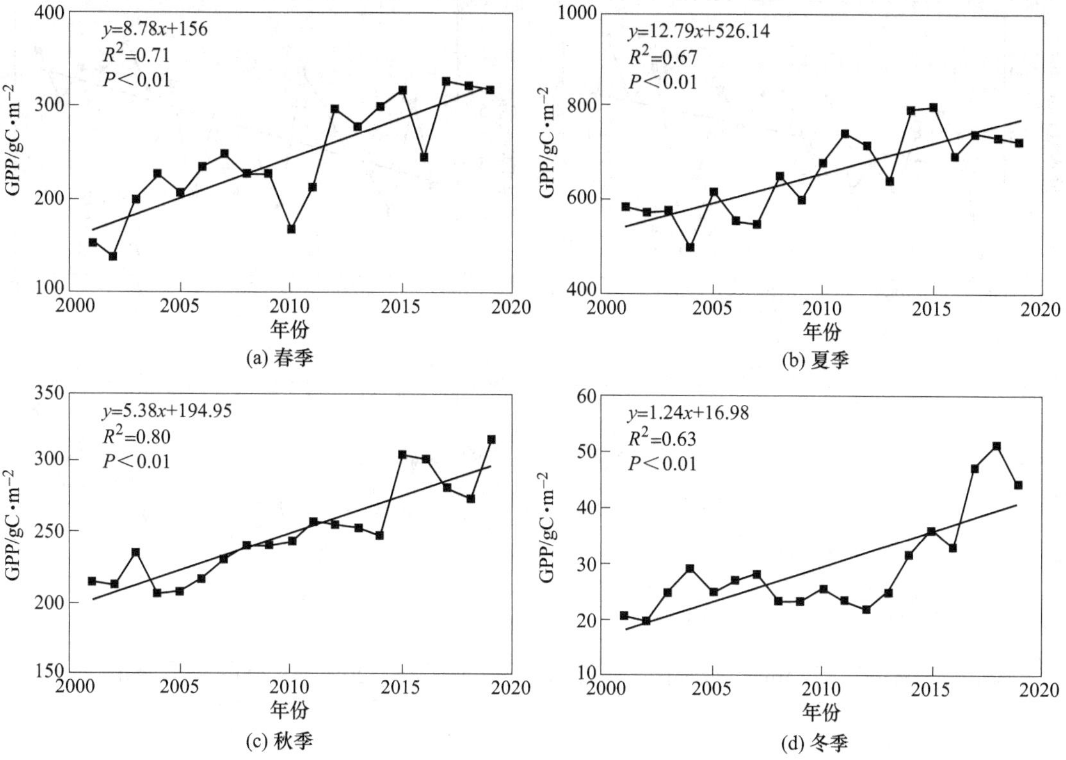

图 9-14　不同季节针叶混交林 GPP 的年际变化

9.3.2.3　环境因子的年际变化

研究样地环境因子的年际变化趋势见图 9-15。从图中可知，2001~2019 年研究样地的年均降水量为 411.72 mm，年降水量变化范围为 237.2~547 mm，2018 年降水量最大，2001 年降水量最小。丰水年及枯水年的降雨量差值达到了 309.8 mm，年降水量波动幅度较大，但波动中总体呈递增趋势，趋势变化率为 6.46 mm/a（图 9-15（a））。2001~2019 年研究样地的各年均气温的平均值为 5.13 ℃，变化范围在 4.82~5.43 ℃之间，年均气温最高值出现在 2015 年，最低值出现在 2003 年。年均气温在 2001~2019 年为波动上升趋势，在 2008 年、2012 年气温骤降，之后呈缓慢上升趋势，增长速度为 0.02 ℃/a(图 9-15（b）)。2001~2019 年的年均 NDVI 呈明显的波动上升趋势（$P<0.01$），其变化率为 0.058/10a；年均 NDVI 变化范围为 0.37~0.49，最大值出现在 2017 年，最小值出现在 2001 年，各年均值的均值为 0.43（图 9-15（c））；年均 PAR 的变化范围为 2976.6~3521.2 MJ/(m^2·a)，最高值出现在 2019 年，最低值则出现在 2007 年，这可能与日照时间长短有关。研究站点年总光合有效辐射总体呈不显著增加趋势，其中，2005~2007 年光合有效辐射下降速度较快，之后呈波动增长趋势，增加速率为 5.27 MJ/(m^2·a)（图 9-15（d））。

图 9-16 显示了 2001~2019 年研究样地植被物候的年际变化特征。由图可知，2001~2019 年的平均生长季开始期集中分布在第 120~135 d；各年的生长季开始期呈显著提前趋势，提前幅度为 0.56 d/a；生长季开始期最早出现在 2014 年（第 117 d），最迟出现在 2005 年（第 135 d）。从整个研究期来看，芦芽山针叶林生长季结束期呈现波动推迟趋势，推迟幅度为

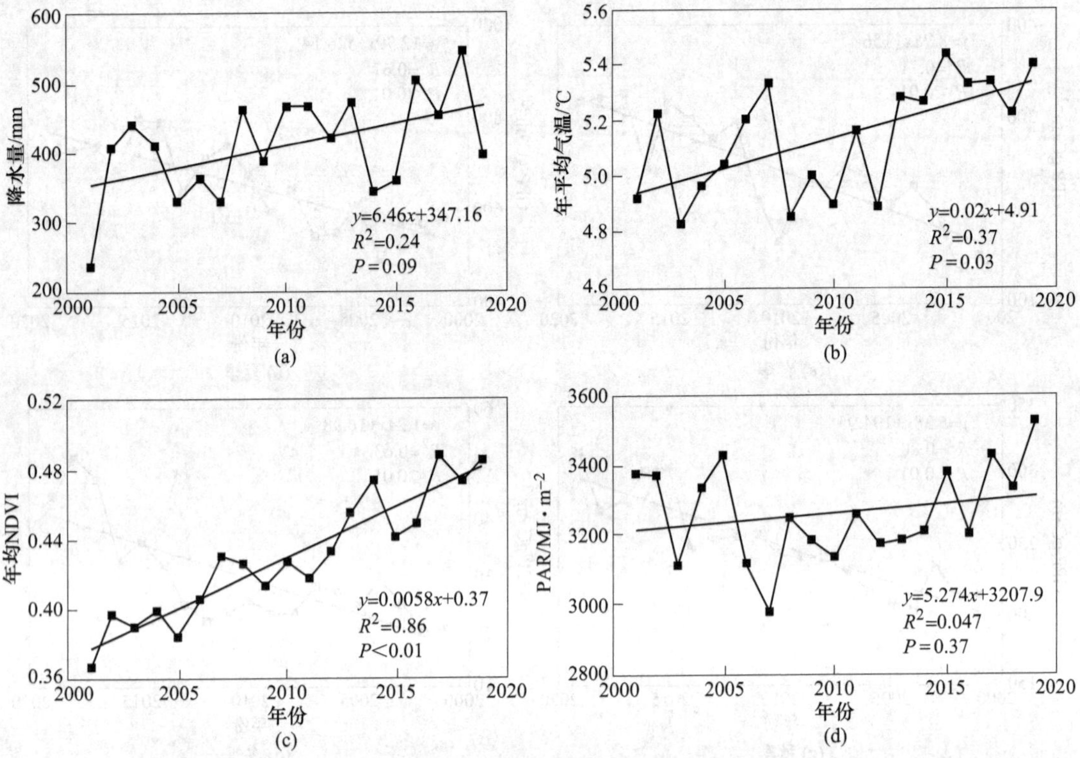

图 9-15　环境因子的年际变化

0.3 d/a，植被的平均生长季结束期分布在第 280~295 d，2005 年、2007 年和 2008 年结束期较早，2018 年结束期最迟（第 296 d）。在芦芽山针叶林生长季开始期和生长季结束期的共同影响下，植被生长期呈现波动延长的趋势，平均生长季长度延长了 11 d，其中，2016 年的平均生长季长度最长（176 d），2005 年生长期最短（148 d）。

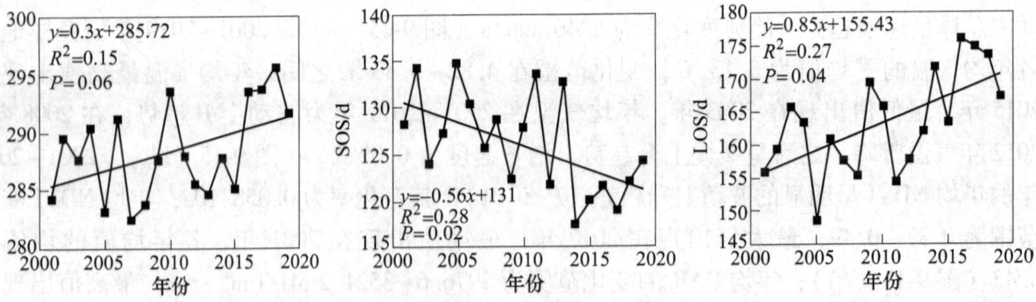

图 9-16　植被物候期的年际变化

9.3.3　总初级生产力的年际变化与环境因子的关系

植被 GPP 的大小不仅受到其自身理化性质的影响，同时还会受到气候因子的影响，其中，降水和温度是影响植被生长最直接的气候驱动因子。相关分析和回归分析表明，年 GPP 与年均气温（图 9-17（a））呈现显著的正相关关系（$P<0.01$），决定系数为 0.31；年 GPD 与年降水量（图 9-17（b））和 PAR（图 9-17（c））呈正相关关系，但未达到显著水平，决

定系数分别为 0.12 和 0.11。以上分析表明，芦芽山针叶林生态系统的 GPP 的年际变化主要受年均气温的影响，可以解释 GPP 年际变化的 31%。据报道，植被 GPP 的年累积量与物候期有着密切的关系。相关分析表明，研究样地 GPP 的年累积量与 SOS 呈负相关关系（$P<0.05$），与 EOS、LOS 呈正相关关系（$P=0.16$，$P=0.04$），决定系数分别为 0.31、0.11 和 0.22。以上分析表明，与生长季结束期推迟相比，生长季开始期的提前和生长季的延长更有利于植被 GPP 的年累积，分别可以解释年累积 GPP 变化的 31%和22%（图 9-18）。以年均气温、年光合有效辐射、年降雨量、SOS、EOS 和 LOS 为自变量，以年 GPP 为因变量，做多元逐步回归，回归方程为：$GPP = 1572.6 - 17.254SOS + 346.05T$（$R^2 = 0.59$，$P = 0.001$），表明 SOS 和年均气温是本研究站点 GPP 年际变化的主要影响因子。

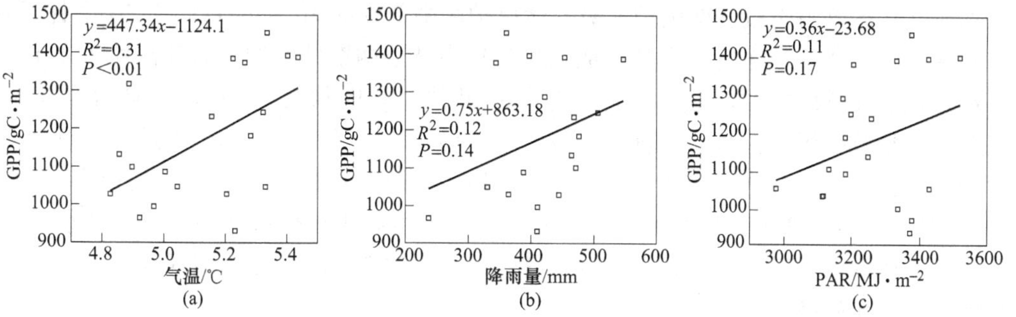

图 9-17 GPP 的年际变化对环境因子的响应

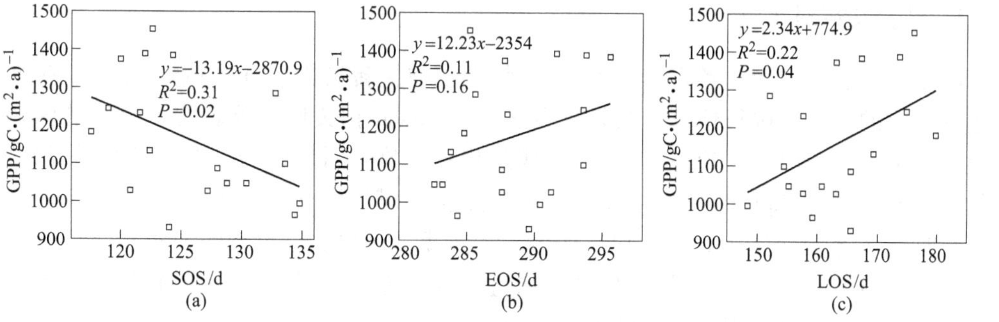

图 9-18 GPP 的年际变化对植被物候期的响应

为了明确不同季节 GPP 累积量的年际变化的主导因子是否有差异，分别以不同季节降雨量、光合有效辐射的累积量、不同季节平均气温和平均 NDVI 为自变量，以 GPP 的季节累积量为因变量，进行线性回归。结果表明，不同季节各环境因子所起的作用不同。春季 GPP 累积量随着该季总降雨量、总光合有效辐射和平均气温的增加而增加，决定系数 R^2 分别为 0.13($P<0.01$)、0.02($P>0.01$) 和 0.1($P<0.01$)，表明春季 GPP 主要受降雨量的影响，其次为平均气温；夏季 GPP 累积量与该季总降雨量、总光合有效辐射、平均气温均呈正相关关系，决定系数 R^2 分别为 0.23($P<0.01$)、0.19($P>0.01$)、0.17($P>0.01$)，表明降雨可以解释夏季 GPP 变化的 23%；秋季 GPP 累积量与该季总降雨量、总光合有效辐射和平均气温的线性回归决定系数 R^2 分别为 0.04($P>0.01$)、0.01($P>0.01$)、0.08($P>0.01$)，与夏季相同，秋季 GPP 的累积量主要受降雨的影响；冬季 GPP 累积量与该季总降雨量、总光合有效辐射、平均气温均呈正相关关系，决定系数 R^2 分别为 0.04($P>0.01$)、0.16($P>0.01$)、0.02($P>0.01$)，表明冬季 GPP 主要受 PAR 的影响（图 9-18）。

9.4 天然林碳密度动态变化与环境因子关系

选择基于样地水平且目前应用最为广泛的“生物量转换因子连续函数法”和基于样木水平的“加权生物量经验回归模型法”进行对比，筛选出适合吕梁山区的估算方法，对森林群落碳密度进行精确估算，并利用估算结果对森林群落进行分类排序，研究其碳密度的动态变化以及与自然环境的关系，是吕梁山区天然林碳密度动态分布的缩影，对评价山区森林生态系统在碳平衡中的作用具有现实意义，同时还可为区域森林可持续经营决策提供依据。

本研究从吕梁山南段五鹿山国家级自然保护区中部（centre sub-region）14 个林场和 2 个自然保护区的 234 个样地（有林样地 133 个）中选取两期共有的天然林样地 112 个，其中可利用的清查数据主要包括固定样地内的树种、平均胸径（DBH）、林分平均树高（height）及地理位置、海拔、坡度、坡位、坡向等环境因子。幼龄林、中龄林、近熟林样地为 79%，无过熟林样地。由于 133 个有林样地中，两期共有的天然林样地达到有林样地的 84. 21%，故以五鹿山天然乔木林为研究对象，采用对比分析得到的加权生物量回归模型法，基于样木水平对天然林乔木层生物量进行准确估算，同时对两期森林乔木层样地的碳密度进行对比研究。

9.4.1 估算结果对比

利用“加权生物量经验回归模型法”和“生物量转换因子连续函数法”分别对两期样地乔木层的生物量进行估算，结果见表 9-9。Pearson 相关性检验表明，两种估算结果呈极显著相关（$P<0.01$），2005 年和 2010 年的相关系数分别为 0. 926 和 0. 919。回归模型法的估算结果与蓄积量的相关性（两期相关系数分别为 0. 969 和 0. 954）大于连续函数法（两期相关系数分别为 0. 951 和 0. 950）。配对数据 t 检验结果表明，两种估算结果差异极显著（$P<0.01$），回归模型法的估算结果显著高于连续函数法，其标准差和变异系数均大于连续函数法，离散程度相对较大。

表 9-9 用两种方法估算的乔木层生物量

年份	蓄积量/$m^3 \cdot hm^{-2}$			生物量/$mg \cdot hm^{-2}$					
				连接函数法			回归模型法		
	平均值	标准差	变异系数	平均值	标准差	变异系数	平均值	标准差	变异系数
2005	39. 6777	34. 9639	0. 8811	55. 1992	36. 4801	0. 6609	70. 5141	74. 7908	1. 0607
2010	47. 7474	37. 6614	0. 7887	62. 8795	39. 4523	0. 6274	85. 7409	82. 9222	0. 9671

以辽东栎纯林中的两个样地为例（表 9-10），对两种方法的估算差异进行分析，利用连续函数法估算时，基础转换参数 a 值和调节转换参数 b 值均为固定值 1. 1453 和 8. 5473。也就是说，无论单位面积蓄积量多小，其生物量都不可能低于 8. 5473 t/hm^2；又由于 a、b 值固定，因此即使单位面积蓄积量增大时，生物量也不会出现大幅度变化。本研究中样地每单位面积蓄积量为 7. 5774 m^3/hm^2，用连续函数法和回归模型法估算的生物量分别为 17. 2257 t/hm^2 和 8. 6238 t/hm^2，连续函数法估算结果偏大；样地 2 单位面积蓄积量为

121.1425 m^3/hm^2，连续函数法和回归模型法估算结果分别为 147.2918 t/hm^2 和 259.8419 t/hm^2。由此可见，单位面积林分密度、平均胸径和平均树高的大幅变化使得回归模型法估算结果波动变大，而连续函数法则相对稳定。

表 9-10 用两种方法估算的两个样地单位面积生物量

样地	林分密度/株·样地$^{-1}$	平均胸径/cm	平均树高/m	蓄积量/$m^3\cdot hm^{-2}$	生物量/$t\cdot hm^{-2}$	
					连续函数法	回归模型法
1	16	11.4	6.7	7.5774	17.2257	8.6238
2	56	19.3	13.1	121.1425	147.2918	259.8419

回归模型法中各树种生物量是根据单木的胸径和树高，采取杆、枝、皮、叶、根进行分量估算，各分量生物量均以胸径的平方与树高的乘积的形式增加，林分密度、平均胸径和平均树高变化越大，生物量的估算结果差异就越大。而连续函数法的估算结果与各林分的单位面积蓄积量呈线性关系，其结果的波动范围较小。本研究中，利用回归模型法的整体估算结果显著高于连续函数法，这与李海奎和雷渊才（2011）的研究结果一致❶；但与李海奎等（2012）的在不同地区间加权生物量回归模型法估算结果相对稳定，而连续函数法波动较大的结论不一致❷。

综上所述，连续函数法建立在不同林型的样地水平上，根据单位面积蓄积量与优势种的 a、b 值进行估算，适宜于省级以上缺少每木检尺数据的大尺度森林类型生物量的估算；回归模型法建立在样木水平上，与蓄积量的相关性大于连续函数法，适宜于中小尺度（省级及以下）具有每木检尺数据的森林类型生物量的估算。

9.4.2 碳密度与环境因子的关系

9.4.2.1 碳密度

图 9-19 为不同海拔、坡度、坡向、坡位的碳密度，其中坡度量化标准为：0~5°(平坡)，6°~15°(缓坡)，16°~25°(斜坡)，26°~35°（陡坡），36°~45°(急坡)，≥46°(险坡)；坡向量化标准为：1（338°~22°，北坡)，2(23°~67°，东北坡)，3(68°~112°，东坡)，4(113°~157°，东南坡)，5(158°~202°，南坡)，6(203°~247°，西南坡)，7(248°~292°，西坡）和 8(293°~337°，西北坡)；坡位量化标准为：1(山脊)，2(上坡)，3(中坡)，4(下坡)，5(山谷)。

Pearson 相关分析表明，碳密度与海拔极呈显著相关（$P<0.01$），各海拔梯度的碳密度差异性显著（$P<0.05$），海拔 1700~1800 m 的碳密度显著高于其他梯度，而海拔 1200 m 以下的碳密度显著低于其他梯度。研究区天然林分布的海拔梯度为 940~1970 m，海拔 1800 m 以下，碳密度随海拔的升高而升高，其中，海拔 1700~1800 m 的碳密度最大，其原因可能是随着海拔梯度的升高，山地降水量增加，人为干扰少，且辽东栎等材积量大的物种分布较多，因此碳密度达到最大；海拔 1800 m 以上的山顶土壤贫瘠且昼夜温差较

❶ 李海奎，雷渊才，曾伟生. 基于森林清查资料的中国森林植被碳储量［J］. 林业科学，2011，47（7）：7-12.

❷ 李海奎，赵鹏祥，雷渊才，等. 基于森林清查资料的乔木林生物量估算方法的比较［J］. 林业科学，2012，48（5）：44-52.

大，物种生存条件差，而海拔 1200 m 以下碳密度最低，这可能与人为因素干扰有关。

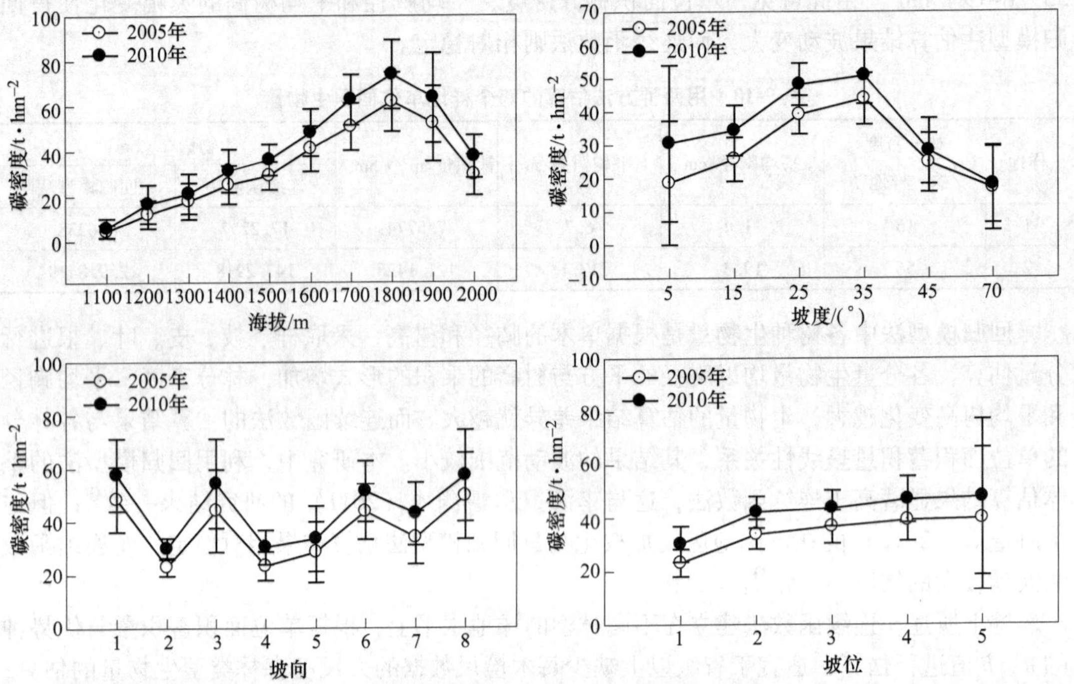

图 9-19 不同海拔、坡度、坡向、坡位的碳密度

不同坡度碳密度分布从大到小依次为陡坡(26°~35°)>斜坡(16°~25°)>缓坡(6°~15°)>急坡(36°~45°)>平坡(0°~5°)>险坡(46°以上)。其中，陡坡样地与斜坡样地占总样地数的 67.0%，由于人为干扰较少，碳密度大；急坡样地与险坡样地因坡度大而不利水土保持；平坡样地虽然水分条件好，但人为干扰严重，碳密度较低。

不同坡向碳密度的总体趋势为阴坡和半阴坡（北坡和东坡）大于阳坡和半阳坡（南坡与东南坡），这可能是由于阴坡水分条件相对充足，优势种辽东栎为半阴生，样地密度较大；而阳坡由于阳光充足，水分蒸发快，碳密度较低；西南坡光照与水分达到最优平衡，其林分密度与碳密度居中。

坡位的碳密度分布特征从大到小依次为山谷>下坡>中坡>上坡>山脊。其中，山谷碳密度最大，但由于人为干扰严重，样地数仅占 2.7%；下坡、中坡和上坡部达到水热条件和人为干扰的最优平衡，天然林样地密集度高（占 89.3%），碳密度较大；而山脊由于土壤贫瘠，水热条件差，昼夜温差大，导致碳密度最低，这与海拔 1800 m 以上碳密度最低相一致。

9.4.2.2 *碳密度动态*

由于配对数据 t 检验可知，2010 年天然林碳密度（41.37 t/hm^2）显著大于 2005 年（37.38 t/hm^2）($P<0.01$)。单因素方差分析表明，2005~2010 年，不同海拔和不同坡度下的碳密度增加量差异极显著（$P<0.01$）。海拔 1600~1900 m 碳密度增加量显著高于其他梯度（表 9-11），增加幅度为 2.275~2.423t/(hm^2·a)；1300 m 以下碳密度增加量显著低于其他梯度，增幅为 0.290~0.913 t/(hm^2·a)。平坡（0°~5°）碳密度增加量显著高于

其他坡度（表 9-12），增幅为 2. 376 t/(hm^2·a)；缓坡、斜坡和陡坡（6°~35°）碳密度增幅为 1. 388~1. 828 t/(hm^2·a)；急坡（36°~45°）增幅为 0. 698 t/(hm^2·a)；46°~70°碳密度增幅显著低于其他坡度，仅增加 0. 187 t/(hm^2·a)。

表 9-11　2005~2010 年不同海拔碳密度的增加量

海拔/m	<1100	1100~1200	1200~1300	1300~1400	1400~1500	1500~1600	1600~1700	1700~1800	1800~1900	1900~2000
碳密度/mg·hm^{-2}	1. 4480^{b}	4. 5672^{b}	3. 3051^{b}	6. 1520^{ab}	7. 0157^{ab}	7. 1084^{ab}	11. 9610^{a}	12. 1164^{a}	11. 3740^{a}	8. 0864^{ab}

注：不同字母表示不同海拔间增加量差异性显著（$P<0.05$）；相同字母表示差异性不显著（$P>0.05$）。

表 9-12　2005~2010 年不同坡度碳密度的增加量

坡度/(°)	0~5	6~15	16~25	26~35	36~45	46~70
碳密度/t·hm^{-2}	11. 8832^{a}	8. 6346^{ab}	9. 1386^{ab}	6. 9392^{abc}	3. 4887^{bc}	0. 9360^{c}

注：不同字母表示不同坡度间增加量差异显著（$P<0.05$），相同字母表示差异不显著（$P>0.05$）。

不同坡向和不同坡位的碳密度增加量无显著差异。东坡碳密度增幅最大（2. 043 t/(hm^2·a)），其次为北坡和西坡，分别增加 1. 842 t/(hm^2·a) 和 1. 794 t/(hm^2·a)，南坡增幅最低（1. 007 t/(hm^2·a)）。不同坡位碳密度增加幅度为 1. 396~1. 668 t/(hm^2·a)。

利用回归模型法估算的生物量显著高于连续函数法（$P<0.01$），与李海奎和雷渊才的研究结果一致。但同一植被类型在不同样地间，回归模型法估算结果波动较大，连续函数法相对稳定的结论，与李海奎等的同一树种在不同区域间，前者相对稳定，后者波动较大的结论不一致。这主要是由于连续函数法与单位面积蓄积量有关，而单位面积蓄积量又与采伐等经营活动有关，造成同一树种在不同区域蓄积量变化很大。本研究影响蓄积量的主要因素为林分密度、平均胸径和平均树高，采用连续函数法估算时，生物量与蓄积量呈线性关系，而回归模型法以胸径的平方与树高的乘积作为自变量，因此前者相对稳定。由此可见，在不考虑人为等外界因素影响时，连续函数法的估算结果比回归模型法稳定。

估算模型中包含林分密度、平均胸径和平均树高时，可相对提高生物量的估算精度，样木水平模型的估算精度高于样地水平。本研究中的回归模型法建立在样木水平上，根据单木的胸径和树高，采取杆、枝、皮、叶、根进行分量估算，与蓄积量的相关性较高，更适宜于具有每木检尺数据的中小尺度（省级及以下）森林类型生物量的精确估算；连续函数法估算是建立在不同林型的样地水平上的，根据单位面积蓄积量与优势种的 a、b 值进行生物量估算，适宜于在缺乏每木检尺数据条件下的省级以上大尺度森林类型的生物量估算。

八个森林群系中，群系 7（辽东栎+色木槭）2005 年和 2010 年的碳密度分别为 60. 48 t/hm^2 和68. 79 t/hm^2，显著高于其他群系（$P<0.05$），这主要是由于群系 7 中优势种为辽东栎的样地数占到 85%，而辽东栎材积大，其相对密度、优势度和频度均显著高于其他物种；群系 4（辽东栎+油松）2005 年和 2010 年分别为 55. 27 t/hm^2 和 67. 57 t/hm^2，碳密度位居第二，且增幅显著高于其他群系；群系 1（白皮松+侧柏）属中国北方暖温带

针叶林，单株材积小，分布于环境条件比较恶劣的区域，碳密度及增幅均最低。总体来说，辽东栎、油松出现率较高的群系碳密度相对较大，而辽东栎纯天然林碳密度未达到最大，其两期碳密度分别为 26.51 t/hm^2 和 31.67 t/hm^2，与前期研究结果一致，而与王娟等的不同林龄段辽东栎的碳储量为 32.78~43.79 t/hm^2 的结论相比偏低，其差异原因可能与不同的取样区域、林分密度、生长情况等有关。

黄土高原地区降水量显著影响着植被类型的分布[1]，降水、植被类型和人类活动是影响碳密度的重要因素。DCA、CCA 排序与 Pearson 相关分析结果均表明，碳密度与海拔呈极相关（$P<0.01$）。海拔 1800 m 以下，随着海拔梯度的升高，山地降水量增加，辽东栎、白桦等材积大的物种分布较多，人为干扰少，海拔 1700~1800 m 的碳密度显著高于其他海拔。海拔 1200 m 以下，由于受到人类活动的影响，碳密度最低。

有研究表明，1990~2010 年山西省森林碳密度增加速率为 0.40 $t/(hm^2 \cdot a)$[2]，2000~2005 年吕梁山南段森林碳密度增加速率为 0.46 $t/(hm^2 \cdot a)$。本研究表明，2010 年乔木层碳密度显著高于 2005 年（$P<0.01$），连续函数法和回归模型法估算的碳密度增加速率分别为 0.768 $t/(hm^2 \cdot a)$ 和 1.523 $t/(hm^2 \cdot a)$，高于山西省森林碳密度的平均增加速率，2005~2010 年吕梁山南端森林乔木层的碳密度增加速率高于 2000~2005 年。

不同海拔和不同坡度的碳密度增长率的差异性显著（$P<0.05$）。海拔 1600~1900 m 的碳密度增幅显著高于其他梯度，增加幅度为 2.275~2.423 $t/(hm^2 \cdot a)$；海拔 1300 m 以下的碳密度增幅仅为 0.290~0.913 $t/(hm^2 \cdot a)$。平坡（0°~5°）由于人类活动影响，林分密度小，但碳密度的增长率显著高于其他坡度，为 2.376 $t/(hm^2 \cdot a)$；险坡（46°~70°）增加幅度最小，仅为 0.187 $t/(hm^2 \cdot a)$，这与黄土高原地区山谷由于受到人为干扰，植被覆盖率显著降低的研究结论一致。

黄土高原地区降水量的增加可以显著提高植被覆盖率，而温度增高会使土壤干燥，不利植物生长。本研究中不同坡向的碳密度增幅无显著差异，阴坡和半阴坡（北坡和东坡）碳密度大于阳坡和半阳坡（南坡与东南坡）。这主要是由于阴坡水分条件相对充足，林分密度较大；阳坡阳光充足，气温较高，水分蒸发快，碳密度较低。这也与吕梁山分水岭以西阳光充足、植被覆盖率低、水土流失严重，分水岭以东水分条件较好、森林茂盛、植被类型多样的情况一致。

综上所述，要提高吕梁山南段的森林碳密度，森林抚育管理应以海拔 1300~1900 m、坡度 6°~45°的东坡、北坡和西坡为主，同时，在管护较好、人为干扰少的山谷及平地也可大面积育林。辽东栎材积大、分布较广，抚育管理时应以混交林为主，不宜纯林。中低海拔区以辽东栎+油松混交林为主；而在中高海拔以辽东栎+白桦+山杨混交林为主，中间可大面积培育辽东栎+色木槭混交林和辽东栎+茶条槭混交林。在环境条件恶劣的分水岭以西的低海拔山区可考虑以侧柏+白皮松混交林为主。

---

❶ Xin Z B, Xu J X, Zheng W. Spatiotemporal variations of vegetation cover on the Chinese Loess Plateau (1981-2006): Impacts of climate changes and human activities [J]. Science in China Series D: Earth Sciences, 2008, 51 (1): 67-78.

❷ 卢景龙，梁守伦，刘菊．山西省森林植被生物量和碳储量估算研究［J］．中国农学通报，2012，28（31）：51-56.

9.5 天然林和人工林碳密度和碳储量对比

本研究利用第八次国家森林资源清查数据，对整个吕梁山区天然林和人工林的碳密度和碳储量进行了定量化研究。研究目的是估算吕梁山森林生态系统碳密度和碳储量的现状；探究森林碳密度的空间分布格局；探讨影响山区天然林和人工林碳密度和碳储量的主要因素。

9.5.1 碳密度和碳储量差异特征

天然林的平均碳密度（123.7 t/hm^2）明显高于人工林（119.7 t/hm^2），而其平均碳密度之间没有显著差异（t=1.565，P=0.118），所有林的平均碳密度为 121.8 t/hm^2(表 9-13)。

表 9-13 天然林、人工林、全部森林的碳密度和碳储量

研究区域	天然林			人工林			全部森林		
	碳密度/t·hm^{-2}		碳储量/10^6 t	碳密度/t·hm^{-2}		碳储量/10^6 t	碳密度/t·hm^{-2}		碳储量/10^6 t
	平均值	标准差		平均值	标准差		平均值	标准差	
西部	126.7^a	34.8	20.9	117.8^b	34.2	74.8	119.7^b	34.5	95.7
中部	129.1^a	53.4	106.2	132.0^a	57.1	23.2	129.6^a	53.1	129.4
东部	90.8^b	39.8	14.3	113.7^b	46.1	18.4	102.4^c	44.5	32.7
整个研究区	123.7	51.0	141.4	119.7	40.3	116.4	121.8	46.4	257.8

碳密度会随着林龄的变化而不同，天然林的碳密度随着林龄的增加而增加（天然林没有过熟林），天然幼龄林的碳密度显著低于其他年龄组；而人工半熟林的碳密度最高，过熟林最低（表 9-14）。

表 9-14 天然林、人工林、全部森林五个龄组的碳密度和碳储量

龄组	天然林				人工林				全部森林			
	碳密度/t·hm^{-2}		碳储量/Mt	比例/%	碳密度/t·hm^{-2}		碳储量/Mt	比例/%	碳密度/t·hm^{-2}		碳储量/Mt	比例/%
	平均值	标准差			平均值	标准差			平均值	标准差		
幼龄林	115.3^b	46.9	18.5	23.3	119.2^{bc}	38.4	49.5	55.5	118.1^b	40.9	68.0	40.3
半熟林	138.4^a	62.2	23.7	29.9	143.8^a	47.4	22.3	25.0	140.9^a	55.5	46.0	27.3
近熟林	154.5^a	53.5	27.2	34.3	134.3^{ab}	46.9	5.32	6.0	150.8^a	52.8	32.5	19.3
成熟林	156.2^a	54	9.9	12.5	123.6^b	42.8	5.29	5.9	143.0^a	52	15.2	9.0
过熟林					105.2^c	33.6	6.83	7.6	105.2^b	33.6	6.83	4.1

注：不同字母表示同一林型不同龄组间差异显著（P<0.05），相同字母表示它们差异不显著（P>0.05），下同。

从表 9-15 可以看出，天然林和人工林的土壤层碳密度均显著高于其他林层，这与泰山森林生态系统的碳密度由大到小依次为 土壤层>乔木层>其他层的研究结果基本一致。人工林土壤层碳密度比天然林高，这主要是由于前者土层厚度（60.3 cm）大于后者（44.7 cm）。

表 9-15 天然林、人工林不同林层的碳密度和碳储量

林　层	天然林				人工林			
	碳密度/t·hm^{-2}		碳储量/t	数目	碳密度/t·hm^{-2}		碳储量/Mt	数目
	平均值	标准差			平均值	标准差		
乔木层	25.0[b]	25.4	16.0	393	8.8[bc]	14.4	4.75	341
灌木层	7.3[c]	5.1	7.97	689	10.0[b]	6.7	6.97	440
草本层	0.3[d]	0.1	0.16	327	0.3[d]	0.1	0.09	187
枯落物层	2.8[d]	0.8	1.45	327	3.2[cd]	2.0	0.95	187
枯死木层	1.4[d]	2.9	0.41	186	0.9[d]	1.8	0.08	56
土壤层	101.2[a]	41.0	115	717	106.5[a]	36.2	104.0	615

注：不同字母表示同一林型不同林层间差异显著（$P<0.05$），相同字母表示它们差异不显著（$P>0.05$）。天然林的土层厚度是 44.7 ± 21.4 cm（平均值±标准差），人工林的土层厚度是 60.3±25.3 cm（平均值±标准差）。

当仅考虑生物量碳密度时，天然林和人工林的乔木层和灌木层碳密度均显著高于其他三个林层（草本层、枯枝落叶层、枯死木层），天然林乔木层碳密度是人工林乔木层碳密度的三倍（表 9-15）。由于树种和立木年龄的显著差异（讨论部分第一段），天然林（22.5 t/hm^2）的生物量碳密度显著高于人工林（13.2 t/hm^2）（$t=9.419$，$P<0.001$），所有林的平均生物量碳密度为 18.2 t/hm^2（天然林和人工林五个年龄组的生物量碳密度详见表 9-16）。

表 9-16 天然林、人工林、全部森林五个龄组的生物量碳密度和碳储量

龄　组	天然林				人工林				全部森林			
	碳密度/t·hm^{-2}		碳储量/Mt	比例/%	碳密度/t·hm^{-2}		碳储量/Mt	比例/%	碳密度/t·hm^{-2}		碳储量/Mt	比例/%
	平均值	标准差			平均值	标准差			平均值	标准差		
幼龄林	15.6[b]	10.0	2.49	13.2	13.7[b]	6.4	5.68	48.6	14.2[c]	7.6	8.17	26.7
半熟林	37.1[a]	32.0	6.35	33.6	22.9[a]	20.5	3.55	30.4	30.4[b]	28.0	9.90	32.4
近熟林	42.5[a]	24.0	7.47	39.5	17.1[b]	10.8	0.67	5.8	37.8[a]	24.3	8.14	26.6
成熟林	41.0[a]	20.9	2.6	13.7	17.0[b]	8.4	0.72	6.2	31.3[b]	20.6	3.32	10.8
过熟林					16.3[b]	14.4	1.06	9.0	16.3[c]	14.4	1.06	3.5

注：不同字母表示同一林型不同林层间差异显著（$P<0.05$），相同字母表示它们差异不显著（$P>0.05$）。

9.5.2 空间异质性与空间分布模式

半方差分析表明，天然林和人工林碳密度在块金值（C_0）、部分基台值（C）、基台值（C_0+C）、块金效应[C_0/(C_0+C)]和变程（表 9-17 和图 9-20(a)~(c)）之间均具有明显的空间差异性。一般来说，基台值越大，总的空间异质性程度越高，由基台值可以看出，研究区天然林碳密度的空间异质性高于人工林。块金效应值可分为>75%，25%~75%和<25%，通常被用来表示较弱、中等、较强的空间自相关性。从块金效应值 12%和 31%可以看出天然林和人工林分别表现出较强的和中等的空间自相关性，且天然林（32.7 km）空

间自相关性发生的范围远小于人工林（102 km）。

表 9-17 天然林、人工林和全部森林碳密度的半变异函数参数

林 型	模型	块金值 C_0	基台值 C_0+C	块金效应 C_0/(C_0+C)	变程/km	RSS	R^2
天然林	Exp	0.60	4.86	0.124	32.7	1.090	0.659
人工林	Exp	1.01	3.27	0.309	102.0	0.415	0.879
全部森林	Exp	0.56	4.13	0.136	34.5	0.417	0.786

注：Exp 表示指数模型；RSS 表示残差平方和；R^2 表示决定系数。

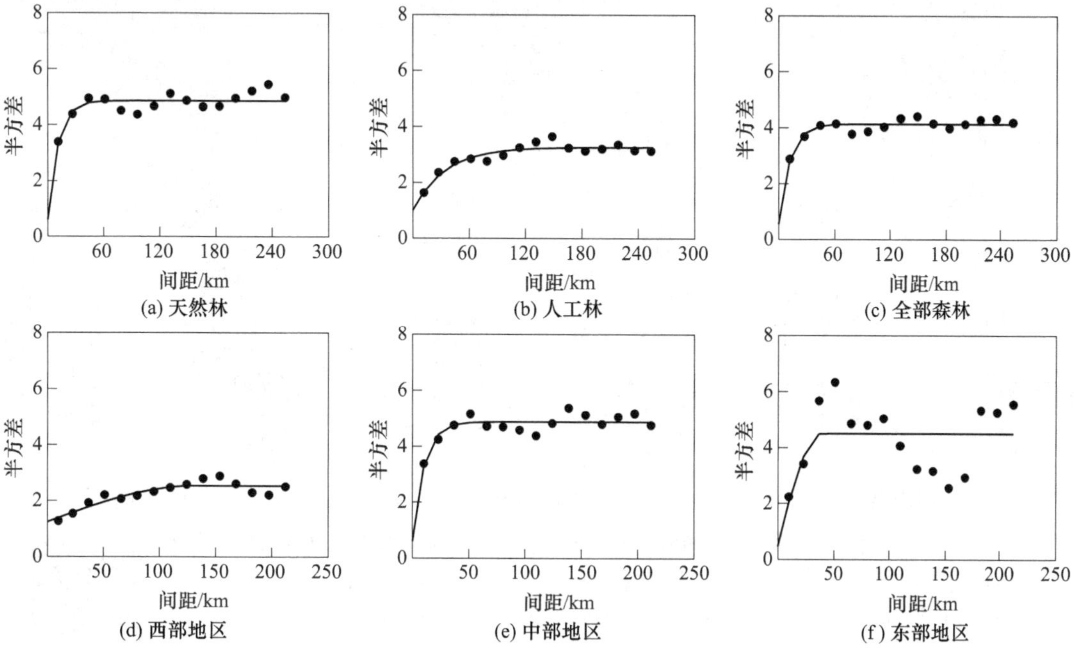

图 9-20 天然林、人工林、全部森林和三个子区碳密度的半变异函数曲线

分析表明，三个子区碳密度在空间异质性上具有明显差异（表 9-18 和图 9-20(d)~(f)）。中部地区和东部地区的碳密度空间异质性高于西部地区，而中部地区（30.3 km）和东部地区（37.2 km）的空间自相关范围小于西部地区（130.9 km）。

表 9-18 西部、中部和东部地区碳密度的半变异函数参数

研究区域	模型	块金值 C_0	基台值 C_0+C	块金效应 C_0/(C_0+C)	变程/km	RSS	R^2
西部	Sph	1.24	2.53	0.490	130.9	0.471	0.820
中部	Exp	0.61	4.88	0.125	30.3	0.971	0.464
东部	Sph	0.48	4.50	0.107	37.2	17.50	0.241

注：Exp 表示指数模型；Sph 表示球状模型；RSS 表示残差平方和；R^2 表示决定系数。

分析发现，天然林、人工林、全部森林和三个子区碳密度的估算值与实际值之间具有非常显著的相关性。配对样本 t 检验结果也表明，天然林（t = 0.833，P =

0.405）、人工林（t=1.459，P=0.145）、全部森林（t=1.626，P=0.104）碳密度的估算值和实际值之间没有显著差异。因此，可以用半变异函数模型（表9-17和表9-18）估算的碳密度来绘制研究区的碳密度分布图。结果表明，天然林碳密度的空间格局与人工林明显不同（图9-21），天然林较高的碳密度区域主要集中在中部地区，而人工林较高的碳密度区域主要集中在西部地区，所有森林的中部地区的碳密度高于西部地区和东部地区。

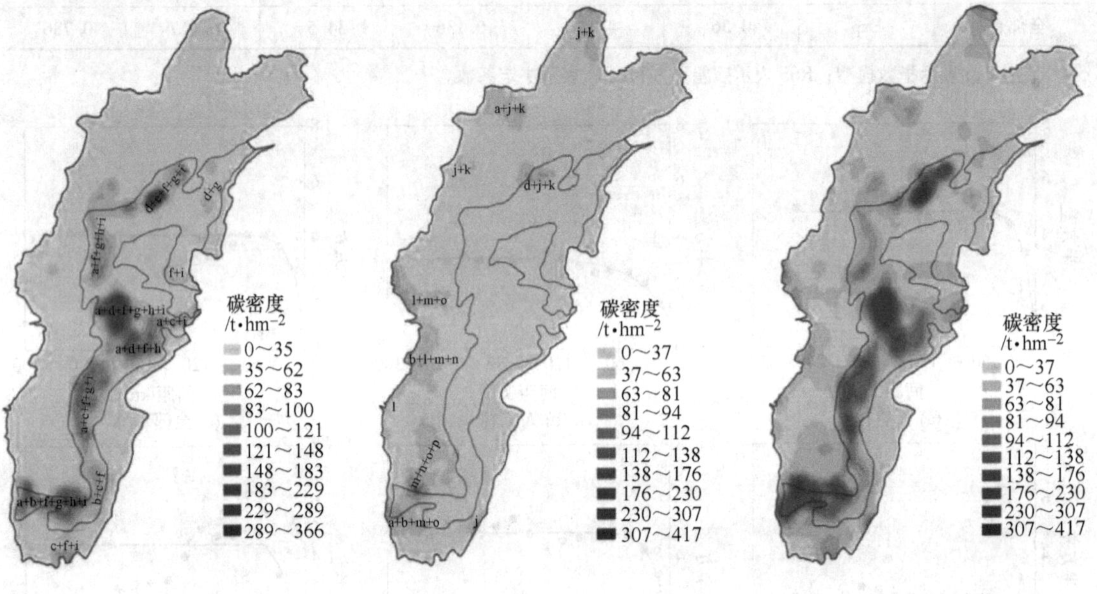

(a) 天然林　　(b) 人工林　　(c) 全部森林

图9-21　基于克里格插值数据的天然林、人工林和全部森林碳密度分布图

a—油松；b—侧柏；c—白皮松；d—华北落叶松；e—白云杉等；f—栎属；g—白桦；h—山杨；i—黄刺玫；j—其它杨树种；k—柠条；l—枣树；m—刺槐；n—核桃树；o—苹果树；p—杏树

彩色原图

9.5.3　碳密度和碳储量的影响因素

逐步回归分析表明，影响天然林碳密度的因素不仅包括年均气温和年降水量，还包括林分密度和林分年龄，而影响人工林碳密度的因素主要有年降水量、林分密度和林分年龄。当对生物量碳密度的四个独立变量进行回归时，发现自变量和因变量的相关性得到明显提高，这种情况在人工林中尤其突出，同时，这四个因素对天然林和人工林的生物量碳密度均有显著影响（表9-19）。天然林生物量碳密度主要与林分年龄和年均气温相关（R=0.592，P<0.0001），而人工林主要与林分密度相关（R=0.582，P<0.0001）。结果表明，天然林和人工林的生物量碳密度均随年均温度的升高而降低，随林分密度、林分年龄、年降水量的增加而增加，影响天然林生物量碳密度的关键因子是林分年龄和年均气温，而影响人工林生物量碳密度的关键因子是林分密度。

对于全部森林，逐步回归分析表明，样地总碳密度和生物量碳密度均随温度升高而降低，随林分年龄、林分密度、年降水量的增加而增加（表9-19）。两者的不同点在于影响样地总碳密度的主要因子为年均气温和年降水量（R=0.480，P<0.0001），而影响生物量

碳密度的主要因子为林分年龄和林分密度（$R=0.618$，$P<0.0001$）。

表 9-19 天然林、人工林、全部森林总碳密度、生物量碳密度和年降水量、年均气温、林分年龄、林分密度的线性模型

林型	模 型	序号	R	P	数量
天然林	CD = −160.65 − 13.836 Tem + 0.318 DE + 0.762 Pre + 0.566 Age	(1)	0.636	<0.0001	342
人工林	CD = −222.26 + 0.768 Pre + 0.208 DE + 0.614 Age	(2)	0.513	<0.0001	195
全部森林	CD = −133.209 − 7.918 Tem + 0.688 Pre + 0.194 DE + 0.264 Age	(3)	0.516	<0.0001	537
天然林	Biomass CD = −47.14 + 0.530 Age − 4.265 Tem + 0.198 DE + 0.151 Pre	(4)	0.664	<0.0001	342
人工林	Biomass CD = −37.99 + 0.163 DE − 1.389 Tem + 0.123 Pre + 0.246 Age	(5)	0.639	<0.0001	195
全部森林	Biomass CD = −44.85 + 0.423 Age + 0.154 DE − 2.846 Tem + 0.149 Pre	(6)	0.672	<0.0001	537

注：CD 为总碳密度；Biomass CD 为生物碳密度；Pre 为年降水量；Tem 为年均气温；Age 为林分年龄；DE 为林分密度。

与独立样本 t 检验结果相似，嵌套式方差分析（nested ANOVA）表明天然林与人工林碳密度没有显著差异（$F=1.982$，$P=0.172$），而前者的生物量碳密度与后者相比有显著差异（$F=24.798$，$P<0.01$）。更重要的是，嵌套式方差分析进一步表明林分年龄（$F=1.736$，$P<0.01$；$F=3.055$，$P<0.01$）、林分密度（$F=1.478$，$P<0.01$；$F=23.516$，$P<0.01$）、年均气温（$F=2.055$，$P<0.01$；$F=6.253$，$P<0.01$）和年降水量（$F=2.080$，$P<0.01$；$F=2.183$，$P<0.01$）对总碳密度和生物量碳密度均具有显著影响。

天然林碳密度大还是人工林碳密度大？这个问题目前还不能确定。最近，陈龙池等研究发现马尾松人工林与天然林的碳密度非常相似❶，但其人工林的生物量碳密度高于天然林。本研究没有发现天然林碳密度和人工林碳密度之间具有显著差异，然而天然林生物量碳密度比人工林大，这主要是由于天然林与人工林在林分类型与林分年龄上的显著差异，使得天然林的乔木层碳密度显著高于人工林。研究区包括乔木林和灌木林在内共有 47 个优势树种（树种组），但只有 4 个为天然林与人工林的共有种，分别为油松、侧柏、华北落叶松、白杄。天然林的常见种为栎属、油松、白桦、山杨；而人工林的常见种为柠条、杨树、刺槐、油松。天然林的常见种的平均碳密度为 135.69 t/hm^2，而人工林的平均碳密度为 117.58 t/hm^2。更重要的是，所有天然林（50.6 a）样地的平均林龄是人工林（15.7 a）的三倍。

在天然林和人工林的四个共有针叶树中，只有油松的天然林与人工林具有相同的三个年龄阶段（25 a、30 a、35 a）（表 9-20）。进一步分析表明，三个年龄段油松人工林的平均碳密度（147.3 t/hm^2）高于天然林（103.9 t/hm^2），同时，油松人工林的生物量碳密度（23.7 t/hm^2）也比天然林（12.2 t/hm^2）高，这主要是由于人工林的林分密度（1252 株/hm^2）大于天然林（600 株/hm^2）。但所有年龄段油松的人工林（125.2 t/hm^2）与天然林（127.7 t/hm^2）的碳密度基本相同，两者的土壤碳密度分别为 106.3 t/hm^2 和 93.1 t/hm^2，土层厚度分别为 56.3 cm 和 39.2 cm；油松天然林的生物量碳密度（34.6 t/hm^2）几乎为人工林的两倍（18.9 t/hm^2），这主要是由于天然林（63.3 a）的林分年龄大于人工林（19.2 a）。

❶ Chen L C, Liang M J, Wang S L. Carbon stock density in planted versus natural Pinus massoniana forests in subtropical China [J]. Annals of Forest Science, 2016, 73 (2): 461-472.

表 9-20 吕梁山三个相同龄组天然和人工油松林、所有天然和人工油松林样地的平均碳密度对比

林型	样地数	林分年龄/a	海拔/m	土层厚度/cm	林分密度/株·hm^{-2}	生物量碳密度/t·hm^{-2}	土壤碳密度/t·hm^{-2}	总碳密度/t·hm^{-2}
人工林	3	25①	1471①	60.7①	1525①	21.8①	124.4①	146.2①
	3	30①	1398①	86.0①	1435①	29.3①	155.4①	184.7①
	1	35	1180	60.0	795	20.0	90.9	110.9
		30②	1350②	68.9②	1252②	23.7②	123.6②	147.3②
天然林	1	25	1570	50.0	615	9.4	139.6	148.9
	1	30	1523	25.0	615	11.1	77.7	88.7
	1	35	1915	34.0	570	16.1	57.9	73.9
		30②	1669②	36.3②	600②	12.2②	91.7②	103.8②
所有人工林	49	19.2	1367	56.3	833	18.9	106.3	125.2
所有天然林	59	63.3	1596	39.2	761	34.6	93.1	127.7

① 表示三个样地的平均值；

② 表示三个年龄段的平均值。

人工林在碳汇中的巨大作用已被广泛关注。本研究发现，天然林和人工林分别占整个研究区碳储量的54.8%和45.2%。人工林对碳储量的巨大贡献主要是由于近几十年来土地利用的巨大变化，例如三北防护林计划和退耕还林工程的实施使人工林面积大幅度增加。另外，当前的森林清单表明大部分人工林还处于幼龄期，随着时间的推移，人工林还将在森林碳汇中产生更大的贡献，这主要得益于近年来全国植树造林工程项目的实施[1]。

有研究表明，土壤有机碳占森林总碳储量的三分之二。本研究估算的天然林和人工林土壤碳密度分别为101.2 t/hm^2 和106.5 t/hm^2，土壤碳储量分别占天然林和人工林总碳储量的82%和89%，这与全国范围内天然林（109.1 t/hm^2）和人工林（107.1 t/hm^2）的土壤碳密度一致。然而天然林和人工林的土壤碳密度指数（土壤碳密度/土层厚度）分别为2.26和1.77，表明研究区单位土层厚度内，天然林的土壤碳密度比人工林高。另外，本研究中土壤碳密度的估算仍然存在一些不确定性，这是因为所有样地土壤有机碳的估算均使用了同样的比值0.58，然而无论是区域还是国家层面，都需要对每个样地土壤有机碳进行精确测量，才能提高对整个森林生态系统碳密度和碳储量的估算精度；另外，为达到精确估算的目的，今后还需要对吕梁山天然林和人工林（尤其是同龄林）碳密度和碳储量的变化动态进行研究。

本研究区的平均生物量碳密度远远低于全国（42.8 t/hm^2）和全世界（89.4 t/hm^2）的平均生物量碳密度。俞艳霞[2]等基于山西省三期森林资源清查数据（不包括灌木林地）对乔木林的生物量碳密度进行了研究，也得出了相似的结论；俞艳霞等还发现从1995年

[1] Wang Y F, Liu L, Shangguan Z P. Dynamics of forest biomass carbon stocks from 1949 to 2008 in Henan Province, east-central China [J]. Journal of Forestry Research, 2018, 29 (2): 439-448.

[2] 俞艳霞．吕梁山南段森林碳密度及其空间分布格局 [D]．太原：山西大学，2010.

到2005年，山西省天然林和人工林的生物量碳密度分别从23.9 t/hm^2 和15.1 t/hm^2 增加到26.4 t/hm^2 和20.1 t/hm^2，所有森林的平均生物量碳密度从21.8 t/hm^2 增加到24.8 t/hm^2。本研究中，灌木林样地占所有林的40%以上，占天然林样地的44.9%，而灌木林样地（11.8 t/hm^2）的生物量碳密度仅为乔木林样地（33.2 t/hm^2）生物量碳密度的35.5%；另外，人工林样地占所有林的46.2%，这个比例远远大于2005年山西省的25%，并且人工林样地中有42.6%均处于幼龄期，而幼龄林的生物量碳密度（5.9 t/hm^2）仅为其他年龄组（16.5 t/hm^2）的35.8%。因此，与先前的研究结果相比，本研究中天然林和人工林较低的生物量碳密度主要是由于其具有较高的灌木林样地和人工幼龄林比例。

研究区森林土壤碳密度与全国范围内平均土壤碳密度一致，远远大于全球森林土壤碳密度（72.3 t/hm^2）。这主要是因为大多数国家都采用IPCC（联合国政府间气候变化专门委员会，Intergovernmental Panel on Climate Change）中缺省值在30 cm深度的土壤碳密度，然而在国家森林资源清查数据中，样地的土层厚度大多数都大于30 cm，国内研究多基于实际土层厚度（>30 cm）来估算土壤碳密度。研究区天然林和人工林平均土层厚度分别为44.7 cm和60.3 cm，分别有66.3%和87.8%的样地的土层厚度在30 cm以上，造成了生物量碳密度和土壤碳密度的显著差异。例如，天然林中的生物量碳密度和土壤碳密度分别为22.5 t/hm^2 和101.2 t/hm^2，人工林中分别为13.2 t/hm^2 和106.5 t/hm^2。然而与全国森林和全球森林的生物量碳密度相比，研究区较低的生物量碳密度主要与气候因子（尤其是有限的年降水量）和人类活动有关。

半变异方差分析表明，研究区天然林碳密度的空间异质性高于人工林，而天然林的空间自相关范围（32.7 km）小于人工林（102.0 km）；中部地区和东部地区的空间异质性高于西部地区，而中部地区（30.3 km）和东部地区（37.2 km）的空间自相关范围小于西部地区（130.9 km）。天然林的空间异质性和碳密度的空间自相关性高于人工林，这主要与整个林区森林面积的变化以及中部山区森林较小的不连续性有关（大部分天然林出现在中部山区）。西部地区、中部地区和东部地区的面积分别占到整个区域面积的53%、30%和17%，三个子区中天然林和人工林所占比例分别为15%和66%、72%和18%、13%(16%)，因此，三个子区天然林的森林面积指数（森林面积所占百分比/各子区面积所占百分比）分别为0.28、2.40和0.76，人工林的森林面积指数分别为1.25、0.60和0.94，可以看出，天然林在各分区间的面积变化大于人工林；同时，由于天然林在中部地区（2.40）、人工林在西部地区（1.25）的森林面积指数较大，导致天然林在中部地区比人工林具有较低的不连续性，而在西部地区比人工林具有较高的不连续性。因此，天然林碳密度的空间异质性主要由分布在中部地区的较高的碳密度斑块决定（图9-21（a）），而人工林碳密度的空间异质性主要由分布在西部地区的较高的碳密度斑块决定(图9-21（b）)。另一方面，在半变异函数图（图9-20）中观察到的周期性可能是由于研究区纬度方向上的高碳密度和低碳密度（甚至会出现的碳密度间隙）区域的重复出现引起的。例如，东部研究区分为三个较小的分散子域（图9-20（f）），故本区碳密度的半变异函数值出现了非常大的波动（图9-20）。

天然林和人工林之间、三个子区之间碳密度空间异质性的差异实质上是自然因素和人类活动综合反应的结果。例如，在整个研究区（尤其西部地区），降水量从南向北逐渐减少，并在北部地区（西北部）达到森林生态系统的最低限；而中部地区的海拔范围大，具有较低的年均温度和较高的年降水量；同时，三北防护林和退耕还林工程主要集中在西部地区，而天然林保护工程主要集中在中部地区，因此，大多数人工林分布在西部地区，包括西北部地区的柠条和杨树、西南部地区的刺槐和果树（图 9-21（b）），而大部分天然林分布在中部地区，包括中部地区的栎类和油松、北部地区的华北落松、南部地区的白皮松（图 9-21（a））。此外，研究区内大量的无林样地区域（主要是农业区）也是人类活动的结果，这些森林碳密度的缺失区域在改变天然林和人工林的空间异质性分布方面也发挥了巨大的作用。

9.6 植被重建过程中土壤剖面 CO_2 变化机制

9.6.1 土壤 CO_2 通量模拟及其驱动因子分析

本节采用 Fick 第一定律模拟土壤表面及剖面 CO_2 通量，经过历史文献查询选择最适宜模型参数，模拟结果与气室法观测结果具有一致性。土壤温度和水分是影响土壤表面及剖面 CO_2 通量重要的非生物因子，群落结构作为生物因子，可通过其根系、地上生物量和根际呼吸等间接影响土壤表面及剖面 CO_2 通量，基于此，本研究探究土壤表面 CO_2 通量与土壤剖面温度、水分、CO_2 浓度和群落结构之间的因果关系，创建 SEM，阐明土壤剖面温度、水分、CO_2 浓度和群落结构对土壤表面 CO_2 通量的直接影响效应和间接影响效应。

9.6.1.1 不同年限人工植被区土壤 CO_2 与植被特性变化规律

如图 9-22 所示，所有土壤深度的土壤温度在 6~10 月较高。在四个人工植被区中，土壤平均温度随土壤深度增加，但是四个人工植被区和三个土壤深度之间的土壤温度差异不显著（$P>0.05$）。土壤深度为 10 cm 时，土壤水分在 5 月份达到最大值；土壤深度为 20 cm 和 40 cm 时，土壤水分分别在 2 月份和 3 月份达到最大值。土壤水分在 40 cm 土层处显著高于在 10 cm 土层和 20 cm 土层处（$P<0.05$）。0~10 cm 土层的土壤 CO_2 扩散系数在 8 月份达到最大值；20 cm 土层和 35 cm 土层的土壤 CO_2 扩散系数分别在 2 月份和 3 月份达到最低值。0 cm 土层处的土壤 CO_2 扩散系数显著大于 10 cm 土层、20 cm 土层和 35 cm 土层（$P<0.05$）。年均 CO_2 扩散系数随植被重建年限的延长呈先减小后增加趋势，最小值在 1981 年。灌木和草本盖度及多度随人工植被重建年限变化。1987 年人工植被区的灌木覆盖度和多度显著高于其他人工植被区。相反，1956 年和 1964 年人工植被区的草本覆盖度显著高于 1981 年和 1987 年的人工植被区（图 9-23）。

土壤 CO_2 浓度、CO_2 生产量和土壤表面 CO_2 通量随着人工植被重建年限的延长，与群落组成和土壤特性有关。本研究结果显示，1981 年和 1987 年人工植被区灌木覆盖度和多度较高，1956 年和 1964 年人工植被区草本覆盖度和多度较高。Jobbágy 和 Jackson（2000）的研究结果显示，在 0~20 cm 土层中，草本下土壤有机碳含量比灌木下高 9%，这主要是因为草本植物地下部分占其总生物量的比例较高。除此之外，随着人工植被重建年限的延长，光合产物输入和生物土壤结皮覆盖度的不断增加改善了土壤养分，增加了土壤有机质含量，带来了土壤 CO_2 浓度、生产率和土壤表面 CO_2 通量的不断增加。但是，四个人工植被区的土壤 CO_2 浓度、生产率和土壤表面 CO_2 通量的差异性不显著。Su 等（2012）得到了相似的结论，其研究结果显示土壤表面 CO_2 通量随着生物土壤结皮的演替差异性不显

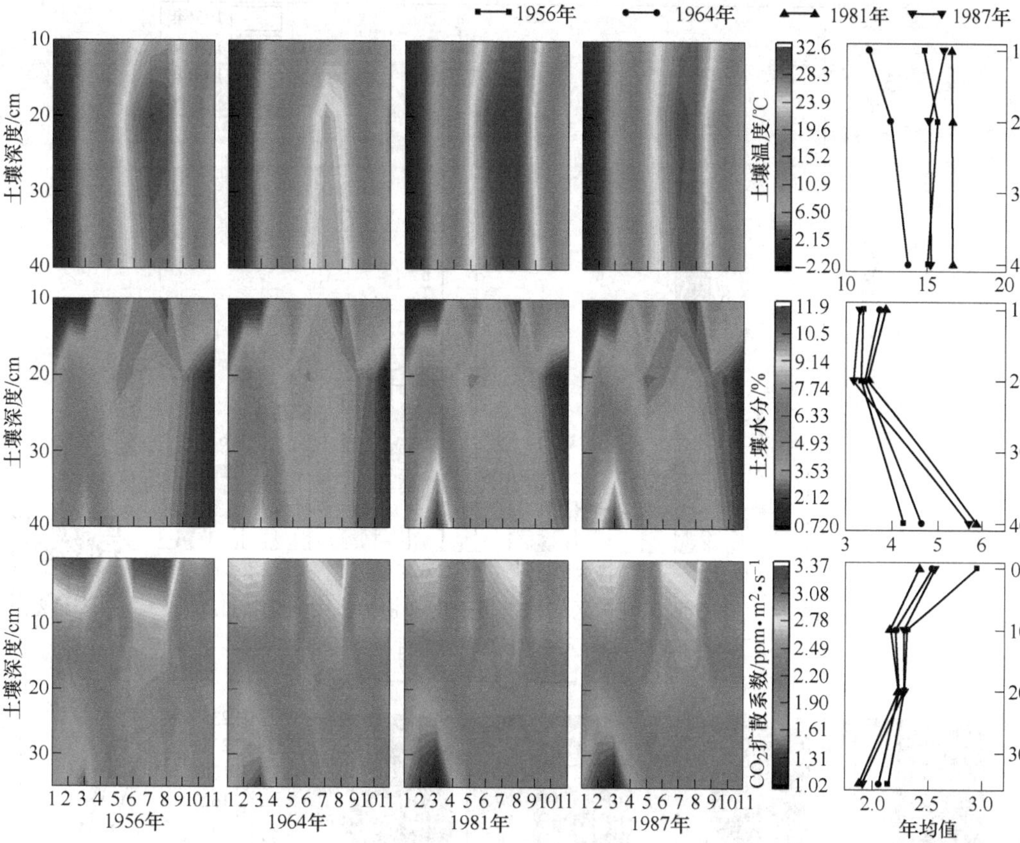

图 9-22 0~40 cm 土层的土壤温度、土壤水分和 CO_2 扩散系数在四个不同植被重建年限下的时空变化

彩色原图

著。同时，已有研究证明在干旱沙区生态系统中，土壤有机质和固碳能力增加。总之，本研究结果显示，人工植被重建年限对土壤表面 CO_2 通量没有显著影响，为干旱沙区人工植被区域碳循环研究提供了理论基础。

9.6.1.2 土壤 CO_2 通量和生产量变化规律分析

四个人工植被区土壤剖面 CO_2 浓度、土壤表层 CO_2 通量和生产量的季节变化规律均和土壤温度一致，在 5 月份、8 月份和 10 月份达到最大值（图 9-24）。土壤 CO_2 浓度随土壤深度增加呈显著相关（$P<0.05$）。0~10 cm 土层的土壤 CO_2 生产量显著高于 10~20 cm 土层和 20~30 cm 土层（$P<0.05$）。1956 年、1964 年、1981 年和 1987 年人工植被区的土壤表层 CO_2 通量模拟值分别为 0.54 μmol/(m^2·s)、0.49 μmol/(m^2·s)、0.44 μmol/(m^2·s) 和 0.25 μmol/(m^2·s)。但是四个人工植被区之间没有显著差异（$P>0.05$）。土壤 CO_2 浓度和土壤 CO_2 生产量随人工植被重建年限的延长呈增加趋势，但差异性不显著（$P>0.05$）。土壤表层 CO_2 通量主要来自 0~10 cm土层，1956 年、1964 年、1981 年和 1987 年人工植被区 0~10 cm 土层 CO_2 生产量对土壤表层 CO_2 通量的贡献率分别为 89.3%、94.9%、87.2%和 76.4%。10~35 cm 土层 CO_2 生产量是负值，1956 年、1964 年、1981 年和 1987 年人工植被区 10~35 cm 土层 CO_2 生产量对土壤表层 CO_2 通量的贡献率分别为−1.98%、−6.51%、0.47%和−20.02%。

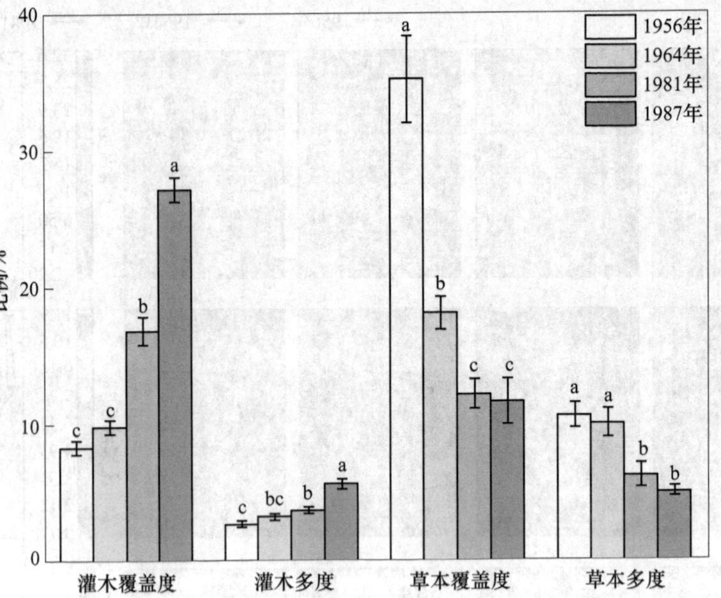

图 9-23　4 个人工植被区的植被覆盖度和物种多度变化特征

（不同小写字母表示四个人工植被区的差异性显著（$P<0.05$））

彩色原图

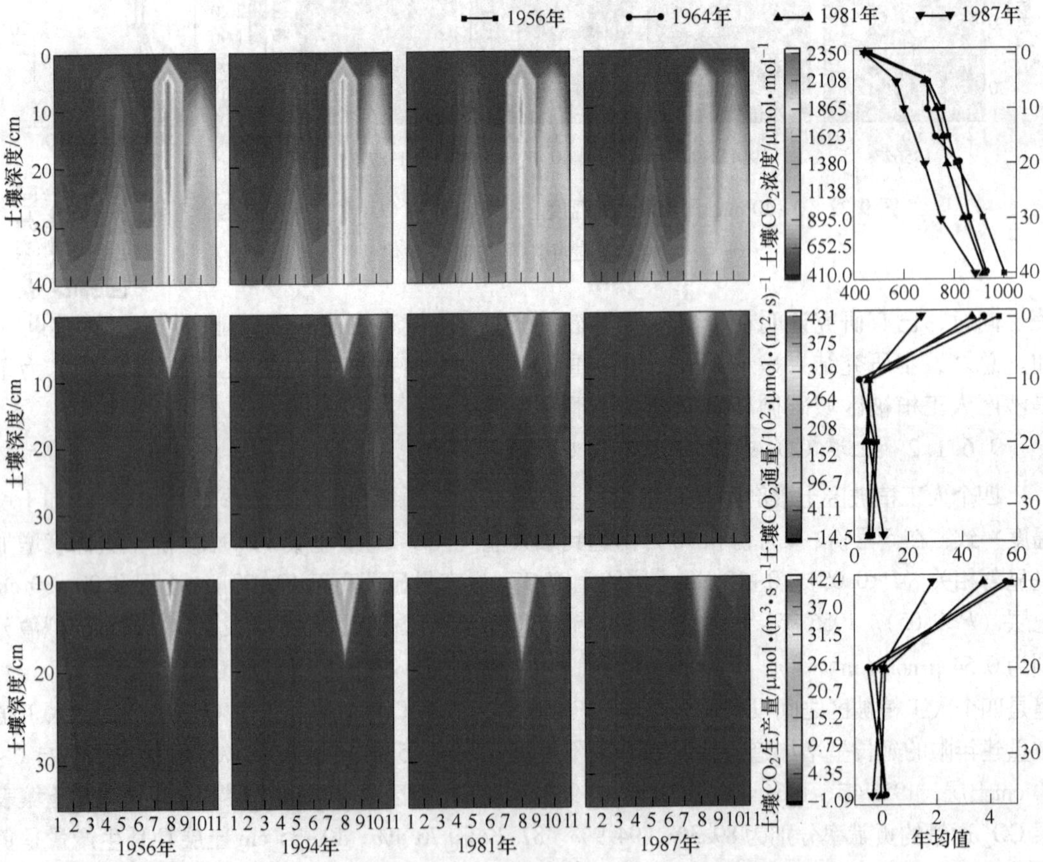

图 9-24　0~40 cm 土层的土壤剖面 CO_2 浓度、CO_2 通量和 CO_2 生产量在四个人工植被重建年限下的时空变化

（热力图中的黑线表示“0”界限）

研究土壤剖面 CO_2 浓度、CO_2 扩散系数、CO_2 生产率和 CO_2 通量可明晰土壤剖面 CO_2 生产和运输过程，阐明土壤表面 CO_2 通量变化的内在驱动机制。在本研究中，土壤剖面 CO_2 生产率随土壤深度的增加而减小。长距离扩散延迟了土壤 CO_2 传输并封存大量 CO_2 在深层土壤中，深层土壤较高的 CO_2 浓度抑制了生物活动以及碳酸盐矿化，从而减小了深层 CO_2 生产量和土壤 CO_2 通量。1956 年、1964 年、1981 年和 1987 年人工植被区土壤剖面 CO_2 浓度最大值分别出现在 10 cm、20 cm、10 cm 和 40 cm 的土壤深度。这一结果与群落组成和根系分布有关。Fearnehough 等（1998）的研究结果显示，在干旱沙漠生态系统的演替过程中，灌木逐渐被生物土壤结皮和浅根系植物替代，这一结果与本研究结果一致。1987 年人工植被区深根系灌木覆盖度和物种多度显著高于其他人工植被区，因此其土壤 CO_2 浓度最大值出现在 40 cm 土层。在本研究中，0~10 cm 土层对土壤表面 CO_2 通量的贡献率在 76.4%~94.9%，与 Walvoord 和 Striegl（2006）的研究结果一致，上层土壤根系和微生物分布较多增加了土壤 CO_2 生产量。10~35 cm 土层出现了土壤 CO_2 吸收现象，这一现象与深层土壤较高的土壤水分和土壤 CO_2 浓度有关。

9.6.1.3 土壤表面 CO_2 通量变化特征与驱动因子分析

如图 9-25 所示，χ^2 检验表示样本协方差矩阵和模型期望矩阵之间的差异值，本研究结果中 χ^2/df 在 1~3，且 $P>0.05$。RMSEA 值为 0.068，接近 0，表示假设模型和数据拟合度较高。GFI=0.908 表示该结构方程模型可以解释 90.3%的数据。CFI = 0.986 和 NFI =

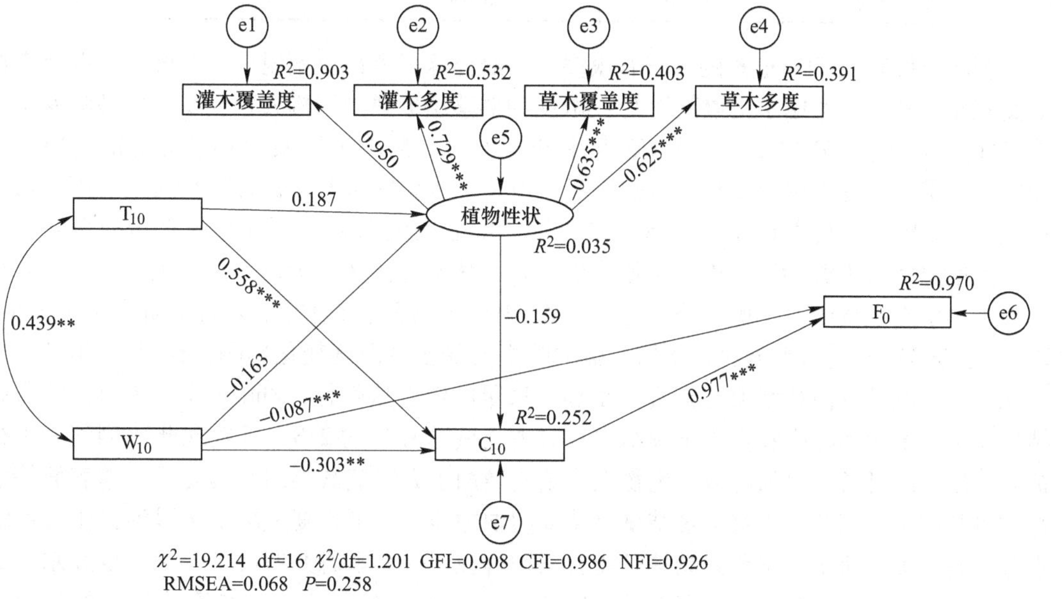

图 9-25 结构方程模型模拟 10 cm 土层土壤 CO_2 浓度、温度、水分和植被特征对土壤表面 CO_2 通量的影响

（W_{10}、T_{10}和 C_{10}分别代表土壤深度为 10 cm 时的土壤水分、温度和 CO_2 浓度；F_0表示土壤表面 CO_2 通量；图中椭圆和矩形分别代表潜变量和观测变量；箭头上的数字表示标准化路径系数，R^2 表示模型对土壤表面 CO_2 通量变异的解释程度；** 表示在 0.05 水平上显著相关；*** 表示在 0.001 水平上显著相关）

0.926 表示模型拟合度比独立模型拟合度分别改善了 98.6%和 92.6%。结构方程模型解释了土壤表面 CO_2 通量 97%的变化。除此之外，结构方程模型结果显示，10 cm 土层的土壤水分和植被特性与土壤表面 CO_2 通量呈负相关关系，10 cm 土层处土壤温度和土壤表面 CO_2 通量呈正相关。10 cm 土层的土壤水分和土壤 CO_2 浓度对土壤表面 CO_2 通量具有直接影响，10 cm 土层的土壤水分、温度和植被特性对 10 cm 土层的 CO_2 浓度具有直接或间接影响，最终影响土壤表面 CO_2 通量。而且，10 cm 土层的 CO_2 浓度对土壤表面 CO_2 通量的影响最大，为 0.977，10 cm 土层的土壤温度、土壤水分和植被特性对其影响次之，影响程度从大到小依次为 0.516、-0.358 和-0.156。土壤水分和土壤温度的交互作用为 0.439。灌木覆盖度和物种多度与土壤表面 CO_2 通量呈负相关，草本覆盖度和物种多度与土壤表面 CO_2 通量呈正相关（表 9-21）。

表 9-21 各因子对土壤表面 CO_2 浓度和通量的影响效应

项目	影响效应	W_{10}	T_{10}	植物性状	C_{10}
F_0	总影响	-0.358	0.516	-0.156	0.977
	直接影响	-0.087	—	—	0.977
	间接影响	-0.271	0.516	-0.156	0
C_0	总影响	-0.277	0.529	-0.159	—
	直接影响	-0.303	0.558	-0.159	—
	间接影响	0.026	-0.030	—	—

影响土壤表面 CO_2 通量的因子有很多。本研究除了考虑土壤温度、土壤水分以及它们的交互作用外，还考虑了土壤剖面 CO_2 浓度和群落组成建立结构方程模型，模型解释了土壤表面 CO_2 通量 97%的变化。土壤温度和土壤水分是影响土壤表面 CO_2 通量的主要非生物影响因子，考虑土壤温度和水分的交互作用关系能够提高土壤表面 CO_2 通量的模型预测性能。本研究中结构方程模型运行结果显示，考虑土壤温度和土壤水分之间的交互作用后，土壤温度对土壤 CO_2 浓度和土壤表面 CO_2 的影响比土壤水分高。已有大量研究结果显示在干旱生态系统中，土壤水分是主要的影响因子。但也有研究结果与本研究结果相似，Fa 等（2018）研究结果显示，年均土壤呼吸主要受土壤温度变化影响；Su 等（2012）也发现生物土壤结皮演替增加了土壤表面 CO_2 通量的温度依赖性；Zhang 等（2013）的研究结果显示，微生物呼吸和生物土壤结皮呼吸占土壤总呼吸的 2/3，且发现此比例随人工植被重建年限的延长呈增加趋势。生物土壤结皮增加了大气蒸汽凝结，提高了土壤表面持水性和可利用性，因此，生物土壤结皮覆盖度的增加能在一定程度上减少干旱沙区生态系统水分限制。综上所示，本研究结果可能有三种解释：一是本研究考虑了土壤温度和水分的交互作用；二是生物呼吸对土壤表面 CO_2 通量的贡献可能随人工植被重建年限的延长增加；三是生物土壤结皮的大面积分布。但以上假设均需要进一步实验证明。

本研究采用浓度梯度法模拟得出的土壤表面 CO_2 通量与已有研究结果一致。本研究中 1987 年人工植被区土壤表面 CO_2 通量为 0.25 μmol/(m^2·s)，Zhang 等（2013）采用气室法测量 1989 年人工植被区土壤表面 CO_2 通量为 0.28±0.28 μmol/(m^2·s)。这一微小差异可能是由于测量年份不同、人工植被重建年限不同、自然空间变异以及不同的测量点位。但是，浓度梯度法仍然存在限制，一是本研究中忽略了热、压力泵、对流、黏性空气流等非扩散性运移和降水等，可能会导致浓度梯度法模拟值低于实际值；二是本研究仅考虑了垂直气体运移，没有考虑水平气体运移；三是没有考虑枯枝落叶层的影响。Maier 和 Kirchner（2014a）等指出，由于非扩散性运移，枯枝落叶层不能采用浓度梯度法。但枯枝落叶层通过光降解、光化学降解以及微生物沉降释放 CO_2。Liang 等（2010）发现，在生长 45 a 落叶森林生态系统中，枯枝落叶层对土壤总 CO_2 通量的贡献率为 6%。除此之外，在全球气候变化背景下，深层土壤 CO_2 泄漏会对干旱沙区生态系统产生重要影响。Fierer 等（2005）通过研究草原生态系统中 3~4 m 土层土壤剖面 CO_2 浓度，发现在干旱季节，下层土壤对土壤总 CO_2 生产量的贡献较大。因此，深层土壤 CO_2 生产、非扩散性运移、水平气体运输以及枯枝落叶层土壤 CO_2 将会作为进一步的研究重点。

9.6.2 基于 BRT 模型分析各因子对土壤 CO_2 通量的边际效应

土壤表面及剖面 CO_2 通量变化是土壤碳循环的一个重要环节，了解土壤表面及剖面 CO_2 通量变化的内在驱动机制是研究植被重建过程中土壤碳循环过程的关键，群落结构、土壤剖面 CO_2 浓度、土壤剖面温度和水分是影响土壤表面及剖面 CO_2 通量的重要因子，研究各因子对土壤表面及剖面 CO_2 通量的影响程度及其边际影响效应具有重要意义。

本研究中 BRT 模型包括 26 种变量类型（表 9-22），其中 F_0、F_{10}、F_{20}和 F_{35}为因变量，自变量包括五种类型，即群落组成、土壤温度、土壤水分、土壤 CO_2 浓度和土壤气体扩散率。通过构建 BRT 模型，探明各因子对因变量的影响程度及边际影响效应。

表 9-22 土壤剖面 CO_2 通量 BRT 模型中的变量信息

项目	变 量	定义	类型	均值±标准误差	范围
群落组成	灌木覆盖度(SC)/%	自变量	连续	15.54±1.20	6~33
	灌木物种多度(SSA)/%	自变量	连续	3.80±0.21	2~8
	草本覆盖度(HC)/%	自变量	连续	19.25±1.74	6~51.3
	草本物种多度(HSA)/%	自变量	连续	7.95±0.55	3~15
	草本生物量(HB)/$kg \cdot m^{-2}$	自变量	连续	0.45±0.02	0.21~0.63
土壤温度	土壤剖面 10 cm 温度(T_{10})/℃	自变量	连续	14.68±1.42	0.15~29.44
	土壤剖面 20 cm 温度(T_{10})/℃	自变量	连续	15.00±1.63	-2.12~32.52
	土壤剖面 40 cm 温度(T_{40})/℃	自变量	连续	15.18±1.55	-1.12~31.35
土壤水分	土壤剖面 10 cm 水分(W_{10})/%	自变量	连续	3.58±0.31	0.73~7.65
	土壤剖面 20 cm 水分(W_{20})/%	自变量	连续	3.36±0.19	0.72~6.23
	土壤剖面 40 cm 水分(W_{40})/%	自变量	连续	5.12±0.39	1.68~11.91
土壤 CO_2 浓度	土壤剖面 0 cm CO_2 浓度(C_0)/$\mu mol \cdot mol^{-1}$	自变量	连续	449.46±4.07	410.16~508.88
	土壤剖面 5 cm CO_2 浓度(C_5)/$\mu mol \cdot mol^{-1}$	自变量	连续	661.67±61.40	449.46~2242.77
	土壤剖面 10 cm CO_2 浓度(C_{10})/$\mu mol \cdot mol^{-1}$	自变量	连续	696.26±65.50	448.10~2348.07
	土壤剖面 15 cm CO_2 浓度(C_{15})/$\mu mol \cdot mol^{-1}$	自变量	连续	727.85±64.37	464.18~2311.03
	土壤剖面 20 cm CO_2 浓度(C_{20})/$\mu mol \cdot mol^{-1}$	自变量	连续	771.15±66.29	485.94~2294.88
	土壤剖面 30 cm CO_2 浓度(C_{30})/$\mu mol \cdot mol^{-1}$	自变量	连续	841.65±61.98	528.62~2145.96
	土壤剖面 40 cm CO_2 浓度(C_{40})/$\mu mol \cdot mol^{-1}$	自变量	连续	934.54±62.45	584.53~2065.38

续表 9-22

项目	变量	定义	类型	均值±标准误差	范围
土壤气体扩散率	土壤剖面 0 cm 气体扩散率(D_{s0})/ppm·$(m^2·s)^{-1}$	自变量	连续	2.61±0.06	1.86~3.36
	土壤剖面 10 cm 气体扩散率(D_{s10})/ppm·$(m^2·s)^{-1}$	自变量	连续	2.24±0.05	1.63~2.66
	土壤剖面 20 cm 气体扩散率(D_{s20})/ppm·$(m^2·s)^{-1}$	自变量	连续	2.26±0.04	1.65~2.51
	土壤剖面 35 cm 气体扩散率(D_{s35})/ppm·$(m^2·s)^{-1}$	自变量	连续	2.00±0.07	1.02~2.52
土壤 CO_2 通量	土壤表面 0 cm CO_2 通量(F_0)/10^{-2} μmol·$(m^2·s)^{-1}$	因变量	连续	42.60±13.69	-5.13~430.51
	土壤剖面 10 cm CO_2 通量(F_{10})/10^{-2} μmol·$(m^2·s)^{-1}$	因变量	连续	4.90±1.08	-4.12~29.14
	土壤剖面 20 cm CO_2 通量(F_{20})/10^{-2} μmol·$(m^2·s)^{-1}$	因变量	连续	6.53±1.17	-14.51~31.43
	土壤剖面 35 cm CO_2 通量(F_{35})/10^{-2} μmol·$(m^2·s)^{-1}$	因变量	连续	7.14±0.97	-6.64~30.42

通过参数调优选取最佳 BRT 参数，揭示各影响因子对土壤 CO_2 通量的影响程度大小，并根据各影响因子对土壤 CO_2 通量进行模拟和预测，最优模型参数见表 9-23。采用 BRT 模型，群落组成，土壤剖面温度、水分、CO_2 浓度和土壤剖面气体扩散率对土壤表面及剖面 CO_2 通量解释程度较高（表 9-23、表 9-24、图 9-26）。各影响因子对土壤表面 CO_2 通量的拟合优度在 0.996~0.999（图 9-26(a)~(d)），对土壤剖面 10 cm CO_2 通量的拟合优度在 0.800~0.971（图 9-26(e)~(h)），对土壤剖面 20 cm CO_2 通量的拟合优度在 0.851~0.940（图 9-26(i)~(l)），对土壤剖面 35 cm CO_2 通量的拟合优度在 0.851~0.940(图 9-26(m)~(p))。

表 9-23　BRT 模型参数选择及训练集和测试集拟合效果分析

特性	参数				均方根误差			R^2		
	学习率	树复杂度	最佳迭代次数	树终端节点最小观测数	训练集	测试集	总体	训练集/%	测试集	总体
F_0	0.01	1	2000	1	1.88	4.86	2.68	100	89.7	100
F_{10}	0.005	3	1300	2	1.17	3.34	1.77	96.9	85.2	93.7
F_{20}	0.01	2	250	3	2.94	1.51	2.74	86.8	90.3	87.2
F_{35}	0.01	3	800	1	0.38	3.01	1.33	99.7	24.5	95.6

表 9-24　土壤 CO_2 通量的 BRT 模型模拟数值评价

项目	1956 年				1964 年				1981 年				1987 年			
	RMSE	MAE	NMB/%	NMF/%	RMSE	MAE	NMB/%	NMF/%	RMSE	MAE	NMB/%	NMF/%	RMSE	MAE	NMB/%	NMF/%
F_0	3.84	2.90	2.3	5.4	2.24	1.45	0.4	3.0	2.26	1.96	0.5	4.5	1.97	1.63	0.8	6.6
F_{10}	1.45	1.02	2.8	17.8	2.16	1.09	36.0	44.1	2.37	1.16	18.9	20.7	0.44	0.35	0.7	6.0
F_{20}	4.28	2.39	0.4	28.6	2.12	1.32	1.4	17.7	2.51	1.53	5.8	33.0	0.94	0.71	5.5	12.4
F_{35}	0.45	0.37	1.9	5.5	0.49	0.35	0.9	6.2	2.53	1.27	19.0	23.6	0.46	0.42	0.3	3.9

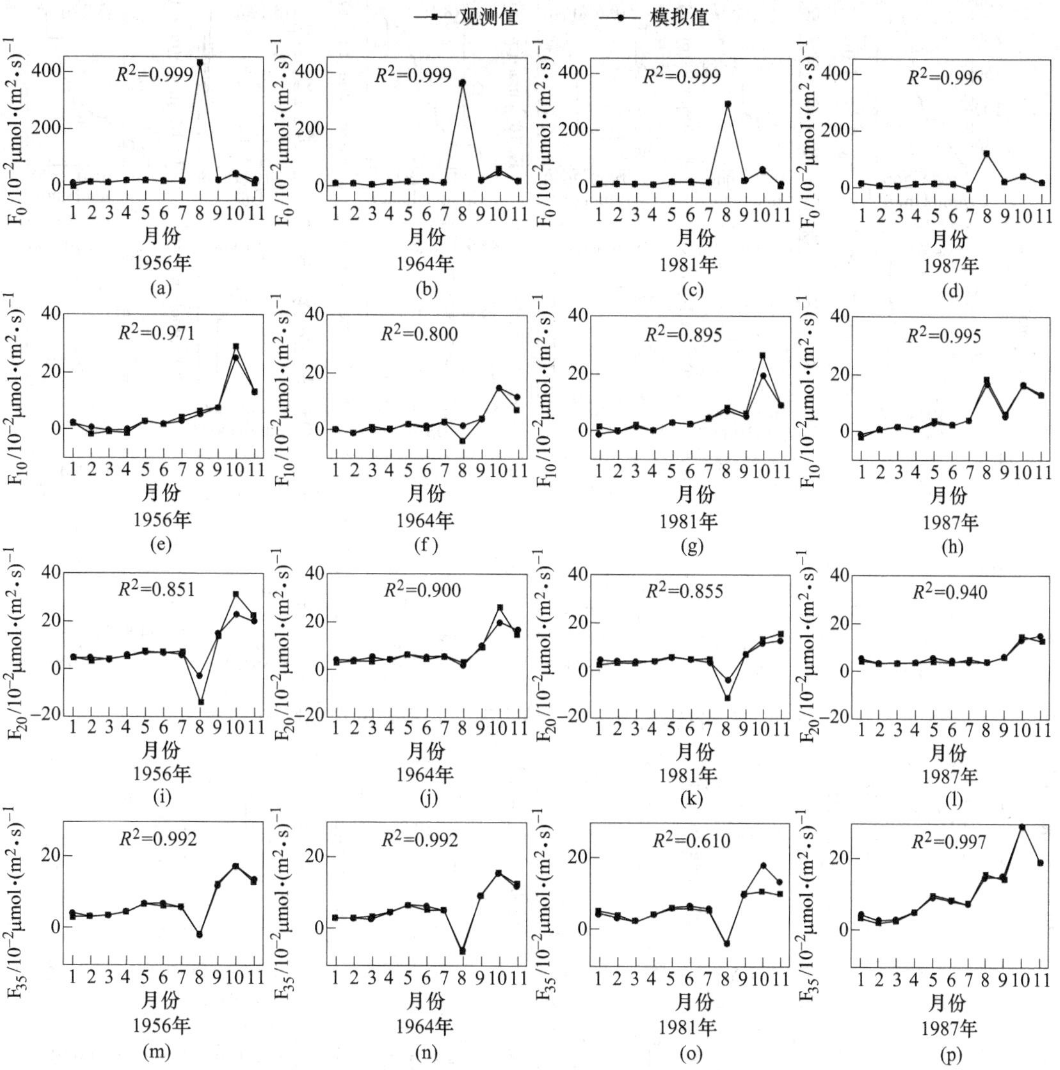

图 9-26 4 个人工植被区土壤 CO_2 通量的增强回归树模型模拟值与观测值的拟合图

利用 BRT 模型分别分析了群落结构、土壤剖面温度、土壤剖面水分、土壤剖面 CO_2 浓度和土壤剖面气体扩散率对土壤表面及土壤剖面 CO_2 通量的影响（图 9-27~图 9-30）。结果显示，土壤剖面 CO_2 浓度和土壤剖面温度是 F_0 的主要影响因素，对其变异的贡献率分别达到 90. 3% 和 9. 2%；群落结构和土壤剖面水分对 F_0 的影响较小，对其变异的贡献率仅为 0. 4% 和 0. 1%。土壤剖面 CO_2 浓度、土壤剖面水分、群落结构和土壤剖面温度是 F_{10} 的主要影响因素，对其变异影响程度大小分别为 45. 2%、35. 3%、11. 8% 和 7. 8%。土壤水分、土壤 CO_2 浓度、土壤 CO_2 扩散率、群落结构和土壤温度是 F_{20} 的主要影响因素，对 F_{20} 的主要影响程度分别为 53. 75%、29. 24%、6. 99%、5. 35% 和 4. 66%。土壤水分、土壤 CO_2 浓度、群落结构和土壤温度是 F_{35} 的主要影响因素，对 F_{35} 的影响程度分别是 38. 55%、30. 28%、28. 16% 和 3. 01%。

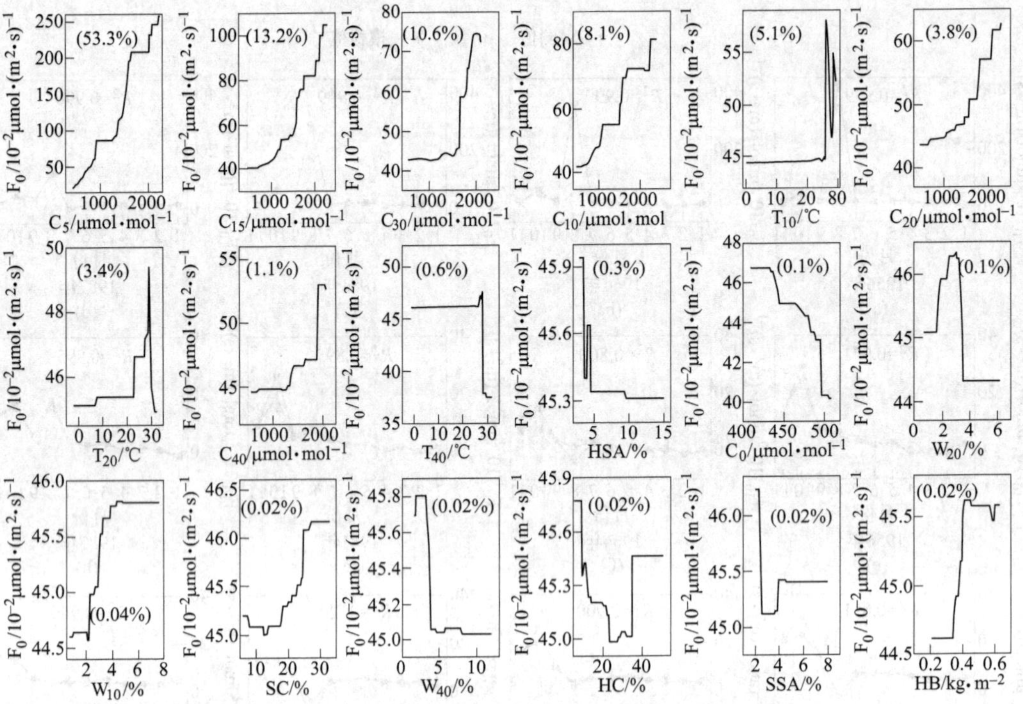

图 9-27 各影响因子对土壤表面 CO_2 通量的边际影响

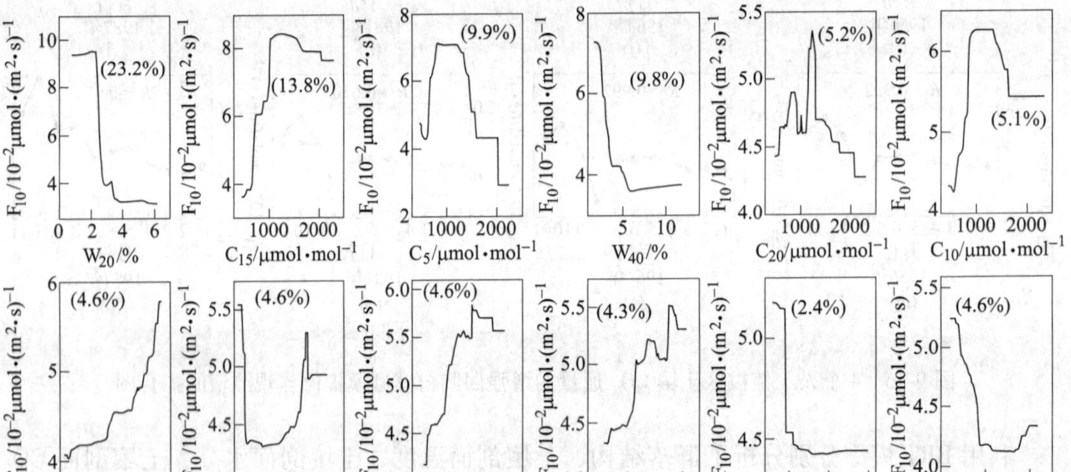

图 9-28 各影响因子对土壤剖面 10 cm CO_2 通量的边际影响

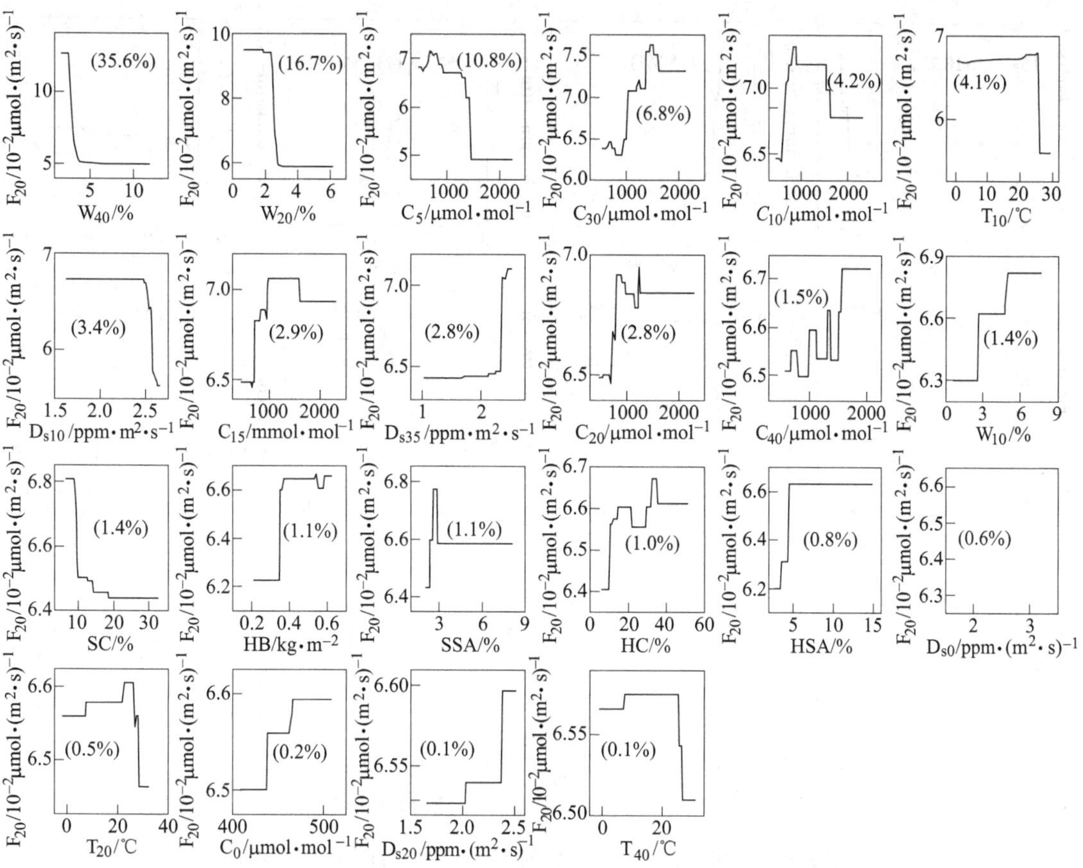

图 9-29 各影响因子对土壤剖面 20 cm CO_2 通量的边际影响

9.6.2.1 土壤表面及剖面 CO_2 浓度对土壤 CO_2 通量的影响机理

土壤剖面 CO_2 浓度对 F_0 和 F_{10} 的影响程度最大，对 F_{20} 和 F_{35} 的影响程度仅次于土壤剖面水分。由图 9-27 可知，土壤剖面 CO_2 浓度对 F_0 变异的贡献率从大到小依次为 C_5(53.3%)>C_{15}(13.2%)>C_{30}(10.6)>C_{10}(8.1%)>C_{20}(3.8%)>C_{40}(1.1%)>C_0(0.1%)。除 C_0 外，土壤剖面 CO_2 浓度对 F_0 的影响总体上呈正相关，当 C_{40} 高于 1347.39 μmol/mol 时，F_0 随 C_{40} 的增加呈指数增加趋势，但当 C_{40} 在 1347.39 μmol/mol 以下时，增大 C_{40} 对 F_0 的影响微弱；F_0 是土壤剖面 CO_2 生产并扩散的结果，土壤剖面 CO_2 越高，F_0 也相应增加。

由图 9-28 可得，土壤剖面 CO_2 浓度对 F_{10} 的贡献率从大到小依次为 C_{15}(13.8%)>C_5(9.9%)>C_{20}(5.2%)>C_{10}(5.1%)>C_{30}(4.6%)>C_{40}(4.3%)>C_0(4.6%)。除 C_0 与 F_{10} 呈减小趋势外，F_{10} 随土壤剖面 CO_2 浓度的升高呈先增大后减小趋势，其中 C_5 和 C_{20} 整体呈减小趋势，C_{10}、C_{15}、C_{30} 和 C_{40} 大体呈增加趋势。当 C_{15}、C_5、C_{20}、C_{10}、C_{30} 和 C_{40} 分别低于 1322.31 μmol/mol、1246.49 μmol/mol、1235.09 μmol/mol、1330.91 μmol/mol、1606.85 μmol/mol 和 1870.93 μmol/mol 时，土壤剖面 CO_2 浓度升高，F_{10} 相应增大，但当超过上述值后，升高土壤剖面 CO_2 浓度会降低 F_{10}；F_{10} 随 C_0 增加呈减小趋势，当 C_0 为 485.94 μmol/mol 时，F_{10} 最低；当 C_{10} 超过 1618.79 μmol/mol 时，增大 C_{10} 对降低 F_{10} 的作

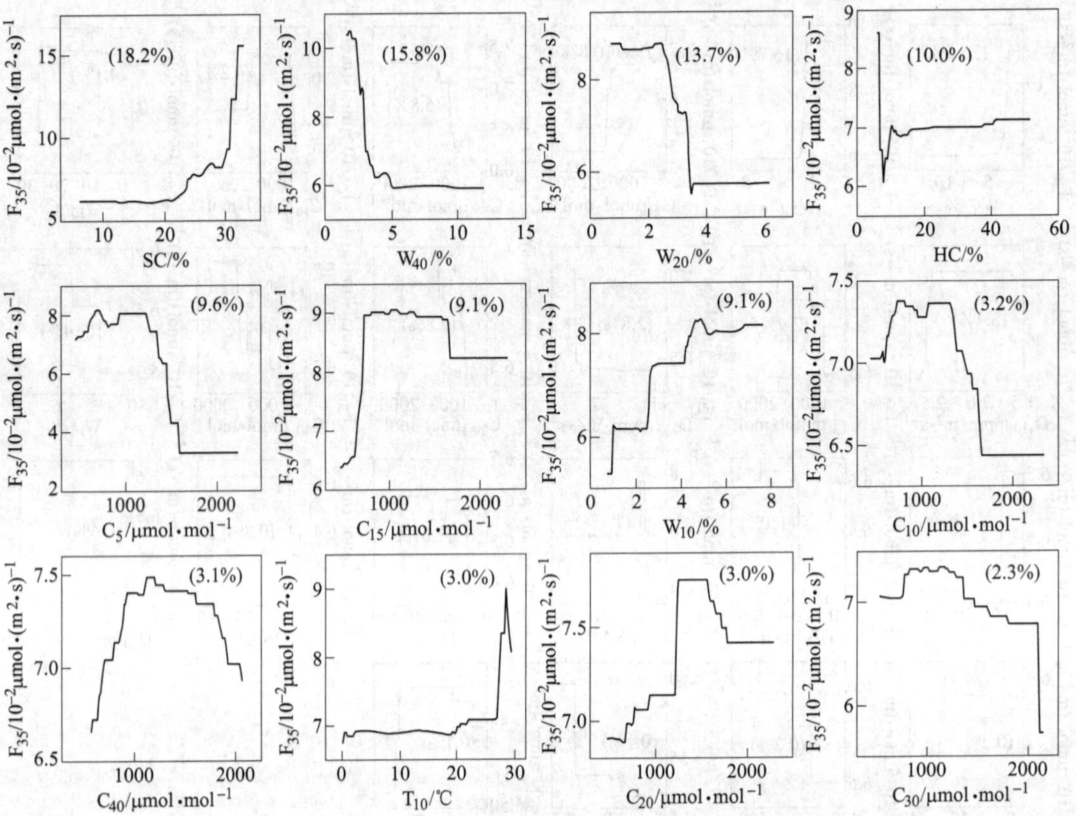

图 9-30 各影响因子对土壤剖面 35 cm CO_2 通量的边际影响

用减弱。

由图 9-29 可得，土壤剖面 CO_2 浓度对 F_{20} 的贡献率从大到小依次为 C_5(10.8%) > C_{30}(6.8%) > C_{10}(4.2%) > C_{15}(2.9%) > C_{20}(2.8%) > C_{40}(1.5%) > C_0(0.2%)。F_{20}与土壤剖面 CO_2 浓度关系的特点是存在最高阈值，当土壤剖面 CO_2 浓度超过最高阈值后，对 F_{20}变异影响不大。F_{20}随 C_5的增加而减小，当 C_5低于 1463.86 μmol/mol 时，F_{20}与 C_5总体上成反比，当 C_5高于 1463.86 μmol/mol 时，继续增加 C_5对 F_{20}的影响较小；当 C_{30}、C_{10}和 C_{15}分别低于 1459.82 μmol/mol、889.50 μmol/mol 和 986.52 μmol/mol 时，F_{20}随其增加呈指数增加趋势，当 C_{30}、C_{10}和 C_{15}分别在 1459.82~1623.18 μmol/mol、889.50~1637.98 μmol/mol 和 986.52~1602.14 μmol/mol 条件下，F_{20}随其增加而略微下降，当 C_{30}、C_{10}和 C_{15}分别高于 1623.18 μmol/mol、1637.98 μmol/mol 和 1602.14 μmol/mol 时，对 F_{20}影响不大；当 C_{20}和 C_{40}分别低于 1253.37 μmol/mol 和 1556.81 μmol/mol 时，随 C_{20}和 C_{40}升高，F_{20}波动上升，在超过阈值后，C_{20}和 C_{40}对 F_{20}几乎无影响；除 C_5外，增加土壤剖面 CO_2 浓度总体上会增加 F_{20}。

由图 9-30 可得，土壤剖面 CO_2 浓度对 F_{35} 的贡献率从大到小依次为 C_5(9.6%) > C_{15}(9.1%) > C_{10}(3.2%) > C_{40}(3.1%) > C_{20}(3.0%) > C_{30}(2.3%)，土壤剖面 CO_2 浓度对 F_{35}的影响特点为 F_{35}随 C_5、C_{15}、C_{10}和 C_{20}的增加呈增加—降低—基本无影响的趋势，F_{35}随 C_{30}和 C_{40}的增加呈增加—降低的趋势。当 C_5、C_{15}、C_{10}和 C_{20}分别低于 703.06 μmol/mol、

725.30 μmol/mol、735.97 μmol/mol 和 1253.37 μmol/mol 时，F_{35}随其增加呈增加趋势，当C_5、C_{15}、C_{10}和C_{20}分别在 703.06 ~ 1590.66 μmol/mol、725.30 ~ 1676.76 μmol/mol、735.97 ~ 1657.17 μmol/mol 和 1253.37 ~ 1783.26 μmol/mol 条件下，F_{35}随其增加大体呈减小趋势；当C_5、C_{15}、C_{10}和C_{20}分别超过 1590.66 μmol/mol、1676.76 μmol/mol、1657.17 μmol/mol 和 1783.26 μmol/mol 时，继续增加C_5、C_{15}、C_{10}和C_{20}对F_{35}基本无影响；当C_{40}和C_{30}分别低于 1197.81 μmol/mol 和 1165.75 μmol/mol 时，F_{35}与之成正比，而当C_{40}和C_{30}分别高于 1197.81 μmol/mol 和 1165.75 μmol/mol 时，F_{35}与之成反比。

C_{40}对F_0的影响存在最低临界值可能与气体的长距离扩散运输有关，土壤气体孔隙度随土壤深度的增加而减小，较低的深层土壤孔隙度会阻碍深层土壤CO_2通量向上扩散，只有当C_{40}高于 1347.39 μmol/mol 时，对F_0的影响才会呈逐渐增加趋势。除C_0与F_{10}呈负相关关系外，F_{10}与土壤剖面CO_2浓度呈先增加后减小的变化趋势。土壤剖面CO_2浓度梯度差的存在，使得随C_5和C_0增大，F_{10}呈整体减小趋势。而随C_{10}、C_{15}、C_{30}和C_{40}增大，F_{10}大体呈增加趋势。先增加后减小趋势的出现可能与土壤水分有关，当土壤水分逐渐增加时，通过促进土壤剖面根系和微生物呼吸以及底物的迁移增加土壤剖面CO_2浓度，进而增加土壤剖面CO_2通量；在水分高于一定值后，通过减小土壤孔隙，可阻止一部分CO_2气体扩散。F_{10}与C_{20}整体呈减小趋势可能与 8 月份雨量较多且温度较高的气候特点有关，此时植被快速生长，根系生长发育较强，土壤生物呼吸剧烈；同时，温度升高使得土壤非生物过程右向移动，致使土壤剖面 20 cm CO_2浓度较高，进而一定程度上又反向抑制土壤CO_2生产的生物过程和非生物过程，抑制土壤呼吸并使得式（9-22）和式（9-23）左向移动，进而在一定程度上减少土壤CO_2生产量，降低F_{10}。F_{20}随土壤剖面CO_2浓度变化存在最高阈值，最高阈值主要出现在 8 月份，这可能与土壤水分有关，土壤剖面 20 cm 距离地表有一定距离，土壤表面CO_2水分不易受外界环境影响，含水量相对较稳定，土壤孔隙及土壤气体扩散系数变异也相对稳定，由此决定了F_{20}的最高值。F_{35}随C_5、C_{15}、C_{10}和C_{20}的增加存在最高阈值，当高于这一阈值后，继续增加土壤剖面CO_2浓度对F_{35}没有影响，这可能与W_{40}和W_{20}对土壤剖面CO_2扩散的阻碍效应与C_{30}和C_{40}对土壤剖面CO_2扩散的增强效应相抵消有关。

$$CaCO_3 + 2H^+ \rightleftharpoons Ca^2 + H^+ + HCO_3 \rightleftharpoons Ca^{2+} + CO_2 + H_2O \tag{9-22}$$

$$Ca^{2+} + 2HCO_3^- \rightleftharpoons CaCO_3 + CO_2 + H_2O \tag{9-23}$$

9.6.2.2 土壤剖面水分对土壤CO_2通量的影响过程机理

土壤剖面水分对F_{20}和F_{35}的影响程度最大，对F_{10}的影响程度仅次于土壤剖面CO_2浓度。由图 9-28 可得，土壤剖面水分对F_{10}的贡献率从大到小依次为W_{20}(23.2%)>W_{40}(9.8%)>W_{10}(2.2%)，W_{20}对F_{10}的影响存在最低阈值和最高阈值，W_{10}和W_{40}对F_{10}的影响存在最高阈值。F_{10}随W_{20}和W_{40}的增加而减小，当W_{20}<2.3%的最低阈值时，W_{20}对F_{10}的影响不大，当 2.3%<W_{20}<3.5%时，F_{10}和W_{20}成反比，当W_{20}>3.5%的最高阈值时，继续增加W_{20}对F_{10}的影响较小；W_{40}在 6.1%的阈值之内时，W_{40}越高，F_{10}越低，但当W_{40}>6.1%的阈值时，对F_{10}的影响不大；F_{10}随W_{10}的增加呈增加—降低—增加—基本无影响的趋势，总体呈增加趋势，当 2.6%<W_{10}<3.5%时，F_{10}随其增加呈减小趋势，当W_{10}<2.6%或 3.5%<W_{10}<4.9%时，F_{10}随其增加呈增加趋势，而当W_{10}>4.9%的阈值时，对F_{10}的影响降低。

由图 9-29 可得，土壤剖面水分对 F_{20} 的贡献率从大到小依次为 W_{40}(35.6%)>W_{20}(16.7%)>W_{10}(1.4%)，W_{40}、W_{20} 和 W_{10} 均存在最低阈值和最高阈值，最低阈值分别为 2.51%、1.89%和 2.55%，最高阈值分别为 4.78%、3.45%和 4.99%。当土壤水分低于最低阈值或高于最高阈值时，对 F_{20} 的影响减弱；当土壤水分介于最低阈值和最高阈值之间时，W_{40} 和 W_{20} 越大，F_{20} 随其增加呈减小趋势，而当 W_{10} 越大时，F_{20} 随其增加呈增加趋势。兼顾模型拟合效果及模型精简度，将土壤剖面气体扩散率纳入 F_{20} 的 BRT 模型中，土壤剖面气体扩散率对 F_{20} 的影响程度仅次于土壤水分和土壤 CO_2 浓度。由图 9-29 可得，土壤剖面气体扩散率对 F_{20} 的贡献率从大到小依次为 D_{s10}(3.4%)>D_{s35}(2.8%)>D_{s0}(0.6%)>D_{s20}(0.1%)，土壤剖面气体扩散率对 F_{20} 的影响特点为：F_{20} 随 D_{s10} 和 D_{s35} 分别呈负相关和正相关，且均存在最低阈值，当 D_{s10} 和 D_{s35} 分别低于 2.48×10^{-2} μmol/(m^2·s) 和 1.70 μmol/(m^2·s)$\times10^{-2}$ μmol/(m^2·s)时，对 F_{20} 基本无影响。

由图 9-30 可得，土壤剖面水分对 F_{35} 的贡献率从大到小依次为 W_{40}(15.8%)>W_{20}(13.7%)>W_{10}(9.1%)。F_{35} 随 W_{40} 和 W_{20} 的增加而减小，当 W_{40}<5.1%时，F_{35} 与 W_{40} 成反比，当 W_{40}>5.1%时，继续增加 W_{40} 对 F_{35} 影响较小；当 W_{20}<2.5%或 W_{20}>5.6%时，增大 W_{20} 对 F_{35} 的影响较弱，当 W_{20} 在 2.5%~5.6%条件下，F_{35} 随其增加呈迅速下降趋势。当 W_{10} 低于 4.85%时，F_{35} 随 W_{10} 的增加呈增加趋势，当 W_{10} 高于 4.85%的最高阈值时，W_{10} 对 F_{35} 的影响较小。

F_{10} 随 W_{10} 的增加呈波动上升趋势，随 W_{20} 和 W_{40} 的增加呈降低趋势，且 W_{10}、W_{20} 和 W_{40} 均存在最高阈值，W_{20} 存在最低阈值。当 W_{20} 低于最低阈值时，主要出现在 11 月份，此时土壤剖面 CO_2 生产处于较低水平，因此对 F_{10} 的影响较小。一般情况下，干旱沙区人工生态系统中土壤水分随土壤深度的增加呈增加趋势。W_{10} 对 F_{10} 的影响出现最高阈值的时间主要在生长季节，当 W_{10} 对土壤 CO_2 生产的促进作用高于土壤水分对 CO_2 扩散的抑制作用时，F_{10} 随 W_{10} 的增加呈增加趋势；当 W_{10} 对土壤 CO_2 生产的促进作用与土壤水分对 CO_2 扩散的抑制作用相抵消时，W_{10} 对 F_{10} 的影响较小；同时，由于土壤剖面 10 cm 处距地表较近，易受环境影响，因此 F_{10} 随 W_{10} 的增加呈波动上升趋势。W_{20} 和 W_{40} 高于最高阈值的情况主要出现在冬去春来的植物萌芽初始阶段，即 1~4 月份，此时土壤水分处于较高水平，变化较平稳，水分不是主要限制因子；而 W_{20} 和 W_{40} 低于最高阈值主要出现在 5~10 月份的植被快速生长期间，在降水量有限和蒸发强烈的情况下，由于植被的耗水作用，土壤水分越少，即植被吸收水分越多，植物根系生长和微生物活动越强烈，相对应土壤剖面 CO_2 生产越多，因此 F_{10} 在一定范围内与 W_{20} 和 W_{40} 成反比。

F_{20} 随 W_{20} 和 W_{40} 的增加呈降低趋势，随 W_{10} 的增加大体呈增加趋势，土壤剖面水分均存在最低阈值和最高阈值。当 W_{10} 低于最低阈值时，主要出现在 11 月份到次年 3 月份，W_{10} 高于最高阈值时主要出现在 5 月份和 9~11 月份的多水季节。5 月份植被处于初始生长阶段，较多的降水增加了土壤剖面水分，通过溶解土壤基质养分促进植被生长，根际呼吸和微生物呼吸较多，增加了深层土壤 CO_2 的生产，进而增强了土壤剖面 20 cm CO_2 通量；9~11 月份，植被快速生长后，土壤剖面新鲜植物残体和微生物分布较多，较高的水分在一定程度上促进了 CO_2 生产的生物过程，增加了土壤剖面 CO_2 浓度，进而增加土壤 CO_2 通量。W_{40} 和 W_{20} 的最低阈值主要出现在 10 月份和 11 月份，此时土壤温度处于较低值，深层土壤 CO_2 生产较低，因此对 F_{20} 的影响较小；W_{40} 和 W_{20} 的最高阈值主要出现在 1~4 月份，此时植物处于萌发生长阶段，土壤温度是主要影响因子，因此 W_{40}和 W_{20}在处于最高阈值时对 F_{20}的影响较小。

F_{35}随 W_{10}的增加呈上升趋势，随 W_{20}和 W_{40}的增加呈降低趋势，W_{10}和 W_{40}存在最高阈值，W_{20}存在最高阈值和最低阈值，与土壤剖面水分对 F_{20}的影响相似，不同的是，F_{35}随 W_{10}的变化波动不大，主要原因是水分向下运输，土壤剖面 35 cm 处距离地表较远，受外界环境影响较小。从上述可看出，深层土壤水分对土壤表面和剖面 CO_2 通量的影响程度较大。

9.6.2.3 群落结构对土壤 CO_2 通量的影响过程机理

群落结构决定土壤剖面的根系分布，进而影响根系呼吸、微生物呼吸以及土壤环境，对土壤剖面 CO_2 通量有一定影响；同时，群落结构会影响土壤表面温度和水分，进而影响土壤表面 CO_2 通量。由图 9-28 可得，群落结构对 F_{10} 的贡献率从大到小依次为 HC(4.6%)>HSA(2.4%)>SSA(2.2%)>SC(1.5%)>HB(1.0%)。当 HC 在 18.4%~40.8%时，F_{10}随其增加呈增加趋势，当 HC>40.8%时，继续增大 HC 会略微降低 F_{10}，而后对 F_{10}基本无影响，总体上 HC 增加会对 F_{10}产生负效应；当 HSA<7.6%时，F_{10}与 HSA 成反比，当 HSA>7.6%时，HSA 的继续增加对 F_{10}影响较小；F_{10}随 SSA 和 HB 的增加而减小；F_{10}随 SC 的增加呈先增加后减小的趋势，当 SC 为 24.55%时对 F_{10}的影响程度最大，总体上 SC 的增加会对 F_{10}产生正效应。

由图 9-29 可得，群落结构对 F_{20}的贡献率从大到小依次为 SC(1.4%)>HB(1.1%)>SSA(1.1%)>HC(1.0%)>HSA(0.8%)，群落结构对 F_{20}的影响特点是：F_{20}随灌木覆盖度的增加而减小，随草本覆盖度、多度和生物量的增多而增多，且均存在阈值。当 SC<18.6%的阈值时，F_{20}随 SC 的增加呈减小趋势，当 SC>18.6%的阈值时，对 F_{20}的影响较小；当 SSA<2.91%时，F_{20}随其增加呈先增加后减小趋势，当 SSA>2.91%时，对 F_{20}基本无影响。F_{20}随 HB、HC 和 HSA 的增加大体呈增加趋势，这可能与草本植物根系呼吸增加土壤 CO_2 含量有关，当其数值分别达到 0.37 kg/m^2、35.28%和 4.58%时，对 F_{20}影响较小。

由图 9-30 可得，群落结构对 F_{35}的贡献率从大到小依次为 SC(18.2%)>HC(10.0%)，F_{35}随 SC 的增加而增加，随 HC 的增加而减小，且均存在阈值。当 SC<21.0%时，对 F_{35}的影响较小，而当 SC>21.0%时，继续增加 SC 对 F_{35}产生正效应；当 HC<10.2%时，F_{35}随其增加呈先降低后略微升高的趋势，当 HC>10.2%的阈值时，继续增加 SC 对 F_{35}影响较小。

群落结构对 F_0的直接影响较小，主要是通过影响根系分布和微生物分布间接影响土壤表面 CO_2 通量。HC 在 18.4%~40.8%时与 F_{10}呈正相关关系，这一现象主要出现在 1956 年的人工植被区，该人工植被区的主要植被类型包括油蒿和草本植物，HC 和 SC 覆盖度越高，油蒿和草本植物较大的根冠比决定了其根系生物量较大，因此 HC 和 SC 越大，土壤剖面植物根系生物量越大，相应的 CO_2 生产的生物呼吸处于较高水平，进而增加了 F_{10}。但土壤剖面 10 cm 距离地表较近，易受外界温度和水分补给的影响，当 HC 高于 40.8%时，与 F_{10}呈负相关关系，这一现象主要出现在 1956 年的人工植被区的 1 月份和 2 月份，此时 10 cm 土层处温度和水分处于较低水平，土壤剖面 CO_2 产量较低，因此 F_{10}较低。

SC、SSA、HB、HC 和 HSA 对 F_{20} 的影响均存在最高阈值，SC 达到最高阈值主要出现在 1981 年和 1987 年的人工植被区，HB、HC 和 HSA 达到最高阈值主要出现在 1956 年和 1964 年的人工植被区。SC 和 HC 对 F_{35} 的影响分别存在最低阈值和最高阈值，当 SC 低于 21%时，主要出现在 1956 年、1964 年和 1981 年（除 6 月和 7 月外）的工植被区；当 HC 高于 10.2%时，主要出现在 1956 年和 1964 年的人工植被区。沙漠地区有限的水分和养分条件以及植物之间的水分、光和养分等的竞争作用共同决定了该区域的最大生物承载力。F_{20} 随灌木覆盖度的增加呈减小趋势，随草本覆盖度的增加呈增加趋势。而 F_{35} 随灌木覆盖度的增加呈增加趋势，随草本覆盖度的增加呈减小趋势。在干旱沙区人工植被生态系统演替过程中，降水和凝结水作为植物重要的水分来源，由于水分的限制，以灌木为主的人工植被逐渐被以草本植物为主的天然植被所取代。草本植物受降水影响较大，通过在浅层土壤中发育须根，从而在降水季迅速利用并吸收水，因此浅层土壤 CO_2 生产的生物呼吸作用较强，进而增加 F_{20}。自我更新能力较强的油蒿细根主要分布于 0~40 cm 土层的土壤剖面，根系残体、根际分泌物以及根际微生物呼吸等根际呼吸相应增多，深层土壤 CO_2 浓度也相应增高，进而增加 F_{35}。根系生物量会增加土壤孔隙度和氧气含量，进而增加土壤微生物的有氧呼吸。

9.6.2.4 土壤温度对土壤 CO_2 通量的影响过程机理

土壤剖面温度对 F_0 的影响仅次于土壤剖面 CO_2 浓度，对 F_{10}、F_{20} 和 F_{35} 的影响最小，但仍不可忽视。由图 9-27 可得，土壤剖面温度对 F_0 的贡献率从大到小依次为 T_{10}(5.1%)>T_{20}(3.4%)>T_{40}(0.6%)，土壤剖面温度对 F_0 的影响特点是：F_0 随 T_{10} 和 T_{20} 的增加大体呈先增加后减小趋势，存在最低温度阈值，T_{40} 对 F_0 变异的贡献率较小。当 T_{10} 和 T_{20} 分别低于 25.89 ℃和 22.72 ℃的最低阈值时，对 F_0 的影响较小，而当 T_{10} 和 T_{20} 分别高于 25.89 ℃和 22.72 ℃的阈值时，继续增加 T_{10} 和 T_{20}，F_0 大体呈先增加后减小的趋势，且 T_{10} 的变化对 F_0 影响较大，导致 F_0 波动较大。

由图 9-28 可得，土壤剖面温度对 F_{10} 的贡献率从大到小依次为 T_{10}(4.6%)>T_{20}(2.4%)>T_{40}(0.8%)，土壤剖面温度对 F_{10} 的影响特点是：F_{10} 随 T_{10} 和 T_{20} 的增加大体上呈增加趋势，T_{40} 对 F_{10} 变异的贡献率较小。随着 T_{10} 的增加，F_{10} 呈指数增加趋势；当 $T_{20}<13.98$ ℃时，F_{10} 与 T_{20} 呈正相关，而当 $T_{20}>13.98$ ℃时，继续增加 T_{20} 对 F_{10} 的影响较小，F_{10} 呈略微下降趋势。

由图 9-29 可得，土壤剖面温度对 F_{20} 的贡献率从大到小依次为 T_{10}(4.1%)>T_{20}(0.5%)>T_{40}(0.1%)，土壤剖面温度对 F_{20} 的影响特点是：F_{20} 随 T_{10} 的增加而减小，当 $T_{10}<25.29$ ℃时，对 F_{20} 的影响较小，而当 $T_{10}>25.29$ ℃的阈值时，对 F_{20} 产生负效应。T_{20} 和 T_{40} 对 F_{20} 变异的贡献率较低。

由图 9-30 可得，T_{10} 对 F_{35} 的贡献率大小为 3.0%，经 BRT 模型调试，T_{20} 和 T_{40} 对 F_{35} 的解释程度较低。当 $T_{10}<27.07$ ℃时，对 F_{35} 影响较低，而当 $T_{10}>27.07$ ℃的阈值时，F_{35} 随其增加总体呈增加趋势，但总体上 T_{10} 温度的升高对 F_{35} 具有促进效应，T_{10} 的 F_{35} 的最低阈值的影响程度高于对 F_0、F_{10} 和 F_{20} 的最低阈值的影响。

当 T_{10} 和 T_{20} 分别低于 25.89 ℃和 22.72 ℃的最低阈值时，对 F_0 基本无影响；而当 T_{10}

和 T_{20}分别高于 25.89 ℃和 22.72 ℃的最低阈值时，随温度升高，对 F_0的影响呈先增加后降低的影响趋势。当 T_{10}和 T_{20}高于最低阈值时，主要发生在人工植被区的 6~8 月份，其他月份对 F_0的影响较小，这可能与 6~8 月份大气温度较高，土壤表面 CO_2 浓度较低有关，土壤剖面与表面 CO_2 浓度梯度增加，土壤剖面 CO_2 外溢增加。当土壤温度较低时，土壤 CO_2 生产的生物过程和非生物过程随温度的升高而增强，通过增加土壤 CO_2 浓度，进而增加 F_0；而当土壤温度高于一定值后，就会破坏土壤酶的生物活性，降低土壤 CO_2 浓度，进而减小 F_0。

F_{10}与 T_{10}和 T_{20}成正比，其中当 T_{20}达到 13.98 ℃时，对 F_{10}基本无影响。T_{20}达到最高阈值（13.98 ℃）主要出现在四个人工植被区的生长季节，此时水分是干旱区人工植被生长的主要限制因子。

当 T_{10}>25.29 ℃的阈值时，T_{10}越高，土壤剖面 20 cm CO_2 通量越低，其主要原因是 T_{10}>25.29 ℃主要出现在四个不同年限人工植被区的 7 月份和 8 月份，1956 年土壤剖面 10 cm 和 15 cm 的 CO_2 浓度略高于土壤剖面 20 cm，因此在一定程度上减小了 F_{20}。

当 T_{10}大于最低阈值（27.07 ℃）时，主要发生在 1981 年和 1987 年人工植被区的 7 月份和 8 月份，F_{35}随其增加整体呈增加趋势，与温度升高促进灌木根系呼吸和非生物过程有关。

9.6.3 基于 RDA 综合分析土壤 CO_2 通量内在驱动机制

本节采用 RDA 综合分析土壤表面及剖面 CO_2 浓度、土壤剖面温度、土壤剖面水分、群落结构和土壤理化性质对土壤表面及剖面 CO_2 通量的影响，探究影响土壤表面及剖面 CO_2 通量的关键因子，并明晰各因子之间的相互作用机制。

各因子对土壤表面和剖面 CO_2 通量的影响存在差异（表 9-25）。获取土壤表面及剖面 CO_2 通量和预选因子的二维排序图（图 9-31），其中土壤表面及剖面 CO_2 通量采用蓝色实心箭头表示，预选因子采用红色空心箭头表示。箭头连线长度在第一排序轴上的投影表示各预选因子对因变量的贡献程度，箭头连线投影越长，表示对因变量贡献程度越大；箭头连线与排序轴夹角表示相关关系，夹角越小，则相关性越强；预选因子箭头连线在土壤表面及剖面 CO_2 通量连线上的投影（即夹角余弦值）越长，则对土壤表面及剖面 CO_2 通量的影响越大。如图 9-31 所示，土壤剖面 CO_2 浓度的箭头连线在第一排序轴上的投影长度最长，可知土壤剖面 CO_2 浓度对土壤表面及剖面 CO_2 通量具有较高的解释率，这与表 9-25 的结果相一致。其中，F_0与 C_5、C_{10}、C_{15}、C_{30}、C_{40}、T_{40}、T_{20}、TS、pH、N 和 Clay 的箭头连线夹角为锐角，呈正相关关系；F_0与 W_{40}、BD、HSA、W_{10}、C_0和 W_{20}夹角为钝角，呈负相关关系。F_{10}与 C_5、C_{10}、C_{15}、C_{30}、C_{40}、W_{10}、Clay、T_{40}、T_{20}和 TS 的箭头连线夹角为锐角，呈正相关关系；F_{10}与 BD、C_0、HSA、W_{40}、W_{20}、pH 和 N 的箭头连线夹角为钝角，呈负相关关系。F_{20}和 F_{35}的相关性较强，两者箭头连线与 W_{10}的箭头连线夹角为锐角，呈正相关关系；F_{20}和 F_{35}与 pH 值、N、HSA、W_{20}和 W_{40}的箭头连线夹角为钝角，呈负相关关系。说明土壤理化性质对土壤表面及剖面 CO_2 通量具有一定影响。

表 9-25 各预选因子对土壤表面及剖面 CO_2 通量的贡献率大小及显著性检验

预选因子	重要性排序	相对贡献率/%	F 值	P 值	预选因子	重要性排序	相对贡献率/%	F 值	P 值
C_5	1	97.2	1434	0.012	BD	10	3.0	1.3	0.102
C_{10}	2	94.6	740	0.028	HSA	11	2.6	1.1	0.320
C_{15}	3	90.8	412	0.024	W_{10}	12	2.1	0.9	0.732
C_{30}	4	71.3	104	0.010	C_0	13	1.6	0.7	0.392
C_{40}	5	58.8	59.9	0.012	pH	14	1.2	0.5	0.290
T_{40}	6	14.5	7.1	0.358	N	15	1.2	0.5	0.302
T_{20}	7	13.5	6.6	0.392	W_{20}	16	0.6	0.3	0.686
W_{40}	8	5.3	2.4	0.560	Clay	17	0.5	0.2	0.558
TS	9	3.2	1.4	0.008					

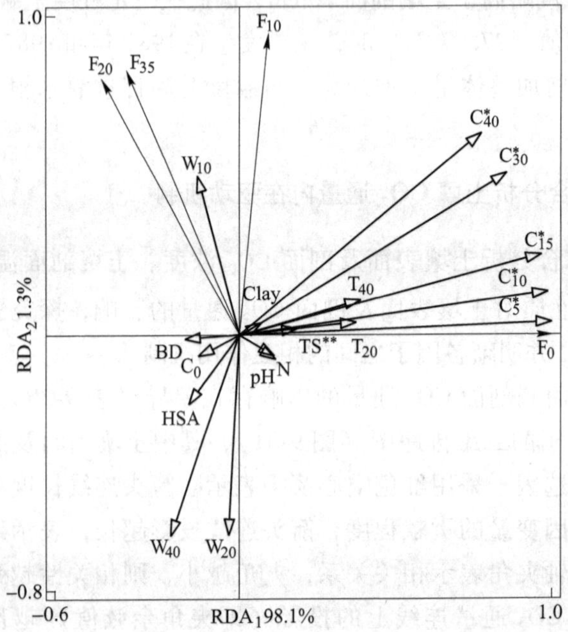

彩色原图

图 9-31 土壤表面及剖面 CO_2 通量与预选因子之间的相关关系

由图 9-31 可得，T_{20} 和 T_{40} 与土壤剖面 CO_2 浓度呈成正相关关系；W_{10} 与 C_{30} 和 C_{40} 呈正相关关系，与 C_0、C_5、C_{10} 和 C_{15} 呈负相关关系；W_{20} 和 W_{40} 与土壤剖面 CO_2 浓度呈负相关关系；Clay、TS、pH 和 N 与土壤剖面 CO_2 浓度呈正相关关系；BD 和 HSA 与土壤剖面 CO_2 浓度呈负相关关系。F_0 与 F_{10} 呈正相关关系，而与 F_{20} 和 F_{35} 呈正相关关系。可见，在植被恢复过程中，土壤理化性质中的黏粒含量、总盐、酸碱度、容重和氮含量对土壤 CO_2 通量变化具有指示作用。

9.6.3.1 不同年限人工植被区土壤总盐变化规律分析

本研究显示土壤总盐含量与植被重建年限成正比，与已有研究相一致。靳正忠等

（2018）通过研究塔里木沙漠人工植被生态系统，结果显示根际土盐分含量与林龄呈正相关关系。一般情况下，在干旱生态系统中，灌水会使土壤盐分淋洗到深层土壤中，在不灌水时期，土壤水分蒸发强烈，盐分会出现表聚现象。本研究区没有采用灌水措施，因此土壤盐分会由于土壤蒸发作用出现表聚现象。在沙漠土壤中，较强的水分入渗能力和较深的地下水位共同决定了土壤含盐量较低。土壤盐分形成包括生物过程和非生物过程，其中生物过程包括蒸腾、根系泌盐和根系对离子的选择性吸收等，非生物过程包括地下水蒸发与地表风蚀和风积作用。土壤水分和盐分是荒漠生态系统土壤 CO_2 生产的主要影响因子，水分主要通过影响溶解性有机质的溶解，进而影响土壤根系生长和微生物活动。研究指出，土壤盐分会在一定程度上降低土壤团聚体结构稳定性，不利于植被生长，降低物种多样性和微生物碳的作用。但干旱沙区土壤盐分的增多会增加土壤的碱性，进而增强其“碳汇”功能。朱秉启等研究指出，无机碳盐使腾格里沙漠呈碱性环境，主要包括碳酸钠和碳酸氢钠，空气中的 CO_2 与土壤溶液中的水分形成碳酸，碳酸在碱性条件下被中和，形成碳酸根离子或碳酸氢根离子，经蒸发作用沉淀成盐分，同时，干旱沙区蒸发量远高于降水量，因此淋溶作用较弱，全球气候的暖湿化会增强土壤的固碳能力。本研究中研究区地下水分布较深，对植被生长的影响较小，盐分的积累主要与地表粗糙度的增加造成大气沉降过程增强有关。

9.6.3.2 不同年限人工植被区土壤 pH 值变化规律分析

本研究结果显示，土壤 CO_2 通量与 pH 值呈正相关关系，与马学喜等（2015）的研究结果一致，其研究结果显示，梭梭防护林下土壤 pH 值高于流沙，但与 Heger 等（2022）的研究结果不一致，Heger 等认为这与生态系统类型有关。Heger 等（2022）通过研究森林生态系统，发现 pH 值和土壤表面 CO_2 通量呈负相关关系，森林土壤 pH 值呈酸性，土壤微生物多为嗜酸性细菌和真菌，pH 值的升高会对微生物产生抑制作用。植被重建后土壤碱性的增强可能与植被类型有关，刘进辉等（2016）通过研究绿洲沙漠过渡带，发现柽柳枝条盐腺与 CO_2 形成碳酸氢根离子，枯枝落入土壤后会增强土壤碱性[❶]。pH 值一方面可通过影响土壤微生物群落组成和土壤酶活性，进而影响土壤 CO_2 生产的生物过程；另一方面可通过影响碳酸盐沉降，较高的 pH 值会促进钙离子和 CO_2 形成胶体水膜，从而促进碳酸盐沉降，进而影响 CO_2 生产的非生物过程。同时，pH 值的升高会增加阳离子的交换能力，提高土壤的养分有效性，进而增加植物初级生产力和土壤自养呼吸。综上，pH 值可通过影响微生物群落、碳酸盐沉降和阳离子交换能力来影响土壤 CO_2 通量，对土壤 CO_2 通量的影响效应也可能与土壤自养呼吸和异养呼吸的比例有关，但仍需进一步实验验证。

9.6.3.3 不同年限人工植被区土壤氮含量变化规律分析

氮含量和土壤表面 CO_2 通量呈正相关关系，碳氮比越小，则表示微生物对土壤表面 CO_2 通量的贡献越大。土壤中的氮会通过促进植物生长和有机碳保留来促进土壤大团聚体形成，进而促进土壤有机碳的积累，较高的土壤有机碳储量增加了土壤碳的可利用性，进一步增加了土壤微生物活动带来的 CO_2 生产，Nan 等（2016）也得出相似的结论，认为施用氮肥提高了土壤 CO_2 的生产量和通量。但是土壤氮含量应适量，研究显示，在干旱生态

---

❶ 刘进辉，王雪芹，马洋，等．绿洲沙漠过渡带柽柳（Tamarix ramosissima）灌丛沙堆-丘间地系统土壤盐分含量特征［J］. 中国沙漠，2016，36（1）：181-189.

系统中，干旱会促进植物可溶性蛋白的增加，可溶性蛋白主要以氮素的形式保存，植物体内细胞液氮素的增加会增加叶片水势，进而增强植物的水分吸收能力，从而缓解干旱胁迫，而过高的土壤氮含量可能会导致植物失水死亡。

9.6.3.4 不同年限人工植被区土壤黏粒含量变化规律分析

土壤表面 CO_2 通量与细颗粒含量呈正相关关系，细颗粒会通过影响土壤水分、土壤有机碳含量和植被的生长，从而对土壤 CO_2 通量产生正效应，促进土壤自养呼吸和异养呼吸。细颗粒土壤中的水分会溶解可溶性有机质，促进微生物呼吸；细颗粒可以保护土壤有机碳，土壤有机碳通过被黏粒吸附形成粉粒或黏粒团聚体。砂土的肥力低，非饱和导水率和持水性差，不利于植被根系的生长和残体分解，而细颗粒则有助于植被根系生长，其土壤中自养呼吸和异养呼吸较强。本研究显示土壤容重和土壤黏粒含量呈负相关关系，与张晓龙等（2019）的研究结果一致，认为较高的土壤容重给土壤有机碳提供了物理保护，阻碍了土壤有机碳被微生物分解分解。

本 章 小 结

本研究以森林资源清查数据为基础，采用传统统计学中的方差分析、回归分析等一般线性模型和地统计学中的半变异函数模型分析等方法，对森林碳密度与环境因素、林分因子的关系进行研究，并探讨了森林碳密度的空间分布格局，主要包括：（1）对加权生物量经验回归模型法和生物量转换因子连续函数法两种碳密度估算方法进行了对比分析；（2）对天然林森林植被群落进行 DCA、CCA 排序，研究不同生境条件下天然林乔木层的碳密度；（3）基于森林资源清查数据的 3768 个样地，估算整个天然林和人工林的碳密度和碳储量，分析其空间分布格局，探讨各种因素对碳密度的影响；（4）对比了主要优势树种乔木林的碳密度与环境因子、林分因子的关系。通过以上研究，为区域森林碳密度估算方法的选择提供了理论依据；通过碳密度与环境因子、林分因子的对比，可为建立森林生态系统管理模型提供数据支撑；将地统计学方法引入到山区森林碳密度的研究之中，为复杂条件下碳密度的空间异质性分析提供了新的思路。采用时间代替空间法，利用 Fick 第一定律模拟土壤表面及剖面 CO_2 通量，其结果与气室法的测量结果一致。通过建立结构方程模型、增强回归树模型和冗余分析，揭示了土壤表面及剖面 CO_2 通量的内在驱动机制。

习 题

1. 如何对碳通量进行观测？
2. 碳通量的影响因子有什么？
3. 乔灌草分别用什么方法进行碳密度和碳储量的估算？
4. 生态系统碳储量用什么模型进行估算？
5. 主要影响天然林和人工林碳密度的因子分别是什么？
6. 简述不同年限人工植被区土壤 CO_2 与植被特性的变化规律。
7. 分析土壤表面 CO_2 通量的变化特征与驱动因子，并简述影响土壤表面 CO_2 通量的因子。
8. 主要影响天然林和人工林碳储量的因子分别是什么？

10 山西省国土空间生态修复与固碳增汇

本章提要：

山西省作为资源型地区和碳排放大省，其经济发展主要以资源型产业为主。自然资源作为支撑经济增长和社会福祉的基础物质资源，其在未来的需求和利用潜力很大。然而以矿山开采为核心的产业链扰动着自然资源及生态系统的稳定性，制约着固碳增汇等生态功能的发挥，如何在“双碳”目标背景下，统筹规划现有自然资源，挖掘各自然资源碳减排增汇技术，以典型生态修复工程入手，开展固碳增汇途径研究，具有现实意义。本章以国土空间利用现状为依据，采用多种方法厘清山西省不同类型自然资源碳库现存量及各碳库组分的贡献，探索基于自然过程和人为过程的山西省不同类型自然资源固碳增汇技术体系，并总结出符合地区实际的固碳增汇提质增效途径，为山西省各级自然资源部门制定固碳增汇战略提供理论依据。

10.1 山西省国土空间生态修复

10.1.1 生态问题和风险

A 水蚀风蚀共存，水土流失严重

山西是一个以山地丘陵为主的省份，山丘区占全省总面积的80%以上。西部吕梁山以黄土丘陵沟壑区和残塬沟壑区为主，东部太行山以土石山区为主，中部断陷盆地以黄土丘陵阶地和冲积平原为主。85%以上的面积为黄土和次生黄土所覆盖。由于黄土具有质地疏松、多孔隙、易溶蚀、垂直节理发育的特点，因而极易形成水土流失。沿黄黄土丘陵沟壑区是全国水土流失最严重的区域之一，生态脆弱性区域面积占全省国土面积的38.35%。加之植被遭到破坏，从而导致严重的水土流失。西北部黄土缓坡丘陵区有小面积风蚀，风力侵蚀面积为63 km^2。全省水土流失面积达10.8万平方千米，占土地总面积的69%。采矿等生产建设活动扰动地表、破坏植被，产生大量弃土弃渣，也是造成人为水土流失的主要原因。水土流失导致自然灾害频发，制约了经济的发展与乡村的振兴。

B 土地退化突出，致使地力下降

山西省土地退化问题仍较为突出，沙化土地面积为580169 hm^2，占全省总面积的3.7%。沙化土地主要分布在朔同盆地和晋西黄土丘陵区。晋西黄土具有多孔性，质地疏松，抗蚀力弱。风大沙大、土质疏松、气候干燥、植被稀疏等自然因素的存在，本身就孕育着沙质荒漠化发生与发展的自然过程，而人类的不合理活动在土地沙漠化自然过程的基础上加剧了风沙。山西北部冬春季干旱多风，西北风强劲，地表裸露，风蚀强烈，加之当地土壤多为沙质，土壤保水保墒条件差，极易发生风蚀沙化。由于自然条件较差，造林成活率偏低，林草覆盖率不高，因此生态环境比较脆弱。

C 水资源短板凸显，胁迫水生态安全

山西省水资源相对不足，全省多年平均降水量为 509 mm，多年平均水资源总量 123.8 亿立方米，不足全国水资源总量的 0.5%。山西省是一个以高耗水为特征的能源及重工业省份，水资源的不断污染与破坏使水资源供需矛盾更加尖锐，缺水更加严峻，给经济社会发展带来潜在的风险。水生态问题依然严峻，径流量不断下降，受拦河水利工程、河道断流及水质污染影响，部分原有物种栖息环境丧失，原有河道作为生物和营养元素交流廊道的功能退化，以河流维系的沿岸生物群落衰退，水生生物多样性下降，水生态环境恶化。采砂取石和违章建筑等严重挤压了河流水生态空间，造成水生态系统的严重破坏。河流湿地严重萎缩，湿地破碎化程度加重、生态功能退化。全省 40%的天然湿地已经或正在面临被开垦和改造的威胁。水源涵养区的生态保护修复仍缺乏系统性，近几年全省虽实施了大水网工程，但缺乏山水林田湖草生命共同体的认识，忽视水源涵养区、河流源头、河流两岸的生态系统保护修复。地下水资源多年平均开采利用量占总用水量的 60%，导致了地面沉降、泉水流量锐减、水质恶化等一系列问题。汾河、沁河、涑水河、桑干河、滹沱河、漳河等重要河流的源头区，由于长期的矿产资源开采以及不合理的农业生产活动，涵养水源功能大为减退，河流源头水量减少。

D 受损矿山点多面广，生态景观破碎

山西省受损矿山点多面广，对生态系统破坏严重。露天采场、废石场（排土场、排矸场）、尾矿库等对地表生态景观造成严重破坏。采煤形成大量采空区，形成地下水降落漏斗，泉水断流，地表沉陷和裂缝，导致植被退化、河流断流，其影响范围和程度逐步扩大，矿井废水的排放导致对地表水、地下水、土地的污染。全省各类矿山采空区主要分布于大同市、吕梁市、临汾市和晋城市，占全省采空区总面积的 53.74%。全省各类矿山地质环境问题共压占、损毁土地总面积约 1796.96 km^2，各类矿山地质灾害 5255 处，各类地质灾害破坏土地面积 1124.07 km^2。

E 生态网络构建滞后，威胁生物多样性

山西省仍面临生物栖息地丧失、生物多样性下降的局面，现有生物多样性保护体系尚不完善，一些重要生态系统和生物资源尚未得到有效保护。(1) 由于人类活动的影响，部分动植物种类受到较大的威胁，生态系统的完整性不断丧失，濒危动植物种类较多。(2) 生态系统抵抗外来物种入侵的能力减弱。森林和亚高山草甸生态系统严重退化，生产建设活动等破坏了原始生态，使得生态系统抵抗外来物种入侵的能力减弱。(3) 生物迁徙廊道连通性差。表现为生物迁徙廊道不畅、廊道与重要保护地联系不紧密以及廊道内部生物多样性差等方面，生态廊道与斑块、基质联系不连续。(4) 生态单元孤立。生态网络缺乏完整构型，难以连接空间分布上较为孤立和分散的生态单元，形成了独立的空间类型和生境类型。生态网络与缀块、基底的相互关系不连续，没有形成纵横交错、有机构建的生态网络，使生态系统的基本空间格局难以形成整体性和关联性。

F 农业空间发展受限，制约乡村振兴

受地形地貌影响，农业生产适宜性较差，全省耕地面积为 3.90 万平方千米，种植业适宜区面积约2.77万平方千米，仅占全省总面积的17.67%，主要分布在大同、忻定、太原、临汾、运城和长治六大盆地，全省城镇建设适宜区与农业适宜区高度重叠。资源硬约束日益加剧，保障粮食等主要农产品供给的任务更加艰巨，水土资源承载能力趋近极限，与确保粮食等主要农产品供给矛盾日益尖锐。(1) 农田生态系统脆弱，土地资源承载能力不强，土地后备资源特别是耕地后备资源有限，农田抵御旱涝等自然灾害能力低，农田地力严重下降，耕作措施不当，造成耕地养分失调，肥力下降。(2) 农业面源污染问题突出，直接影响了农产品质量安全，确保农产品质量安全的任务艰巨。(3) 乡村生态景观问题依然存在，包括田园景观均质化严重、绿化结构和树种单一以及乡村建设“千村一面”等方面。(4) 建设生态农业的任务更加艰巨。产业生态化程度不高，高强度、粗放式生产方式导致农田生态系统结构失衡、功能退化，农林、农牧复合生态系统亟待建立。

G 生态城镇发展缓慢，制约绿色崛起

在山西省高质量发展过程中，生态城镇建设仍然存在以下问题：(1) 生态景观功能不高。城市绿地系统不完善，城市自然绿地大量减少，城郊区景观多样性和复杂性降低，忽视自然廊道和树盘的保护，人工绿地景观投资大生态效益差。(2) 城市生物多样性降低。园林绿化中植物选择单一以及自播植物生存空间受挤压等。(3) 城市缺乏绿色廊道。未重视绿色廊道，风流不畅、热源聚焦，道路廊道过度景观化、自然度低，水系渠化、生态功能低。

10.1.2 基本原则

(1) 战略引领，科学编制。贯彻党中央、国务院决策部署，落实国家和区域重大战略。坚持尊重自然、顺应自然、保护自然，坚持以水而定、量水而行，按照保证生态安全、突出生态功能、兼顾生态景观的次序，加强区域整体保护和塑造，维护区域关键生态系统原真性、廊道和节点的生态安全，根据生态系统退化、受损程度和恢复力，科学选择保育保护、自然恢复、辅助再生和生态重建等措施。

(2) 系统修复，整体推进。遵循“山水林田湖草沙”生命共同体理念，按照生态系统的整体性、系统性及其内在规律，统筹考虑自然生态各要素，把维护流域水源涵养、水土保持、防风固沙、生物多样性保护等生态功能作为核心，坚持“治山—治水—治气—治城”一体化推进，推动山水林田湖草沙一体化的生态保护和修复，提升生态系统的完整性和稳定性，构建全方位、全地域、全过程、一体化生态环境保护格局。

(3) 统筹规划，综合治理。树立“尊重自然、顺应自然、保护自然”和“整体保护、系统修复、综合治理”的理念，以小流域为基本单元，协同推进山上山下、地上地下、岸上岸下、流域上下游一体化保护和修复，建立上下统一、相互衔接、分级管理的生态保护修复空间规划体系，统筹谋划生态保护修复。

(4) 量水而行，节水为重。始终坚持将水资源作为最大的刚性约束，坚持以水定城、以水定地、以水定人、以水定产，合理规划城镇、人口和产业发展，提高用水效益，推动用水方式由粗放低效向节约集约转变，把“水制约”变成“水保障”“水支撑”。立足自然地理格局，根据生态系统特征和内在机理，科学设置保护修复目标、任务、模式和举措，提升生态系统碳汇能力。

(5) 空间管控，分区施策。根据“两山七河一流域”生态环境系统特征和区域差异性，以主体功能区规划为基础，坚持国土空间“三条控制线”要求，实施差异化的生态环境分区管控，构建生态安全格局。

(6) 创新机制，完善制度。建立生态系统保护修复的组织、推进、管护、考核、奖励、责任追究等管理制度，构建协同有序、高效务实的生态保护修复机制。通过多渠道筹措资金，鼓励社会资本投入生态修复，增强生态修复的资金保障能力。

10.1.3 生态修复格局

基于自然地理格局，在生态本底和问题诊断的基础上，划分生态修复单元，统筹推进山水林田湖草沙系统治理，科学布局实施生态保护修复重大工程，分区分类采取保育保护、自然恢复、辅助修复、生态重塑等措施，开展受损生态系统修复，顺应“两山夹一川”的自然地理格局，推动形成“两山七河一流域”国土空间生态修复格局，逐步形成山清水秀、林茂草丰、人地和谐的生态格局，筑牢黄河流域生态保护格局，促进黄河流域生态保护和高质量发展。

“两山”：即吕梁山、太行山两大生态屏障带。重点以保护和修复生态环境、提供生态产品为首要任务，严格控制开发强度，保持生态屏障完整性，强化水源涵养、水土保持、防风固沙和生物多样性功能，构建和巩固环京津冀和黄河中游生态屏障。

“七河”：即汾河、桑干河、滹沱河、漳河、沁河、涑水河、大清河七大河流生态廊道。统筹流域山水林田湖草一体化保护和修复，统筹推进水资源、水环境、水生态、水安全、水文化协同治理，系统推进七河生态修复，加快建设水利长廊、生态长廊和文化长廊。

“一流域”：即黄河流域（山西段），是以黄土高原丘陵沟壑水土流失防治区为主体的生态治理带。重点以水土流失生态治理为主，保障全省生态脆弱区的生态安全，支撑黄河流域生态保护和高质量发展。

开展以流域为基础单元的系统修复，持续巩固水土流失治理成效，提升水源涵养能力，保护重要水资源区；推进矿山生态修复综合治理工程，加快绿色矿山建设，补齐城乡生态质量短板；构筑黄河中游生态安全屏障和京津冀生态屏障，推进黄河流域生态保护和高质量发展。

10.1.4 生态修复分区

依据《资源环境承载能力和国土空间开发适宜性评价指南（试行）》，生态保护重要性评价主要考虑水源涵养功能重要性、生物多样性维护功能重要性、水土保持功能重要性。同时结合山西省生态保护红线、各类保护地，以及各项生态修复治理工程范围等数据，确定生态保护重要性等级评价。山西省生态保护极重要区总面积为 54485.48 km^2，占省域面积的 34.75%；生态保护重要区面积为 37085.19 km^2，占省域面积的 23.65%。空间上主要沿太行山和吕梁山呈南北条带状分布，包括恒山、五台山、太岳山、中条山等植被覆盖较好的山区和河流源头区域，以及晋西沿黄沿汾的黄土高原丘陵沟壑水土流失防治区和晋北防风固沙治理区。

结合山西省主体功能区规划要求，分区分类开展受损生态系统修复，选择水源涵养、水土保持和生物多样性维护作为主导生态功能，开展生态保护与修复试点工程，实施水源涵养、水土保持、天然林保护等工程；加快森林抚育改造、生态水系统建设等重点生态工程建设，构建生态廊道和生态网络，提高生态系统完整性和连通性；深入推进水土流失治理，京津风沙源治理，不断改善和提升区域生态系统功能。

基于生态问题、生态功能重要性、生态系统敏感脆弱性等综合评价，突出自然地理格局和生态系统的完整性、连通性，结合山西省国土空间总体规划分区，充分衔接山西省主体功能区规划、山西省生态功能区划及山西省生态保护红线划定成果，最终划定生态修复分区。按照因地制宜、分类施策的原则，开展山西省国土空间生态修复分区，构建山西省生态保护修复格局。

10.1.4.1 太行山水源涵养与生物多样性生态修复区

A 生态状况

太行山区是“京津冀生态协同圈”的重要组成部分，发挥着“华北水塔”的重要作用。属暖温带半湿润大陆性季风气候，山势东陡西缓，河流多切过太行山进入河北平原，汇入海河水系，只有西南部的沁河水系向南汇入黄河。该区水源涵养能力还得提高，重要水源涵养区需加强保护和管理。部分森林生态系统退化，树种结构单一，林分质量低下，中幼龄林面积大，低质低效人工林面积较大，森林生态系统稳定性差。物种栖息地遭到破坏，生态空间受挤占，生态系统服务功能总体处于较低水平。多年无序、不规范地采矿，也对生态环境造成了严重破坏。生物多样性保护体系尚不健全，自然保护区尚未形成自然保护区网络。

B 主攻方向

环京津冀生态屏障建设，重点抓好太行山北部造林绿化，集中连片营造水源涵养林，提升太行山区涵养水源能力。重要水源地植被恢复，重点抓好主要河流及其重要支流源头的水源涵养林建设、干流两侧的护岸林带建设，维护好“华北水塔”生态安全。通道沿线荒山绿化，整体提升通道沿线两侧的生态景观，打造绿色生态走廊。把精准提升森林质量作为提升生态保护修复成效的有效举措，大力开展森林抚育经营，着力培育健康稳定、功能完备、优质高效的森林生态系统。积极开展中近熟林可持续经营，大力推进中幼林抚育，提高森林生态承载力和生态容量。着力实施退化林分改造，重点对太行山中部集中分布的低质低效人工林进行修复，充分挖掘林地生产潜力，有效遏制人工防护林退化，提升森林生态功能。完善自然保护区建设工程，保护濒危物种及其栖息地，连通生态廊道，完善生物多样性保护网络，筑牢生物多样性保育屏障。

10.1.4.2 吕梁山水土保持与水源涵养生态修复区

A 生态状况

该区属温带大陆性季风气候。与吕梁山西麓相比，该区山地、丘陵分布较多，植被覆盖度较高，分布有管涔山森林生态系统、黑茶山森林生态系统和关帝山森林生态系统等，该森林资源总量较多，宜林地面积大，但存在局部区域林草资源衰退、水土流失及珍稀动植物资源受威胁的现象。天然林破坏严重，其中还有不少是退化次生林，单位面积蓄积量低。现有人工林树种单一，纯林较多，林分质量低、稳定性差，森林抚育和更新改造面积大。生物资源分布不均匀、局部生物多样性低，自然保护区没有形成自然保护区网络，在各保护区的间断地没有建立起生态廊道。

B 主攻方向

加强塬面、梁峁坡平缓处耕地整治及林草植被建设，在塬面、梁峁平缓处优先布置梯田，增加基本农田；在侵蚀沟沟头布设防护措施；在沟底布设淤地坝等治沟骨干工程，控制洪水，同时建设坝滩地；在沟坡建设水土保持灌木林草，营造水土保持林，增加植被盖度，减少水土流失。提升吕梁山林草质量，提高水源涵养能力。通过营造农田防护林促进农业发展，发展林下经济，打造地方特色品牌，致力于乡村振兴。抓好吕梁山东麓森林生态系统建设和生物多样性保育。通过自然保护区和生态廊道的建立，促进生物多样性保护。

10.1.4.3 "七河"流域生态系统保护与修复区

A 生态状况

"七河"流域地貌类型复杂多样，有山地、丘陵、台地、平原，山多川少。在气候类型上属于温带大陆性季风气候，总体分布趋势为由北向南升高，由盆地向高山降低。(1) 水资源短板效应突出。水资源总量少，呈现由东南向西北递减趋势，降水集中，时空分布极不均衡。(2) 地下水超采严重，黄河水利用不充分，农业用水比例较高，生态用水不足，水资源供给与利用存在结构性失衡。(3) 主要河流河道不同程度地存在地表径流减少、湿地水域萎缩、河道渠化严重等问题。(4) 水质污染严重，水生态损害和水环境污染交织并存。

B 主攻方向

实施以汾河流域为重点的"七河"流域综合治理修复，通过开展水生态保护与修复工程、湖泊生态保护与修复工程、水系连通工程、岩溶大泉生态保护与修复工程和重要湿地生态保护与修复工程，加强地下水超采区综合治理，实现地下水采补平衡。采取泉组整治等措施，推进晋祠、兰村、古堆等岩溶大泉复流；采取清淤、还湖等有效措施，实现晋阳湖、漳泽湖、云竹湖、盐湖和伍姓湖水质提升、生态系统改善。严格实施国家节水行动方案，全面提升用水效率，推进海绵城市建设，加强中水资源利用，提高灌溉水利用系数和工业用水重复率，降低公共供水管网漏损率。依法划定"七河"源头保护区，建设水源涵养林，提高森林覆盖率，加强植被建设，提高"七河"流域森林覆盖率。因地制宜地建设人工湿地水质改善工程，提升入河前"最后一公里"治理效能。

10.1.4.4 黄河流域（山西段）重点生态治理带

A 生态状况

该区主要生态环境问题为水土流失严重、水源涵养区的生态保护修复缺乏系统性、矿区生态环境破坏严重等。引起原因包括气候不利、地貌复杂、植被减少、采矿破坏、畜牧过度。土壤疏松，土壤侵蚀模数达 1 万~1.5 万吨/km^2，最高可达 2 万~3 万吨/km^2，是黄河干流（山西段）泥沙的主要来源区。该区千山万壑、荒山秃岭、地形破碎，土壤贫瘠。植被主要以天然次生林和人工林为主，天然林主要有侧柏、油松、辽东栎、山杨等。阔叶树种主要是刺槐，天然灌木主要有虎榛子、黄刺玫、沙棘等，人工灌木主要是柠条。森林覆盖率低于 10%，不能有效涵养水源，减轻水土流失。天然林破坏严重，单位面积蓄积量低。现有人工林树种单一，纯林较多，林分质量低、稳定性差。乡土树种的保护培育有待加强。灌木林资源丰富，经营亟待加强。植被覆盖率低、生态环境脆弱是造成水土流失的主要原因之一。

B 主攻方向

建立和完善沿黄生态廊道，提高生态系统完整性和连通性，以水土保持和水源涵养为主导生态功能，实施水土保持和天然林保护等建设工程，持续扩大植被覆盖，增加林草面积，增强生态承载力。加大保水固土力度，提高林草覆盖率。推进天然次生林、退化次生林、人工低效纯林提质和退化防护林修复，构建结构合理、防护功能完备的水土保持林体系。积极培育生态型经济林，合理发展红枣、核桃等具有地域特色的经济林，采取山水林田湖草一体推进、综合治理措施，打造沿黄一线生态廊道和干果、水果经济林基地。晋西南以河津、万荣、临猗、永济、芮城、平陆、夏县、垣曲八个沿黄干流县（市）为核心，重点保护和修复沿黄各类自然保护地。高标准实施“保卫黄河”生态修复和治理工程，开展沿黄 1 号旅游公路两侧路肩绿化、景观林带绿化，打造沿黄生态长廊。

10.1.4.5 晋西北防风固沙生态修复区

A 生态问题

该区内风大沙多，不同程度沙化地分布广，且水资源严重短缺，地表径流量持续减少。冬春季干旱多风，西北风强劲，地表裸露，降水稀少，风蚀强烈，加之当地土壤多为沙质，有机质含量较低，土壤保水保墒条件差，极易发生风蚀沙化，造成荒漠化、沙化土地面积分布较广。晋西北防风固沙生态修复区地处黄土高原与华北平原的衔接带，是塞外高原通向冀中平原必经的咽喉要冲，也是华北平原半湿润区向西北半干旱区过渡的生态敏感区，属于森林草原—灌木草原—荒漠草原的过渡地带，干旱少雨，土壤贫瘠，生态本底脆弱。加之煤炭资源的开发利用长期粗放式开采、煤化工和煤电等高耗水行业的污水排放等，对生态环境造成了持久且严重的破坏。该区的森林覆盖率远低于全省和全国平均水平，且现存的森林多为天然次生林，面积小，质量不高，分布不均，致使森林生态防护功能极其低下，导致生态系统十分脆弱，生态平衡严重失调。

B 主攻方向

立足山水林田湖草沙生命共同体，围绕防风固沙、水土保持、植被恢复、矿山修复等，衔接“三北”防护林工程和京津风沙源治理工程，在平川丘陵区和主风口区营造防风固沙林，形成以林带为主，结合片林和四旁树的完整防风固沙林体系。针对土地沙化、生物多样性降低等生态退化问题，以林业生态建设为重点任务，以防风固沙林、封山育林、退耕还林还草、沟道拦沙拦污工程、坡面蓄水固土工程、固沟保塬综合治理等为建设重点，以建设防风固沙林和水土保持林为重点，保护、恢复和扩大林草植被，推进防风固沙综合治理，全面提高区域内的林草覆盖水平。

10.1.4.6 河谷盆地生态修复区

A 生态状况

该区土壤肥沃，地表水和地下水资源丰富，农业生产条件好、潜力大，是山西的主要灌区和重要商品农业生产基地，也是山西省大宗农产品主产区。该区主要面临水土资源过度消耗、水生态问题严峻、环境污染、农业投入品过量使用、资源循环利用程度较低等问题，土地资源环境承载能力不强，土地后备资源特别是耕地后备资源有限，农田抵御旱涝等自然灾害能力弱，农田水利设施老化和破坏，水资源开发利用程度较高，太原、临汾、运城、忻定盆地平原区，水资源开发利用程度均达到50%以上。同时存在因多年无序、不规范的露天开采和小窑开采产生的废弃物随意堆放而产生的大量生态环境问题。固体废弃物沿沟谷堆放形成泥石流地质灾害隐患；露天开采形成的边坡、露天采场，固体废弃物随意堆放造成地形地貌景观及土地资源破坏、水土流失及植被破坏等。

B 主攻方向

坚持生产优先、兼顾生态、种养结合，在确保主要农产品综合生产能力稳步提高的前提下，保护好农业资源和生态环境，实现生产稳定发展、资源永续利用、生态环境友好的目标。全面加强区域高标准农田建设，配套完善农田防护林网体系。减少工业化城镇化对生态环境的影响，避免出现土地过多占用、水资源过度开发和生态环境压力过大等问题，努力提高环境质量。

加强农业用水利用，加大中低产田改造和盐碱化耕地综合治理力度，提升耕地质量，逐步退出陡坡耕地。强化城镇生态修复，完善绿地系统建设，推进蓝网系统修复，统筹受损弃置地生态修复，提升城市韧性水平。坚持治山—治水—治气—治城一体推进，把好山好水好风光融入城市发展，实现人与自然和谐共生。针对历史遗留矿山，采用人工辅助和生态重塑措施，实施地形地貌景观重塑、土壤重构、植被修复重建，恢复矿区生态环境，提升生态系统的质量和功能。

10.2 山西省自然资源碳源/汇时空变化分析

10.2.1 山西省固碳速率年际变化

2000~2020 年山西省固碳速率随时间的变化情况如图 10-1 所示。从图中可以看出，山西省的年固碳速率呈逐年波动上升趋势。EC-LUE NEP 和 MODIS NEP 数据的变化趋势基本一致，但 CASA NEP 的波动变化幅度相对较小。其中，EC-LUE NEP 年均增长率最高，为 7.18 g C/(m^2 · a)，MODIS NEP 年均增长率与 EC-LUE NEP 相差不大，为7.09 g C/(m^2 · a)，而 CASA NEP 年均增长率最低，仅为 3.54 g C/(m^2 · a)。21 年间，三种方法得到的固碳速率变化范围分别为 99.14~271.14 g C/(m^2 · a)(EC-LUE NEP)、28.95~224.36 g C/(m^2 · a)(MODIS NEP)、−31.32~57.24 g C/(m^2 · a)(CASA NEP)，年均值分别为 197.20 g C/(m^2 · a)(EC-LUE NEP)、148.22 g C/(m^2 · a)(MODIS NEP)、16.33 g C/(m^2 · a)(CASA NEP)。EC-LUE NEP 在 2020 年达最大值，MODIS NEP 在 2018 年达最大值，三者均在 2001 年达最低值，分别为 99.14 g C/(m^2 · a)(EC-LUE NEP)、28.95 g C/(m^2 · a) (MODIS NEP)、−31.32 g C/(m^2 · a) (CASA NEP)，表明 EC-LUE NEP 和 MODIS NEP 21 年来均表现为显著碳汇，而 CASA NEP 在 2002 年后则表现为弱碳汇。三者的固碳速率在 2012 年之后基本都高于研究期间的平均水平，说明近年来固碳速率有稳步向好的倾向。

2000~2020 年山西省年碳汇量的动态变化情况如图 10-2 所示。三种方法得到的碳汇量在时间尺度上也均呈逐年波动上升趋势。EC-LUE NEP 和 MODIS NEP 数据变化趋势基本一致，但 CASA NEP 的波动变化幅度相对较小。21 年间，三种方法得到的碳汇量变化范围分别为 22.39~61.84 Tg C/a(EC-LUE NEP)、6.22~49.91 Tg C/a(MODIS NEP)、

−5.05~8.75 Tg C/a(CASA NEP)，年均值分别为 44.88 Tg C/a(EC-LUE NEP)、33.89 Tg C/a(MODIS NEP)、2.37 Tg C/a(CASA NEP)，EC-LUE NEP 在 2020 年达最大值，MODIS NEP 在 2018 年达到最大值，三者均在 2001 年达到最低值，分别为 22.39 Tg C/a(EC-LUE NEP)、6.22 Tg C/a(MODIS NEP)、−5.05 Tg C/a(CASA NEP)。三者的碳汇量在 2012 年之后基本都高于研究期间的平均水平，说明近年来碳汇量逐年增加。

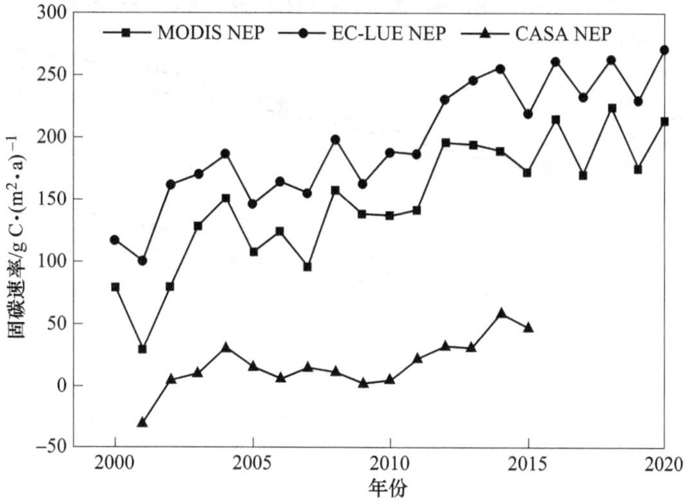

图 10-1　2000~2020 年山西省固碳速率年际变化

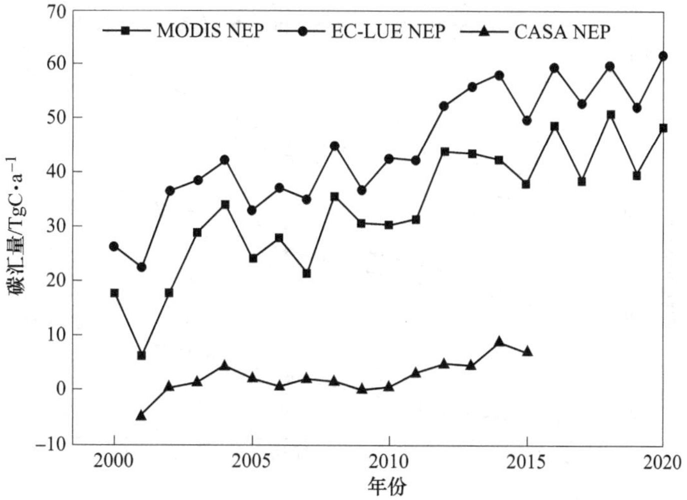

图 10-2　2000~2020 年山西省碳汇量年际变化

10.2.2　山西省不同自然资源固碳速率年际变化

山西省不同自然资源的碳汇情况略有差异。三种方法得到的固碳速率数据均表明，灌木的固碳速率值最大，其次是森林资源，固碳速率值最小的为湿地，NEP 表现为碳源。2000~2020 年不同自然资源固碳速率均呈增加趋势，三种方法得到的固碳速率的变化趋势略有不同。MODIS NEP 农田年均增长率最高，为 6.7 g C/(m^2 · a)，湿地年均增长率最低，为 5.3 g C/(m^2 · a)；EC-LUE NEP 灌木年均增长率最高，为 9.8 g C/(m^2 · a)，湿地年均增长率最低，为 4.5 g C/(m^2 · a)；CASA NEP 灌木年均增长率最高，为 5.8 g C/(m^2 · a)，草地年均增长率最低，为 2.9 g C/(m^2 · a)（图 10-3~图 10-5）。

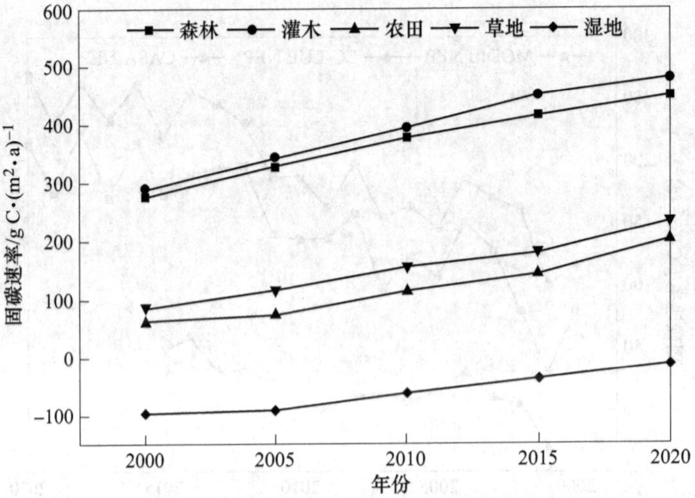

图 10-3 不同自然资源固碳速率（EC-LUE NEP）年际变化

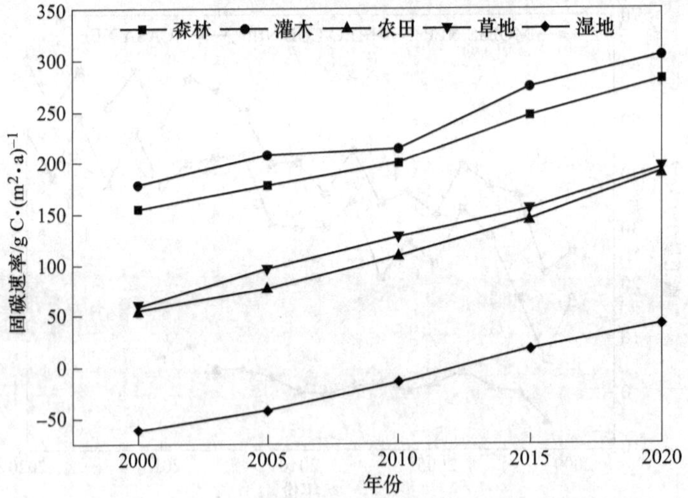

图 10-4 不同自然资源固碳速率（MODIS NEP）年际变化

三种方法得到的数据均表明，森林的碳汇量最大，其次是草地资源，碳汇量最小的为湿地。2000~2020 年不同自然资源碳汇量均呈增加趋势，三种方法得到的碳汇量的变化趋势略有不同。MODIS NEP 农田年均增长率最高，灌木年均增长率最低；EC-LUE NEP 森林年均增长率最高，灌木年均增长率最低；CASA NEP 森林年均增长率最高，灌木年均增长率最低（图 10-6~图 10-8）。

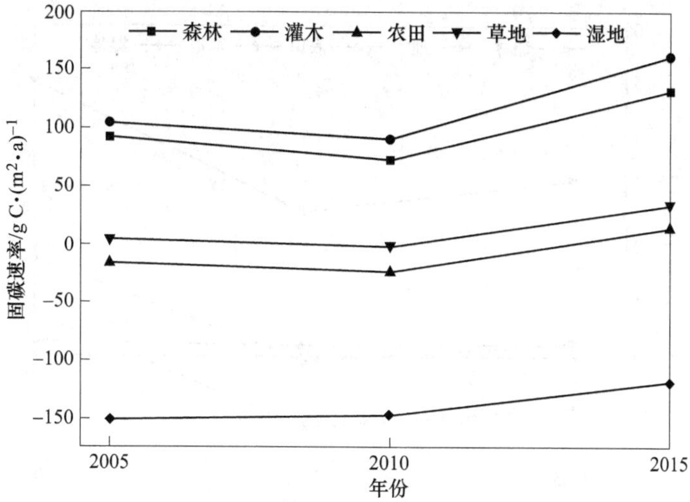

图 10-5 不同自然资源固碳速率(CASA NEP)年际变化

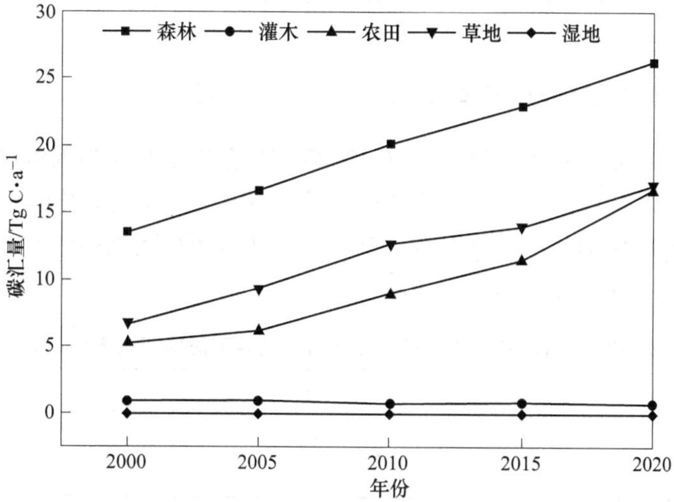

图 10-6 不同自然资源碳汇量(EC-LUE NEP)年际变化

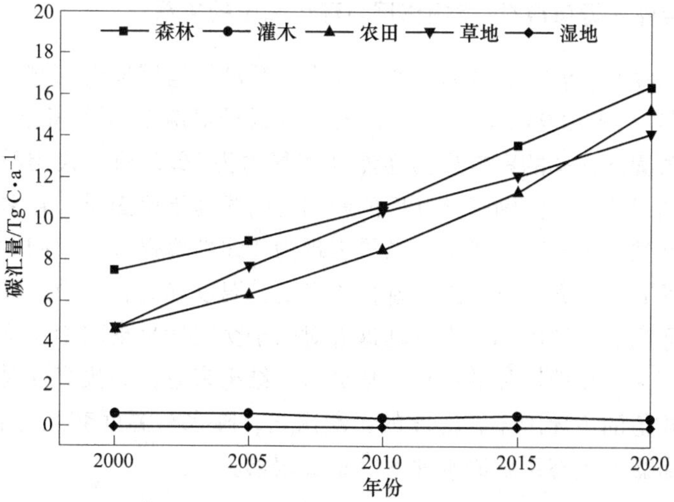

图 10-7 不同自然资源碳汇量(MODIS NEP)年际变化

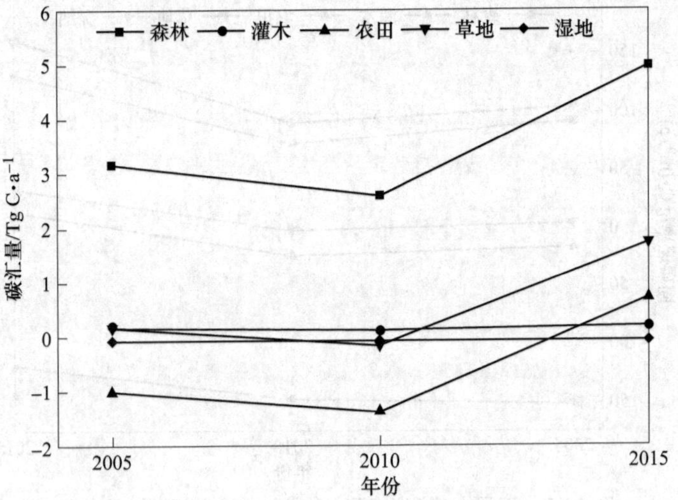

图 10-8 不同自然资源碳汇量(CASA NEP)年际变化

10.2.3 山西省自然资源碳源/汇年际变化与环境因子的关系

采用多元回归残差分析法，估算 2000~2020 年气象因素和人为因素对山西省固碳速率变化的相对贡献。在气候因素和人为因素的共同作用下，固碳速率整体呈增长趋势，其中气候因素对固碳速率增加的贡献率为 24.62%，人为因素的贡献率为 75.38%，表明人类活动对固碳速率的增长起主导作用（表 10-1）。

表 10-1 气象和人为因子对山西省固碳速率时间变化贡献占比 (%)

项 目	<25	25~50	50~75	>75
气象因子	64.4	29.6	3.2	2.8
人为因子	3.2	3.1	29.6	64.1

10.2.4 山西省自然资源碳源/汇空间格局与环境因子的关系

对于山西省的降水、温度、高程、坡度及人类活动，运用地理探测器，分别计算各驱动因子解释力 q 值（图 10-9）。q 值越大，表示该因子对应变量空间分布的解释力越强。海拔高度对山西省固碳速率的影响最为强烈（解释力为 26.3%），人类活动次之，降水的影响较小。交互结果显示，两因子交互后的影响力明显高于单因子，且多数双因子交互结果表现为双因子增强，少数双因子交互结果表现为非线性增强（图 10-10）。山西省降水和高程因子交互后的 q 值最高，对于山西省整体来说，温度和高程、温度和坡度、温度和人类活动以及坡度和高程、坡度和人类活动这五对因子交互后呈现双因子增强的特点，其他因子交互结果表现为非线性增强的特点。从最后的结果来看，海拔高度是影响山西省陆地植被固碳速率年均值的主导因子，温度的影响次之，降水与温度交互之后的解释力较大，说明气候因子仍是影响生态系统固碳速率的重要因素。

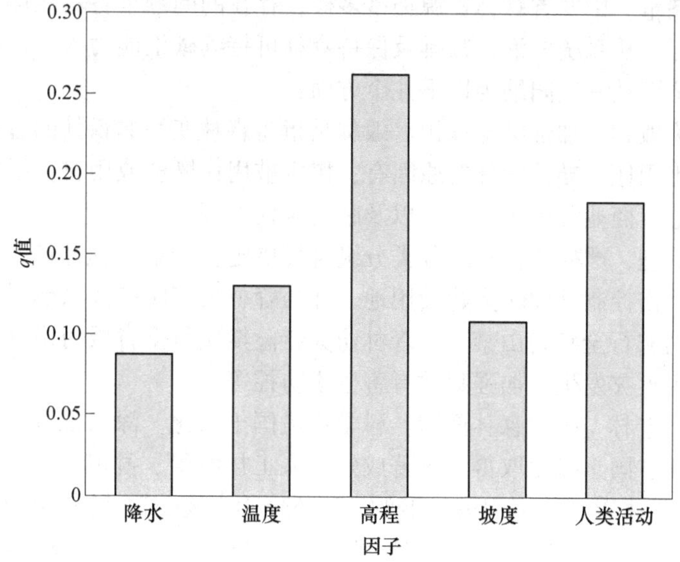

图 10-9　山西省碳源/汇单因子解释力 q 值

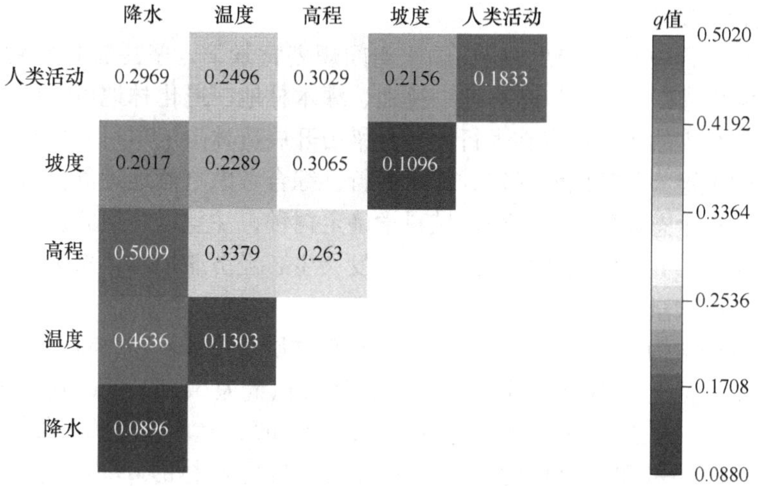

图 10-10　山西省碳源/汇驱动因子交互作用 q 值

彩色原图

10.3　山西省自然资源固碳增汇技术

10.3.1　森林固碳增汇技术

依据山西省 2010 年、2015 年森林清查数据，采用生物量扩展因子法估算森林生物量及碳储量，可知山西省森林碳储量为 88 Tg C，平均生物量碳密度为 19.95 Mg C/hm^2，而同期全国森林平均碳密度为 44.91 Mg C/hm^2，碳密度较高的区域主要分布在太岳山西南部，吕梁山北段的芦芽山、中段的关帝山和中南部的紫荆山、五鹿山。

应在保证森林可持续发展的情况下，提高森林植被固碳能力，减少森林土壤碳损失，持续增加森林碳储量。山西省森林资源类型多样，存在的问题也各不相同，因此，应根据不同森林类型实际，从系统增汇、减排及保持森林可持续碳汇能力入手，强化管理。综合而言，森林固碳增汇技术应归纳为以下几个方面：

(1) 减少人为毁林，加强林地保护。毁林是指将森林变为非森林的过程，如林地转换为农业用地或城市用地。导致毁林的原因有：树木被用作燃料或用材，毁林后的土地被用作蓄养牲畜的草地、商业种植园、农田以及临时居住地等。

应强化森林管理，严格执行林地分类分级管理措施，严禁毁林开垦、毁林挖塘。强化林地定额管理，严格控制林地转为建设用地，加强森林灾害防控体系建设，全省主要林区边缘 100 m 范围内实行全年封山禁火，森林防火特险期实行全省域封山禁火。提高森林防火管控力度，减少火灾发生，加强森林有害生物防控等。

(2) 造林与再造林，扩大森林面积。科学推进国土绿化，深入推进碳汇造林。经过几十年的努力，山西省国土绿化取得了显著成效。人工林面积、蓄积量、生物量的总量和占比不断提升，人工林碳储量从 1995 年的 704.63×10^4 Mg C，增长到 2015 年的 2359×10^4 Mg C，碳密度从 15.14 Mg C /hm^{2}增长到 20.03 Mg C/hm^2。但是缺林少绿的局面并未从根本上扭转，全省森林覆盖率仅为全国平均水平，加之剩余可造林地块越来越分散，且多集中在立地条件较差且贫瘠干旱的地区，实施规模化造林及造林成活难度增大，碳汇造林到了“啃硬骨”阶段。

山西省造林固碳进入攻关期，应在国土空间规划背景下，坚持宜封则封、宜造则造、宜林则林、宜灌则灌的原则，以疏林地、迹地、灌木林地、退化林地以及政府规划的适于造林绿化的土地为主战场，重点在太行山、吕梁山开展造林碳汇项目开发试点工作。水是黄土高原造林的关键，坚持以水而定、量水而行，综合考虑自然地理气候条件、地带性植被类型、生产生活生态需要因素，分区域科学确定树种，注重绿化模式多样化、树种乡土化，加大针阔混交、乔灌混交比例，因地制宜发展生态经济兼用林，努力提升省域国土绿化率，提升森林固碳量。

(3) 优化林分结构，提升林分质量。山西省森林质量总体不高，森林单位面积蓄积量低，优质林分少，截至 2021 年，全省每公顷森林蓄积量为 51.58 m^3，其中天然林平均蓄积量为 70.98 m^3，人工林平均蓄积量仅为 31.05 m^3，远低于全球森林平均蓄积量(131 m^3/hm^2)，幼龄林和中龄林的蓄积面积占山西省乔木林的 69.01%，说明山西省森林，尤其人工林的碳汇能力仍具有巨大的潜力。因此，可通过优化人工林结构（林龄、密度等）来促进森林生长，提高人工林质量，增强人工林生态系统固碳能力。

此外，山西省人工林多以纯林为主，树种组成单一，稳定性不高，可持续性差，且由于种植面积大，植被多样性水平较低，纯林对灾害的抵御能力较弱，尤其是在面临火灾、干旱等自然灾害时，易出现森林碳库的大量流失。如马尾松纯林的火灾潜在风险较高，同时对冰雪天气的抵抗能力较弱，而引入阔叶树种的马尾松林则具有较高的稳定性，针阔混交林可有效减轻松毛虫灾害，并降低火灾的潜在危险。可见，通过优化森林的树种组成结构，能够增强山西省人工林对自然灾害的抵御能力，减少因灾害所致的碳库损失。

(4) 加强退化林修复，提升碳汇能力。退化林是指受过度开采、利用等人为干扰，或受森林火灾、病虫害等自然干扰，导致森林覆盖消失、退化的森林。森林的退化会严重影响其碳汇功能，是林业发展面临的重要问题。加大退化林的抚育、改造力度，优化森林结构和功能，可有效提高森林生态系统质量、稳定性和碳汇能力。如关帝山林区将退化次生林进行分期修复，转变为不同林龄的华北落叶松林，短期内碳储量较次生林有所下降，然而伴随着修复年限的增长，林龄10~35年的华北落叶松生态系统碳储量增加了1.6倍，生态系统总碳储量及凋落物碳储量、土壤有机碳储量等全组分碳储量均超越退化次生林。

要依据退化林的退化成因与程度，科学合理地确定退化防护林改造模式。对于轻度退化的森林，要抚育改造，采取疏伐、透光伐、生长伐、卫生伐，修枝、平茬、浇水、施肥等管理方式，清除死亡和生长不良的林木，调节密度，改善通风和光照状况，促进林木生长，提高林分质量；对于中度退化的森林，坚持择伐改造，根据枯死、濒死木分布状况，可采用块状择伐、带状择伐、单株择伐等方式，伐除枯死、濒死木，并补植补造，营造混交林，优化林分结构；对于严重退化的森林，要更替改造，综合人工更新、改良土壤、促进演替等措施。对于存在重大危险性林业有害生物危害的防护林，可采取小面积块状皆伐更新、带状采伐更新、林（冠）下造林等方式改造。同时，对退化林的修复应循序渐进，可采取隔带、隔株、带外、半带、断带及带内整行等方式更新造林，并及时伐除枯死、濒死木。由于人为干扰也是森林退化的主要原因，因此在恢复退化森林固碳功能时也要进行人工封育，以减少干扰。

10.3.2 草地固碳增汇技术

草地是指草本植物占优势的植物群落，包括草原、草甸、草本沼泽、草本冻原、草丛等天然植被，以及除农作物之外草本植物占优势的栽培群落。草地碳库由植物层碳库、凋落物碳库和土壤碳库共同组成，其中约92%的碳储存在土壤中，其余的碳存储在植被中。与其他陆地生态系统一样，草地碳库的碳循环过程也分为碳固定、碳储存和碳释放。首先，草本植物通过光合作用将大气中的CO_2转换为有机碳，然后将固定的碳以各种形式储存在草地生态系统中，构成了草地碳循环的碳固定、储存，而草本植物的自养呼吸、凋落物层的异养呼吸及土壤的代谢呼吸则构成了草地生态系统的碳释放。

草地生态系统机能的恢复和改善可以释放、增强草地的固碳潜力，增强草地的碳汇功能可通过优化管理方式和改变土地利用等实现，如减少放牧、围栏封育、补播增植人工草地等。

10.3.2.1 增加物种丰富度，提升地上地下碳储量

草地的物种丰富度与地上生物量呈现“S”曲线关系，符合逻辑斯蒂模型。随着物种丰富度的提高，草地地上生物量先缓慢提升，进而加快，最后趋于缓和。而草地的物种丰富度和根茎比是影响土壤碳库的主要因素，单一的一年生、多年生人工草地的净生态系统碳交换量（NEE）均低于物质丰富度较高的草地。草地生物多样性越高，其群落的光合能力越高，植被向土壤碳库的碳转移量就越大。因此，山西省草地资源固碳增汇的相关技术措施应围绕提升草地物种丰富度开展，重点在“两山七河一流域”涉及的“三化”草地、撂荒弃耕地、林下间隙等区域内，采用“深根型与浅根型草种组合、豆科与禾本科草种组合、耐旱品种与喜湿品种组合、一年生与多年生草种组合”等草种配置模式，混合撒播草籽，丰富草地物种，激发碳汇潜力。

10.3.2.2 合理经营畜牧业，加强草地病虫鼠兔害治理

放牧是草地生态系统最主要的干扰因素。放牧的强度和频率直接影响着草地植被群落

结构和植物多样性，进而影响草地的稳定性和恢复力，轻度放牧草地土壤固碳增汇潜力为108.61~109.67 t C/hm²，而在中度放牧条件下仅为95.13~100.14 t C/hm²，且在重度放牧条件下草地植被层大量损耗，阻碍着植被层对大气的碳捕获及向土壤层的碳转移。随着放牧强度的增加，物种丰富度表现为单峰变化，即当放牧活动处于中等水平时，物种丰富度最高。因此，对于未退化草地，应进行适度放牧，草地利用率维持在45%~50%，保持草地物种多样性，维持碳汇功能。

病虫鼠兔害是引起山西省草地退化、制约草地固碳提质增效的重要原因，病虫鼠兔害的治理也是多学科交叉、多领域反馈的复杂过程。其中鼠兔害是引起草地退化的主要因素之一，高原鼠害防治手段单一、防治效率低是制约山西省高原鼠兔防治工作的瓶颈，应采取自然措施、生物技术与现代化技术手段相结合的方式有效控制草地鼠患，如在鼠患严重区人工建设鹰架、鹰墩，因地制宜设定鹰架距离、规格和高度，引入猫头鹰等鼠类天敌控制鼠兔患；在鼠兔患严重区投放毒性适中、不伤害其他动物、不污染环境的毒素，如C型肉毒梭菌灭鼠素等控制鼠兔患；利用无人机、直升机对高原、深沟等人员车辆难以达到的草地进行管护，同时加强多学科、多领域、针对多区域的鼠兔患控制技术的研发。

10.3.2.3 加强草地修复力度，改善提升草地碳汇能力

退化草地的恢复方式分为近自然恢复、人工恢复和适度调控三种，其中，近自然恢复方式包括有围栏封育等；人工恢复方式包括补播增植人工草地等；适度调控方式包括喷洒药物、施肥等。针对不同受损程度的草地，要采取不同的修复技术与措施。

围栏封育主要适用于恢复轻度、中度退化的草地，可实现退化草地的近自然恢复，主要技术是利用编制网、刺钢丝、支撑件等建立围栏网将草地围起来，在封闭期间不进行任何放牧和人为干扰，使草地积累足够的营养物质，逐渐恢复生产力。中度退化草地围栏封育6年后，土壤0~40 cm土层有机碳增加4.5%，而健康状态下的人工草地围封6年后，土壤碳密度较退化草地提高了89.8%。围封时间和草地固碳效果呈现倒“u”形曲线关系，草原实施封育后，土壤碳密度随封育年限的增加而增大，封育14年时土壤碳含量最大，之后草地土壤碳含量开始下降；沙质草地土壤有机碳含量在封育10年时达到最大值，之后逐渐降低；山地草原、亚高山草原和高山草甸封育25年时草地碳汇量达到最大，但几乎所有的研究均表明，围栏封育下草地生态系统的碳汇能力均高于未封育草地。将天然封育与人工抚育措施相结合可大幅提升草地生态系统碳储量，如在实施封育管理19年+人工抚育19年、封育19年+人工抚育5年、封育10年后，沙质草地0~40 cm土层的土壤有机含量分别增加327.7%、190.9%和136.4%，各管理措施下土壤碳储量较流动沙地分别增加261 g/m²、143 g/m²和101 g/m²。由于山西省草地所处的气候、土壤、海拔等均不同，不同草地类型恢复能力也有差异，因此开展山西省典型区域草地围栏封育下碳储量的量化研究，在围栏封育的实践中探索碳汇能力最佳的封育时间，对于提升草地碳汇能力具有长远意义。

对于重度退化的草地，应结合本土草本植物，科学选择优良品种建植人工草地。人工草地的建植可弥补天然草地的固碳能力，建植前应充分考虑立地条件、气候等因素，如高海拔地区采用禾草单播或混合播种；低海拔地区选用适宜的豆科植物与禾草混播。种子播种时采取分层施肥播种机进行条播，一次性完成破茬、开沟、播种、覆土、镇压等作业。播种量遵循适量播种、合理控制密度的原则，针对不同粒径的草种，选择科学合理的种

植、覆土深度，并合理选择低污染、高能效的底肥，如磷酸二铵。在规模化推广前，需在具备技术条件区开展试点工作。

人工建植草地时应结合农学技术，例如，禾本科多年生牧草幼苗期生长缓慢且易受杂草干扰，播种前、管护初期需及时清除杂草；杂草的清理也应结合植物学、农学技术，如大面积除杂工作需在牧草分蘖后开始，单子叶杂草在秋季抽穗后人工去除等。人工建植草地后需配套休牧、退牧、围栏封育等措施加以保护。

10.3.3 农田固碳增汇技术

农田生态系统是陆地重要的生态系统之一，占陆地总生态系统的38.5%，在全球碳循环和碳平衡过程中发挥着重要作用，农田生态系统的碳汇功能日益受到重视。

农田生态系统既是碳排放源，也是重要的碳汇系统。农田生态系统碳循环是从农作物光合作用开始的，首先，农作物通过光合作用吸收大气中的碳，由于作物本身的呼吸作用和挥发作用，使得一部分有机碳损失，最后剩余的有机碳储存在作物体内，形成了农田生态系统的净生产力。储存在作物中的碳一部分以作物收获、焚烧等管理措施转移，一部分以秸秆还田及有机肥使用等形式进入农田土壤中，即为农田生态系统的净固碳量，农田生态系统固定的碳主要以生物残体和有机质的形式储存在土壤中，因此，农田生态系统的碳汇贡献值最终取决于农田土壤对有机碳的固持能力。

农田生态系统是全球碳库中最活跃的部分，但与森林和草地等自然生态系统不同，其碳储量及碳循环过程深受人类活动的影响，是一种具有自然属性的人工生态系统。不同管理模式下农田土壤碳库变化情况见表10-2。

表10-2 农田管理措施及碳汇速率

农田管理措施	固碳速率/kg C·$(hm^2·a)^{-1}$
施用化肥	892.07
施用有机肥	371.77
免耕、保护性工作	200.00~800.00
秸秆还田	397.07

山西省农作物种植面积常年稳定在350万公顷以上，因此，基于山西省典型作物农田实际，科学施用化肥与有机肥、实行秸秆还田、少耕和免耕等保护性耕作措施，可有效激发山西省农田生态系统土壤固碳潜力，具体技术如下。

10.3.3.1 优化种植制度，提升固碳效率

农田的种植制度影响着作物残体的输入量和土壤受扰动的状况等，进而影响农田土壤有机碳的输入和输出。应合理安排休耕轮作，优化种植制度管理。休耕轮作对农田有机碳有明显影响，提高复种植树、降低休耕频率可提高作物产量，同时增加土壤中作物秸秆、残茬、残根的输入。如小麦连作模式下的土壤碳损失明显低于休耕模式下的土壤碳损失；在作物轮作体系中纳入豆科作物或多年生牧草，由于豆科作物或多年生牧草的地下碳比例较高，叶片凋落物输入量大，因此有利于土壤捕获更多的有机碳。玉米和豆科作物轮作模式相较于单一玉米种植模式，土壤有机碳含量提升了20 t C/hm^2，在小麦、玉米轮作体系中加入豆科作物或多年生牧草后，土壤有机碳也可明显提升；水田及高产作物连作下，农

田土壤固碳能力更强。相较于旱地和中低产作物，高产作物的连作可以产生更多的作物残体，为土壤输入更多的有机质，从而有效提升土壤有机碳含量。研究表明，水稻连作比水稻、玉米连作土壤有机碳含量高11%~12%。

10.3.3.2　科学合理使用化肥，增加畜禽有机肥施用

一般认为，合理施用化肥能够促进农作物生长、增加作物产量，增加土壤中作物残茬、残根的输入，并且施肥能够影响土壤微生物的数量和活性，进而影响有机碳的分解。然而施用化肥对不同地区农田土壤固碳能力的影响存在显著差异，热带地区施肥管理下农田土壤固碳速率为0.2~0.5 t C/(hm^2·a)，而湿润地区可达0.55 t C/(hm^2·a)，干旱地区仅为0.1~0.3 t C/(hm^2·a)，研究也表明，过量施用化学氮肥将使农田丧失碳汇潜力。因此，基于山西省典型农田实际，结合各地区作物类型、土壤类型、肥料种类及环境因子等因素开展分地市农田土壤固碳量化研究工作具有深远意义；此外，施用畜禽粪便等有机肥可以直接增加土壤碳的输入，在施用有机肥管理下，山西省农田生态系统固碳速率可达371.77 kg C/(hm^2·a)，且施用有机肥还可以提升土壤质量，释放土壤微生物活性，从而提升农田生态系统质量及稳定性，全面增强农田土壤固碳能力。

10.3.3.3　大力推行秸秆还田，坚持实施保护性耕作

秸秆作为有机物料，还田后主要通过微生物分解增加碳输入，从而直接增加土壤有机碳含量，如在山西省寿阳县的玉米田试验中，秸秆还田显著增加了土壤有机碳含量。开发、推广新的秸秆综合利用技术，将农作物秸秆肥料化、饲料化、原料化、能源化、基料化利用，促进节能减排。如肥料化代替部分化肥，饲料化代替部分粮食，材料化代替部分木材等。而长期推行免耕和保护性耕作可以保留更多的作物残茬进入土壤，减少土壤扰动和土壤侵蚀过程本身及其碳排放，增加土壤渗透性和生物多样性，显著提升农田土壤表层有机碳含量，优化土壤团粒结构，并最终促进土壤有机碳的固定、积累。同时加大山西省农田固碳新技术的研发、应用与推广。在山西农业经营模式中，开发效率更高的突破性技术，如选育丰产低碳品种并集成配套栽植技术，开发低成本的秸秆钝化技术以稳定并延长土壤有机碳的封存时间，集成氮肥合理减量、秸秆好氧发酵后还田以及轮作制度优化等，以期保证作物稳定丰产的同时实现农田土壤固碳作用最大化。此外，多样化种植作物也可有效促进土壤腐殖质形成，从而提升固碳效果。农作物秸秆也是重要的生物质资源，是国际公认的零碳能源，通过推广秸秆打捆直燃供暖供热技术、秸秆成型燃料清洁燃烧技术、农村沼气综合利用技术，将粪便、农田秸秆充分利用，可有效代替、减少化石燃料开采燃烧，从根本上解决农村地区能源利用效率低、清洁能源供应短板等问题，减少农业农村碳排放。

10.3.3.4　严守永久基本农田，建设高标准、高碳汇农田

深入了解农田生态系统碳汇碳源及其循环，以国土空间规划为支撑，以坚守永久基本农田为原则，以建设高标准农田为突破，深入分析高碳汇农田经营管护方式，剖析影响农田生态系统碳汇功能的主要因素，分析、集成山西省农田生态系统增汇技术，结合山西省各区域实际，分区域开展高标准、高碳汇农田建设，对于激发、释放山西省各区域农田生态系统碳汇潜力具有重要意义。

依据全省区域气候特点、地形地貌、水土条件、耕作制度等因素，按照自然资源禀赋

与经济条件相对一致、生产障碍因素与破解途径相对一致、粮食作物生产与农业区划相对一致、地理位置相连与县级行政区划相对完整的要求，将全省高标准农田建设分成五个区域，即晋北高原区、汾渭谷地区、晋陕丘陵沟谷区、晋东山地丘陵区、晋东南盆地丘陵区。结合各区域自然生态本底，结合农业发展实际，分区域建设特色科学可行的高标准、高碳汇农田。

（1）汾渭谷地区高标准、高碳汇农田建设技术。此区域主要位于晋南、晋中、忻定盆地，盆地及盆地边缘的山前倾斜平原、洪积扇中上部、台地、河流高阶地等地貌类型广布，包括太原、忻州、吕梁、晋中、临汾、运城等六市的47个县（市、区），耕地面积为135.19万公顷，已建高标准农田55.95万公顷。本区域土地相对平坦，土层较厚，主要土壤类型是褐土、潮土等，种植周期多为一年两熟或两年三熟，主要种植小麦和玉米。

此区域建设高标准农田应合理规划，重点提高田块归并程度，以实现耕地田块相对集中、田面平整，从而提升规模化经营水平，满足机械化生产需要；推行秸秆还田、绿肥种植、有机肥增施、配方施肥、施用土壤调理剂等措施，保障土壤可持续生产能力与碳汇能力，有条件的地方可配套秸秆还田和农家肥积造设施；该区域应改粮粮轮作为粮豆轮作、粮肥轮作，充分发挥豆科作物的固碳优势。结合耕地质量监测点现状分布情况，建设耕地质量监测点，开展长期定位监测；优化区域农耕用水结构。此区域应统筹黄河水、地表水和再生水等水源，重点开展大中型灌区现代化改造工作，推进大中型灌区节水改造和续建配套设施建设，因地制宜推广渠道防渗技术，大力推广以管灌、喷灌、微灌为主的高效节水灌溉技术，有效提高农业灌溉水利用效率。加强区域河道水和地下水管理，严禁此区域非法取水，在地下水超采区和禁采区，全部实施管灌、喷灌、微灌方式，实行灌溉用水“总量控制，定量管理”；合理确定此区域农田路网密度。采用混凝土、沥青、碎石等材质修建机耕路，在暴雨冲刷严重地区应采用硬化措施。采用砂石、素土等材质修建生产道路，提升田间道路直通率，同时，农田林网布设应与田块、沟渠、道路有机衔接。应尽可能与生态林、环村林等相结合，合理修建截水沟、排洪沟等工程，达到防洪标准，防治水土流失及农田碳库损失，着力提升区域农田生态系统质量与碳库存量。

（2）晋东南盆地丘陵区高标准、高碳汇农田建设技术。该区域地貌类型主要是以太行土石山区、上党盆地为主体的中低山、丘陵、塬、梁、峁、沟谷以及山前倾斜平原、洪积扇中上部、台地、河流高阶地等，包括晋城、长治两市的17个县（市、区），区域耕地面积为52.56万公顷，已建高标准农田18.12公顷。农田土层较薄，土壤主要类型是褐土，种植周期以一年一熟或两年三熟为主，主要种植玉米、小麦、大豆等。因此应结合地形实际，重点开展梯田改造，配套坡面防护设施，在便于机械化作业和田间管理的同时，最大程度减少农业活动造成的水土流失即碳库流失。在易造成冲刷的丘陵山区，结合石块、砾石的清理，就地取材修筑石坎。土层较薄地区实施客土填充，增加土层厚度，提升区域农田土壤碳库容量，实现农田土壤长期碳封存；实施“两茬还田”，在两年三熟种植区，推广小麦、玉米或麦、豆“两茬”还田。在一年一熟种植区，充分利用光热资源，因地制宜种植“绿肥”，实行翻压还田，通过人为干扰，加大作物层向土壤层的碳转移；修建小型泵站、蓄水设施等，加强雨水集蓄利用，充分利用地表水，增加抗旱水源，提高供水保水能力。盆地、河谷、平坝地区配套灌排设施，完善田间灌排工程体系。发展管灌、喷灌、微灌等高效节水灌溉，提高水资源利用效率；因害设防，合理新建、修复农田防护林。在水土流失易发区，修筑岸坡防护、沟道治理、坡面防护等设施，改善农田生态环境，提高水土保持能力，助力区域农田土壤碳库提质增效。

（3）晋东山地丘陵区高标准、高碳汇农田建设技术。该区域主要地貌是以太行山脉为主体，包括中低山、丘陵、塬、梁、峁、沟谷以及山前倾斜平原、洪积扇中上部、台地、河流高阶地等地貌类型，包括忻州、晋中、阳泉、长治等四市的14个县（区），区域耕地面积为41.03万公顷，已建高标准农田11.42万公顷。该区域地处土石山区，石厚土薄、土壤矿物质较丰富，土壤主要类型是褐土、红黏土等，种植周期以一年一熟为主，主要种植玉米、杂粮、薯类等。因此应在易造成冲刷的土石山区，就地取材修筑石坎，实施客土填充，增加土层厚度，提升土壤碳库潜在容量；实施“三改一盖”，改顺坡种植为机械起垄横向种植、改长坡种植为短坡种植、改粮食种植为粮豆轮作，因地制宜推广秸秆免耕覆“盖”还田或秸秆地膜二元覆“盖”及以深耕深松等蓄水保墒为主要内容的旱作农业技术；整田垒堰、蓄排结合，坡耕地实施里切外垫修筑反坡梯田，修复石埂，拦河、截潜流、修建旱井等小型水源工程，充分拦蓄自然降水，实行节水补灌；挖沟筑坝导流排水，开展坡面水系治理，减少水土流失，保土蓄水；优化田间道路，合理设置排水沟，同时因害设防，合理新建、修复农田防护林。在水土流失易发区，修筑岸坡防护、沟道治理、坡面防护等设施，改善农田生态环境，提高水土保持能力，稳步提升区域农田生态系统碳汇能力。

（4）晋陕丘陵沟谷区高标准、高碳汇农田建设技术。该区域主要地貌为吕梁山脉为主体的晋西、晋西北山地、丘陵、沟谷和倾斜平原、洪积扇裙、河流高阶地等，包括忻州、吕梁、临汾等三市的17个县（市、区），区域耕地面积为49.90万公顷，已建高标准农田5.56万公顷。该区域地形复杂，土层深厚，土壤主要类型是褐土、栗褐土、黄绵土等，种植周期为一年一熟，主要种植玉米、杂粮、薯类等。因此应统筹坡耕地面积大、水土流失严重、土壤贫瘠、自然降水利用率低等粮食生产主要制约因素，以采取有机旱作，配套相应农田基础设施，加强水土保持等措施为主攻方向，围绕稳固提升玉米、杂粮、薯类等粮食产能，开展高标准农田建设。因地制宜修建等高梯田，增强农田水土保持能力，变跑水、跑土、跑肥的“三跑田”为保水、保土、保肥的“三保田”；推广施用有机肥，有序开展秸秆还田，因地制宜种植绿肥，施用土壤熟化剂，提高土壤肥力及碳汇能力，改粗放经营为精耕细作；大力推广集雨补灌、深耕深松技术，推广蓄水保墒和抗旱抗逆技术，采用旱作节水措施，提高降水利用率；风沙危害区配套建设农田防护林，丘陵沟壑区合理修筑截水沟、排洪沟等坡面水系工程，有序开展谷坊、沟头防护等沟道治理工程，保护农田生态环境，减少水土流失，形成高效、稳定、长效的农田碳汇体系。

（5）晋北高原区高标准、高碳汇农田建设技术。该区域地貌包括大同盆地全部和北部以恒山山脉为主体的低山、丘陵、沟谷以及山前倾斜平原、洪积扇中上部、台地、河流高阶地等，包括大同、朔州、忻州、吕梁等三市的22个县（市、区），区域耕地面积为107.42万公顷，已建高标准农田19.75万公顷。该区域土壤类型为栗钙土、栗褐土、潮土等，种植周期为一年一熟，主要种植玉米、杂粮、薯类、饲草玉米等。针对土体干旱、土壤瘠薄、土壤盐渍化、农田水利设施不配套等农田碳汇的主要制约因素，以改善有机旱作、改善农田基础设施、开展盐碱地治理、实施高效节水灌溉等为主攻方向，在平川区推行水平条田建设，提高机械化作业水平；在丘陵区实施坡耕地梯田化改造，开展田块整治，提升区域农田生态系统稳定性；在低山区开展水平梯田化改造，通过填补客土、挖高垫低增加农田土体厚度，释放农田土壤碳汇潜力；因地制宜采取灌水压盐、挖沟排盐、沃土抗盐、化学改盐、耕作压盐（秋深耕春浅旋）、生物降盐等措施治理土壤盐碱化，提高农田质量，减少低效田区碳损失。推广少耕穴灌集雨沟播、保护性耕作、地膜覆盖增温提墒等旱作技术，提高旱地综合生产能力；合理建设田间灌溉排水工程，大力推行渠道防渗，管道输水灌溉、喷灌、微灌等节水措施，配套完善输配电设施，增加农田有效灌溉面积，提高农业灌溉用水效率，增强农田抗旱防涝能力；建设农田防护和生态环境保护工程。风沙危害区，结合立地和水源条件，合理选择树种，修建农田防护林；水土流失区，与田块、沟渠、道路等工程相结合，配套建设岸坡防护、沟道治理、坡面防护等工程，增强农田保土、保水、保肥能力，实现区域农田生态系统碳汇功能提质增效。

10.3.4 湿地固碳增汇技术

湿地是指天然或人工、长久或暂时性的沼泽地、泥炭地、水域地带，静止或流动的淡水、半咸水、咸水，以及低潮时水深不超过 6 m 的海水水域，包括河流湿地、湖泊湿地、沼泽湿地等类型，是因水陆相互作用而形成的特殊生态系统，是全球生态服务功能最高的生态系统。该生态系统通过植被光合作用、泥沙沉积封存等生物、化学或物理过程降低大气中的温室气体含量，其碳封存速率远高于陆地森林，发挥着重要的碳汇功能。山西省湿地资源匮乏，全省湿地总面积约 22.12 万公顷，且农业开垦、建设活动、水资源过度消耗等因素导致山西省湿地面积不断减少，加之污染排放、生物入侵和资源的过度开发等共同作用降低了湿地的碳汇能力。因此，为了提高湿地的碳汇功能，应从恢复湿地生态系统结构和过程、治理湿地污染入手，具体技术如下。

10.3.4.1 湿地水文管理技术

湿地的水文过程是影响湿地物种多样性、群落分布及演替的关键因子，因此，水文管理是湿地生态修复的关键。湿地的水文修复技术主要是通过利用生态工程技术，调整湿地的水位、增加水文连通性，进而恢复退化湿地的水文环境。实践证明，湿地水文修复技术可以通过加强水的流动性，增强湿地生态系统与外界的物质交换和能量流动，提高湿地的净化能力，降低湿地的污染物含量，进而改变微生物的群落结构，提升其对有机碳的分解功能。湿地水文修复有利于水生植物的生长发育，可以间接提高植物碳储量，进而增强土壤和沉积物的有机碳含量。

湿地水位调控技术需要根据山西省的地形特点，通过地形改造等工程措施，合理调节和控制水位，优化区域水资源分配格局，重新建立起水体之间的水平联系和垂直联系。如开展地形削平与地形抬高工程，其中，地形削平通过消除局部地势较高的区域，降低局部地形海拔高度，间接增加水深；地形抬高则通过基质堆积，抬高局部地形海拔高度，间接降低水深，以满足一些浅水性湿地植被的要求。在具体实践工程中，还可以通过采用扩挖或沟通小水面、局部深挖、区域滞水和铺设高渗透基质等多种形式调整湿地水位，促进湿地碳源向碳汇转变，提升湿地资源碳汇潜力。

湿地生态需水量是指维持自身发展过程、保证基本生态功能正常发挥所需要的水量，包括湿地植被需水、湿地土壤需水、湿地动物需水、生物栖息地需水和湿地景观需水等多种类型。外界给予湿地的水量一旦少于最小湿地生态需水量，湿地生态系统的结构和功能便会发生退化，碳汇潜力难以发挥。山西省各地市应建立湿地生态补水协调机制，根据完整水文年内季节或汛期的差异及时进行生态补水，充分考虑湿地恢复区枯水年、平水年和丰水年的水文过程变化和湿地生物节律变化规律，合理调配水资源，保障湿地基本生态用水需求，维护湿地生态功能。例如，在春节植物萌芽期间，枯水年进行人工补水，以提高湿地水位，满足湿地植物种子萌发对水分和湿度等条件的需求。

10.3.4.2　湿地植被修复技术

植被是湿地生态系统的基础，它们不仅可以为水生动物和微生物提供栖息地，还具有净化水质、抑制藻类生长等作用，因此，植被修复往往是湿地生态修复的核心内容。植被恢复的关键是植物物种的筛选和群落配置。物种的筛选过程中应充分考虑植物的生物量、净水能力、对湖泊湿地生境的适应性等因素，优先选择本土植物。植物配置时应根据生态位原理和生境特征，在水平空间和垂直空间上构建结构合理的植物群落。在植被修复的基础上，应充分利用生态系统的自组织、自修复能力，逐步实现微生物和动物群落的恢复，也可通过人为投放底栖动物和鱼类的方式提高动物多样性。在各种湖泊湿地生态修复技术中，生物修复技术是最有潜力且最直接的协同增汇技术。其中，植物群落的恢复直接提升了植物碳储量，植源性碳向土壤中的输入既可以提高土壤有机碳含量，也可以重建土壤微生物群落，增强土壤有机碳的固定，因此应充分发挥生物修复技术对湖泊湿地碳汇功能的提升作用。

山西省湿地生物修复实践中应注意如下问题：首先，在植被恢复过程中应充分利用湿地生态位，以提高植物的生物量和物种多样性；其次，应加强对湖泊湿地中植物资源的管理。湿地水体中的经济作物成熟后应进行适当的采收，避免资源浪费和果实腐烂对湿地水质与碳汇的不利影响。湿地中不同林龄的树木的生态功能不同，过熟林木的生态功能较弱，其碳汇增量基本达到平衡，应该通过科学合理的采伐方式，保障树木更新，实现湖泊湿地碳汇功能的持续提升。

不同植被类型覆盖的湿地固碳能力差别较大，可利用固碳能力强的植被改善湿地植被的类型组成，进而提高湿地的碳汇功能。如芦苇作为一种广布生长的大型水生植物，可适应于不同的水分和盐度环境，表现出极高的固碳能力，常用于修复内陆沼泽湿地。湿地植被修复需根据环境条件、退化程度、人类利用方式等诸多因素，制订不同的方案。其中，2006~2011年在东北地区的退化芦苇沼泽地通过构建“苇-鱼-虾-蟹”复合生态结构，探索了沼泽湿地碳汇扩增和生态农业利用模式，试验地的年均碳汇比实验前提高了256.98%，实现了湿地的生态功能与经济功能相辅相成、相得益彰。山西省应积极推动相关试验区落地，探索农业与生态相融合、经济与环境双赢的新路径，提升碳增汇减排的韧性与积极性。对于不同退化程度的湿地，应采取不同的修复措施，如轻度退化区应减少人为干扰，通过自然恢复实现湿地植被恢复；对于中度退化和重度退化的湿地区域，可施以适当的补播技术。值得注意的是，在进行湿地恢复过程中，应慎重选择外来植物。例如，互花米草虽具有较高的固碳能力，且在滩涂上更容易定植，加速沉积物碳累积，但互花米草与本土植物易形成竞争，从而改变底栖动物和鸟类生境。

此外，山西省重工业厂矿广布，湿地水体和土壤容易受到重金属污染，从而限制植被生长，应充分利用微生物修复技术和一些耐污染先锋植物清除湿地污染物，为其他植物的生长提供良好的生境，逐步恢复乔木-灌木-沼生-挺水植被-浮水植被-沉水植被所组成的典型湿生植物带，投放底栖生物、鱼类，稳定提升湿地生物多样性，恢复湿地生态功能。

10.3.4.3 湿地底质改造技术

湿地底质改造技术利用工程技术，提高基底稳定性，维持湿地面积，同时对湿地的地形地貌进行改善与适度重建。基底恢复技术又可细分为湿地基底改造技术、淤泥疏浚技术、生态堤岸技术等。基底改造恢复的一个重要目标就是创建出沉水植物适宜的生存场所。在基底恢复工程设计中，根据水生植被恢复目标，应首先对基底进行改造，尽可能使原来陡峭易侵蚀的基底平缓化。目前国内外采用的防侵蚀技术主要包括水下土工管、丁字坝、拦沙堰技术等，这些技术通过改变湿地基底和水文条件，促进泥沙淤积，从而达到改善湿地侵蚀的目的。

淤泥疏浚技术主要包括干法疏浚技术与湿法疏浚技术。干法疏浚是通过在近岸湿地设置围堰，将围堰内水体抽干来疏浚底泥的方法。湿法疏浚包括生态疏浚和传统抓斗式疏浚，其中生态疏浚为近十年新兴的疏浚技术，即在满足防洪要求的前提下，应以保留原河道河势与形态，维持河道天然滩（洲），维护河道原生态河貌，保持河道生态系统为原则。通过清淤、清除水下障碍物等工程措施，增大河流的泄泥沙能力，减轻河道的淤积速率，以恢复性疏浚为主要目标，完成河道的整治。

生态驳岸技术需针对不同深度的堤岸，采取不同的处理方法。对于处在常水位以下的堤岸，可以使用网笼、笼石或者生态混凝土来对岸坡进行保护；对于处在平滩水位以上的堤岸，可以通过种植根系发达且易成林的植物来消减风浪，还能发挥本身植物的护岸防洪功能，成为堤岸上的“绿色卫士”。如果堤岸陡峭，侵蚀现象严峻，植被难以恢复或者堤岸被用于特殊用途，无法使用其他恢复方法，则此时可以实施以人工介质为基础的岸边生态净化工程，即将各种人工介质（底泥烧结体、陶瓷碎块、大块毛石、多孔砼构件等）修建在堤岸边；还可以使用生态砾石床水质净化技术，即按照事先设定，在水体中投掷定量砾石，以此作为填料层，之后在其上覆盖一层土壤，并栽植生态草皮，微生物可以附着在填料层表层，与草皮相互作用，起到改善湿地水体、促进生物恢复及提升湿地生态系统固碳能力的作用。

10.3.4.4 湿地污染治理技术

湿地碳汇功能提升是基于保护和恢复湿地的措施来实现的，具有多方面协同效益。例如，在山西省水土流失严重区恢复沼泽地可提高生态系统水源涵养、水土保持能力，在气候变化背景下增强抵御极端气候的能力；恢复河漫滩以增强河流调节洪水的能力，在极端降水时减弱和推迟洪峰；在城市和农村新建小微湿地，在调节区域气候、净化水质、创造优美景观的同时，可提升城市生态系统的碳汇能力等。然而，在现有的湿地规划和政策中，主要是以提高湿地面积和保护率为目标，而针对湿地质量的指标则较少，也没有明确的湿地碳汇的指标。究其原因，可能是尽管科学家认为湿地具有重要的碳汇潜力，但目前关于湿地碳汇功能提升的途径并不明朗：一方面，大多数政策和技术是直接从湿地保护和恢复技术移植过来的，对实际的增汇效应缺乏评估；另一方面，在新增和恢复湿地的过程中，有些提升碳汇功能的措施可能存在其他负面效应。例如，新增的湿地如果其水域面积较大，那么可能反而会增加湿地的 CH_4 排放；滨海的光滩是迁徙候鸟的重要停歇和栖息地，如果为了提升碳汇而栽种植物，那么就减少了鸟类的适宜生境。因此，在实施湿地碳汇提升的过程中，必须统筹考虑湿地的整体生态功能，使碳汇功能与其他湿地功能的协同效应实现最大化，减少可能带来的负面影响。综上所述，在山西省实现“双碳”目标的背景下，仍需通过不断示范实践、加强监测评估，使湿地碳汇功能技术更加成熟、相关政策途径更加明确。

10.3.5 矿山固碳增汇技术

2021年，国务院发布的《2030年前碳达峰行动方案》中明确指出，要“实施历史遗留矿山生态修复工程”“提升生态系统固碳功能”，将矿山生态修复纳入“双碳”目标任务，将矿山修复目标融入“双碳”目标体系。山西省是典型的矿区大省，且矿山地质环境问题突出，受损矿山点多面广等，其中矿区固废压占、损毁土地总面积达1796.96 km^2，各类矿山地质灾害达5255处，各类地质灾害破坏土地面积1124.07 km^2，严重破坏着当地的自然生态系统，矿区生态修复及固碳增汇功能的提升是一个长久、艰巨且复杂的问题。传统的矿山生态修复缺乏从资源经济价值与生态服务价值双重视角的系统性思维，导致修复投入高、生态增汇能力差，恢复后生态系统不稳定。在矿山生态修复纳入“双碳”目标实现途径的背景下，以国土空间规划为支撑，以矿区土壤重构和植被修复为抓手，有序推进矿山生态环境恢复、改善，从而逆转矿区碳源现状，进而稳定、提升矿山固碳增汇功能，为双碳目标的实现注入绿色生态矿山动力。

10.3.5.1 *矿产固废再利用技术*

山西省矿山固废累计积存量约43亿吨，以废石（土）渣和煤矸石为主。废弃物中包含的有害重金属物质富集在土壤中，直接影响到周围植被的生长，抑制了土壤有机质的分解和氮矿化过程，导致土地生产力下降，损毁了大量自然植被、人工林地、农业用地。以阳泉矿区煤矸石为例，其煤矸石堆存碳密度超过了其覆盖的当地原有生态系统碳储存密度的1000倍，不到300 hm^2的矸石山已自然排放超过3.26 M t碳当量的CO_2，还有潜在碳排放量15.1 M t C，但矸石堆积直接破坏植被碳储量达1485.53 t C，造成当地生态系统约13.12 k t C损失。如果进行合理的矸石处置，减少碳源总量及碳流失量，并对矿区废弃地和矸石压占地进行生态修复，则可充分激发当地矿山固碳潜力。

矿山固体废弃物再利用减少碳排放的方式主要有两种：一是利用尾矿废石制作建筑材料，或者将其作为井下充填材料等，以减少其对矿区土地的压占，提高资源的利用率，使现有资源发挥更大的价值。例如，太原市西山国家矿山公园将矿区废弃物破碎、筛分、除铁、轻物质分离后，变成再生骨料，并加工成透水砖、再生砂浆、PC预制构件、道路水稳层、干粉砂浆、RDF清洁燃烧棒等环保建材产品，变废为宝，实现了资源的循环利用，成为山西省煤炭产业新旧动能转换示范基地。未来山西省应继续在大同、朔州、长治等市重点矿区加快生态公园建设，建筑材料就地取材，最大程度地消化废弃堆积物，在恢复矿区自然景观的同时，将矸石堆碳库进行有效封存，既改善了矿区生态环境，提升了矿区固碳增汇功能，又开发了生态旅游资源，从而开拓出矿区修复与文旅开发相辅相成，固碳增汇等生态功能改善与文旅增收相得益彰的双赢之路。二是利用尾矿进行碳矿化，从而降低CO_2排放。山西有众多尾矿库，将CO_2矿化，回填入废弃矿井中，可以大幅度减少CO_2的排放，还可以产出一部分含有碳化物、碳酸盐的建材。CO_2矿化封存一直被认为是具有大

规模 CO_2 封存潜力及应用前景的减排技术之一，该方法相对于 CO_2 地质封存方式和海洋封存方式最大的区别在于能够将 CO_2 固定在稳定的生成物中。利用尾矿进行碳矿化，通过尾矿废石中的富镁硅酸盐矿物与 CO_2 结合生成稳定的碳酸盐产物，实现 CO_2 的永久封存。

10.3.5.2 科学转变矿区土地利用类型

土地利用变化是影响陆地生态系统碳储量、碳循环的重要因素，其中林地、草地、湿地以及未利用地发挥着重要的碳汇功能。矿山开采活动形成的露天采场、塌陷区、矸石或渣土堆场、尾矿库以及选矿场会严重降低矿山生态系统的碳汇功能，因此在生态修复过程中，应根据矿山用地类型的不同将矿区土地划分为林草地、耕地、湿地、水域等类型，促进建设用地向林地、草地、耕地、湿地等用地类型转化。在此过程中，建设用地面积减少，林地、草地、耕地、湿地等高碳汇资源类型面积增加，矿区生态系统由“碳源”向“碳汇”转变的韧性与潜力被充分释放。

如中煤平朔公司在近年来的采矿作业与采空区恢复中，坚持走生态优先、绿色发展之路，露天矿开采完毕后，由专业化团队进行土地复垦、绿化，逐步恢复、优化矿区生态环境，建成了1.6万平方米的人工智能温室、矿史博物馆和人工湿地，建立了苗圃、中药材种植基地，并建成了高标准景观农田示范区，创新了“复垦土地-现代化生态农业”资源循环利用产业模式，坚持煤炭开采与生态环保并重的发展理念。未来，山西省可继续通过建设矿山公园、矿山生态示范区、生态农业区等方式转变矿区土地利用类型，增加绿化面积，提升矿区碳汇潜力。

10.3.5.3 矿区土壤-植被立体修复技术

土壤重构、改造与植被恢复是矿区生态修复、提升碳汇功能的重要途径，矿山生态修复只有在土壤重构和植被重建后，才能恢复并稳定矿山生态系统功能。土壤的质地影响着土壤有机碳的积累，如在进行土壤复垦时，沙土掺入黏土可以有效固存有机质，表土剥离后直接覆表土不仅有利于表土中有机碳保护，而且可以对修复后土壤有机碳的累积起到加速作用。此外，土壤重建的技术应侧重于通过限制压实、酸化等因素来增加土壤生产力，减少土壤碳损失带来的负面影响。

不同的植被类型，其固碳功能也有所不同。山西省的植被类型主要有六个植被型组，包括针叶林、阔叶林、灌丛与灌草丛、草原、草甸以及沼泽与水生植被。据调查发现，阔叶林为山西省森林碳储量的主要贡献者，其中栎类和杨树两个树种所占比重较大。此外，植被类型不仅影响着植被碳库，还会通过影响土壤因子而影响土壤碳库。例如，煤炭废弃地经植被修复后的土壤有机碳含量：侧柏林>火炬树林。矿区废弃地修复应科学选用高碳汇植被，同时应加大山西省典型矿区植被选育、碳汇效果等基础科研工作，为后续矿区生态修复与碳汇能力的提升提供坚实的科学基础。

传统的矿山生态修复以地貌重塑、土壤重构、植被恢复和景观重建为主，关注点多在生态系统功能的恢复和土地利用结构的变化，较少考虑增汇减排的效果，部分工程的过度干预，反而增加了能源消耗与碳排放，与“双碳”目标背道而驰。未来，山西省矿区生态修复应统筹生态修复目标和外延，综合考虑生态系统服务功能，将修复评价的重点向固碳增汇方面倾斜，开发拓展顺应碳中和要求的关键修复技术与具体实施路径，构建科学低碳化矿山生态修复体系。在矿区生态修复初期，应大量引入紫花苜蓿、黑麦草等草本植物，依靠草根的可深入性，在土壤表层和深层建立稳固的草根网络，防止有机碳的流失和分解；在修复中期，通过乔灌木混合模式建立稳定的土壤碳库，形成多层级植被固碳体系，营造混交林，实现生态修复固碳目标的最大化，沙棘、油松与小叶杨等优势树种在矿区修复中展现出明显的优势，其中油松的固碳能力显著；在修复后期，要多进行补植、间伐等人工管理措施，减少低效林的存在。此外，引进植物特殊微生物联盟用于同步植物修复，将是未来可持续发展矿山生态修复的关键措施，通过宏基因组学和元转录组学等方法筛选适合矿区生长的耐酸、耐重金菌株，并通过合成生物学的技术手段改造，提升其固碳能力。最终将选定的微生物人工接种到植物根际，强化植物修复，提高微生物在矿山修复中的固碳增汇作用。

10.3.5.4 *矿区固碳增汇新技术*

矿区是温室气体排放的重点源，特别是煤炭开采和利用过程中会产生大量二氧化碳。应对气候变化主要是控制好温室气体，特别是二氧化碳的排放，碳存储技术是短期内应对气候变化最重要的技术之一。山西省应开展碳捕集、利用与封存及碳汇技术攻关试点示范行动，大力发展碳捕集、利用与封存技术，攻克二氧化碳捕集、压缩与运输、转化利用、地质利用与封存等关键技术，前瞻布局空气直接捕集、碳捕集、利用与封存和新能源耦合等颠覆性技术研发，利用碳捕集技术收集各个采矿环节中产生的二氧化碳，并将其储存于废弃矿井内进行封存，实现二氧化碳大规模的转化利用，进而避免有害气体排放至大气中，实现固碳排放的目标。如北京怀柔实验室山西研究院二氧化碳捕集团队为破解烟气碳捕集难题，致力于高效膜分离材料研制，加快实现低能耗低成本烟气碳捕集膜分离技术。目前，这种碳捕集技术还未大范围推广，山西省各工矿企业应积极推动此类碳捕集技术的试点工作，为大规模推广技术积累地区经验，助力“双碳”目标实现。

开展煤炭清洁高效低碳利用技术攻关示范行动，以推进煤炭和煤电、煤电和新能源、煤炭和煤化工、煤炭产业和数字技术、煤炭产业和降碳技术“五个一体化”为主攻方向，努力探索煤炭清洁高效低碳利用技术发展新路径，推动能耗双控逐步转向碳排放双控。在碳达峰碳中和背景下，煤炭不应再作为单一燃料来使用，而应作为原料和材料迎来更广阔的发展空间。山西省应在煤气化、液化工艺技术方面不断攻关突破，努力实现煤制油、煤制甲醇、煤制乙二醇等基础能力的提升。并依托各大高校和科研院所，加大矿区修复与碳汇提升技术的基础科研与创新支持，形成以高校为平台，以太原市为研发核心、各地级市为示范区主体的矿区碳汇产业分工体系，打造煤化工技术成果试点推广，助力煤矿产业高端化、多元化、低碳化发展，助力“双碳”目标的实现。

如山西安泰集团紧抓省校合作有利契机，联合中国科学院煤化所、太原理工大学、山西绿源节能环保科技有限公司成立了“工业碳捕集利用与管理技术创新中心”，在生物减碳、矿化固碳、节能降碳、碳量化监测与管理体系四个方面开展技术研发与合作。其中，安泰集团通过控股子公司山西安泰恩懿生物技术开发有限公司研发推广微藻养殖项目，核心技术 NPS 系统能将含有二氧化碳的燃煤烟气合理有效地捕捉，并作为微生物微藻的生长基，从而转化成高附加值和高营养价值的藻粉产品。这一技术可以做到燃煤企业烟道气趋零排放，实现二氧化碳高效减排。该公司所掌握的“NPS 碳捕捉集成技术”固碳率达到75%以上，年产藻粉 130 余吨，开创了国内微藻减碳行业的先河，并在全国率先实现微藻减碳技术工业化生产。山西省应建立健全社会资本参与生态修复的保护机制，鼓励社会资本以政府和社会资本合作（PPP）、特许经营、参股控股等形式，参与重大矿区生态修复项目，继续扩大微生物减碳项目建设，形成规模效益，并规划建立藻粉深加工基地，在减排的同时为山西省带来经济效益。

如2022年底，山西省大同市建成全球首个“CO_2化学链矿化利用及长期稳定固碳技术示范项目”，此项目以工矿业固废为原料，利用专有循环介质溶液，与CO_2发生反应，连续生产优质绿色固碳型碳酸钙产品，可广泛用于煤炭生产、钢铁加工、火电厂等，实现了工矿业CO_2大规模减排、大宗固废减量、生产固碳经济型优质碳酸钙三大目标。山西省应加快此类技术的试点推广，以山西省典型矿区为基地，开展碳增汇减排治理工作，助力矿山生态系统碳汇能力的提升。

10.4 生态修复工程固碳增汇途径

10.4.1 国土绿化工程固碳效应

10.4.1.1 国土绿化工程典型试点示范项目概况

近年来，山西省围绕生态优先、绿色发展理念，以“两山七河一流域”为主战场，以“两山”生态系统保护和修复重大工程为引领，以“三化并举”为目标，统筹推进山水林田湖草系统治理，启动汾河上游林草生态建设“十大工程”，全方位、全地域、全过程开展国土绿化，改善生态环境，建设美丽山西。本书选取太原市汾河上游国土绿化试点示范项目、朔州市永定河（桑干河）源头国土绿化试点示范项目，开展国土绿化工程碳汇效应评价，并分析、集成碳增汇途径。

太原市汾河上游国土绿化试点示范项目工程围绕“两山两库一流域”布局，即太原东山、西山，汾河水库、二库和汾河上游太原段流域，建设内容包括荒山造林、退化林修复、村庄绿化美化、退化草原修复治理等。通过实施该项目，可有效促进工程区生态系统的自我修复与改善，建设后可新增林地8000公顷，项目区森林覆盖率提高1.5%；加快退化林改造修复，改造退化林地4000公顷；加强退化草原修复治理工程，治理草地666.67公顷。采用多种营林造林技术，保证工程区山水林田湖草生态系统服务功能质量及稳定性。

朔州市永定河（桑干河）源头国土绿化试点示范项目，其实施范围在朔州市的朔城区、平鲁区和右玉县，总投资38659.85万元，项目主要建设内容包括造林绿化4435.33公顷、退化林修复1861.67公顷、退化草原修复823.33公顷、村庄绿化美化159个。项目实施后，将增加森林面积，提升森林质量，改善人居环境，增强固碳增汇能力，带动桑干河上游及周边区域加快国土绿化步伐，提升美化水平，对于提升山西省生态环境质量、筑牢环京津冀地区绿色生态屏障，拱卫首都生态安全意义重大。

10.4.1.2 国土绿化工程典型试点示范项目碳汇效应

山西省扎实推进国土绿化工程，本书选取两个试点示范工程，对数据进行汇总处理，采用InVEST模型法计算新造林草地碳汇量，采用Logistic模型法计算退化林草修复地碳汇量，采用平均碳密度法计算退化草地、新建草地碳汇量。工程实施后固碳效果显著，造林工程、退化林修复工程及退化草地修复工程合计固碳121.76万吨，其中新造林分碳汇量最大，且工程实施后林草将持续发挥固碳增汇功能，碳汇潜力巨大。

10.4.2　国土绿化工程固碳增汇途径

聚焦国土绿化目标，深入科学开展以两山林草为龙头的国土绿化工程。如今，山西省林草事业正处于“全面增绿”向“局部增绿”的攻坚时期和“扩容增量”向“全面提质”的转型时期，全省国土绿化应聚焦厚植高质量发展生态底色主题，按照“增绿、提质、防灾、创新”的总体思路，坚持改革创新、科技引领、系统治理、统筹推进的原则，并取得了显著成效；应在国土空间规划背景下，持续推进绿化工程，提升林草覆盖率及健康状况，为山西省自然资源碳汇潜力注入新动力。

10.4.2.1　全面推进林草修复、增加绿地面积

太行山、吕梁山的面积占到山西省总面积的83%，涉及11个市、81个县（区），是山西省林草主要分布区。国土绿化工程要向两山地区倾斜，全面推行以林长制为牵引、以科学绿化为遵循、以科技创新和深化改革为突破的绿化方针，应全力构建以林草生态修复为重点的增绿目标，和以防控病虫火灾害为重点的防灾目标，并以固碳增汇提质增效为重点，开创国土绿化固碳增汇新局面。

全面完成现有可造林绿化，优先将绿化工程向“两山”地区所在县市倾斜。应坚持自然恢复为主、人工修复为辅的原则，开展两山全域生态保护和修复，全面提升两山地区固碳增汇能力。

科学设计林草作业，加强良种选育供给。两山地区新造林草和退化林草补植，在最大化维护原有林草植被的同时，需全面整理造林草区域的生态环境。应充分考虑地区土壤容重、土层含水率、土壤营养元素等，结合气候海拔条件，选择乡土、长寿、抗逆的林草品种，以保证林草有效存活、稳定固碳。如在两山土壤贫瘠区，选择侧柏、油松、刺槐等具有良好土壤适宜性的荒山树种，在阳坡处选择火炬、油松、山杏、山桃等喜光树种，在阴坡选择华山松、白皮松等喜阴树种，在此基础上科学配置种植模式，如选择针阔混交、乔灌草立体混交等。在林草作业时间方面，由于栽植时间对于幼苗成活的比例及生长状态会产生直接影响，山西省两山地区冬季气候寒冷，因此林草建设工程应尽量安排在春季，如有必要秋季作业，也应选择在10月左右。

加强造林植草新技术的应用。近年来，林草建设领域出现了一些新技术，如蓄水渗透膜技术，蓄水渗透膜能够在土壤深部缓慢渗透水分子，从而全面滋养种植土，以维持土壤水分、营养元素平衡供应。在进行渗透膜的选择与应用时，必须充分考虑幼苗的生长习性，选择有助于土壤湿度保持以及土壤温度灵活调节的优质覆盖膜，有效保证苗木成活率；水是两山地区林草建设的关键，运用抗旱粉剂和保水技术可有效调节林草根部水分，如将人工合成的抗旱造林粉剂输入幼树根部，防止幼树快速失水，或将湿润剂适当融入幼苗根部土壤，维持根系部位土壤水分充足。在幼苗灌溉方面，可运用毛细渗透灌溉技术，如在种植成功的幼树两侧放置渗透灌溉容器，利用毛细渗透灌溉技术达到缓慢渗透土壤灌溉水源的目的，确保幼树根部可以获得持续且均匀的灌溉水源。

加大低效林改造、中幼龄林抚育，全面提升林分固碳能力。针对两山地区树种单一、结构简单质量差、防护功能弱的“小老树”和残败林，生长缓慢无培育前途的林分或病虫害严重的林分，要及时进行更新改造，如在林地山脊或中部开设横直林道，采用环山割带

或块状清理的方式，清除带内杂草、杂灌。并对其进行调整性疏伐，伐除低质低效林木资源，保留有价值的林木资源，同时适当补植优质树种，使林分透光率能满足冠下幼苗生长的需求，促进优质树种的天然更新，尽快形成异龄、混交、复层、稳定的林草系统。对林分的修剪要根据生物学特性，顺其自然地进行，通过修剪起到调整树形、均衡树势、调节树木通风透光和土壤养分分配的作用，从而调整植物群落之间的关系，促进林草茁壮成长。

加强退化林修复、未成林地造林抚育管护、低盖度灌木林改造和疏林增植补绿的工作力度。同时组建专家技术团队建立科研实训基地，开展林草适用技术的研发、应用与推广。依托"两山"构筑绿色生态防护屏障，巩固环京津冀生态安全屏障带，构建和完善集水土保持、水源涵养、固碳释氧等生态功能于一体的防护林体系，健全林草管护系统，规范自然保护区建设，推动保护地草原草甸生态修复，全面推进两山地区国土绿化工程，全面提升两山固碳能力。

10.4.2.2　加强林草病虫火灾害监测、防治体系

构建林草主要病害监测、防治体系。林草病害本身就是生态环境的一部分，引起病害频发的主要原因是林草经营不到位和林草病虫的监测不到位，林草病害的预防工作应包含精选苗木、合理经营与科学管护。例如，在林草育苗阶段应选择排水良好、空气流通的圃地，少淋冻雨，多晒阳光，以提高林草对病害的抵抗力；严格检疫，选用无病苗木，并加强管理、及时疏伐，保持林间良好的通风和光照，改善林间小气候，提高树木生长阶段自身抗病能力，以减少、防止病害的发生；针对发病林草区，需及时喷施药物，防止病害扩张。当树木落叶严重时，可在药液内加入0.1%的尿素后喷施，发病林草区翌年应及时追肥，以促进林草恢复和增强抗病能力。根据不同季节、不同病虫害发生规律，有的放矢地采用物理或化学方法进行处理，并且要做到及时防治。在防止冻害方面，可在树木越冬时，在树干下部涂抹石硫合剂，以提升树木安全越冬的能力。在林草病害监测方面，应加快研发"数智林业大数据分析与监测平台"，采用灵活框架进行布局搭建，融入图像识别、多光谱遥感影像、大数据挖掘分析功能，开发"林草病害AI智能监测系统"，加快集人造卫星、无人机、地面设备等多终端，全天候，全方位地自动获取林草病害信息系统的建设，将AI智能系统与多维数据融合，助力两山地区实现林草病害"空天地"一体化监测。

加强林草有害生物监测、防治体系的建设。林草有害生物是指对林草健康生长有害的任何植物、动物和病原体，包括害虫、病原微生物、害鼠和有害植物。其中虫害对林草的威胁最大，且容易扩散，近年来呈上升趋势，预警监测及防治工作尤为重要。应加快林草有害生物"空天地"一体化信息监测管理系统的建设，利用卫星、无人机和监控设备进行监测，在关键地区建设气象监测站、布设有害生物分析测报仪，以及时准确地获取区域有害生物信息，为林草管护人员配备移动巡护终端设备，充分提高人工调查、网格巡护及上报的效率。充分利用林草有害生物监测信息（发生时间、发展趋势及危害时间等）、区域气候信息，结合生物学、统计学、计算机技术等构建林草有害生物预测分析模型。构建集视频监控、影像识别、气象监测、统计分析、虫情播报于一体的林草有害生物监测体系。

同时，针对不同虫害，开展针对性治理。例如，人工配合机械捕杀越冬蛹，根据幼虫下垂或受惊坠地的习性，将其振落至地面集中扑杀；抓住幼虫期，选用针对性粉剂进行林间喷施，有效杀灭林草虫患；积极保护和利用天敌，采取生物措施控制林草虫患；针对地

下害虫，可在幼虫期树根附近浅埋药物颗粒、粉剂，及时、有效地灭杀虫害；重点加强林草重大有害生物的防治，如加大松材线虫、白蛾的监测、防治和检疫的工作力度，坚决守住重特大林草有害生物"零入侵"的安全底线。全面加强天然林保护，严格监控人工林监管。推动现代科技与林草行业深度融合，逐步实现由以人防为主的传统林草业向以技术监测防控为主的现代林草业的转变，加快山西省林草有害生物治理体系和治理能力现代化。

加强林草火灾监测、预防体系的建设。精准落实灾前设防各项措施，从严压实防火防虫责任。逐步扩大森林防火重点县范围，带动重点林区防火能力建设，确保不发生重大的林草火灾和人员伤亡事故。围绕林草防火，推进标准化防火队伍建设、林火远程视频监控和阻隔体系等基础设施的建设，推动智慧林草火情监测系统配套无人机等先进技术巡查体系的建设。例如，关帝林局建设集发现火点、迅速锁定火情、自动规划人力物力、周边林场迅速匹配支援于一体的林草火情监测管理平台，并匹配生成灾后破坏地方位、损失程度等信息，为灾后林草修复提供依据。在国家不断加强林业智能化信息化建设的趋势下，有序推进两山地区智慧林草管理平台试点示范，逐步建设集"天空地人"为一体、高精度、全天候、反应迅速、极简交互的林草火情监测预警平台。全面提升山西省林草火情防控能力，同时加强林草绿化区防火宣传工作，依法严厉打击在森林草原防火区烧香、烧纸、燃放烟花爆竹等违规用火行为，减少、杜绝林草火灾引起的碳排放，全面提升林草固碳能力。

10.4.3 矿山生态修复工程固碳效应及增汇途径

10.4.3.1 矿山生态修复概况

黄河重点生态区（含黄土高原生态屏障）历史遗留矿山生态修复共投入20.8亿元，分四个批次实施了京津冀周边及汾渭平原重点城市和黄河流域重点地区历史遗留矿山生态修复治理项目，修复治理图斑2417个，治理面积达6739 hm^2。其中，第一批黄河流域重点地区历史遗留矿山生态修复项目已完成市级验收；第二批和第四批黄河流域及地区历史遗留废弃矿山环境修复治理项目正在按照时序进度积极开展。

10.4.3.2 典型废弃矿山修复工程固碳效应

近年来，山西省上下认真学习贯彻习近平生态文明思想，开展了一系列矿山生态恢复治理工程，在采空区、沉陷区、煤矸石山、露天采矿区开展的土地复垦和生态修复等工作初见成效。表10-3所示为山西省废弃矿山土地整治与生态修复面积及碳汇情况。废弃矿区土地整治后的耕地、林地、草地及其他用地的碳密度参数为各地类碳密度减去建设用地碳密度，结合废弃地土地整治面积数据计算各地类碳汇量。

表10-3 废弃矿山修复工程内容及碳汇潜力

地级市	耕地		林地		草地		其他		合计
	面积/hm^2	碳汇/t	面积/hm^2	碳汇/t	面积/hm^2	碳汇/t	面积/hm^2	碳汇/t	碳汇/t
大同市	73.19	1303	434.58	41024	7.34	64	49.48	114	42505
朔州市	1.98	35	63.12	5959	116.98	1018	52.83	122	7133

续表 10-3

地级市	耕地		林地		草地		其他		合计
	面积/hm^2	碳汇/t	面积/hm^2	碳汇/t	面积/hm^2	碳汇/t	面积/hm^2	碳汇/t	碳汇/t
忻州市	78.39	1395	83.32	7865	269.72	2347	2.37	5	11613
太原市	2.39	43	122.42	11556	13.49	117	0.33	1	11717
晋中市	52.56	936	207.06	19546	20.71	180	53.09	122	20784
吕梁市	36.76	654	328.73	31032	23.21	202	0.00	0	31888
阳泉市	82.03	1460	171.39	16179	100.53	875	42.57	98	18612
长治市	0.00	0	18.48	1745	6.35	55	8.90	20	1820
晋城市	7.74	138	45.06	4254	98.91	861	48.39	111	5363
临汾市	15.41	274	407.62	38479	110.55	962	132.70	305	40021
运城市	94.70	1686	305.33	28823	140.98	1227	43.81	101	31836
合计	445.16	7924	2187.09	206461	908.77	7906	434.47	999	223291

可见，山西省废弃矿山修复治理效果及碳汇效应显著，十一个地级市累计转变废弃地 3975.49 hm^2，新增耕地 445.16 hm^2、林地 2187.09 hm^2、草地 908.77 hm^2、其他农用地 434.47 hm^2。在各个地级市中，大同市、临汾市废弃地整治后预计固碳量将超过 4 万吨，除长治市、晋城市、朔州市由于修复面积小，碳汇量较少外，其余地级市碳汇量均超过 1 万吨，全省废弃矿山修复工程累计新增碳汇 22.3 万吨，废弃矿山修复工程固碳效果显著，且新增大量农林草地，后续可持续发挥固碳增汇功能，碳汇潜力可观。

10.4.3.3 矿山生态修复与固碳增汇途径

如今，全省自然资源发展迈上新台阶，矿山生态修复取得了显著成果，但同时也要清醒地认识到，全省矿产资源利用效率仍有待提高，矿山绿色发展认识还不够到位，沿袭传统发展理念和方式的惯性依然存在，矿山改革任务仍然艰巨。山西省应继续围绕主要矿区，深入推进矿山生态修复综合治理工程，加快绿色矿山建设，在“吕梁山矿山生态修复重点区”“太行山矿山生态修复重点区”“黄河流域（山西段）矿山生态修复重点区”“晋北高原矿山生态修复重点区”以及“河谷盆地矿山生态修复重点区”开展固碳增汇工程。

A 吕梁山矿山生态修复与固碳增汇途径

该区分布有各类历史遗留矿山 657 个，矿山总面积为 1769.94 hm^2。露天采场和固体废弃物堆场对当地地形地貌及土地资源的占用破坏最为严重。该矿区生态系统呈现中度退化、恢复力弱等特点，该区废弃矿山在生态修复时应以人工辅助修复为主，辅之以自然恢复和保育保护措施。通过人工辅助和生态重塑措施，实施地形地貌景观重塑、土壤重构、植被修复重建，进而恢复矿区生态系统功能。

开展矸石山分区植绿、治理工程。按照“填沟造地、土地复垦、生态恢复、还田于民”的矸石山综合治理理念，将吕梁山矿山生态修复重点区分为“生态恢复区”“综合治理区”以及“生产运行区”三区，加强“三区”建设。在生态恢复区中，合理选择优势种群，形成乔-灌-草-藤立体修复模式，构建带、片、网相结合的植物生态结构，发挥植被的固碳功能。在综合治理区，对露天采场、矸石场、废渣堆实施土地整治、覆土工程，稳定矸石堆存，稳固边坡，实现黄土全覆盖，同时种植一些草本植物固沙固土，提高矿区的水土保持能力，最终促进土壤有机碳的固定、积累，为灌木与乔木的种植做准备。在生产运行区，完善拦矸坝、排水竖井、排水涵管等配套设施，形成完整的防排洪系统，防治水土流失，实行轮作，种植高粱、玉米、谷子等作物，营造农业生态系统，为土壤输入更多的有机质，全面提升植被及土壤固碳能力。

实施节能减排治污工程。在节能降碳增效行动中，吕梁山矿山企业应自主优化能源结构，开展光伏发电、风力发电、地热能发电建设等，在开采沉陷区、矸石堆露天矿排土场、采坑边帮和台阶等区域灵活布置太阳电池板和风力发电机机组，承担更多的节能降碳责任，降低高耗能行业燃煤排碳量。同时，完成矿井水处理站调节池、中转水池、清水池的达标治理，将净化后的水全部用于选煤厂生产工艺补水、进出厂车辆轮胎冲洗除尘、道路抑尘洒水、矸石山灌溉植被等，有效做到废水循环再利用，减少污水的排放。最后，要提高矿山固体废弃物再利用率，利用尾矿废石制作建筑材料或利用尾矿进行碳矿化，实现CO_2的永久封存，以减少其对矿区土地的污染，提高资源的利用率，减少生产中的碳排放。

B　太行山矿山生态修复与固碳增汇途径

该区共有各类矿山1229座，包括能源矿山340座，金属矿山140座，非金属矿山749座。区内共有各类历史遗留废弃矿山1089座，矿山面积为3583.73 hm^2，其中露天矿山1031座，矿山面积为3206.96 hm^2。该区生态环境破坏严重，共有失稳边坡774处、采场549处、采坑650处、固体废弃物堆场1081处；占用破坏土地3583.73 hm^2。区内地表植物稀少，存有大片裸地和陡立的不规则坡面，导致原有土地功能退化，动植物生境受损，严重破坏了原有自然景观的完整性和生态功能。因此，太行山矿山修复的工作重心应当放在植被修复方面。

重建、修复矿山高陡边坡植被群落。太行山矿山边坡十分陡峭，表面光滑，几乎无任何土壤或松散基质，且昼夜、夏冬温差大，保水保肥能力最弱，这决定了其生态修复是矿山生态修复工程的关键。因此，在开展生态修复作业时，应根据边坡的岩性、坡度等特点选择合适的植物物种，建立以藤本、小灌木以及草本植物为主的植被群落，尤其应注意边坡小平台、空穴处与裂缝处的植物种植，通过栽种一些爬山虎、荆条、山葡萄等藤本植物与小灌木，减轻外力作用对其的破坏，提高边坡的保水保肥能力，进而提高矿山边坡的碳汇功能。

重建、修复废弃矿坑植被群落。采用改进的全覆土造地生态重建技术，从异地运进土壤，将经过筛选的植被肥料覆在平台上，以满足植物生长所需要的土层厚度与营养环境，经过熟化和培肥后，在宜农区种植谷子、玉米等庄稼作物，利用农作物的光合作用、土壤固碳功能，提升废弃矿坑的碳储量。

重建、修复矿山顶坡植被群落。在矿山开挖的顶坡，修筑种植槽，回填种植土，种植垂吊藤本植物，如爬山虎、油麻藤、三角梅等，在顶坡构建条状绿化带。这些藤本植物不仅可以覆盖部分裸露岩体，遮阴保持周边土壤水分，还能有效地吸收阳光，快速生长，最大限度地发挥其碳汇功能。

重建、修复废弃矿山堆积平台、堆积坡、残丘植被群落。废弃矿山堆积平台、堆积坡、残丘等的坡度较缓，植物较易扎根，生态景观修复较容易。由于大部分区域都是废矿渣，因此在进行植被群落构建时，可以选择一些具有土壤改良功能的，且不需要很厚土层就能生长的植物作为前期物种来控制边坡的水土流失和改善土壤质量，如当地的草本型植物狗尾草、苺草、芨芨草等，待草本植物的枯枝落叶为土壤提供足够的养分后，再种植荆条、龙爪槐、迎春、沙柳、柠条、连翘等灌木植被，后期便可恢复成林地，构建出乔灌草型植物群落，提高当地生态系统的碳汇能力。

C 黄河流域（山西段）矿山生态修复与固碳增汇途径

该区分布有各类历史遗留露天矿山 87 个，总面积为 404.07 hm²。其中，煤炭露天矿山 26 个，面积为 200.16 hm²。存有边坡 86 处、采场 139 处、采坑 117 处以及固体废弃物堆场 33 处。矿山类型主要为煤炭矿山、金属矿山、建材及其他非金属矿山、砂石矿，因采矿造成的主要矿山环境问题包括土地损毁、植被破坏、崩塌、地裂缝和地面塌陷，煤矸石、废土石堆压占土地，露天非金属矿山破坏地形地貌景观等，其中露天采场和固体废弃物堆场对地形地貌景观及其土地资源的占用破坏最为严重。根据修复重点区存在的地质环境问题，结合当地发展规划和现有技术经济条件，按照自然恢复为主、工程治理为辅的原则，提升流域内矿区生态系统的碳库质量和稳定性，助推黄河流域矿区高质量发展。

深入开展工程治理。首先，要对治理区内落差较小的区域进行平整，挖除杂填土残留的垃圾，分层压实，使治理区内的地形地貌与周边环境协调，为之后的覆土工程及生物修复工程打下良好基础。在削坡、危岩清理和平台土地平整之后，适当引运客土，对各层边坡和平台进行覆土，因地制宜地将其规划为耕地或林地，对于恢复成耕地的区域覆土 0.8 m，对于恢复成林地的区域下部覆土 0.3 m。同时，为防止治理后的各平台、马道及斜坡水土流失，在修复区外侧修筑保水田埂，提高矿区的水土保持能力。此外，开展违建厂矿、房屋拆除工程，减少建筑用地面积，恢复矿区生态环境，提升碳汇能力潜力。

依托生态系统本底，开展生态修复工程。对于治理区，恢复为林地的地块种植树木及播撒草籽，恢复为草地的地块直接播撒草籽，草种优先选用黑麦草、艾草、白莲蒿、狗尾草等；在斜坡底部种植爬藤植物，爬藤植物选用爬山虎；恢复为林地的地块，树种选用侧柏、刺槐、油松等，将乡土树种与外来树种有机结合，营造混交林，构建乔灌草立体修复。使用周边河流的水进行养护，及时补植，以提高植物的成活率，促使其茁壮成长，进而提高植被碳汇功能。

D 晋北高原矿山生态修复与固碳增汇途径

该区共有各类历史遗留废弃矿山 2122 座，矿山面积为 8620.38 hm²，均为露天矿山。其中，煤炭矿山 71 座，矿山面积为 471.59 hm²；金属矿山 1623 座，矿山面积为 6764.16 hm²；建材非金属矿山 427 座，矿山面积为 1182.06 hm²。该区域应采用人工辅助和生态重塑措施，实施地形地貌景观重塑、土壤重构、植被修复重建，恢复矿区生态环境，提升矿区生态系统的质量和功能。

草本植物先行。晋北高原区的生态用地以旱地和草地为主，草地是具有潜在连通区域其他自然资源功能的生态用地，且晋北高原地处北温带寒冷半干旱气候区，自然生态条件脆弱，适合草本植物生存。因此在对晋北矿区进行生态修复时，应本着“草本植物先行”的理念，大量播撒草籽，不断进行人工养护，修复草地后其碳汇潜力巨大。工程后期逐渐过渡到灌木植物和乔木植物，增加矿区植被覆盖度，提高修复治理效率，恢复土壤和植被的碳储存和固碳能力。

构建生态产业链。大同晋华宫煤矿多年的开采使得矿区内部形成了多处煤矸石山，1999年，通过发掘自身旅游资源，利用与国家级旅游景区云冈石窟隔岸相望的优势，建立了晋华宫国家矿山公园，在改造恶化的生态环境的同时，通过旅游促进当地的旅游经济发展。晋北其他工矿企业可效仿大同晋华宫煤矿，将矿山产业与生态农业、生态旅游、矿山公园整合成生态产业链，共同完成生态修复目标，营造一个集工业气息、园艺景观于一体的生态休闲空间，通过展示矿山生产系统和设施，使公众在游览的同时增强生态环保的意识，提升民众节能减排、引导低碳化生活能源消费意识，推动低碳化能源消费。在此过程中，建设用地面积减少，林地、草地、耕地、湿地等用地类型面积增加，将促使矿山生态系统由“碳源”向“碳汇”转变。

E 河谷盆地矿山生态修复与固碳增汇途径

该区域内共有各类历史遗留废弃矿山314座，矿山面积为2435.82 hm^2，其中露天矿山292座，矿山面积为2227.2 hm^2。多年无序、不规范的露天开采和小窑开采产生的废弃物的随意堆放，造成了大量的生态环境问题。该区域应加大科技投入力度，推进矿山生态修复和复垦，开展生态碳汇工程。

研发负碳技术。河谷盆地地区分布有山西省重要城市，人口集中，人才密集，该区域应充分发挥科技优势，利用节能新装备、新技术提高能源利用效率，积极参与CCS、CCUS等负碳技术的研发，充分利用矿山巷道、露天矿坑等空间，发展负碳技术，为碳中和奠定基础。

加快科技研发应用。该区域可与周边高校合作开展原位科学试验，利用矿山井下空间模拟围岩失稳、矿井突涌水、冲击地压等条件，开展地质、采矿、水文以及岩土等学科试验；在废弃矿山中的空旷的渣堆、矸石山、尾矿库等区域培育适应贫瘠土壤条件、恶劣自然环境的植被育种、选种试验，培养固碳能力良好的植被、农作物，并进行土壤改良技术的优化，以科技、技术助推该区域及山西省固碳增汇提质增效。

开发废弃矿山空间资源。废弃矿山空间资源分为地表与地下两种空间类型，该区域废弃矿山空间资源丰富，可占领使用其城镇周边矿山内保存完好的办公楼、工业建筑、电力、水利、道路等设施，以减少新建建筑工程产生的碳排放。矿山地下空间有防空、隔热、保温、抗辐射等优点，同时具备通风、供电、逃生、排水等设施，可建设物流仓储、停车场、酒店等城市服务场所，既能助力城镇碳减排，又能缓解城市土地和空间资源紧缺的现状。

10.5 山水林田湖草沙一体化修复工程固碳效应及增汇途径

10.5.1 汾河中上游山水林田湖草生态保护修复试点项目概况

山西省汾河中上游山水林田湖草生态保护修复工程试点区位于山西省中部偏北，北至汾河源头、宁武县的芦芽山，南至太原市万柏林区的出境处；东西两侧以汾河流域的分水岭为界，包括忻州市的宁武、静乐以及太原市的娄烦、古交、尖草坪和万柏林六个县（市、区）。工程试点区内三面环山，中间为平川，分为山地、丘陵和平川三大地貌类型，试点区东西宽约88 km，南北长约165 km，土地面积为7299.12 km^2，占全省土地总面积的5.06%。工程实施前的土地利用现状见表10-4。

表10-4 项目区土地利用现状

一级地类	二级地类	面积/km^2	占比/%
农用地	耕地	1586.54	21.74
	林地	2775.73	38.03
	草地	2299.64	31.51
	园地	44.07	0.6
	其他农用地	5.91	0.08
建设用地	交通、城镇、工矿	398.57	5.46
未利用地	水域、湿地、未利用地	188.65	2.58
合　计		7299.12	1.00

可见，项目区土地多为农用地，农用地占比高达91.96%，建设用地占比为5.46%，未利用地为2.58%。通过工程修复，该区域森林覆盖率超过30%，区域内水土流失治理率达到63%以上，加快区域内矿山生态整治，整治恢复率达到80%以上，同时全面完成试点区矿山企业改造，严格关停、整治重污企业、厂矿，加快煤矸石及固废堆积场的治理，加大农用地的整治力度，全面打造生态修复与固碳增汇试点示范工程建设标杆，综合提升区域内山水林田湖草生态系统服务功能。

10.5.2 汾河中上游山水林田湖草生态保护修复试点项目固碳效应

试点项目统筹山水林田湖草一体化修复理念，开展了河流生态保护修复、水源涵养区绿化、水土流失区治理、矿山生态环境恢复治理、农用地综合整治等一系列工程，同时加强生物多样性保护工作，坚持生态扶贫。项目实施后，区域生态环境明显改善、生态系统服务功能显著提升。本书采用InVEST模型法估算项目实施后工程区的碳汇效应，主要工程内容、工程量及碳汇效应见表10-5。

表10-5 汾河中上游山水林田湖草沙一体化修复内容及碳汇效应

工程名称	工程内容	工程量/hm^2	碳汇/万吨
河流生态保护修复工程	河道、流域治理	3106	7.08
汾河上游水源涵养区、公路和流域造林绿化工程	水源涵养林	7333	69.22
	水土保持林	3330	31.44
水土流失综合治理工程	植树造林	93516	882.79
	水土流失治理	96925	220.99
矿山生态环境及地质灾害综合整治工程	矿山修复治理	7808	73.71
农用地综合整治工程	整理农用地	3600	6.41
退化草地修复	退化草地补播	1863	0.18
合　计		217481	1291.82

工程区累计施工面积为217481 hm^2，治理工程累计碳汇量将达到1291.82万吨，其中植树造林工程碳汇量最大，达到983.45万吨，由此可知，营造人工林仍是碳汇提升的主

要途径，在实施新造林分、退化草地修复等措施后，植被健康生长，将持续发挥碳增汇功能，工程实施后碳汇潜力巨大。

10.5.3 山水林田湖草沙一体化修复固碳增汇途径

山水林田湖草沙一体化修复工程对于植被恢复、维持生态系统稳定性、充分提升自然生态系统碳汇功能具有显著贡献，应持续推进一体化修复试点示范工程，有效提升山西省自然资源综合碳汇能力。

10.5.3.1 黄河流域山水林田湖草沙一体化修复固碳增汇途径

山西省黄河干流沿岸分布有四市 19 县，包括忻州市偏关县、河曲县和保德县，吕梁市兴县、临县、柳林县和石楼县，临汾市永和县、大宁县、吉县和乡宁县以及运城市河津市、万荣县、临猗县、永济市、芮城县、夏县、平陆县和垣曲县，该区黄土覆盖，地形复杂，残塬、沟壑广布，其中土壤多为黄绵土，土质疏松，植被稀少，且降水随季节变化明显，降水集中在夏季，暴雨多发，水土流失严重。北部高寒，生态脆弱，加之冬季风沙大，风蚀严重，与水蚀叠加，使得土壤侵蚀严重。另一方面，黄土疏松多孔、抗侵蚀性弱，加上植被稀疏、地面坡度大，降雨地表产流快，面蚀、沟蚀以及重力侵蚀严重，致使区域沟壑纵横，土壤贫瘠，严重制约着该区自然资源生态系统固碳功能的发挥。因此，应统筹山水林田湖草沙等资源，通过建立保护区、建立主体功能区的方式开展区域综合治理与保护，以提升区域生态系统服务功能，维护系统稳定性与可持续性，持续发挥流域固碳增汇能力。

建立黄河干道生态功能带。在黄河干流河道一定范围内划定生态功能保障带，建立以防护林、水源涵养林为主，乔灌草立体搭配的缓冲隔离带，聚焦水土保持、生态修复和固碳增汇目标，以防止干道沿岸水土流失造成土壤碳库损失，植被破坏导致生物碳库损失。

实施流域内黄土塬面修复工程。以保护塬面为核心，统筹安排塬面、塬坡、侵蚀沟综合治理，配置塬面径流集蓄利用与排导工程，建设符合当地实际的“固沟保塬增汇”综合治理体系。在运城沿黄区域，修建水平梯田、坝滩地，营造水保林、经济林，合理修建堤坝，形成以骨干坝为主体、中小坝协调配套的泥沙拦蓄体系，有效减少水土流失带来的碳库流失，同时加强对淤坝建设的规范指导，排除现有淤坝风险隐患，强化生产建设活动事前事中事后监管。

实施坡耕地综合整治工程。以保德县、兴县、永和县、大宁县等县为重点，推进坡耕地水土流失综合治理工程。因地制宜，对山地丘陵区开展旱作梯田修复治理，对于 25°以下的耕地，建设水平梯田，配套建设蓄水池、水窖、小型节水灌溉措施，以保水、保土、保肥为抓手，促进流域坡耕地固碳提质增效。同时推进坡耕地周边水土保持林及排洪工程建设，提升坡耕地综合治理水平，释放流域内坡耕地的碳汇潜力。

实施水污染防治工程。沿黄地区厂矿密集，需全面清理整顿黄河沿岸污染企业，持续稳步推进环境污染综合治理，积极推进沿黄地区乡镇清洁取暖改造工程，鼓励企业开展超低排放改造。持续实施入河排污口整治，定期开展水质监测，实施规范管理。如采取生态沟渠、净水塘坑、跌水复氧、人工湿地等措施，提升入河排污口水质；积极推进工业污水零排放，强化工业聚集区污水集中治理，以实现达标排放。持续深化城镇水环境治理，加快流域内城乡雨污管网改造。努力提升水生态功能，释放水生态系统固碳能力。

实施沿黄地区土地综合治理工程。山西省黄河沿线也是黄河泥沙的重要产生地，泥沙主要来自沿线的黄土沟壑中。在千沟万壑中筑起的淤地坝，是减少泥沙入黄河的拦沙“卫士”，如陕西省延川县的马家湾淤地坝，不仅有效抑制了水土流失，而且淤积的泥土经合理规划后成为了肥沃丰产的耕地。山西省应在黄河沿线积极开展淤地坝、梯田等水土保持措施的试验研究和示范推广工作，结合各地区实际，总结出以小流域为单元，山、水、田、林、路统一规划，沟、坪、梁、峁、坡综合治理，植物、工程、耕作措施科学配置，生态、经济、社会效益协调发展的水土保持之路。减少黄河下游河道淤积及黄河流域土壤碳库损失，改善流域生态环境，改善农业生产条件，在提高沿黄地区农业产值和农民收入的同时，综合提升流域内，尤其是农村地区的自然资源碳汇能力。

此外，应积极培育建设沿黄河“双碳”领域重点实验室，推动低碳前沿技术攻关，为黄河流域生态系统固碳减排提供科技及人才支撑。

10.5.3.2 汾河流域山水林田湖草沙一体化修复途径

汾河是山西省的母亲河，发源于管涔山，干流自北向南纵贯太原、临汾两大盆地，于万荣县庙前村附近汇入黄河，全长 716 km，控制流域面积为 39721 km^2，占全省总面积的 1/4。汾河流域为全省政治、经济、文化中心，涉及 9 市 51 县。因此，改善汾河流域生态环境，提升流域固碳增汇能功能，应着力于减少流域内的人为干扰，调整人地矛盾，摸索出人地友好型的发展方式。应以国土空间规划为支撑，持续推进河道综合整治工程，以控污、调水、增湿、绿岸保土为治理措施，有序推进区域山水林田湖草沙一体化修复治理，提升流域内生态系统的碳汇潜力。

实施汾河生态补水工程。汾河流域是严重缺水的区域，多年平均水资源量仅有 30.1 亿立方米，人均仅为全国人均水资源量（2021 m^3）的 1/10。水资源短缺限制着区域内自然资源生态系统的稳定发展，制约着固碳增汇功能的发挥。应加快万家寨引黄等相关跨区域调水及配套工程建设，推进“五水济汾”工程建设，保障汾河一坝、二坝及各个断面维持一定的生态流量，完善汾河两岸的堤外蓄水工程，提升流域内水资源总量，缓解流域内水资源季节性不平衡的难题，从而保障、提升流域内现有山水林田湖草沙的数量及质量，提升汾河流域自然生态系统的固碳效率。

实施城乡污水治理工程。汾河流域水资源开发利用率达 80%以上，导致区域地下水超采，河流地表径流量不断减少，河道水域面积逐渐萎缩，植被减少退化，河流水质污染以及河道渠化等一系列生态环境问题，严重制约着汾河流域生态系统固碳增汇功能的发挥。应加强控源截污纳管建设，有序推进主要城市污水管网更新组网，严格落实河长制，严禁污水、垃圾排入河渠；同时完善再生水利用设施建设，利用城市中水，促进水资源高效净化利用。因地制宜地推进乡村水污染治理，结合农村人居环境整治工作，彻底解决农村污水直排河道、畜禽养殖粪污治理、消减化肥使用、农业大水漫灌等突出问题，有条件纳入城市污水管网的村庄可采用截污纳管的方式，将污水全部纳入污水管网，持续开展农村环境综合整治，推动流域山水林田湖草沙系统治理攻关克难。

实施汾河流域综合治理工程。实施汾河全域干支流水系综合整治，以实现涵养林建设、河湖生态整治修复，有序推进河岸、边坡绿化工程，加快汾河流域城乡污水综合治理，优化汾河各类工业园区空间布局，恢复、提升汾河生态系统的质量及稳定性，加强汾河中上游水土保持与源头区的保护力度，以山水林田湖草沙系统修复为理念，加强水源涵养区、河流源头两岸生态系统的保护修复，针对部分干支流段两岸植被稀疏、水土流失严重、生态功能脆弱的问题，开展针对性的专项治理工程。有序推进汾河上游娄烦、古交段生态保护与修复，汾河百公里中游示范区段生态修复及潇河流域综合治理，通过营造水源涵养林、水土保持林，提高流域的植被覆盖率，提升流域水土保持与固碳增汇能力；实施汾河下游干流生态保护与修复、汾河入黄口生态保护与修复等工程，合理配置工程、林草、耕作等措施，形成综合防治体系，提升流域固碳功能。

本章小结

本章系统介绍了资源型地区国土空间生态修复的内容、机理及修复技术，从山地、水体、森林、草地、农田、草地等典型自然资源生态系统的角度，开展自然资源专项生态修复与治理，提出专业、科学、可行的修复方案。同时，立足于自然资源整体性，阐明山水林田湖草沙综合治理的重要性，并提出了系统有效的一体化修复方案，明确权责主体，提出扎实推进山西省生态环境持续向好，自然资源生态服务功能稳定高效的政策建议。针对山西省汾河中上游山水林田湖草沙一体化生态修复、山西省国土空间生态修复的背景、必要性及基本原则，做出系统性分析，立足山西省国土资源实际，提出生态修复目标及分区治理方案。山西省森林、草地、农田、湿地、矿山资源都有巨大的碳汇潜力，应将自然资源碳增汇减排技术融入资源管理中，以国土空间规划为支撑，从生态修复工程入手，开展自然资源碳汇提质增效工作。1985~2020 年山西省农田、森林、灌木、草地、水域生态系统碳储量的范围分别为 497.89~614.74、441.76~724.93、4.90~11.07、437.91~468.98、0.42~0.69 Tg C，合计 1403.07~1708.37 Tg C。碳储量高值分布在忻州市、晋中市、晋城市、临汾市和运城市的不同区县中，多年平均碳储量在 24~389 Tg C；碳储量在 187~258 Tg C的县比碳储量在 259~389 Tg C 的区县多。山西省自然资源碳增汇减排、提质增效目标应与生态修复工程进行耦合，碳汇理念应与生态修复原则有机结合，以国土绿化、矿山修复、山水林田湖草沙一体化修复等典型生态修复工程为渠道内化碳增汇理念，在“双碳”目标背景下，积极推进典型试点示范工程建设，系统改善、综合提升山西省自然资源生态系统的质量与稳定性，着力增强自然资源各组分及整体碳汇能力潜力，为中国实现碳中和、碳达峰目标贡献山西力量。

习　题

1. 什么是生态功能区？
2. 什么是“两山七河一流域”？
3. 简述山水林田湖草生态系统的重要性。
4. 简述山水林田湖草综合生态系统的特征。
5. 简述山水林田湖草沙一体化保护修复理论。
6. 简述山西省国土空间存在的生态问题和风险。
7. 简述山西省的生态保护修复格局。

8. 如何构建山水林田湖草生态修复空间治理体系？
9. 举例论述如何进行山体生态修复。
10. 举例论述如何进行湿地生态系统修复与固碳增汇。
11. 举例论述如何进行森林生态修复与固碳增汇。
12. 举例论述如何进行农田生态修复与固碳增汇。
13. 举例论述如何进行草地生态修复与固碳增汇。